Wie man fotorealistische Tiere zeichnet

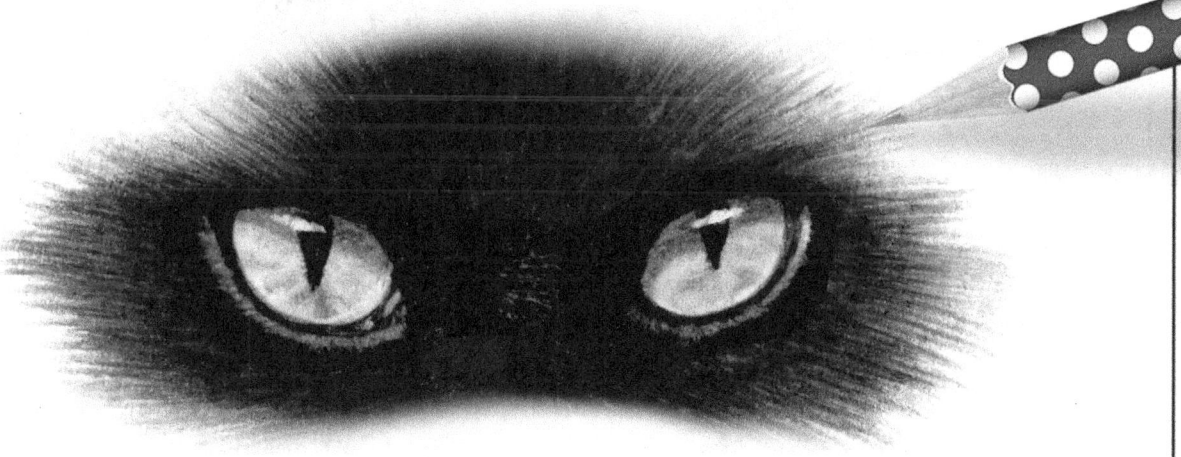

Zeichnen nach Referenzfotos
von Jasmina Susak

Im Buch enthalten:

Eine Sammlung von Zeichnungen, die Sie meistern werden

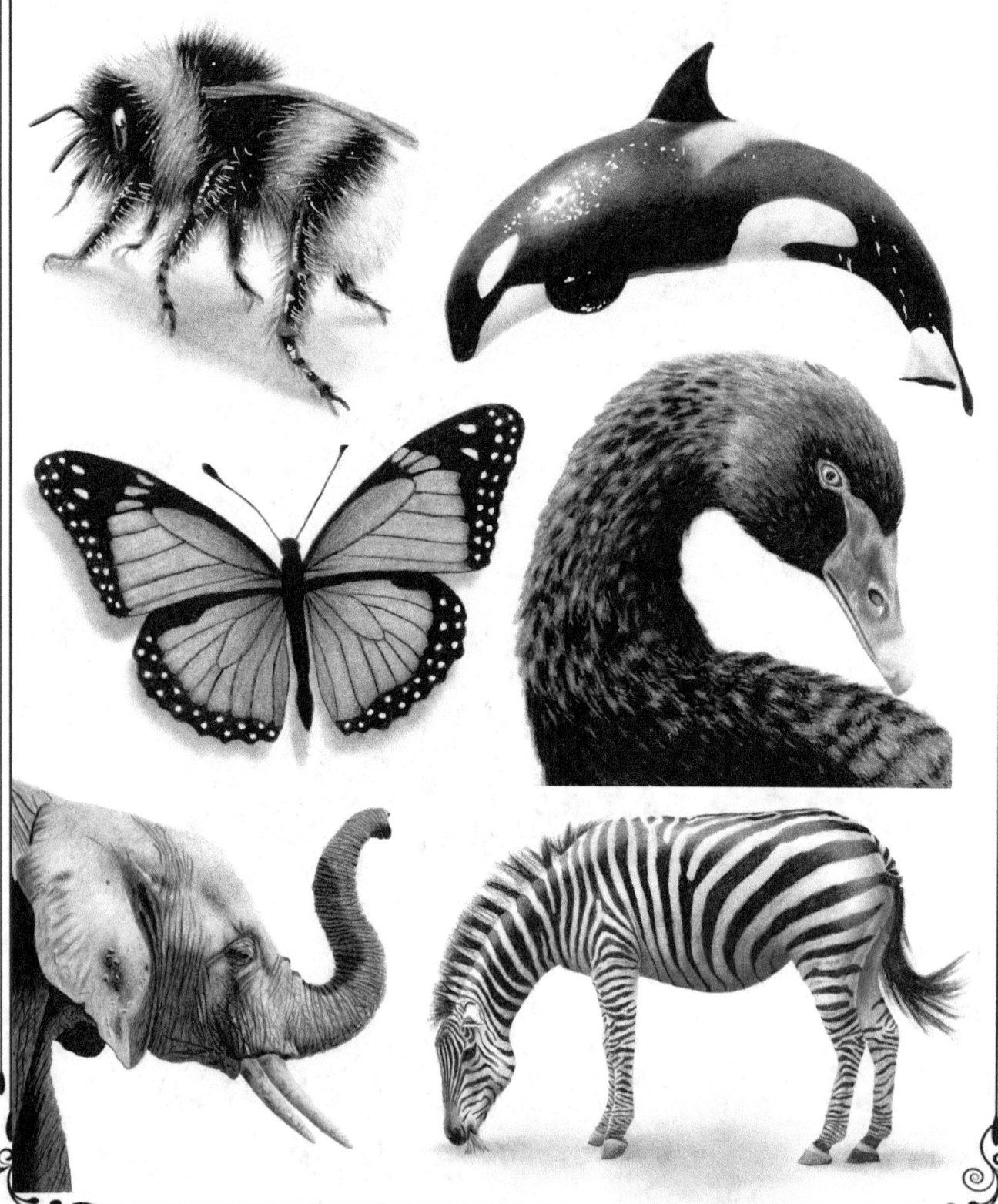

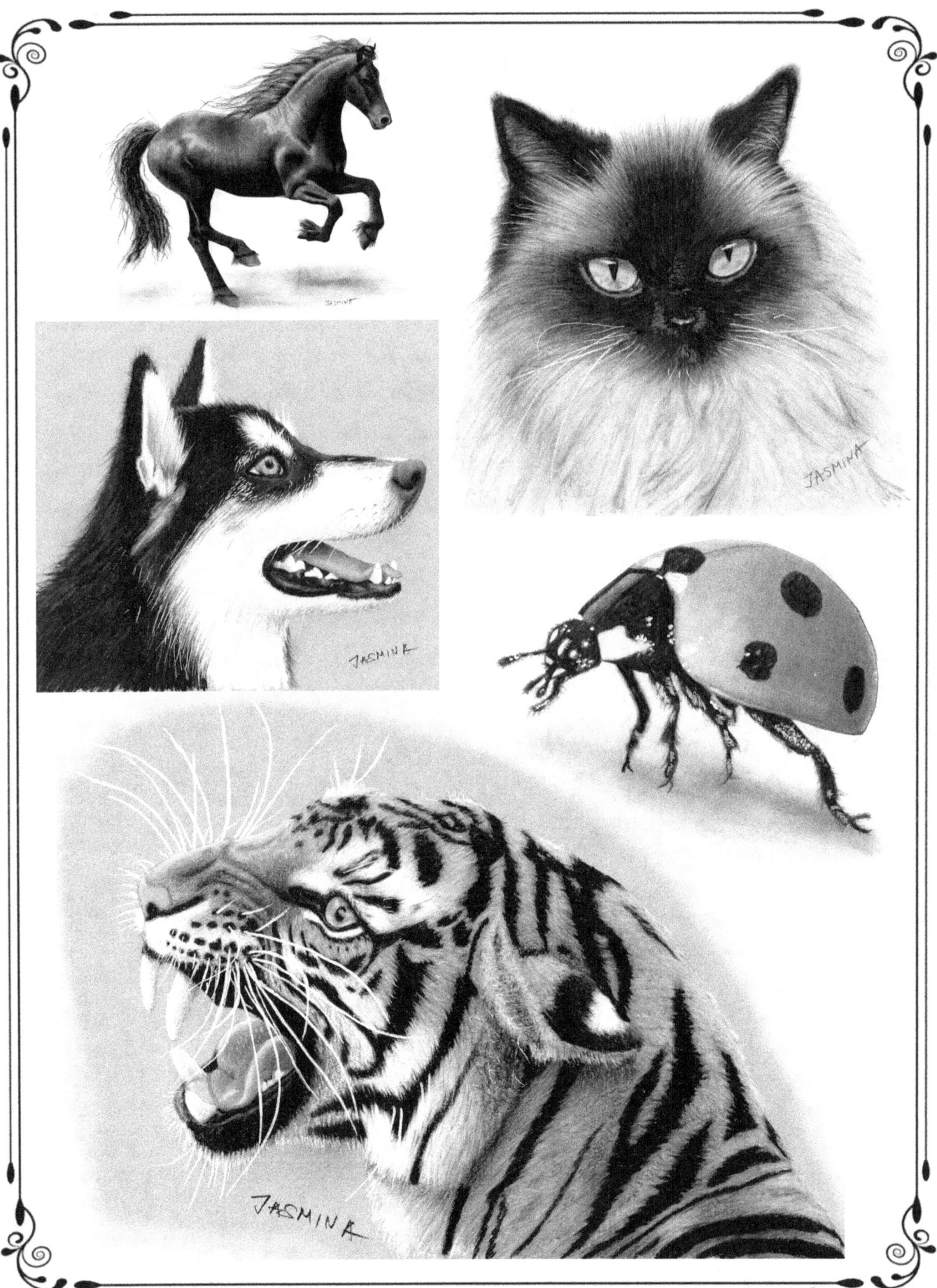

Copyright

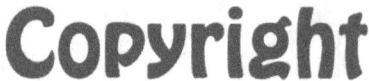

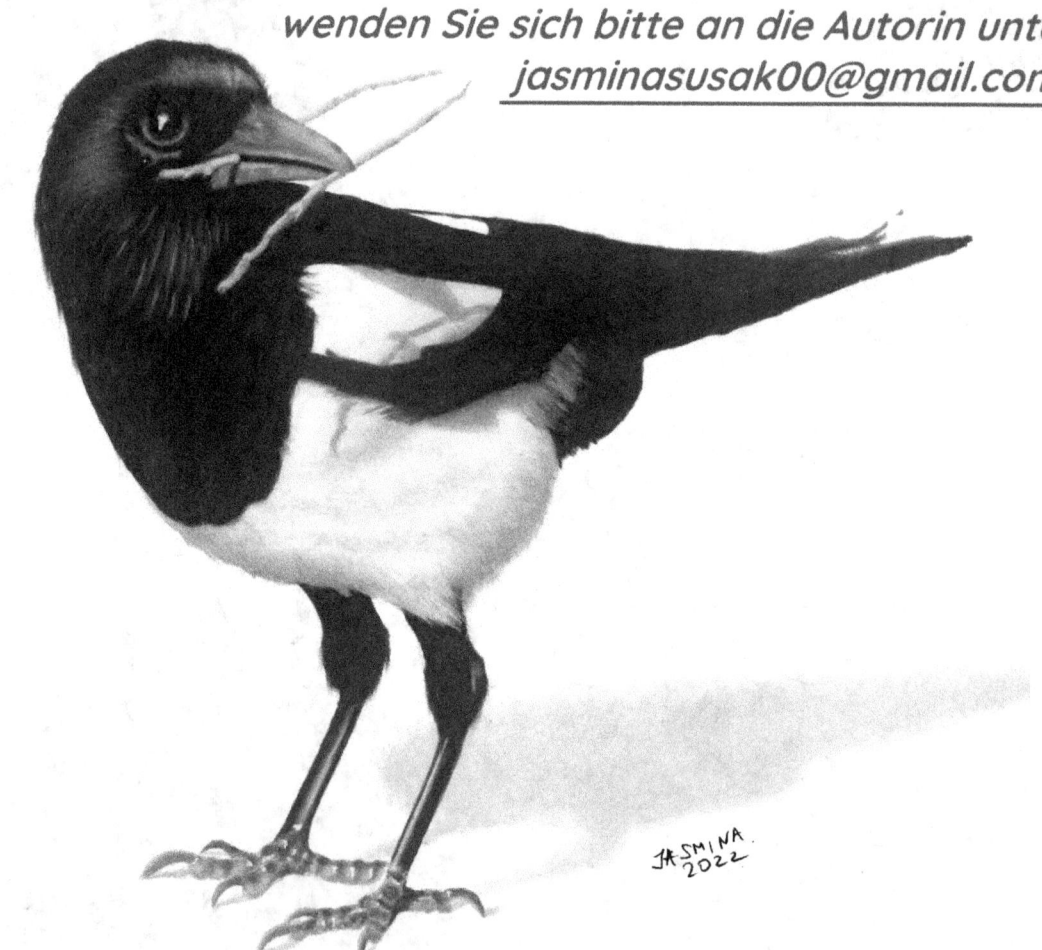

Widmung

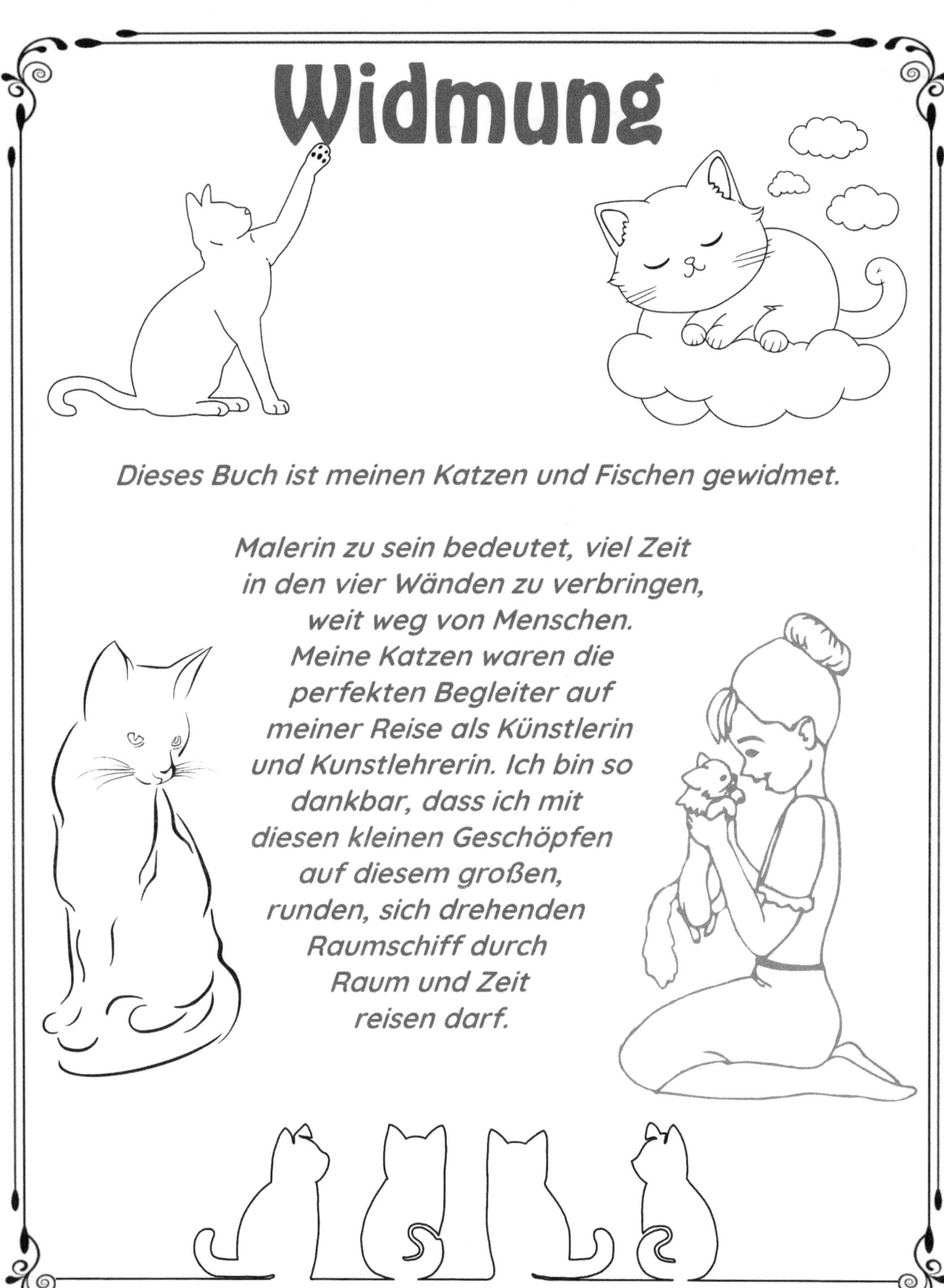

Dieses Buch ist meinen Katzen und Fischen gewidmet.

*Malerin zu sein bedeutet, viel Zeit
in den vier Wänden zu verbringen,
weit weg von Menschen.
Meine Katzen waren die
perfekten Begleiter auf
meiner Reise als Künstlerin
und Kunstlehrerin. Ich bin so
dankbar, dass ich mit
diesen kleinen Geschöpfen
auf diesem großen,
runden, sich drehenden
Raumschiff durch
Raum und Zeit
reisen darf.*

Inhaltsverzeichnis

Einführung

Mein ultimatives Bestreben war es immer, Zeichnungen zu erstellen, die Fotos sehr ähnlich sehen. Wenn Sie dieses Ziel teilen, dann ist dieses Buch speziell für Sie konzipiert. Ich stoße oft auf die Frage: „Warum nicht einfach ein Foto machen?" Meine Antwort ist einfach: „Weil das einfach ist, und ich arbeite gerne hart!"

Das Zeichnen nach Referenzfotos ist keine leichte Aufgabe. Selbst mit über einem Jahrzehnt Erfahrung in diesem Bereich finde ich es immer noch herausfordernd, ein Foto mit absoluter Präzision zu replizieren, trotz des Anscheins von Mühelosigkeit. Beim Betrachten einer Zeichnung, die aus einem Referenzfoto erstellt wurde, wird offensichtlich, dass der Künstler die Referenz verwendet hat, um die Position und Beziehung zwischen Gesichtszügen und anderen Merkmalen genau darzustellen. Es ist für jeden herausfordernd, sich allein auf das Gedächtnis zu verlassen, um die genauen Proportionen eines Tieres zu bestimmen oder seine exakten Details einzufangen. Die Verwendung von Referenzfotos gewährleistet eine realistischere und proportionalere Darstellung, es sei denn, die Absicht besteht darin, ein abstraktes oder weniger proportional realistisches Kunstwerk zu erstellen.

Herzlich willkommen zu diesem Leitfaden, der darauf abzielt, Ihre Zeichnungen auf die nächste Stufe zu heben. Angenommen, Sie haben bereits einige Zeichenerfahrung, zielt dieses Buch darauf ab, Ihre bestehenden Fähigkeiten zu verfeinern und zu verbessern. Der Fokus liegt darauf, auf Ihrem Fundament aufzubauen, über Ihre Komfortzone hinauszugehen und sich in komplexere und fortgeschrittene Techniken zu vertiefen. Es ist wichtig zu verstehen, dass es ein schrittweiser Prozess ist, das

Zeichnen zu meistern. Ihre ersten Versuche sind möglicherweise nicht makellos, aber es ist wichtig, sich nicht entmutigen zu
lassen. Wenn Sie fortschreiten und Ihre frühen Werke mit Ihren
späteren vergleichen, werden Sie die bemerkenswerte Verbesserung feststellen, die Sie erzielt haben. Indem Sie hart-
näckig bleiben und kontinuierlich Ihre Fähigkeiten schärfen,
werden Sie Ihre vorherigen Erfolge übertreffen. Mit Zeit und
Übung werden sich Ihre Fähigkeiten natürlich weiterentwickeln
und zu bemerkenswertem Wachstum führen.

Um ein solides Fundament zu gewährleisten, beginnen wir mit
einfacheren Zeichnungen als Aufwärmübung, bevor wir uns
allmählich zu komplexeren und detaillierteren Projekten vorar-
beiten. Ich bitte Sie, nichts zu überstürzen. Wagen Sie sich erst
an den nächsten Schritt, wenn Sie mit den Ergebnissen der
aktuellen Stufe zufrieden sind, ohne Raum für weitere
Verbesserungen zu lassen.

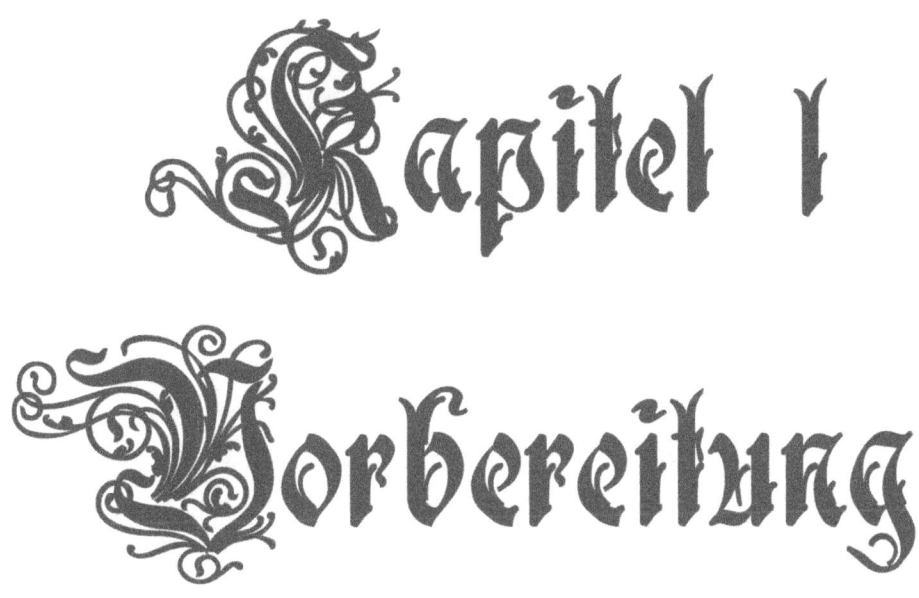

Kapitel 1
Vorbereitung

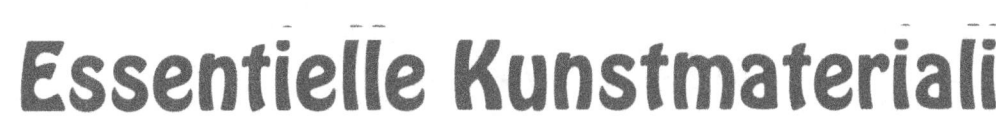

Essentielle Kunstmaterialien

Wenn es um Zeichenwerkzeuge geht, gibt es keine universelle Ausstattung, die für jeden geeignet ist. Jeder Künstler hat seine eigenen einzigartigen Vorlieben und Anforderungen. Abhängig von den spezifischen Ergebnissen, die Sie erzielen möchten, stehen Ihnen eine Vielzahl von Zeichenmaterialien zur Auswahl.

In diesem Kapitel möchte ich eine umfassende Liste der Werkzeuge und Materialien bereitstellen, die in den Anleitungen dieses Buches verwendet werden. Es ist wichtig zu beachten, dass die Erwähnung bestimmter Marken ausschließlich auf persönlichen Vorlieben beruht und nicht automatisch bedeutet, dass sie besser als andere Optionen sind.

Ich möchte betonen, dass ich mit keiner der genannten Marken in Verbindung stehe oder von ihnen gesponsert werde. Obwohl ich persönlich diese bestimmten Marken verwende und schätze, ermutige ich Sie, andere Marken zu erkunden und diejenigen auszuwählen, die Ihren eigenen Vorlieben entsprechen. Ich empfehle jedoch, sich für etablierte Marken zu entscheiden, um Qualität und Langlebigkeit sicherzustellen.

Die Investition in etwas teurere Materialien kann Ihre gesamte künstlerische Erfahrung verbessern und bessere Ergebnisse erzielen als der Kampf mit minderwertigen Werkzeugen. Denken Sie daran, dass das Arbeiten mit zuverlässigen und angenehmen Materialien sich positiv auf Ihren kreativen Prozess auswirken kann.

Graphitstifte

Zuallererst möchte ich die Flexibilität und Anpassungsfähigkeit des Mediums betonen, das Sie für diese Anleitungen wählen. Während Graphitstifte häufig verwendet werden, können Sie gerne auch andere Optionen wie Kohle oder graue Farbstifte erkunden. Der Schlüssel ist, das Medium auszuwählen, das für Sie persönlich am besten geeignet ist. Kohle bietet eine reiche und ausdrucksstarke Textur, die kühne und dramatische Effekte ermöglicht. Andererseits bieten graue Farbstifte einen kontrollierteren und präziseren Ansatz und ermöglichen dennoch eine breite Palette von Werten.

Egal, ob Sie sich für Kohle, Graphitstifte oder graue Farbstifte entscheiden, denken Sie daran, dass die in diesen Anleitungen besprochenen Techniken und Prinzipien auf verschiedene Medien angewendet werden können. Nutzen Sie das Medium, das Sie anspricht und Ihre künstlerische Erkundung fördert.

Für diese Anleitungen bevorzuge ich persönlich die Pitt Graphite Matt-Stifte von Faber-Castell und werde sie auch verwenden. Diese speziellen Stifte bieten einen einzigartigen Vorteil, da sie eine matte Oberfläche haben und unerwünschte Licht-reflexionen vermeiden. Diese Eigenschaft macht sie ideal für Künstler, die eine nichtreflektierende Oberfläche bevorzugen.

Was diese Stifte besonders auszeichnet, ist, dass Faber-Castell ihre Palette um noch dunklere Schattierungen wie 10B, 12B und 14B erweitert hat, die die bisherige maximale Dunkelheit von 9B übertreffen. Dieser erweiterte Bereich ermöglicht eine größere Tiefe und Intensität in Ihren Zeichnungen.

Die Pitt Graphite Matt-Stifte sind in acht Härtegraden erhältlich: HB, 2B, 4B, 6B, 8B, 10B, 12B und 14B. Da es keine Werte gibt, die heller als HB sind, können Sie entweder ihre regulären Stifte oder einen HB-Stift verwenden und weniger Druck ausüben, um hellere Töne zu erzielen. Es ist nicht notwendig, alle acht Stifte zu kaufen; ein einziger HB-, 2B- und 14B-Stift reicht aus.

Durch Variation des Drucks beim Zeichnen können Sie eine breite Palette von Tonwerten erzeugen. Ich empfehle Ihnen dringend, das Üben und Experimentieren mit unterschiedlichem Druck zu üben, um sich mit den Möglichkeiten vertraut zu machen, die diese Stifte bieten.

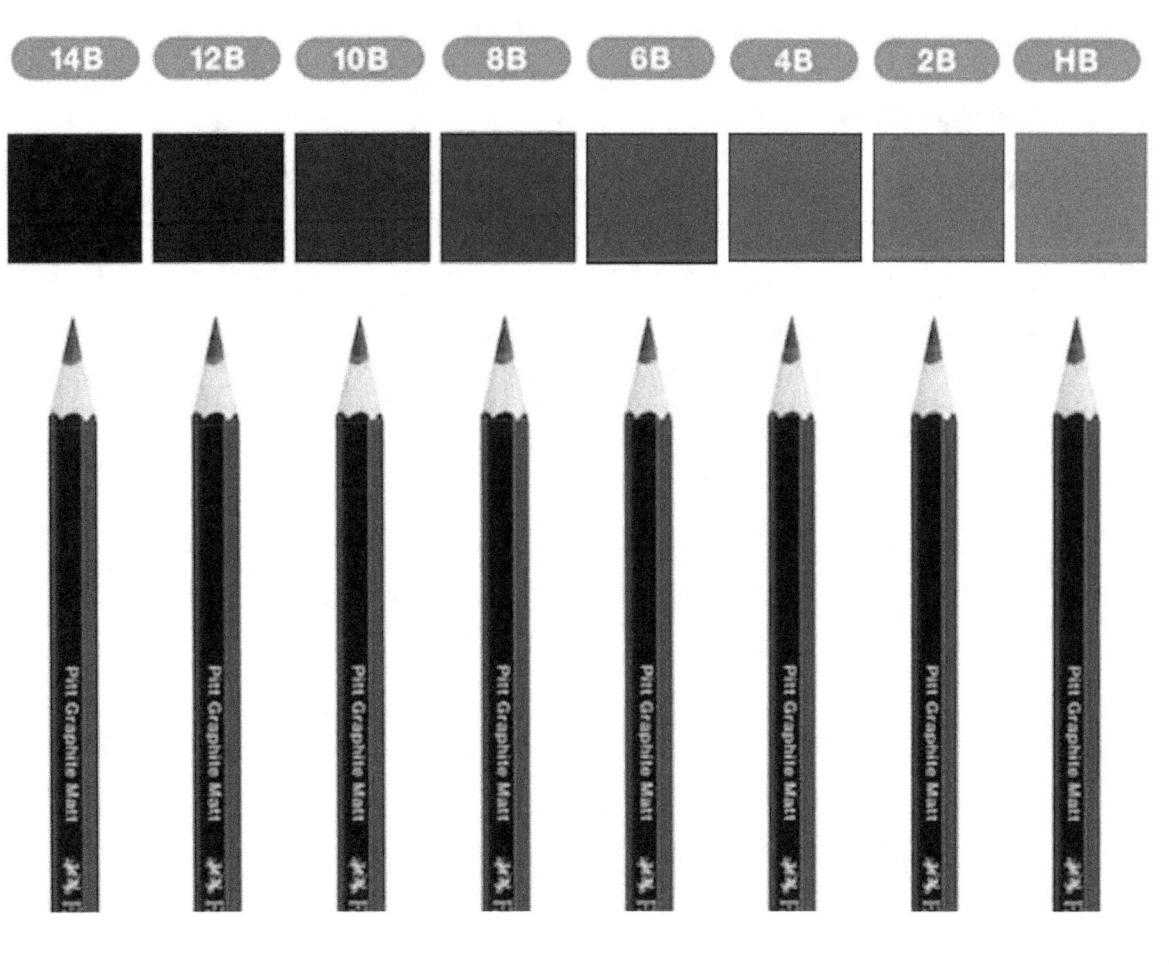

Papier

Wenn es darum geht, optimale Ergebnisse zu erzielen, sollte die Wahl des Papiers nicht vernachlässigt werden. Das Arbeiten mit dickem Papier ist entscheidend, um Falten und Risse zu vermeiden, was im Zeichenprozess sehr frustrierend sein kann.

In den letzten zehn Jahren habe ich konsequent auf Fabriano Bristol-Papier für farbige und Graphitstift-Zeichnungen vertraut, und es hat mich nie enttäuscht. Dieses Papier hat ein Gewicht von 250 g/m² oder 145 lbs, was es außergewöhnlich dick und robust macht. Sein bedeutendes Gewicht hat ihm den Beinamen „Illustrationskarton" aufgrund seiner Dicke eingebracht.

Während einige Künstler lieber strukturiertes oder leicht gelbliches Papier bevorzugen, liegt meine persönliche Vorliebe darin, auf einer glatten, reinweißen Oberfläche zu arbeiten. Dies ermöglicht präzise Kontrolle und eine saubere Ästhetik in meinen Zeichnungen. Bedenken Sie, dass jedes Bristol-Papier eine hervorragende Wahl sein kann, solange es Ihren spezifischen Anforderungen entspricht.

Während wir mit den Zeichnungen in diesem Buch voranschreiten, werde ich das A4-Papierformat (210 x 297 mm) verwenden.

Denken Sie daran, dass die Auswahl des richtigen Papiers das Fundament für Ihr Kunstwerk legt und ein zufriedenstellendes und angenehmes Zeichenerlebnis gewährleistet.

Werkzeuge zum Verblenden

Wenn es darum geht, größere Flächen in meinen Zeichnungen zu verblenden, habe ich festgestellt, dass ein einfaches weißes Taschentuch, das um meinen Finger gewickelt ist, als zuverlässiges Werkzeug dient. Es ist wichtig zu beachten, dass das Taschentuch schlicht und frei von Feuchtigkeitscremes, Farben oder Aromen sein sollte. Die Wahl eines einfachen, unverzierten weißen Taschentuchs gewährleistet einen sauberen und effektiven Verblendungsprozess. Wenn es um kleinere Bereiche geht, die mehr Präzision erfordern, greife ich auf Papierwischer oder Tortillons zurück. Diese bleistift-förmigen Werkzeuge, die aus Papier gefertigt sind, sind sowohl er-schwinglich als auch äußerst effizient. Sie ermöglichen eine kontrollierte Verblendung und eignen sich daher ideal für das Erzielen subtiler Übergänge und das Weichzeichnen von Kanten in komplexen Details.

Für Situationen, in denen ein Gleichgewicht zwischen Präzision und umfassenderer Abdeckung erforderlich ist, verlasse ich mich auf die Vielseitigkeit von Wattestäbchen. Sie sind leicht verfügbar und bieten eine praktische und zugängliche Option, um mittlere Verblendungseffekte zu erzielen.

Ich verwende häufig den Prismacolor Premier farblosen Mischstift für Graphit- und Buntstiftzeichnungen. Dieses vielseitige, wachsbasierte Werkzeug weicht Kanten mühelos auf und erzielt einen flauschigen Effekt, wie in Tutorials gezeigt wird, einschließlich dem für die Ragdoll-Katze.

USA &SANFORD PRISMACOLOR Made in PC1077 Colorless Blender

Radiergummis

Radiergummis spielen eine entscheidende Rolle beim Arbeiten mit Graphitstiften, nicht nur um Fehler zu korrigieren, sondern auch um Highlights in schattierten Bereichen zu erzeugen. Mit einer Vielzahl von Radiergummis kann ich verschiedene gewünschte Ergebnisse erzielen, wodurch sie ein wesentliches Werkzeug in meinem künstlerischen Prozess sind.

Ich verlasse mich auf mehrere Arten von Radiergummis, um spezifische Ergebnisse und Texturen durch das Radieren von Graphit zu erzielen. Meine Sammlung umfasst einen einfachen Radiergummi, einen knetbaren Radiergummi, einen mechanischen Radiergummi und einen elektrischen Radiergummi.

Wenn ich vor der Aufgabe stehe, einen Bereich innerhalb eines besonders dunklen Bereichs zu radieren, kann ein knetbarer Radiergummi unwirksam sein. In solchen Fällen greife ich auf den elektrischen Radiergummi zurück, der sich besonders gut dazu eignet, Graphit selbst aus tiefen Schatten effizient zu entfernen. Seine Präzision und Gründlichkeit machen ihn zu einem unschätzbaren Werkzeug.

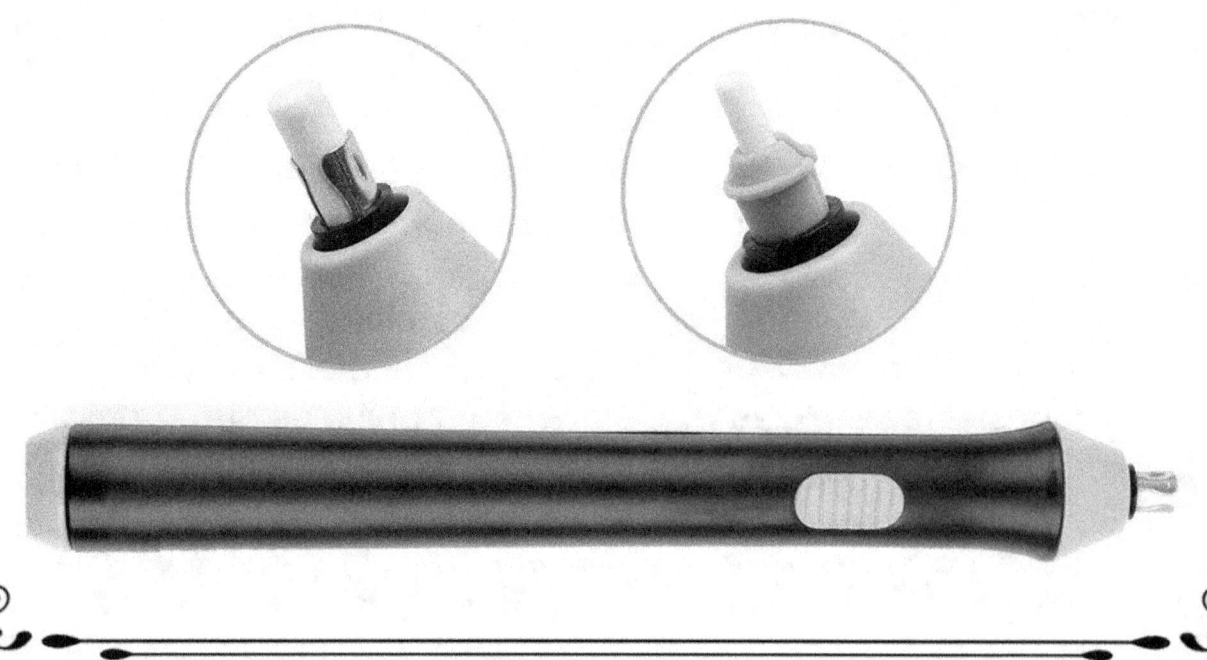

Für leichteres und graduelleres Radieren, insbesondere wenn es um feine Details geht, ist die formbare Natur eines knetbaren Radiergummis ideal. Seine Fähigkeit, Graphit sanft zu entfernen, ermöglicht subtile Anpassungen, ohne die umliegenden Bereiche zu stören. Mit einem knetbaren Radiergummi können Sie präzise Kontrolle über das Radieren ausüben und feine Details mit Leichtigkeit korrigieren.

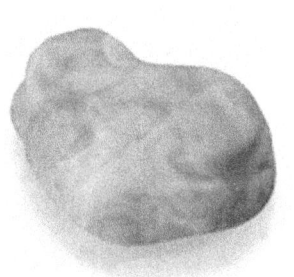

In Fällen, in denen ich einen Mittelweg zwischen Präzision und Leichtigkeit suche, erweist sich der mechanische Radiergummi als bevorzugte Option. Seine einziehbare und präzise Natur ermöglicht es mir, selektiv und kontrolliert zu radieren und den gewünschten Effekt mühelos zu erzielen. Mit einem mechanischen Radiergummi kann ich gezielt Bereiche löschen und dabei eine gute Kontrolle über den Radierprozess behalten. Dadurch kann ich ein ausgewogenes Verhältnis zwischen Präzision und Komfort erreichen.

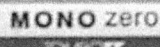

Zusätzliche Werkzeuge

Zusätzlich zu den zuvor genannten Werkzeugen tragen noch einige andere wesentliche Elemente erheblich zu meinem Zeichenprozess bei:

Anspitzer: Ein einfacher Handanspitzer ist unverzichtbar, um die feine Spitze meiner Stifte zu erhalten.

Pinsel zum Reinigen: Um Graphitpulver und Staub von meinem Papier zu entfernen, verlasse ich mich auf einen großen Make-up--Pinsel. Seine weichen Borsten beseitigen effektiv unerwünschte Rückstände, ohne dabei die Gefahr von Verwischungen oder Fingerabdrücken auf dem Kunstwerk zu erhöhen. Durch regelmäßiges Waschen und ordnungsgemäßes Trocknen des Pinsels bleibt dessen Sauberkeit und Effizienz für zukünftigen Gebrauch gewährleistet.

Graphitpulver: Für das Schattieren großer Flächen oder das Erzeugen von atmosphärischen Hintergründen ist Graphitpulver eine wertvolle Ressource. Es kann bequem gekauft oder einfach hergestellt werden, indem die Spitze eines Graphitstifts gegen Schmirgelpapier gerieben wird. Das resultierende Pulver ermöglicht sanfte und vielseitige Schattierungstechniken, die Tiefe und Dimension in das Kunstwerk einbringen.

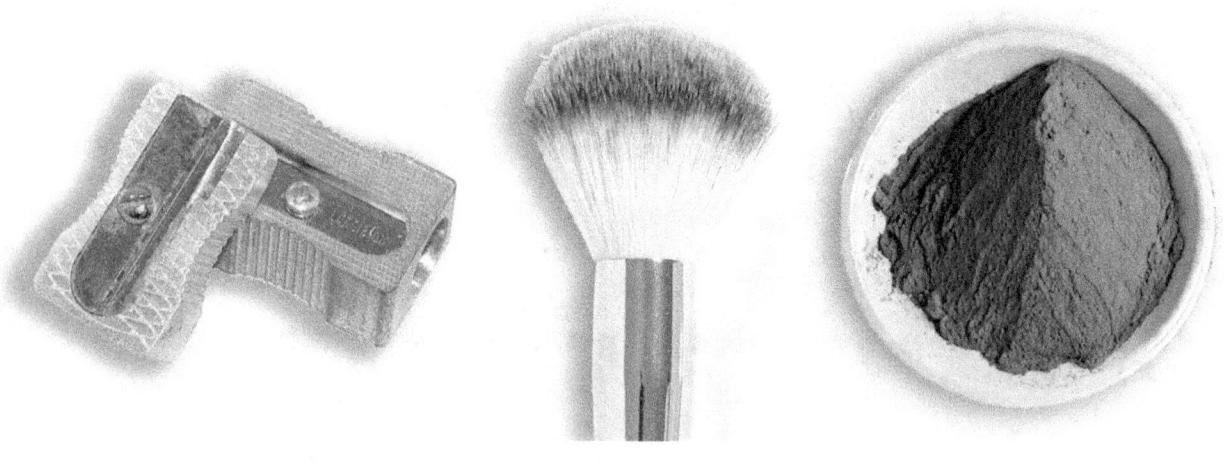

<u>Maskierungswerkzeuge</u>: Wenn ich bestimmte Bereiche beim Schattieren oder Zeichnen erhalten möchte, verlasse ich mich auf Frisket Masking Film. Diese Folie ermöglicht es mir, die gewünschten Regionen leicht abzudecken und kann ohne Beschädigung entfernt werden. Während gewöhnliches Masking Tape oder ausgeschnittenes Papier denselben Zweck erfüllen können, bietet die Wahl einer selbstklebenden Folie, die speziell für diese Aufgabe entwickelt wurde, zusätzliche Bequemlichkeit. Diese Marke, die unter Künstlern hoch angesehen ist, hat sich als zuverlässig und sehr empfehlenswert erwiesen.

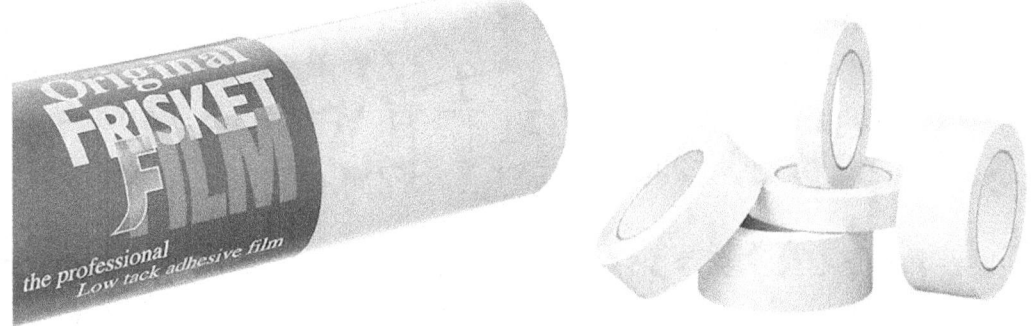

<u>Weißer Tinten-Gelstift</u>: Ich benutze oft einen weißen Tinten-Gelstift oder einen weißen Gelly Roll, um meinem Zeichnungen detaillierte weiße Akzente hinzuzufügen, besonders wenn es schwierig ist, reines Weiß zu erzielen. Zum Beispiel, wenn ich Schnurrhaare zeichne, bevorzuge ich die Verwendung dieses Stifts anstelle des Schattierens um winzige Linien, die bis zum Ende der Zeichnung unberührt bleiben müssen, um ihre Helligkeit zu bewahren. Radiergummis können andererseits die präzisen Linien, die für Schnurrhaare benötigt werden, nicht erzeugen und möglicherweise nicht genug Graphit entfernen, um ein wirklich weißes Ergebnis zu erzielen. Dieses vielseitige Werkzeug erleichtert den Prozess erheblich und liefert bessere Ergebnisse. Wenn Sie keinen weißen Tinten-Gelstift haben, kann jeder undurchsichtige weiße Marker oder sogar eine Korrekturflüssigkeit denselben Zweck erfüllen, wenn sie über Graphit oder dein gewähltes Medium aufgetragen wird.

Schmirgelpapier

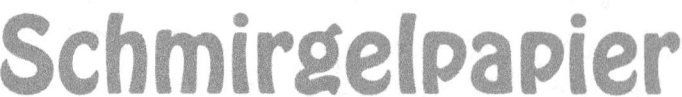

Schmirgelpapier ist ein vielseitiges Werkzeug, das ich bei meinen künstlerischen Unternehmungen stets griffbereit habe. Es erfüllt mehrere Zwecke, darunter das Spitzen meiner Stifte und das Reinigen sowohl von Stiftspitzen als auch von elektrischen Radiergummis. Außerdem verlasse ich mich auf Schmirgelpapier, um eine scharfe Spitze auf meinem elektrischen Radiergummi zu erzeugen. Um dies zu erreichen, schalte ich ihn einfach ein und bewege ihn im 45-Grad-Winkel über das Schmirgelpapier. Diese Technik sorgt für eine klare und präzise Spitze, die es ermöglicht, präzise zu radieren, wenn ich an detaillierten Bereichen meiner Zeichnungen arbeite.

Um meine Stifte zu spitzen, drehe ich sie sanft gegen das Schmirgelpapier, um eine präzise und feine Spitze zu erhalten. Die abrasive Oberfläche des Schmirgelpapiers entfernt überschüssigen Graphit effizient und hilft dabei, die optimale Leistung des Stiftes zu erhalten.

Schmirgelpapier kann auch als Werkzeug dienen, um Ihr eigenes Graphitpulver zu erzeugen.

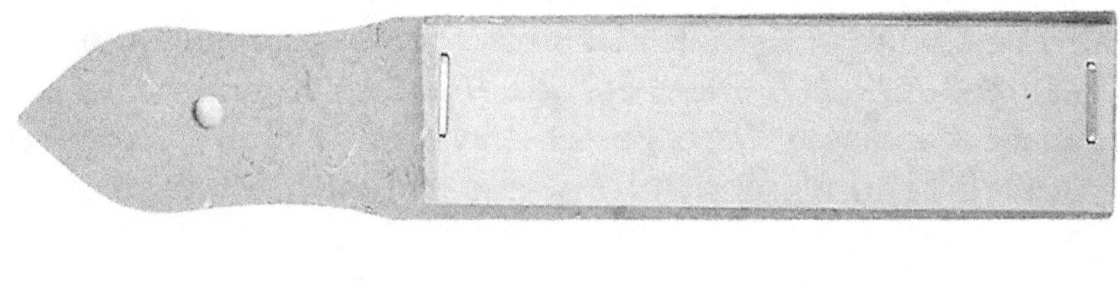

Arten von Linien

Verschiedene Texturen erfordern spezifische Arten von Linien und Schattierungstechniken, um die gewünschten Effekte zu erzielen. Hier werde ich kurz einige wesentliche vorstellen und begleitende Beispielbilder liefern.

Schraffur

Die Schraffur beinhaltet das Auftragen von nicht kreuzenden parallelen Linien nebeneinander, um eine Fläche vollständig oder teilweise zu bedecken. Diese Technik eignet sich ideal für das Zeichnen von lockigem menschlichem Haar oder langem, glänzendem Tierfell, wie beispielsweise die Mähne eines Pferdes.

Um diese Technik zu veranschaulichen, verweise ich auf das beigefügte Bild.

Im ersten Schritt (1) zeichnen Sie mit einem 2B-Stift Linien in Richtung des Höhepunkts der Locke, wobei Sie gezielt den Mittelteil anvisieren, wo das Haar sich biegt. Üben Sie auf der linken Seite des dunkelsten Bereichs starken Druck aus und bewegen Sie sich allmählich zum Höhepunkt hin, während Sie den Druck auf den Stift verringern.

Als nächstes, im zweiten Schritt (2), wiederholen Sie den Vorgang auf der gegenüberliegenden Seite. Beginnen Sie mit starkem Druck und lassen Sie allmählich nach, während Sie den Bereich erreichen, den Sie zuvor gezeichnet haben. Lassen Sie etwas freien Raum zwischen den Linien. Die Größe des freien Raums bestimmt die Größe und den Glanz der Locken. Für kleine Locken lassen Sie einen kleinen freien Raum.

Im dritten Schritt (3) fügen Sie mehr Schattierung hinzu, indem Sie das Ende der Locke mit einer viel dunkleren Schattierung, z. B. 8B, bedecken. Üben Sie am Anfang starken Druck aus und lassen Sie allmählich nach, während Sie die Linien zum Höhepunkt hin ziehen.

Schließlich, im vierten Schritt (4), verwenden Sie einen Papierwischer, um die Enden der Striche über dem Highlight zu verwischen. Um mehr Realismus hinzuzufügen, erstellen Sie zufällige Ausreißerhaare, indem Sie den Graphit in verschiedenen Bereichen der Zeichnung ausradieren. Diese Technik führt zu einer glänzenden, lockigen Haarsträhne. Es ist wichtig zu beachten, dass wir in diesem Fall weder Kreuzschraffur noch Zirkulismus verwenden, worüber ich später noch detaillierter sprechen werde.

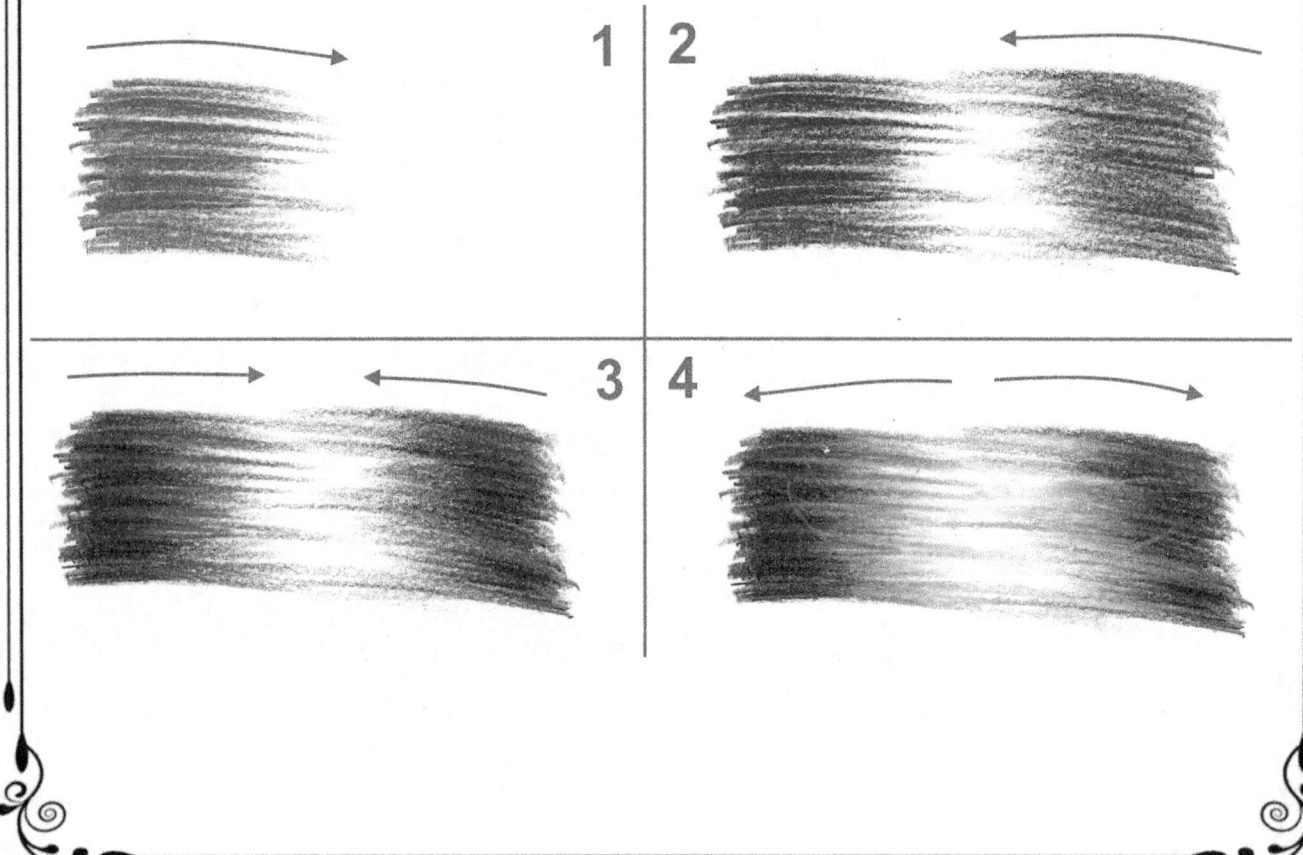

Kreuzschraffur

Die Kreuzschraffur ist eine wertvolle
Technik, um eine Vielzahl von Texturen zu erzeugen, insbesondere für
Stoffe und andere komplizierte
Oberflächen. Um diesen Effekt
zu erzielen, beginnen Sie damit,
parallele Striche des Bleistifts
eng nebeneinander in eine
Richtung zu ziehen. Legen Sie
dann eine weitere Serie von Linien
in einem Winkel von 90 Grad dazu,
senkrecht zu den ersten Strichen.

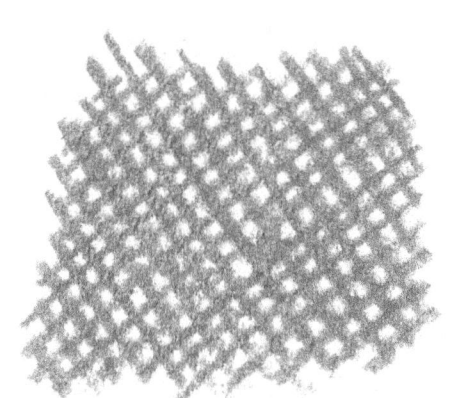

Punktstrich

Der Punktstrich ist eine Technik, bei
der ein Muster von zahlreichen Punk-
ten auf der Oberfläche erzeugt wird.
Einige Künstler erstellen sogar ganze
Kunstwerke, die nur aus dem Punktstrich besteht. Wenn der Punktstrich
zur Schattierung verwendet wird, werden
die Punkte in den schattierten Bereichen enger platziert,
während sie für Highlights etwas weiter voneinander entfernt
sind. Diese Technik ist besonders nützlich, wenn wir mit
Bleistiften arbeiten, die unabhängig vom Druck keine glatte
Textur erzeugen. Der Punktstrich ermöglicht es uns, die Textur
auszugleichen, indem wir in helleren Bereichen mehr Schatten

auftragen und so einen graduellen, kontrollierten Schattierungseffekt erzielen, ohne abrupte Fortschritte oder Fehler zu machen. Er bietet einen methodischen und präzisen Ansatz, um realistische Texturen und Töne in unseren Zeichnungen zu erstellen. Es ist auch entscheidend, die Schärfe oder Stumpfheit der Bleistiftspitze zu berücksichtigen, wenn wir bestimmte Texturen anstreben. Eine sehr scharfe Bleistiftspitze kann präzise und feine Details erzeugen, während eine stumpfe Spitze breitere und weichere Striche erzeugen kann. Durch die Anpassung der Schärfe der Bleistiftspitze haben wir eine größere Kontrolle über die Texturen, die wir in unseren Zeichnungen erzielen möchten. Dies ermöglicht es uns, den Detailgrad zu variieren und verschiedene visuelle Effekte zu erzeugen, die den Realismus und den Ausdruck unserer Kunstwerke insgesamt verbessern.

Scribbling

Scribbling ist eine Technik, bei der Linien in einer zufälligen und unstrukturierten Weise gezeichnet werden, um einen bestimmten Bereich zu bedecken. Beim Scribbling haben Sie die Freiheit, 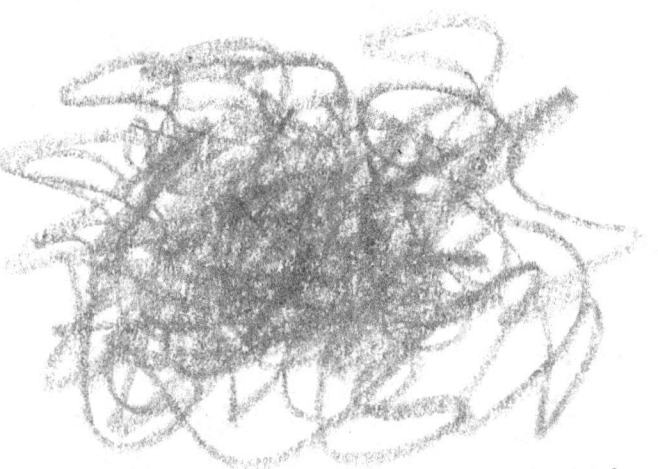 sich gehen zu lassen und spontane Markierungen zu setzen. Sobald Sie mit dem Scribbling fertig sind, können Sie die Linien mit einem Taschentuch oder einem Blendstift verblenden, was zu einem einzigartigen und texturierten Effekt führt. Diese Technik kann besonders nützlich sein, um bestimmte Texturen in Ihrem Kunstwerk zu erzeugen.

Zirkulismus

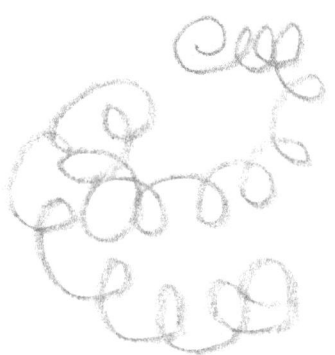

Der Zirkulismus ist eine Methode, bei der überlappende Kreise aufgetragen werden, wie im Bild links gezeigt. Während das Beispiel ein grundlegendes Verständnis vermittelt, sollten die Kreise in der Praxis viel näher beieinander liegen und so lange wiederholt werden, bis eine gleichmäßige Textur erreicht ist.

Nun zeichnen wir die Kreise wiederholt überlappend. Schauen Sie sich das Bild rechts an, um das Endergebnis zu sehen. Durch das Zeichnen von Kreisen übereinander können wir das Papier vollständig abdecken und eine glatte Textur erzeugen, die besonders nützlich ist, um menschliche Haut und ähnliche Texturen zu zeichnen.

Ich persönlich nutze diese Technik ebenfalls und empfehle sie wärmstens, um eine nahtlose Textur ohne sichtbare Linien zu erzielen. Es ist wichtig, ein hochwertiges, glattes und dickes Papier zu verwenden, das mehrere Schichten von fest aufgetragenem Farbauftrag verkraften kann. Dünnes Papier kann bröckeln und reißen, wenn viele überlappende Kreise verwendet werden.

Sanfter Farbverlauf

Im Bereich realistischer Zeichnungen ist die Beherrschung der Kunst, einen sanften Farbverlauf zu erzeugen, von entscheidender Bedeutung. Diese Technik beinhaltet das nahtlose Verbinden von dunklen, mittleren und hellen Tönen, ohne sichtbare Kanten zwischen ihnen. Die Schattierungen sollten elegant ineinander übergehen und eine nahtlose Übergang erzeugen. Sobald Sie den sanften Farbverlauf beherrschen, sind die Möglichkeiten für realistische Zeichnungen grenzenlos.

Um diese Technik zu üben, ermutige ich Sie, eine flache Oberfläche zu schattieren, wie im begleitenden Bild dargestellt. Obwohl ich in diesem Buch nicht auf das Schattieren einer Kugel eingehen werde, da es ein weit verbreitetes Thema ist, halte ich es für wichtig, die Bedeutung des Übens des sanften Farbverlaufs zu betonen. Er dient als Grundlage für die Erzeugung realistischer Texturen und Volumen.

Der Schlüssel, um einen sanften Übergang zwischen verschiedenen Graphitgraden zu erzielen, liegt in der Anpassung des auf den Bleistift ausgeübten Drucks. Im linken Bild können Sie beobachten, wie ich 2B, HB, H, 3H und 5H Bleistifte nebeneinander verwendet habe und dabei einen gleichmäßigen Druck aufrechterhalten habe. Auf der rechten Seite habe ich mit einem 2B-Bleistift begonnen und auf der linken Seite des Musters festen Druck ausgeübt. Während ich mich zum hellsten Bereich auf der rechten Seite bewegte, habe ich allmählich den Druck auf meinen Bleistift verringert.

Ich habe mit einem HB-Bleistift weitergemacht, die rechte Seite des zuvor gezeichneten 2B-Bereichs leicht überlappt und dabei festeren Druck auf den Bleistift ausgeübt, um die Schattierungen zu vermischen, während ich den Druck auf der rechten Seite des Bereichs verringerte. Diesen Vorgang habe ich mit einem H- und 3H-Bleistift wiederholt und schließlich einen 5H-Bleistift auf der linken Seite verwendet, wobei ich sehr leichten Druck ausgeübt habe, um den hellsten Schatten sanft in die Helligkeit des Papiers übergehen zu lassen. Durch das Wiederholen der zuvor verwendeten Bleistifte vermischen wir sie nahtlos miteinander und machen die Kanten unsichtbar.

2B HB H 3H 5H   2B HB H 3H 5H

Die Übung dieser Technik wird Ihre Fähigkeit zur Erzeugung realistischer Verläufe verfeinern und ein geschultes Auge für glatte Farbverläufe in Ihrer Kunst entwickeln.

Wie man Referenzfotos auswählt

Bei der Auswahl eines Referenzfotos für Ihre Zeichnung ist es wichtig, Bilder auszuwählen, die einen guten Kontrast aufweisen und nicht flach erscheinen. Selbst wenn das ursprüngliche Foto keinen starken Kontrast hat, können Sie diesen in Ihrer Zeichnung erzeugen, indem Sie Highlights und Schatten betonen, wie es im Zebra-Tutorial ge zeigt wird. Stellen Sie außerdem sicher, dass die Motive auf den Bildern auch als kleine Miniaturansichten erkennbar sind.

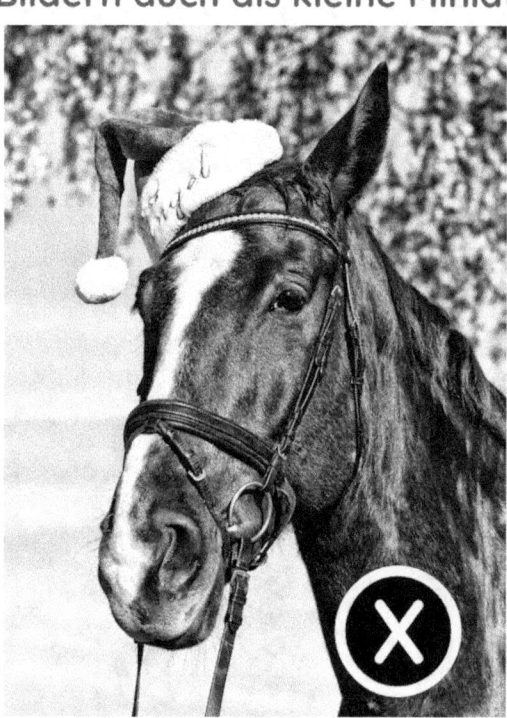 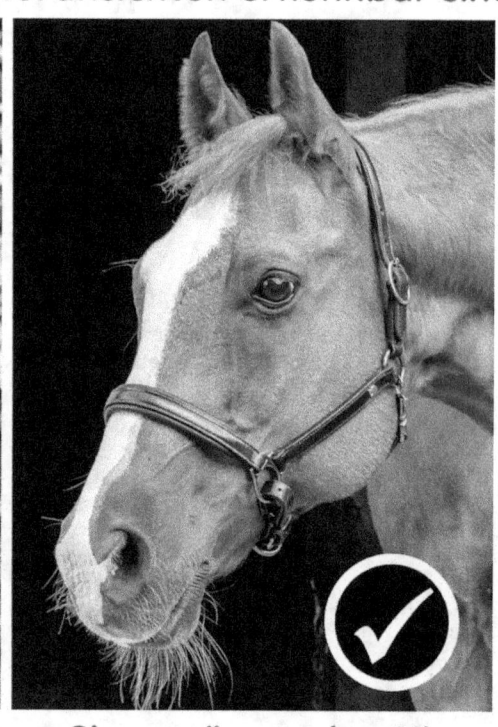

Für eine verbesserte Klarheit können Sie erwägen, den Hintergrund um das Tier herum mit Weiß oder sogar Schwarz in einer Bildbearbeitungssoftware zu färben. Durch die Simulation des weißen Papierhintergrunds können Sie den Kontrast, die Werte und die allgemeine Komposition Ihres Motivs besser beurteilen. Indem Sie die Details im Hintergrund entfernen, wird das Tier zum Hauptfokuspunkt. Dieser minimalistische Ansatz kann zu einer kraftvollen und wirkungsvollen Komposition führen, besonders wenn das Ziel darin besteht, das Tier zu betonen und eine starke visuelle Wirkung zu erzielen. Im Laufe der Tutorials in diesem Buch werde ich tiefer in das Thema der Auswahl von Referenzfotos eintauchen und Ihnen wertvolle Tipps und Ratschläge geben, um die besten Auswahlmöglichkeiten für Ihre Kunstwerke zu treffen.

Wie man die richtigen Bleistifte auswählt

Vielleicht fragen Sie sich, wie Sie in Zukunft die richtigen Bleistifte für Ihre Zeichnungen auswählen können, wenn ich Sie nicht wie in diesen Anleitungen führen werde. Die Fähigkeit, den richtigen Härtegrad zu wählen, entwickelt sich im Laufe der Zeit durch Übung und Erfahrung. Normalerweise verlasse ich mich auf mein Instinkt und nehme den Bleistift, der mir als Erstes in den Sinn kommt, wenn ich das Referenzfoto sehe. Diese Methode kann jedoch für Anfänger herausfordernd sein, da es leicht ist, die falsche Härte zu wählen.

Um Ihnen zu Beginn zu helfen, habe ich ein hilfreiches Werkzeug namens „Color Picker for Artists" entwickelt, das sowohl als mobile App als auch als Desktop-Anwendung verfügbar ist. Mit diesem Tool können Sie Ihr Referenzfoto hochladen, einen bestimmten Bereich auswählen und die App schlägt den am besten passenden farbigen oder graphitfarbenen Bleistift vor. Die Desktop-Version bietet sogar eine Genauigkeitsfunktion, die die Übereinstimmung in Prozent anzeigt. Obwohl dies kostenpflichtige Apps sind, entspricht ihr Preis nur wenigen Bleistiften, und sie können Ihnen wertvolle Zeit bei der Auswahl der richtigen Bleistifte sparen. Weitere Informationen und Links finden Sie auf meiner Website unter www.pen-pick.com.

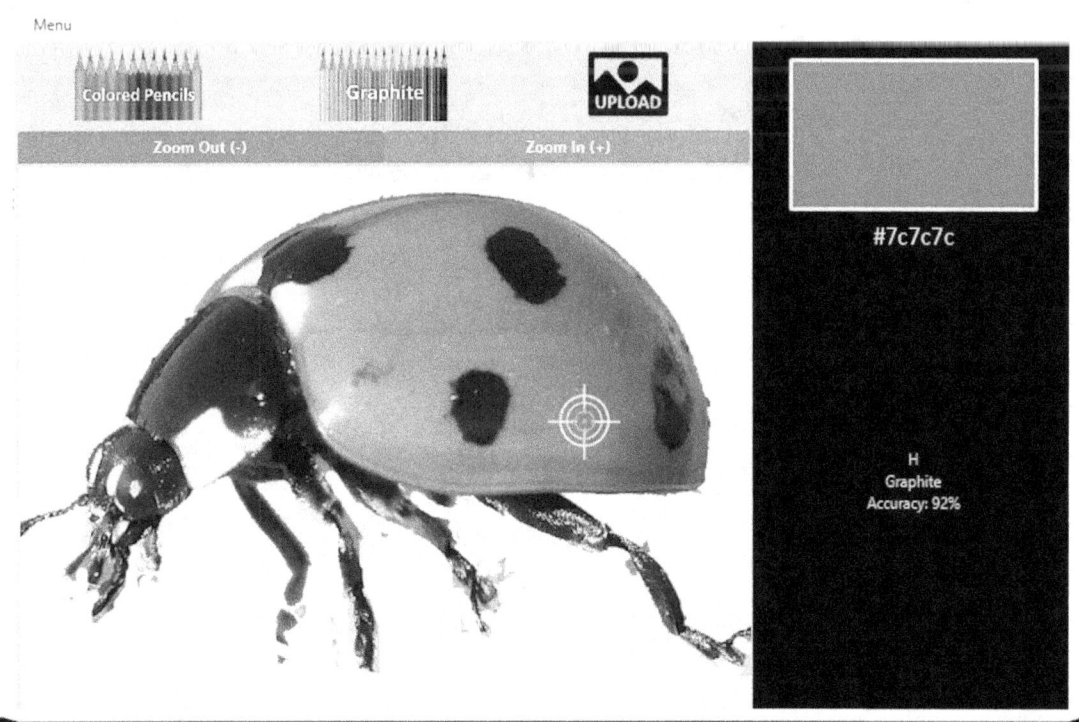

Proportionales Skizzieren

Beim Erstellen realistischer Zeichnungen mit Graphitstiften ist ein solides Fundament entscheidend. Die anfängliche Skizze muss sowohl proportional als auch genau sein, da dunkle Stifte nicht leicht radierbar sind. Allerdings garantiert allein das Skizzieren kein realistisches Ergebnis. Es ist möglich, eine perfekte Skizze zu haben, aber letztendlich eine Zeichnung zu haben, die an Realismus mangelt, genauso wie eine weniger perfekte Skizze durch Schattieren und strategisches Platzieren von Werten transformiert werden kann. Während das Nachzeichnen eine schnelle Lösung bieten mag, behindert es die Entwicklung von freihändigen Zeichenfertigkeiten und Geduld und birgt auf lange Sicht erhebliche Nachteile. Zusätzlich kann auf hochwertigem dicken Papier das Nachzeichnen aufgrund begrenzter Transparenz ineffektiv sein und zu falsch platzierten Linien führen.

Die Rastermethode

Die Rastermethode ist eine einfache und effektive Technik, um die Konturen eines Referenzfotos genau auf Ihre Zeichenfläche zu übertragen. Dabei werden sowohl das Referenzfoto als auch der Zeichenbereich in ein Raster aus gleich großen Quadraten unterteilt. Indem Sie das Referenzfoto Quadrat für Quadrat sorgfältig beobachten und den Inhalt in jedem entsprechenden Quadrat auf Ihrer Zeichenfläche replizieren, können Sie genaue Proportionen und Platzierungen sicherstellen.

Um freihändige Zeichenfertigkeiten zu entwickeln, empfehle ich dringend die Verwendung der Rastermethode. Beginnen Sie damit, die Hauptlinien freihändig zu skizzieren, greifen Sie nur dann auf das Raster zurück, wenn die Proportionen in Ihrer ersten Skizze falsch erscheinen. Wenn Sie an Selbstvertrauen gewinnen, erhöhen Sie allmählich die Größe Ihrer Rasterquadrate und verlassen Sie sich immer weniger auf das Raster selbst. Fortgeschrittene Künstler können nur wenige Rasterlinien als Referenz verwenden und sich stärker auf ihr „künstlerisches Auge" verlassen.

Die Rastermethode hat eine reiche Geschichte in der Kunstwelt und reicht bis ins Mittelalter zurück. Einer der bekanntesten Künstler, die diese Technik angewendet haben, war Albrecht Dürer.

Das beigefügte Bild zeigt Dürers Methode, sein Modell innerhalb eines gerahmten Rasters zu positionieren, was ihm ermöglichte, eine genaue und treue Reproduktion auf Papier zu skizzieren.

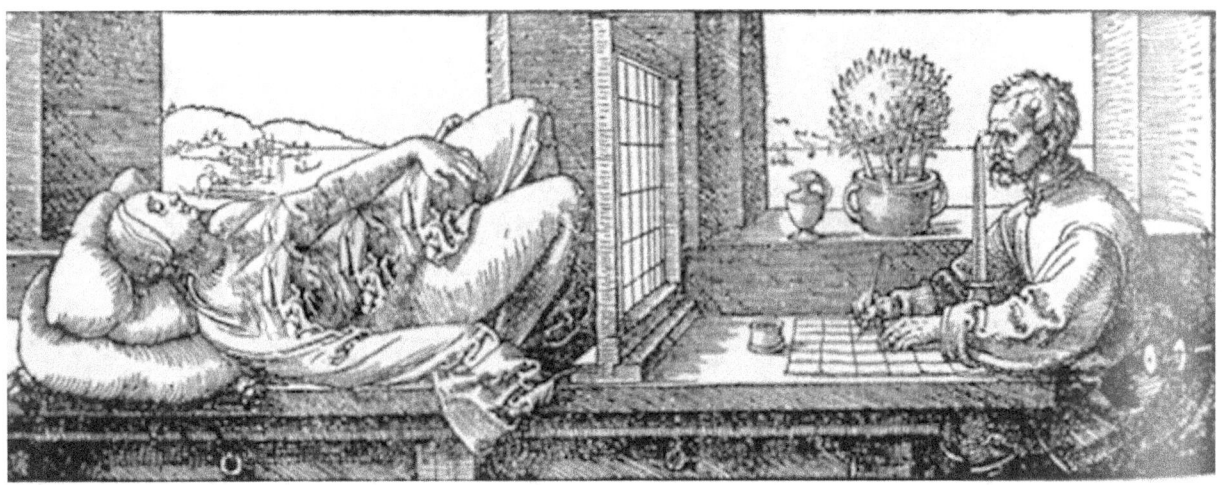

Die Rastermethode wurde auch von vielen anderen Künstlern der Renaissance verwendet, darunter der große Leonardo da Vinci. Selbst heute bleibt die Rastermethode eine wertvolle Technik für Künstler, die komplexe Motive zerlegen und Genauigkeit in ihrer Kunst bewahren möchten.

Wie man die Rastermethode nutzt

Also, wie erstellt man ein Raster über seinem Referenzfoto und seinem leeren Blatt Papier?

Wenn es Ihnen herausfordernd erscheint, von Hand ein Raster über Ihr Referenzfoto zu zeichnen, stehen digitale Werkzeuge zur Verfügung, die Ihnen helfen können. Eine solche Anwendung ist „GriDraw",die von mir entwickelt wurde. GriDraw bietet ein praktisches Rasterzeichnungswerkzeug, das Ihnen beim Platzieren von Rasterlinien auf Ihrem Referenzfoto helfen kann. Für weitere Informationen über GriDraw und um es zu erwerben, besuchen Sie bitte die Website unter www.gridraw.net

Ich empfehle dringend die Verwendung von quadratischen Zellen mit einem 1:1-Verhältnis anstelle von rechteckigen Zellen, wenn Sie Raster zeichnen. Das liegt daran, dass quadratische Zellen einfacher und leichter zu handhaben sind und eine bessere Genauigkeit und Proportionalität in Ihrer Kunst ermöglichen.

1. Beginnen Sie damit, die gewünschte Anzahl von Spalten und Zeilen für Ihr Raster festzulegen.

2. Zeichnen Sie ein Raster über Ihr Referenzfoto und beschriften Sie jede Zelle mit Zahlen oder Buchstaben, wie in der beigefügten Abbildung gezeigt.

3. Auf einem leeren Blatt Papier zeichnen Sie das Raster mit den gleichen Zeilen und Spalten wie auf Ihrem Referenzfoto. Achten Sie darauf, die Zellen auf die gleiche Weise zu beschriften. Für optimale Ergebnisse empfehle ich die Verwendung eines HB-Bleistifts und das Auftragen von sanftem Druck. Härterer Bleistift neigt dazu, Linien ins Papier zu prägen, was beim Schattieren unerwünscht sein kann. Es ist nicht notwendig, dunklere Bleistifte zu verwenden, da sie möglicherweise auch nach dem Radieren sichtbar bleiben.

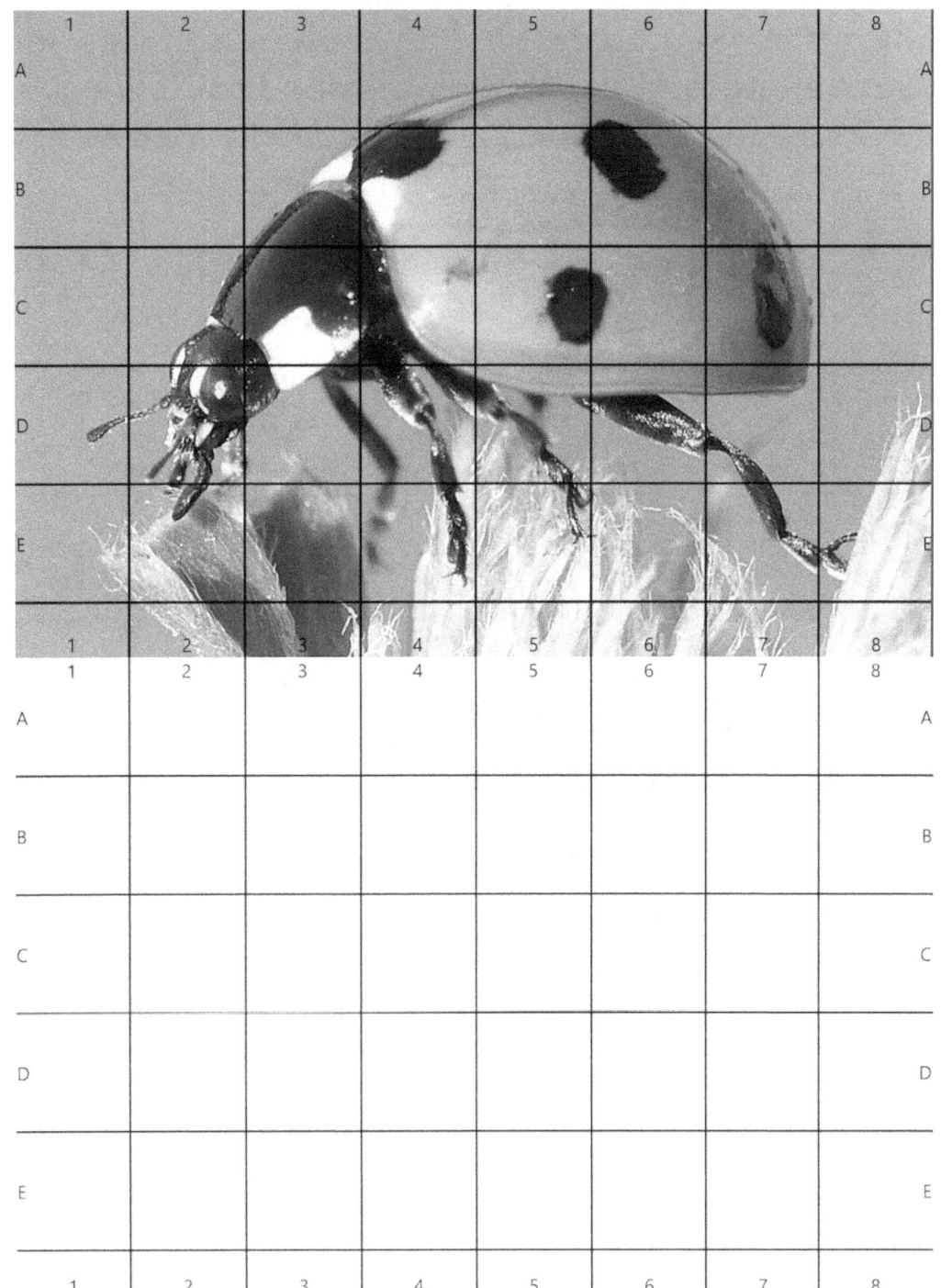

4. Nun ist es an der Zeit, die Linien zu skizzieren, die Sie für Ihre Zeichnung benötigen. Diese Linien können einfache Formen oder komplizierte Details sein, abhängig davon, was Ihnen vom Referenzfoto am hilfreichsten erscheint. Wählen Sie eine Box im Raster als Ausgangspunkt und finden Sie die entsprechende

Box auf Ihrem gerasterten Papier oder Ihrer Leinwand. In der bereitgestellten Abbildung können Sie sehen, dass ich in der Box B7 begonnen habe, die Kurve des Marienkäferpanzers zu zeichnen.

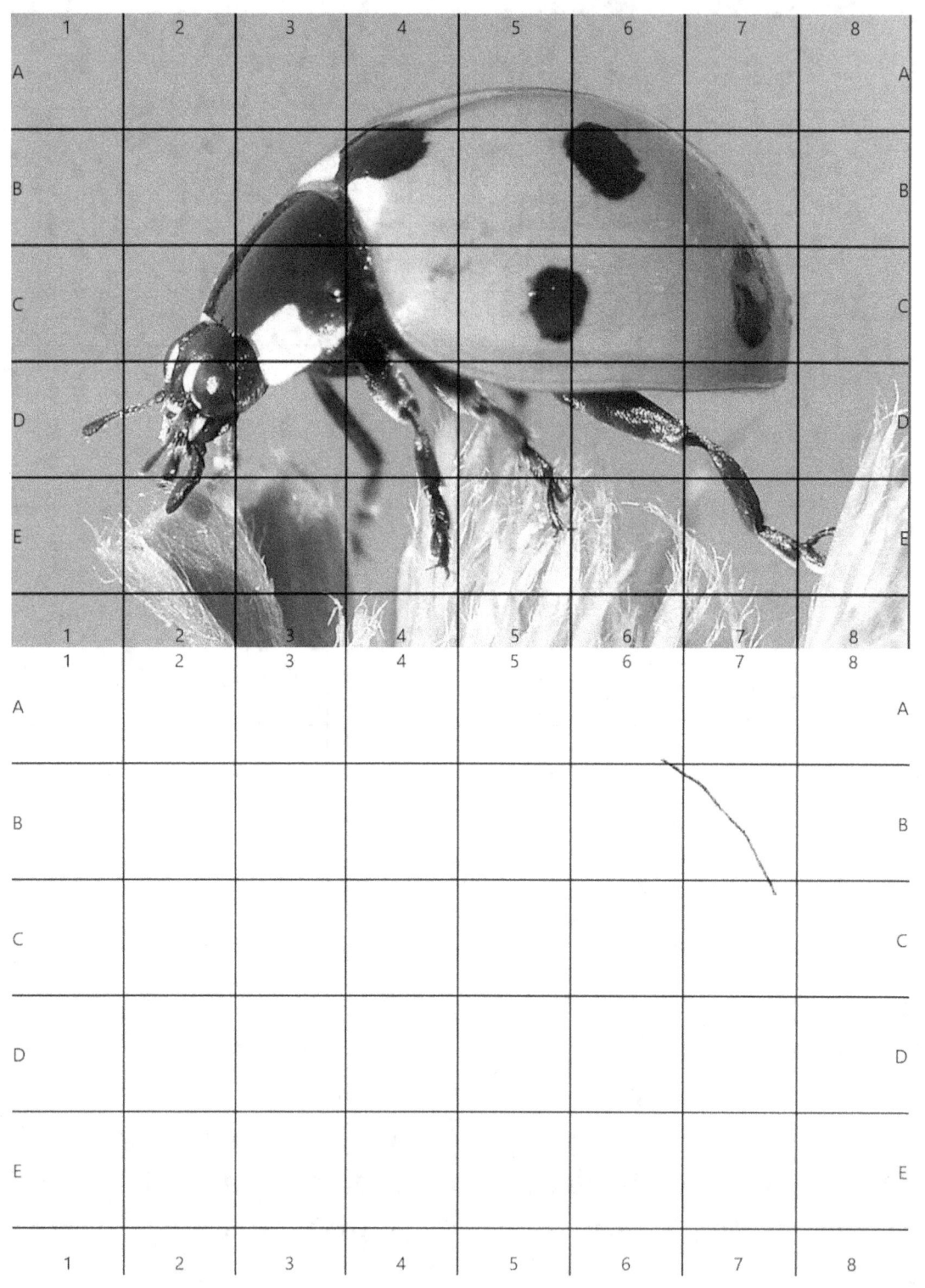

5. Während Sie skizzieren, folgen Sie sorgfältig der Kontur von einer Box zur nächsten und verwenden Sie dabei die Randbeschriftungen, um Ihre Position im Auge zu behalten. Achten Sie genau darauf, wo die Kontur innerhalb jeder Box beginnt und endet. Bewahren Sie Genauigkeit und erfassen Sie die gewünschte Form.

6. Nehmen Sie sich einen Moment Zeit, um Ihre Skizze sorgfältig zu überprüfen. Beurteilen Sie die Gesamtgenauigkeit und -proportionen der Zeichnung und vergleichen Sie sie mit dem Referenzfoto. Nehmen Sie alle notwendigen Anpassungen vor, um sicherzustellen, dass die Proportionen korrekt sind und die Details genau erfasst wurden.

7. Wenn Sie mit Ihrer Skizze zufrieden sind und in ihrer Genauigkeit sicher sind, ist es an der Zeit, die Rasterlinien vorsichtig von Ihrem Papier zu radieren. Verwenden Sie einen weichen Radiergummi und sanfte Striche, um die Rasterlinien zu entfernen, und achten Sie darauf, dass Sie keinen Teil Ihrer Zeichnung verwischen oder beschädigen. Sobald die Rasterlinien entfernt sind, haben Sie eine saubere Zeichnung, die bereit ist für die nächsten Schritte des Schattierens und der Detailarbeit.

In der bereitgestellten Abbildung können Sie die wichtigen Skizzierungslinien sehen, die ich für meine Zeichnung als wichtig erachtet habe.

Um die Rastermethode zu üben, erstellen Sie mit Ihrem Bleistift die Skizze über den Rasterlinien in dem Bild, das ich nach Schritt 3 in diesem Kapitel bereitgestellt habe.

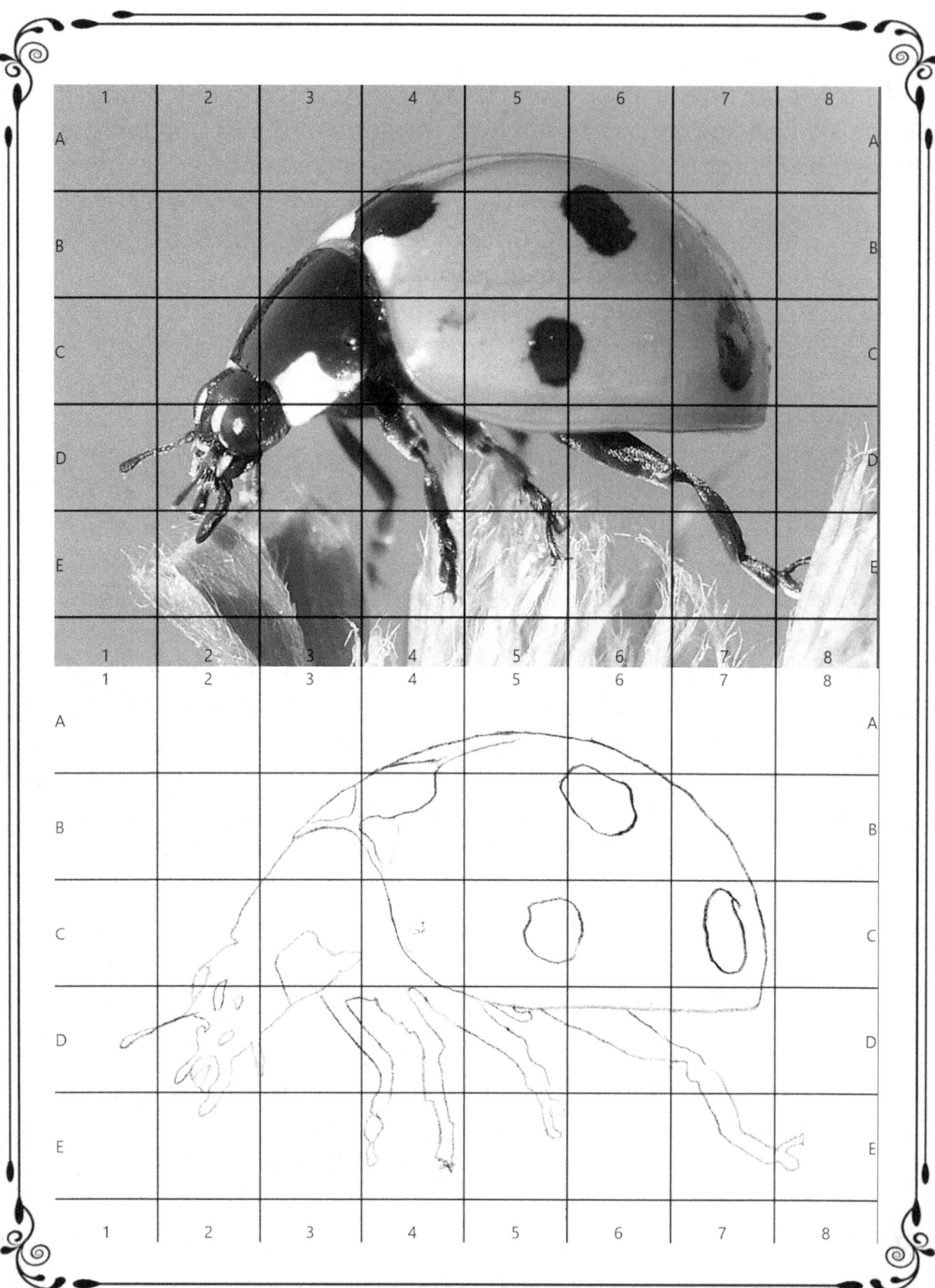

Wenn Ihnen die Erstellung der Skizze mithilfe der Raster-methode Schwierigkeiten bereitet oder wenn Sie es einfach bevorzugen, eine vorgefertigte Skizze zu verwenden, können Sie alle in diesem Buch vorgestellten Skizzen von meiner Website www.jasminasusak.com/sketch herunterladen. Diese Skizzen werden in einer komprimierten Zip-Datei zum einfachen Herunterladen bereitgestellt. Nachdem Sie die Datei heruntergeladen haben, können Sie sie entpacken, um auf die einzelnen Skizzenbilder zuzugreifen. Von dort aus können Sie die Skizzen auf Ihr bevorzugtes Papier drucken und mit dem Schattieren über den vorhandenen Linien beginnen. Dies kann eine hilfreiche Option sein, um Zeit zu sparen und Genauigkeit in Ihren Zeichnungen zu gewährleisten.

Hier ist ein weiteres Bild, mit dem Sie üben können:

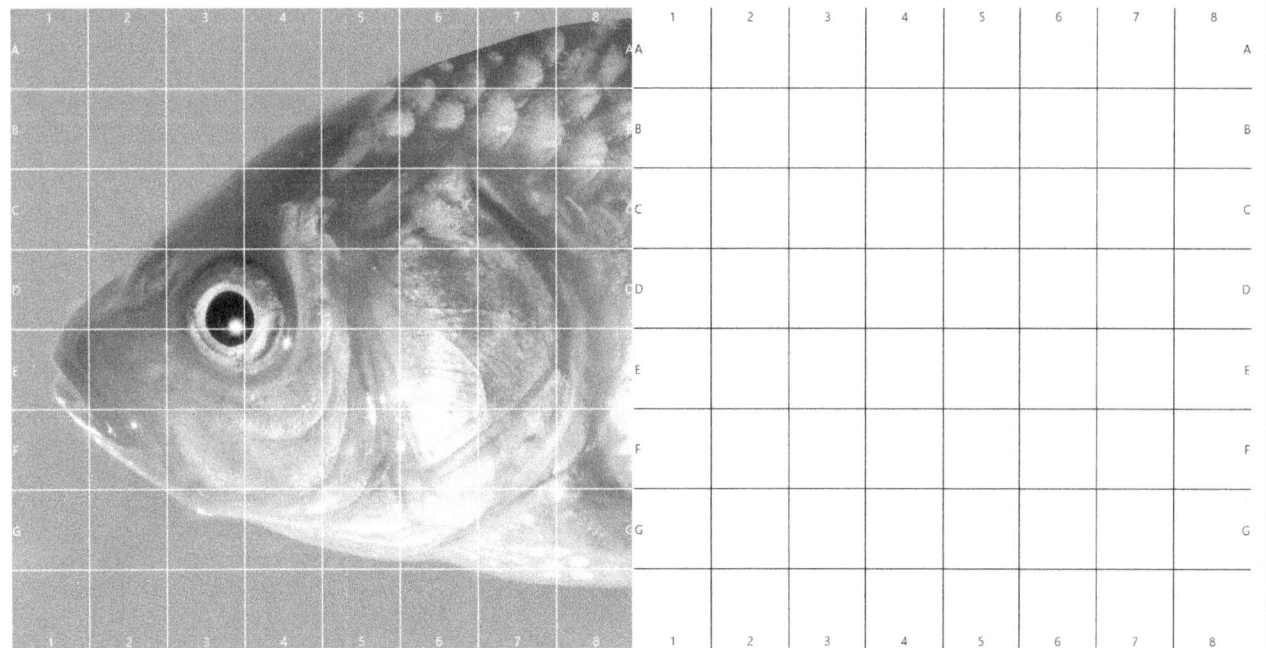

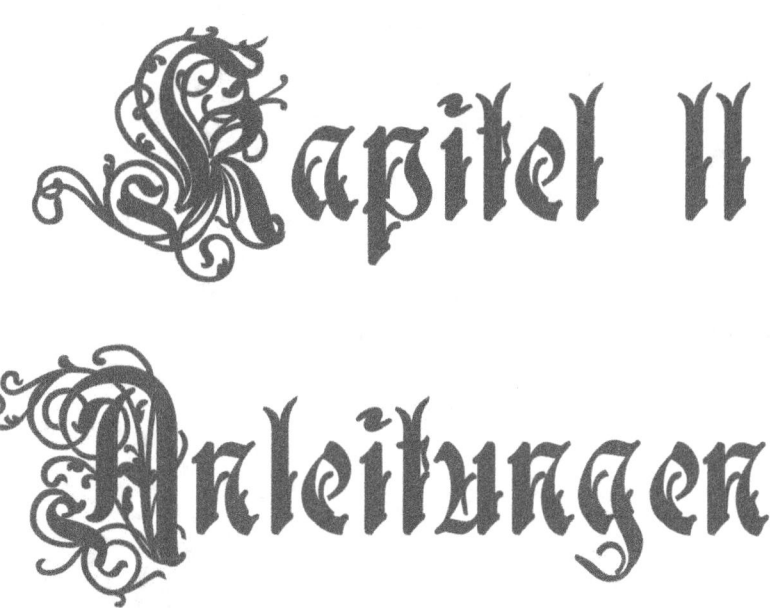

Kapitel II
Anleitungen

Einen Schmetterling zeichnen

Das Zeichnen eines Schmetterlings kann für Anfänger, die die Techniken mit Graphitstiften erkunden, ein großartiger Ausgangspunkt sein. Es ist relativ einfach, ermöglicht jedoch das Üben grundlegender Fähigkeiten wie Skizzieren, Schattieren und das Festhalten zarter Details, während Sie ein schönes und erkennbares Motiv erschaffen. Mit Ihrem Fortschritt werden die in diesem einfachen Tutorial erworbenen Fähigkeiten Ihnen das Selbstvertrauen geben, sich komplexeren und anspruchsvolleren Motiven zu widmen.

Das Referenzfoto

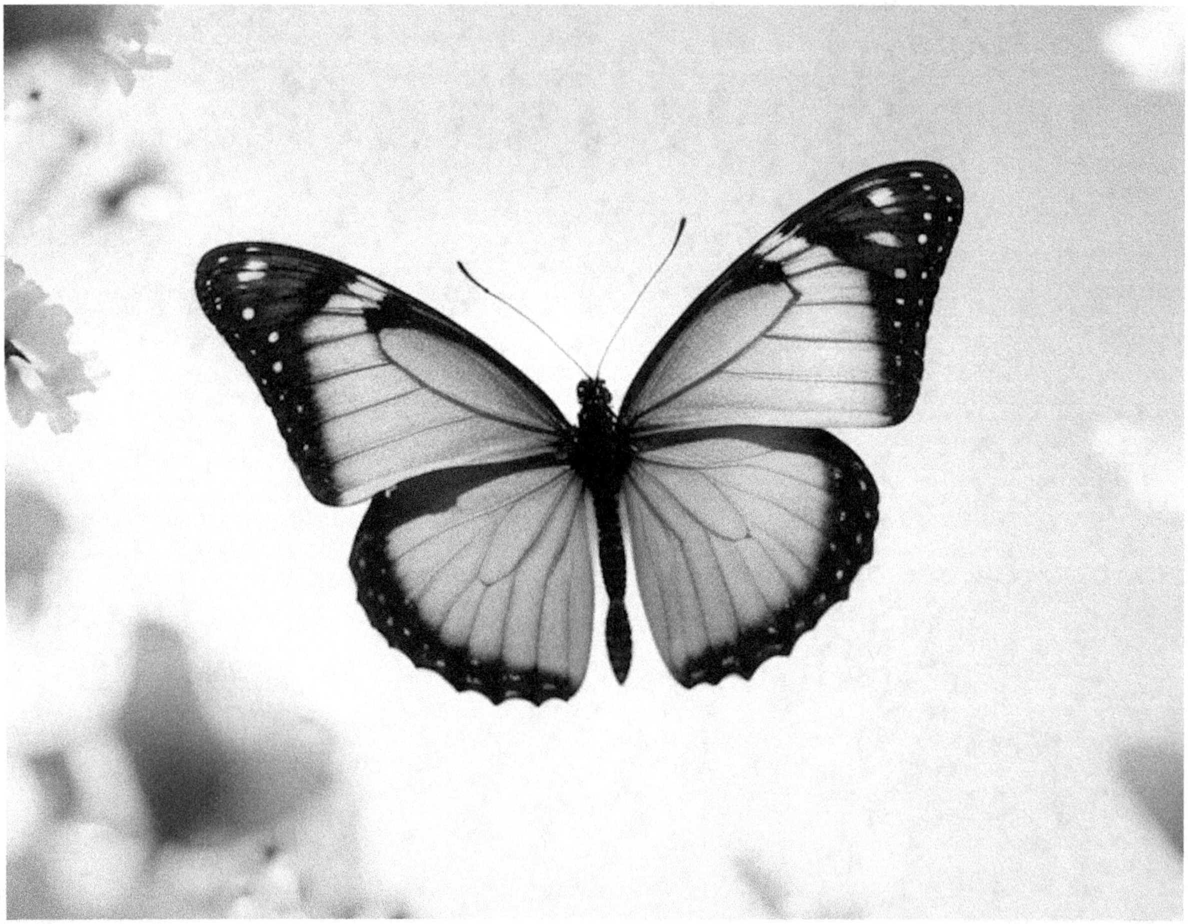

Skizzieren und Grundformen

Ich habe einen KI-Bildgenerator verwendet, um dieses Referenzfoto zu erstellen, um sicherzustellen, dass wir keine Urheberrechtsprobleme haben werden. Ich ermutige meine Künstlerkollegen, solche Innovationen zu nutzen und zu akzeptieren, da sie unendliche Möglichkeiten eröffnen, einzigartige Referenzmaterialien für unsere Kunstwerke zu generieren. Im Bild unten finden Sie die Hauptlinien meiner Skizze. Wie Sie sehen können, habe ich im Vergleich zum im Referenzfoto dargestellten zusätzliche Punkte am Rand hinzugefügt.

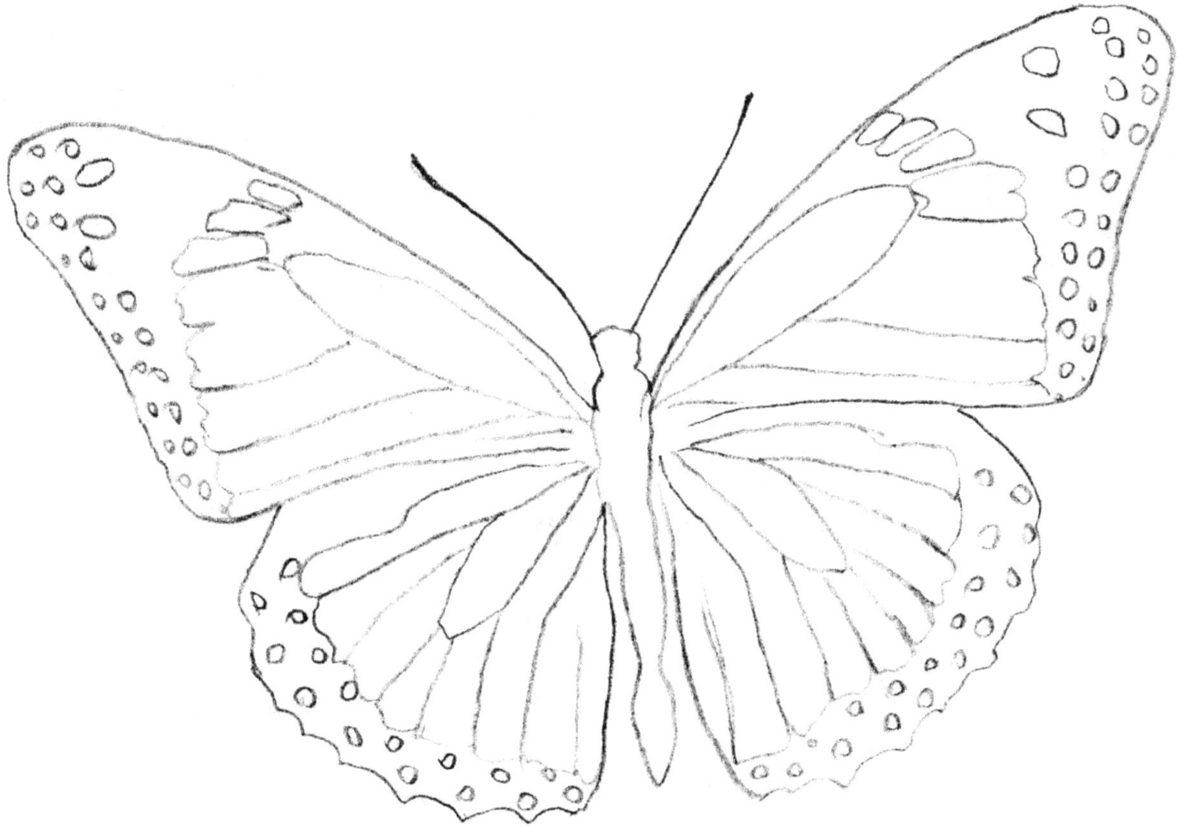

Die tiefsten Schatten erstellen

Beginnen Sie den entscheidenden Schritt, der nahezu den gesamten Schmetterling formt. Obwohl dieser Schritt an sich nicht herausfordernd ist, erfordert er eine beträchtliche Investition an Zeit und Präzision. Ich habe einen 14B-Stift verwendet und festen Druck ausgeübt, um die tiefsten Schatten zu erzeugen. Regelmäßiges Anspitzen des Stifts ist wichtig, um klare Kanten zu erzielen und die Linien im Muster zu umreißen. Beachten Sie, dass dieser weiche Stifttyp unter starkem Druck schnell abgenutzt wird. Ich muss oft Nachschub an Stiften dunkler als 2B besorgen, insbesondere da ich mich häufig auf diese dunkleren Schattierungen verlasse, um eine fotorealistische Tiefe in meinen Zeichnungen zu erreichen.

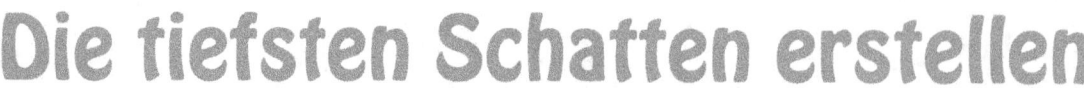

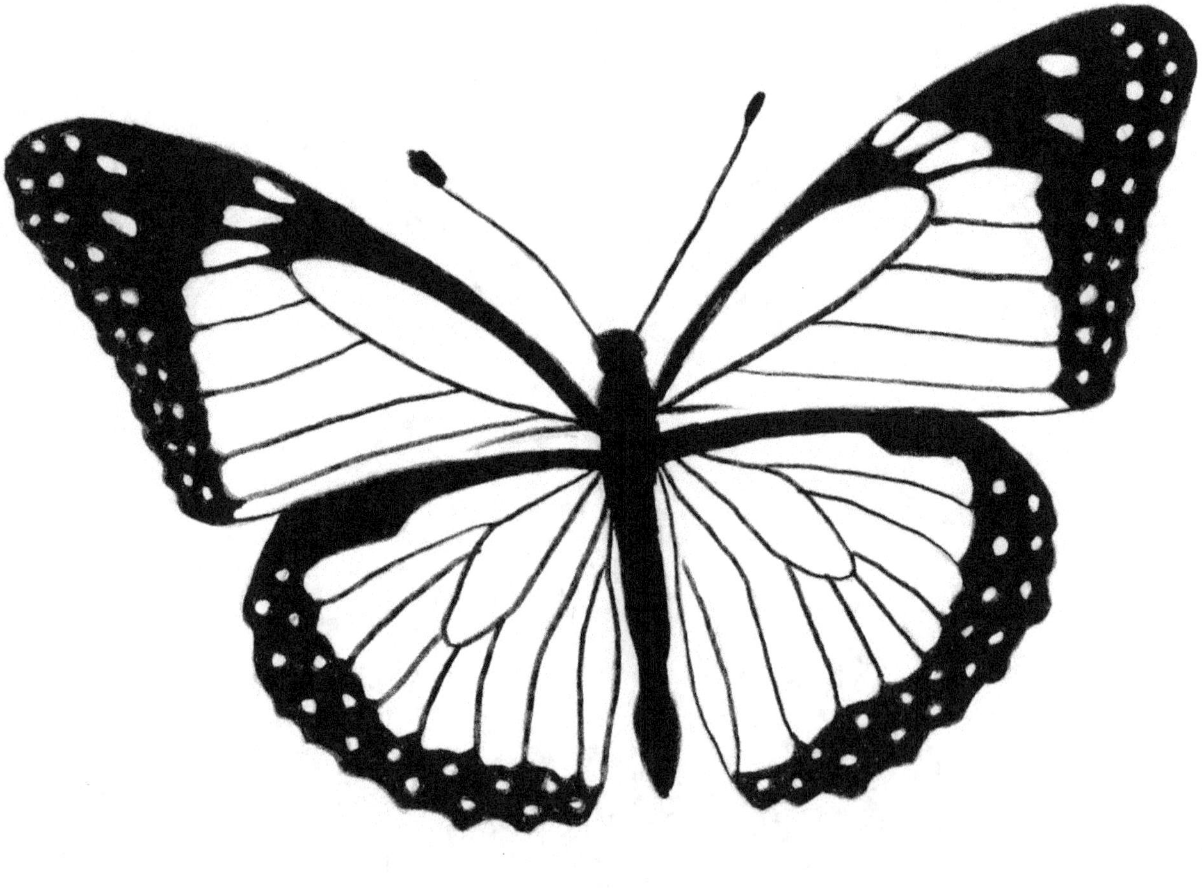

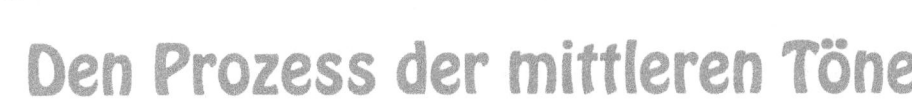

Den Prozess der mittleren Töne einleiten

Lassen Sie uns zur Schattierung der helleren Werte über die Flügel übergehen und das Weiß ausschließlich für die kleinen Punkte am Rand des Flügels bewahren. Um die Genauigkeit zu wahren, achten Sie darauf, dass Ihre Stiftstriche der Richtung des Musters folgen. Sehen Sie sich das begleitende Bild an, das digital mit Linien markiert ist, die die richtige Strichrichtung anzeigen. In diesem Stadium sollten Sie auf das Verwenden von Kreuzschraffur oder Zirkulismus-Techniken verzichten – konzentrieren Sie sich ausschließlich darauf, Striche entlang der vorgesehenen Richtungen zu verwenden.

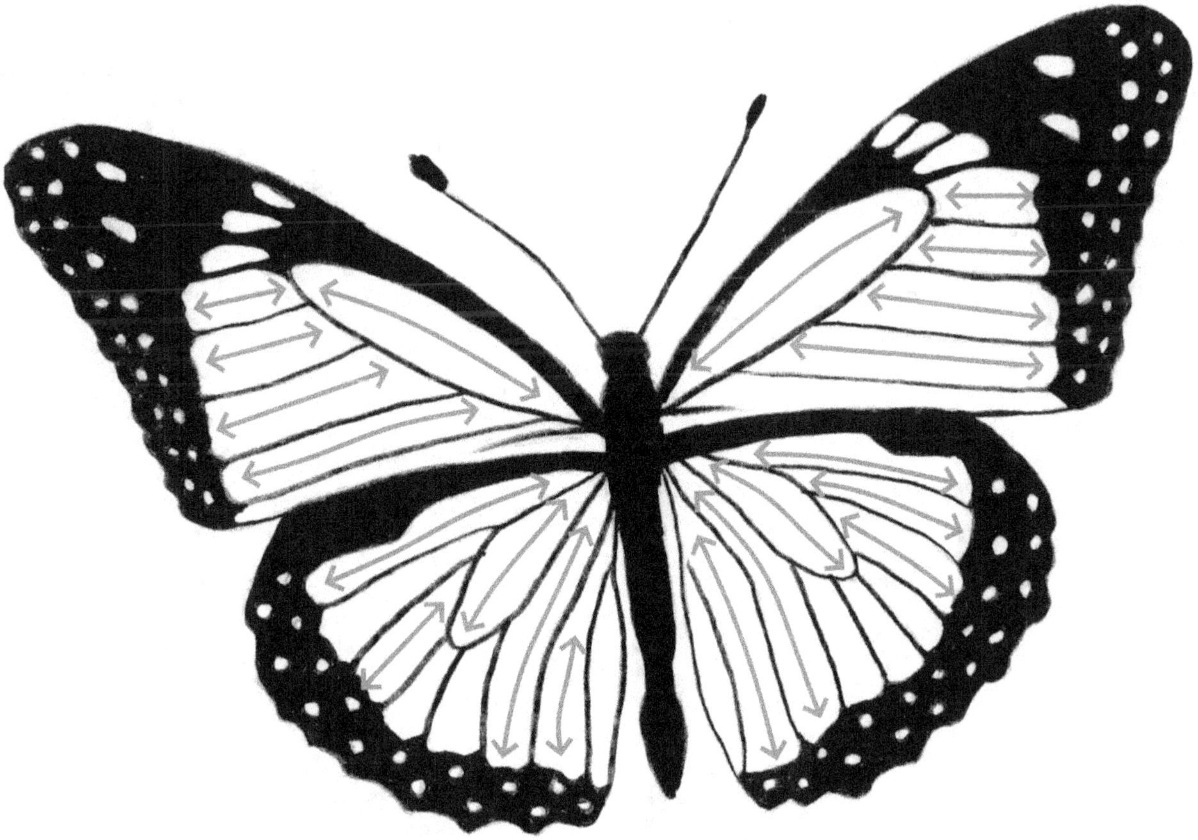

Die Abschnitte der mittleren Töne skizzieren

Nun, verwenden Sie einen HB-Stift und orientieren Sie sich an der zuvor angegebenen Richtung im vorherigen Bild, um die Striche über die Flügelmuster zu zeichnen und das gesamte Papier zu bedecken. Es ist wichtig, während dieses Prozesses einen gleichmäßigen Druck beizubehalten, da wir später allmählich mehr Tiefe hinzufügen werden. Meine Absicht ist es, diese Schritte in handhabbare Stufen zu unterteilen, um Ihr Verständnis und Ihre Anleitung zu verbessern. Normalerweise arbeite ich beim Zeichnen aus Spaß oft an einem Bereich nach dem anderen, selbst mit Farbstiften. In diesem Tutorial verwende ich jedoch einen schichtweisen Ansatz, um den Prozess zu vereinfachen, indem ich mich jeweils auf einen Stift konzentriere.

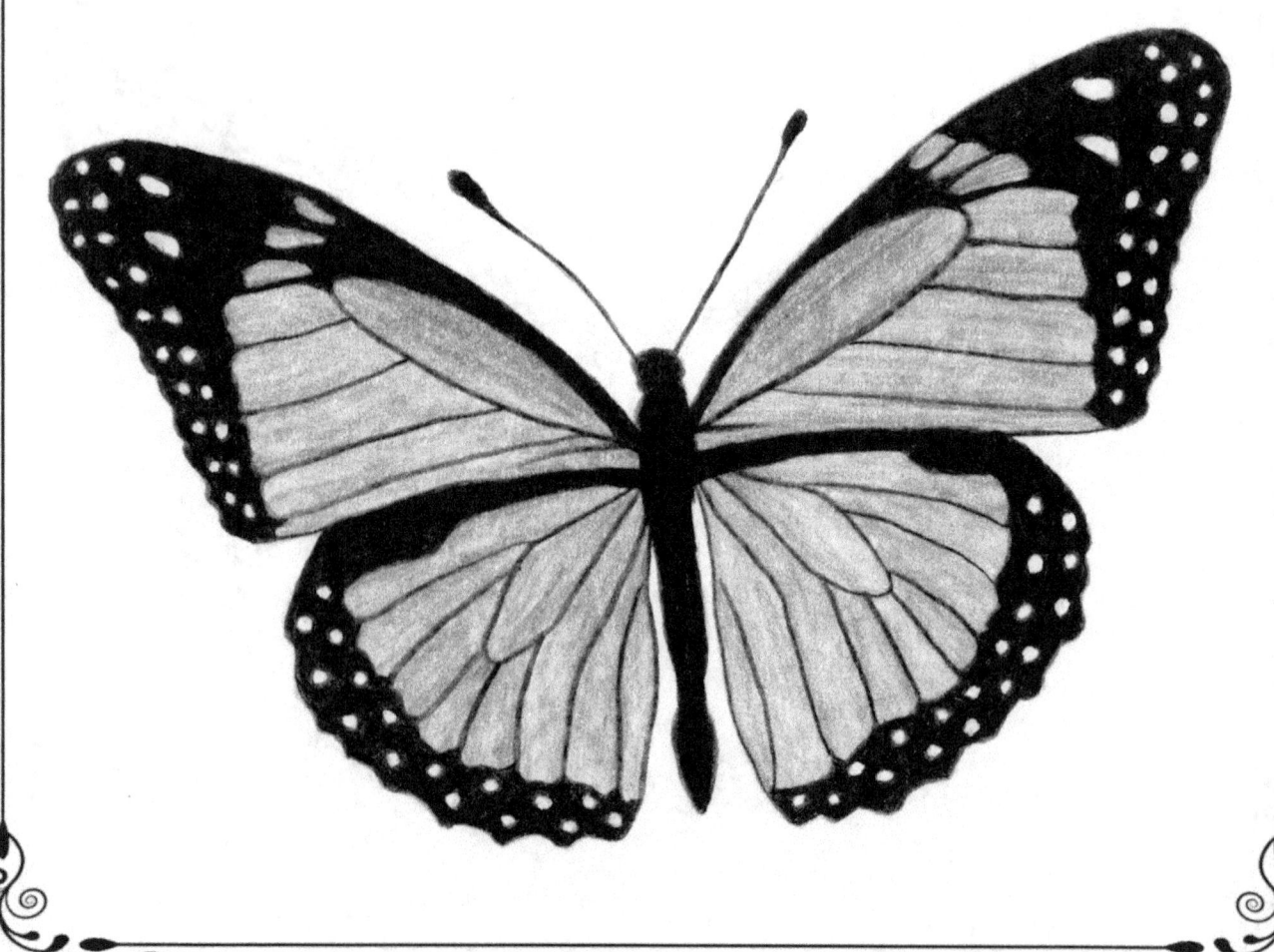

Das Muster verstehen

Um die aktuelle Flachheit der Bereiche mit mittleren Tönen zu überwinden, müssen wir reichere Wertvariationen einführen. Wie im Referenzbild zu sehen ist, weisen diese grauen Regionen eine deutlich größere Dunkelheit neben dem Körper des Schmetterlings und entlang der Ränder des Flügels auf. Ich habe in dem vorherigen Bild digitale Pfeile eingefügt, um die Richtung anzuzeigen, in der du zeichnen sollst.

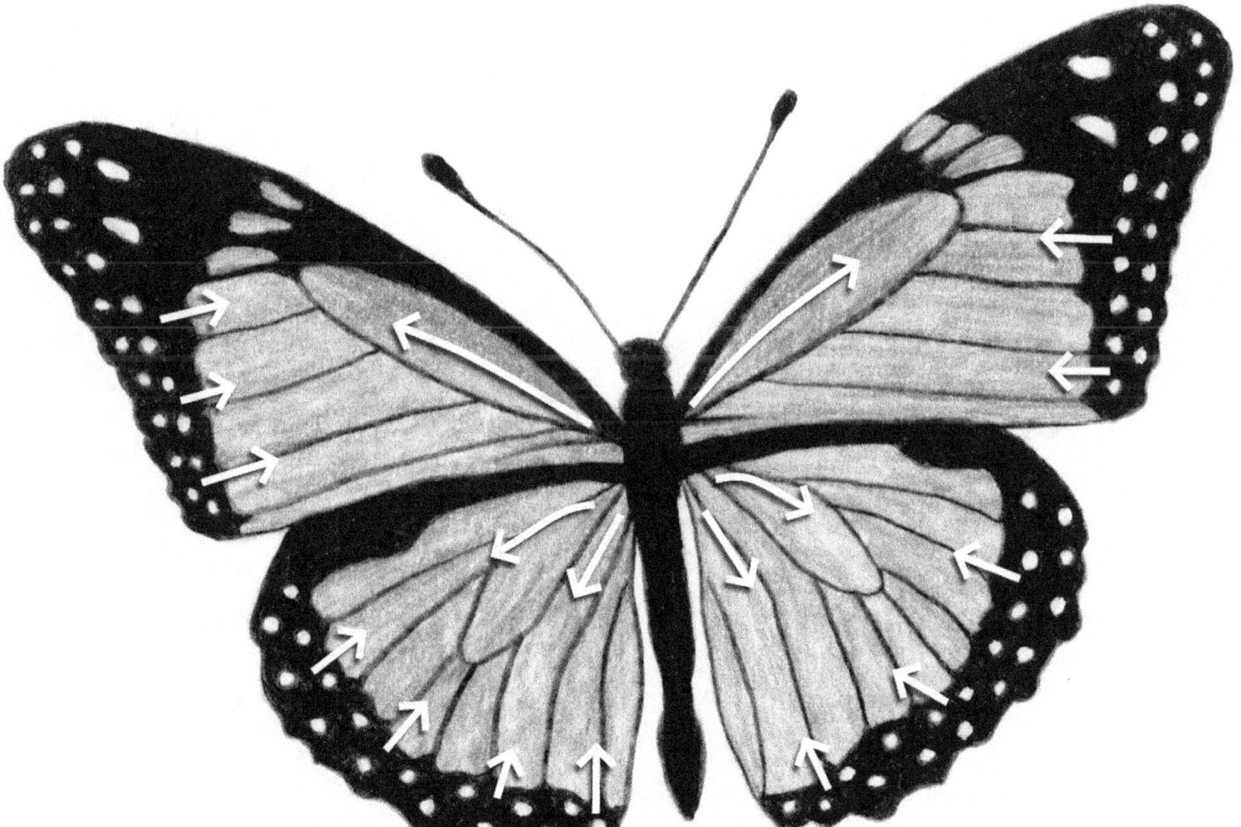

Die Tiefe der mittleren Töne bereichern

Verwenden Sie einen 4B-Stift und positionieren Sie die Spitze über den dunkleren schwarzen Bereichen und wiederholen Sie die Striche in Ausrichtung mit den von mir bereitgestellten Pfeilen. Während Sie sich von den dunkleren Zonen zu den mittleren Tönen bewegen, reduzieren Sie sanft den Druck auf den Stift, um einen nahtlosen Übergang zu gewährleisten. Wenden Sie dieselbe Technik vom Körper des Schmetterlings nach außen hin an.

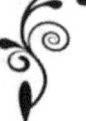

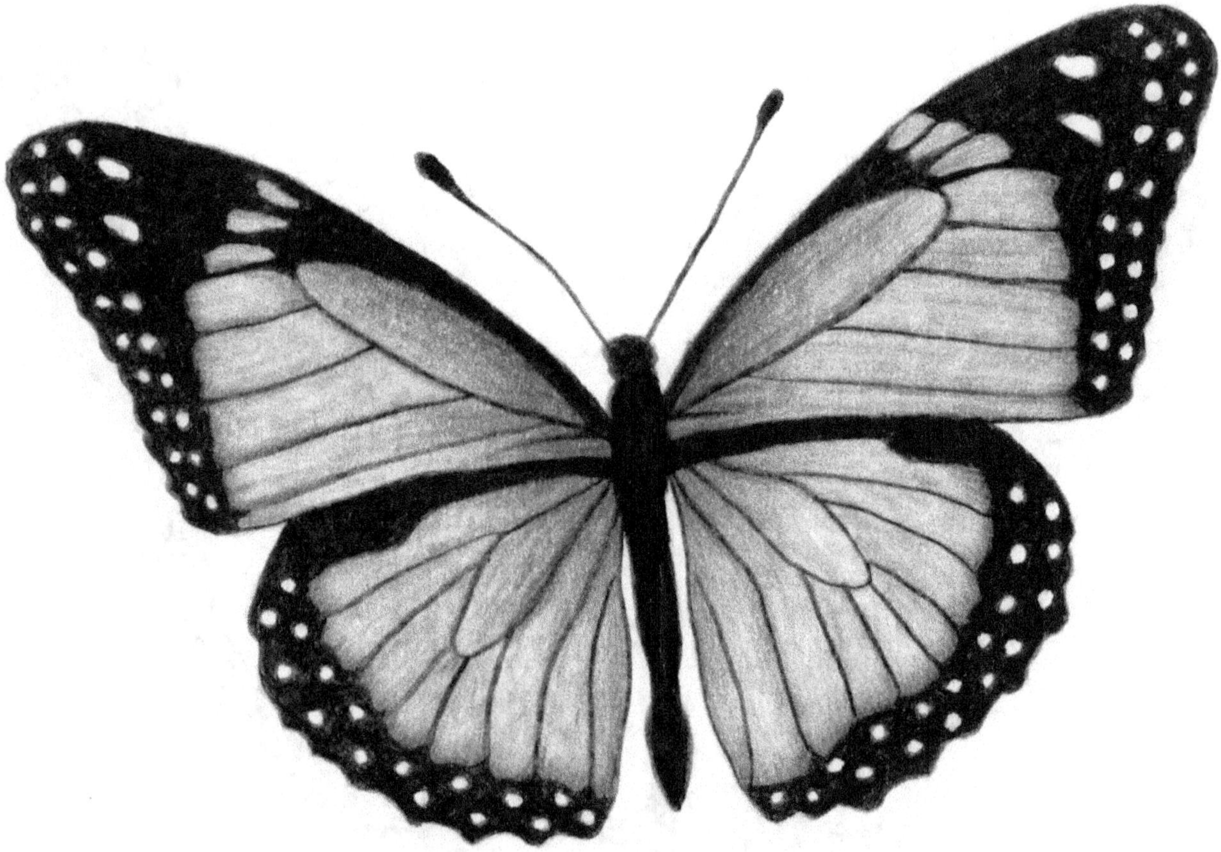

Mitteltöne verblenden

Verwenden Sie im Anschluss einen Mischstumpf oder ein Wattestäbchen, um diese Bereiche sanft zu verblenden. Falls die geschatteten Abschnitte nach dem Verblenden heller erscheinen, können Sie die entsprechenden Stifte erneut auftragen. Wenn sie hingegen dunkler wirken, verwenden Sie einen gekneteten Radiergummi, um die gewünschten Bereiche sanft aufzuhellen.

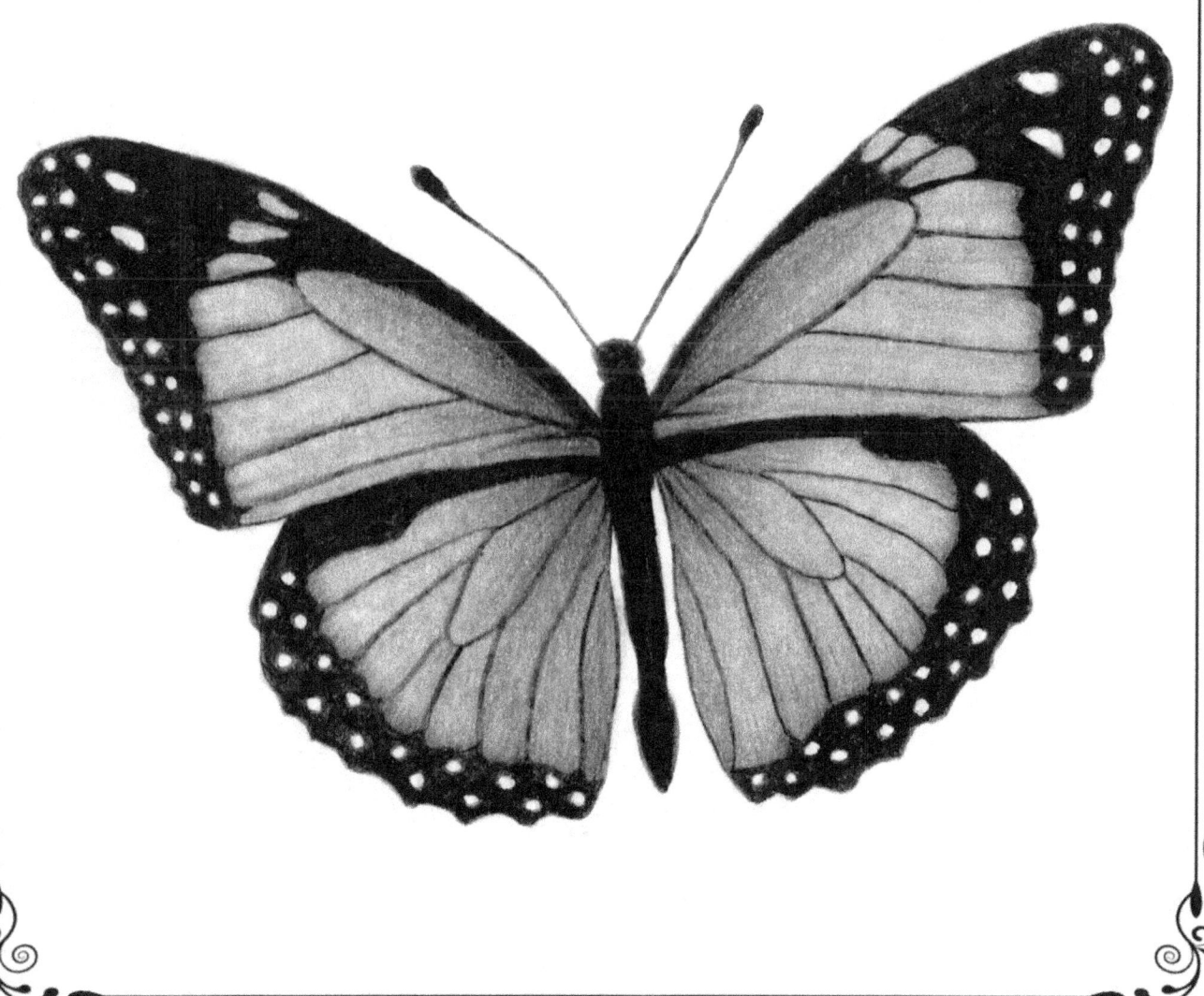

Gestaltung des Wurfschattens

Um dem Schmetterling eine dreidimensionale Qualität zu verleihen, wollen wir einen Schatten hinzufügen, den der Schmetterling auf die hypothetische Oberfläche wirft, auf der er ruht, obwohl sich diese von seiner Position im Referenzfoto unterscheidet. Sie können ein Wattestäbchen verwenden, um Graphitpulver für diesen Wurfschatten aufzutragen, da Striche mit dem Bleistift nicht die erforderliche Glätte für den gewünschten Effekt erzielt hätten. Einfach ausgedrückt, reproduzieren Sie die untere Form des Schmetterlings mit Graphitpulver und behalten dabei die bestimmte Lichtquelle im Auge. In meinem Fall habe ich mir vorgestellt, dass die Lichtquelle aus der oberen rechten Ecke stammt, und dem Bereich entsprechend Schatten verleiht.

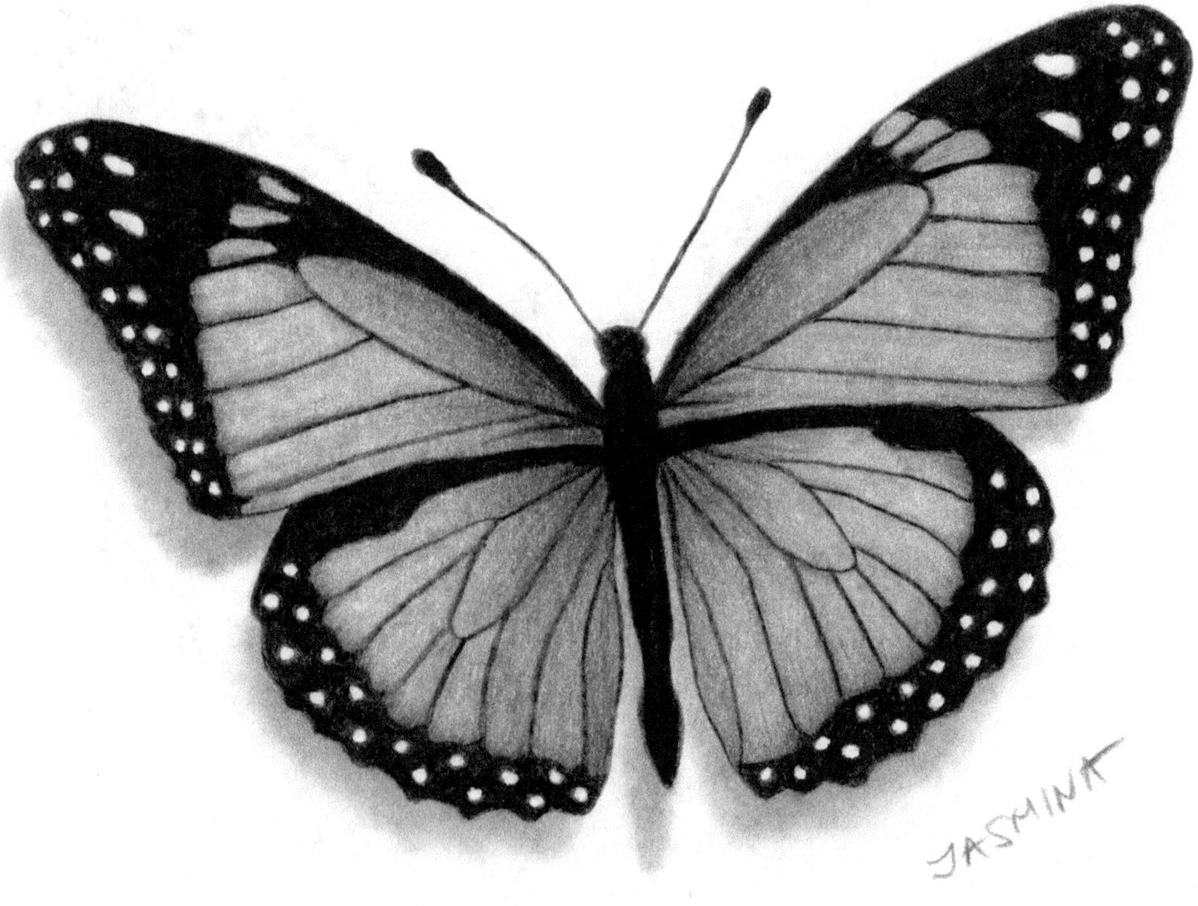

JASMINA

48

Zeichnungseinlagen

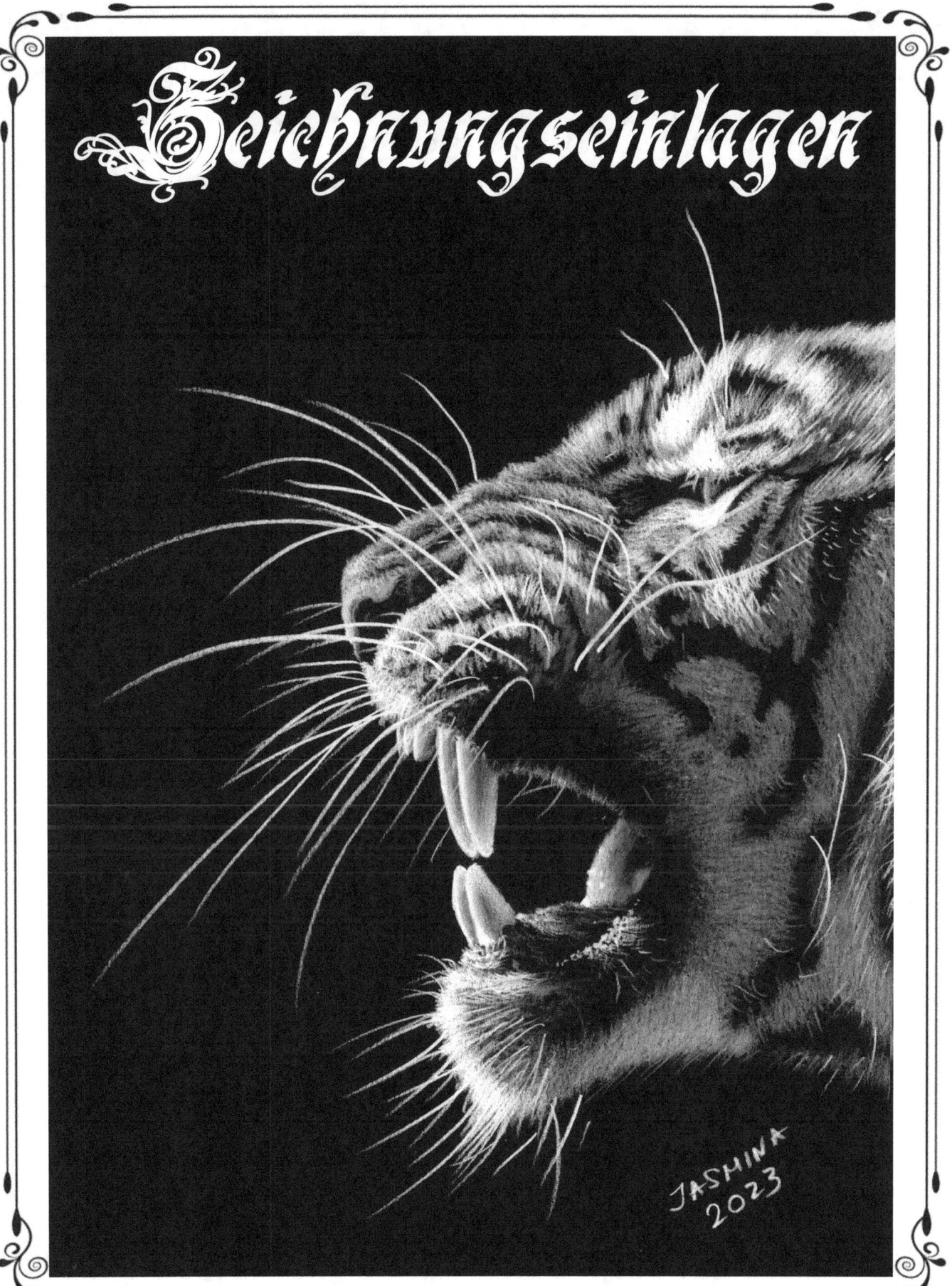

JASHINA
2023

Einen Schwertwal zeichnen

Das Zeichnen eines Schwertwals bietet eine fesselnde, einfache Gelegenheit für ein beeindruckendes Kunstwerk mit starkem Schwarz-Weiß-Kontrast. Indem man sich auf die elegante und kraftvolle Form des Wals konzentriert, können Künstler die Schönheit des Minimalismus präsentieren und gleichzeitig ihre Fähigkeiten im Erfassen realistischer Texturen und Schattierungen schärfen. Das Ergebnis ist ein fesselndes und visuell wirkungsvolles Kunstwerk, das die Pracht dieser bemerkenswerten Meereskreaturen zelebriert.

Das Referenzfoto

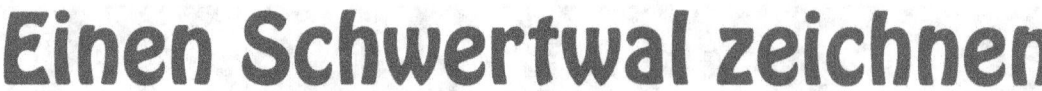

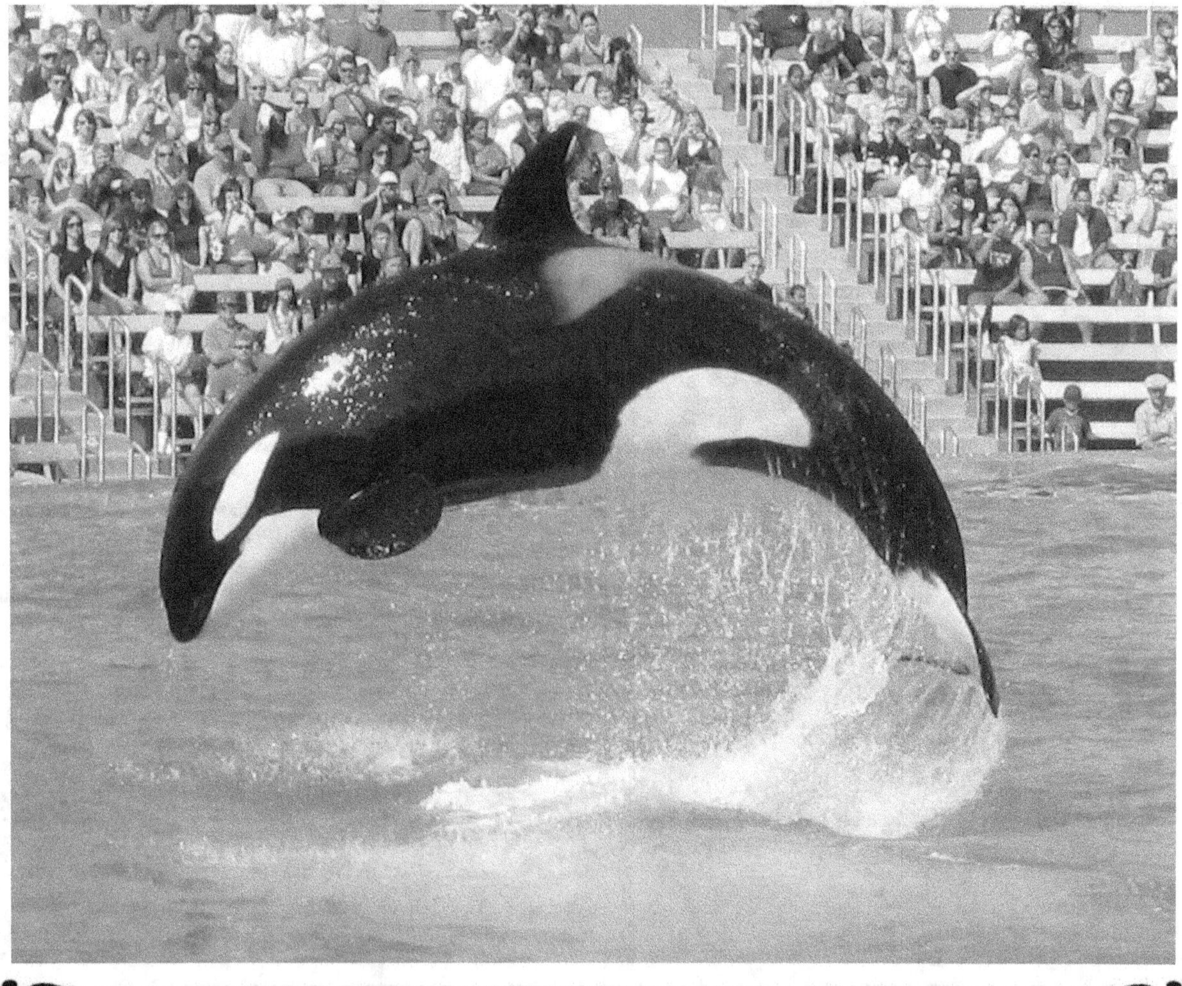

50

Skizzieren und Grundformen

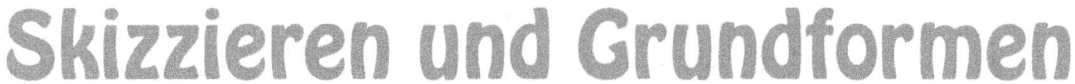

Im nachfolgenden Bild habe ich die wichtigen Linien hervorgehoben, die eine bedeutende Rolle bei der Führung meines Schattierungsprozesses spielen. Diese Linien bilden die Hauptkontur des Orcas und helfen dabei, die Grenzen zwischen den kontrastierenden schwarzen und weißen Regionen zu unterscheiden. Während des Fortschreitens werde ich mich auf diese Schlüsselelemente konzentrieren, um eine präzise Schattierung und eine realistische Darstellung sicherzustellen.

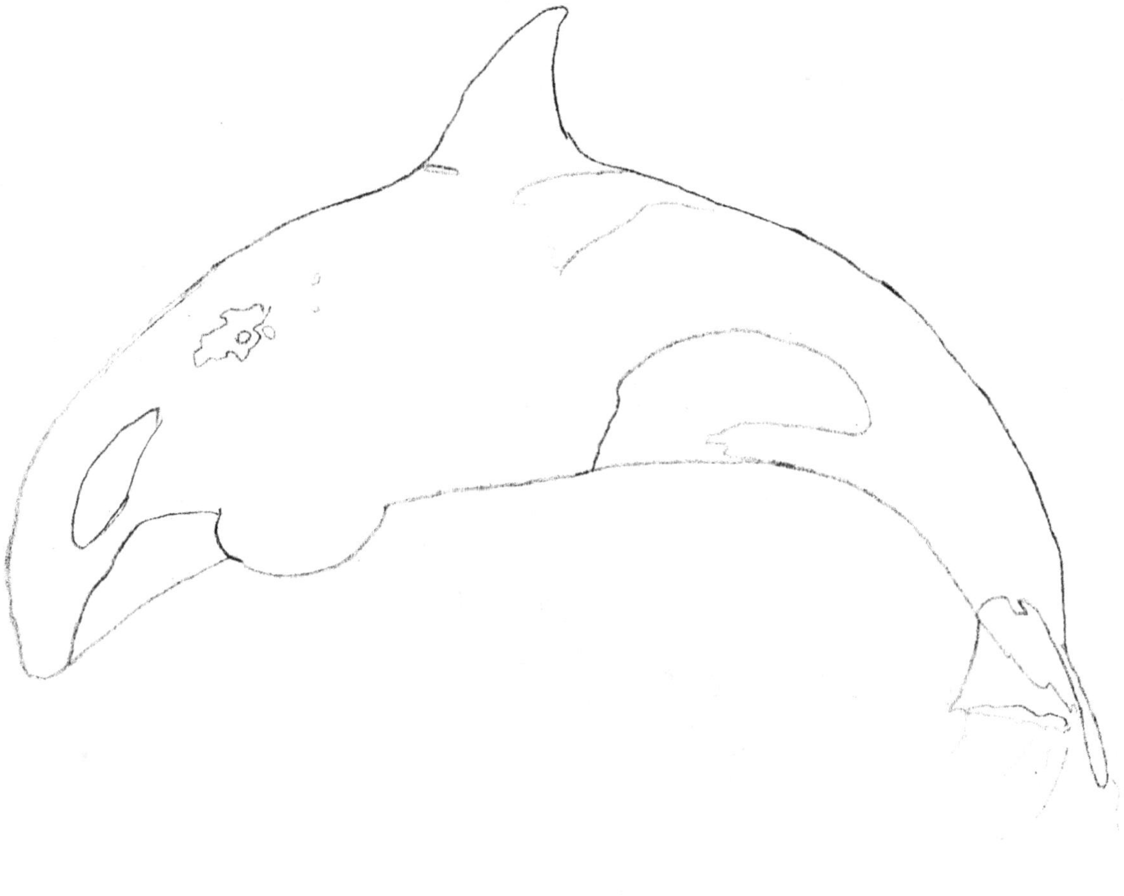

Die dunkelsten Partien zeichnen

Ein häufiger Fehler unter Anfängern ist, dass einige sich davor scheuen, schwarze oder dunkle Farben in ihren Zeichnungen zu verwenden, aus Angst vor Unumkehrbarkeit. Lassen Sie sich jedoch nicht von dieser Angst zurückhalten! Das Auftragen von schwarzen Nuancen kann Ihrem Kunstwerk eine Tiefe und Dimension verleihen. Denken Sie daran, dass Sie bei einem Fehler immer von vorne beginnen können. Zögern Sie also nicht, mit schwarzen Schattierungen zu beginnen. Im Fall dieser Orca-Zeichnung ist es wichtig, die tiefste Schattierung zu erstellen. Verwenden Sie einen 9B- oder dunkleren Bleistift und üben Sie kräftigen Druck aus, um die gewünschte Dunkelheit zu erreichen. Beachten Sie die Bereiche, die ich in diesem Bild zunächst ausgefüllt habe. Ich habe am oberen Rand der dunklen Bereiche in der Mitte des Körpers etwas weniger Druck ausgeübt, da wir Platz für die Hervorhebung erhalten möchten.

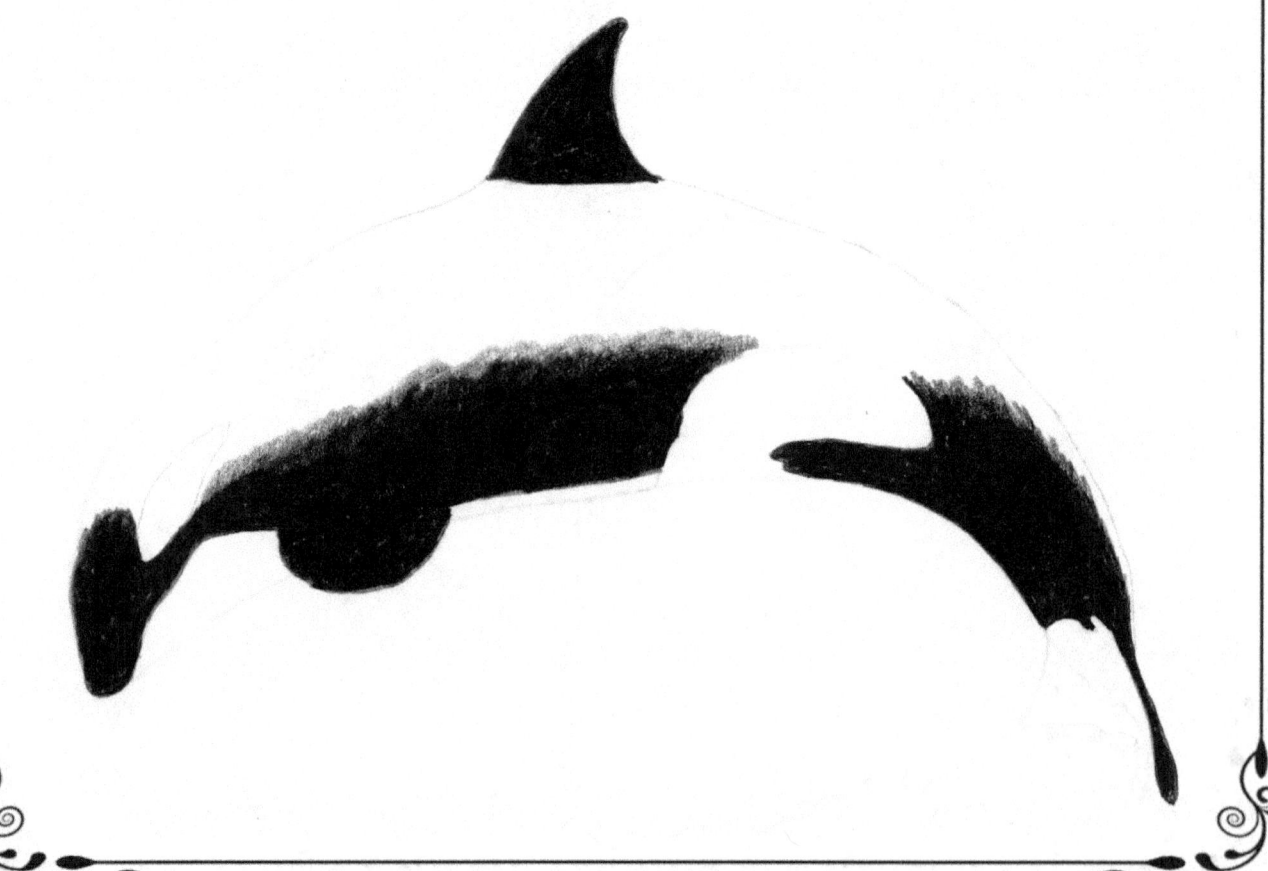

Hervorgehobene Bereiche schattieren

Fahren Sie nun mit einem 2B-Bleistift fort und schattieren Sie in Richtung der Oberseite des Orca-Körpers, wobei Sie darauf achten, eine gleichmäßige und glatte Textur zu erzielen. Sollten Sie auf hellere Stellen stoßen, füllen Sie sie einfach mit dem 2B-Bleistift oder sogar einem dunkleren Bleistift aus, falls erforderlich. Das Hauptziel besteht darin, die dunkelsten Teile nahtlos mit den hervorgehobenen Bereichen zu verschmelzen, die ebenfalls ziemlich dunkel sind, um eine abgerundete und realistische Form für den Körper des Orcas zu schaffen.

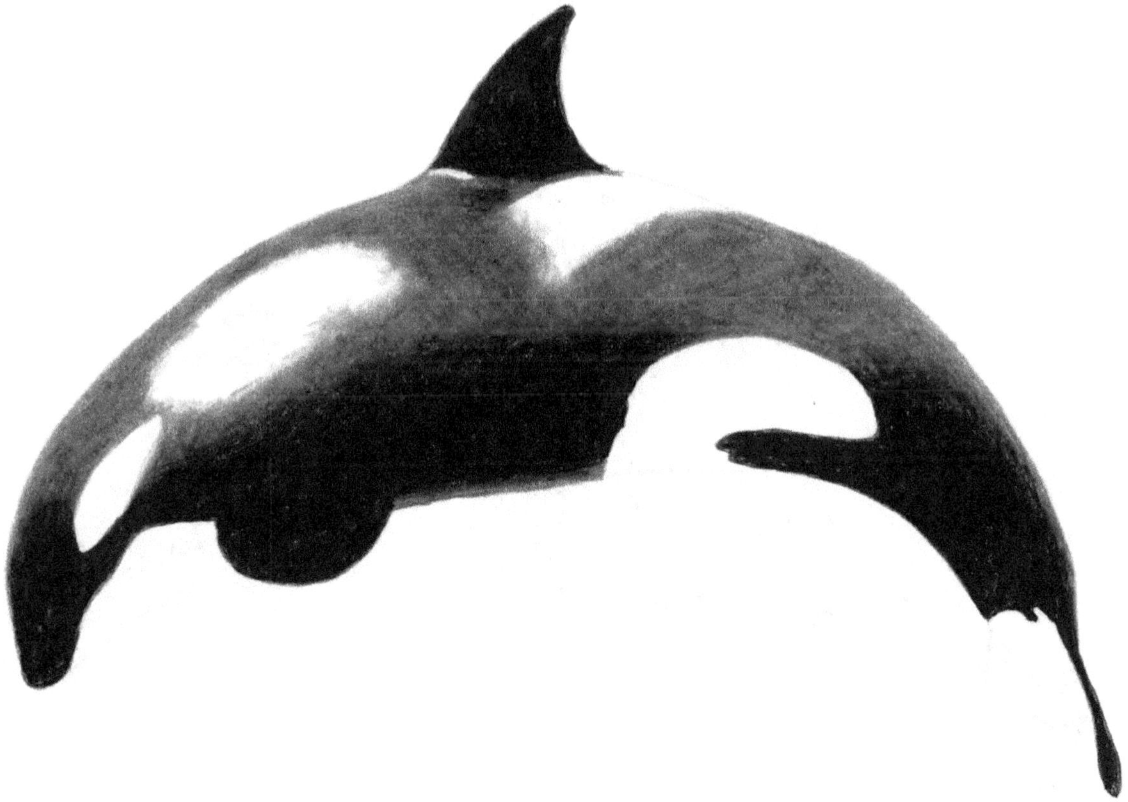

Einen sanften Übergang schaffen

Um eine abgerundete und lebendige Erscheinung für den Körper des Orcas zu erzielen, müssen wir uns darauf konzentrieren, den Übergang zwischen den hervorgehobenen und schattierten Bereichen zu verfeinern. Zu diesem Zweck empfehle ich die Verwendung eines 8B-Bleistifts, um die Werte sanft zu verwischen und einen nahtloseren Verlauf zu schaffen. Während Sie nach oben schattieren, versuchen Sie den Druck auf den Bleistift zu reduzieren oder wählen Sie einen leichteren Grad wie 6B, um einen allmählichen Tonwechsel zu gewährleisten. Wenn Sie die Änderungen, die ich im vorherigen Bild vorgenommen habe, sorgfältig betrachten und mit dem aktuellen vergleichen, werden Sie feststellen, wie der neue Verlauf die Konturen des Orca-Körpers verbessert und ihm einen realistischeren und dreidimensionalen Look verleiht.

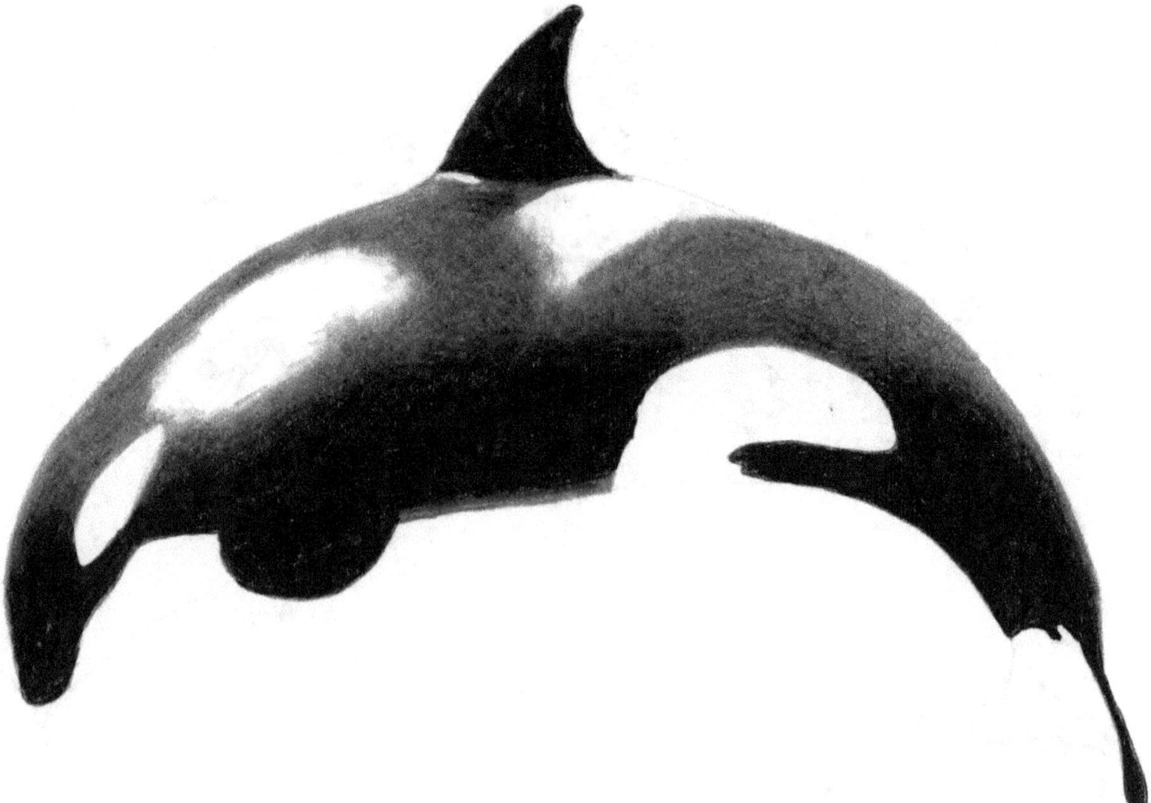

Den beleuchteten Bereich schattieren

Nun wollen wir uns auf den Bereich oben auf dem Rücken des Orcas konzentrieren, der stark beleuchtet ist. Um eine glatte und realistische Textur zu erzielen, empfehle ich die Verwendung eines HB-Bleistifts und die Anwendung der Zirkulismus-Technik. Beginnen Sie mit leichtem Schattieren und schichten Sie Ihre Striche allmählich, um den gewünschten Effekt aufzubauen. Denken Sie daran, das Ziel ist es, eine nahtlose Textur zu schaffen, und vermeiden Sie sichtbare Linien über dem Körper des Orcas, der für sein glattes und schlankes Erscheinungsbild bekannt ist, insbesondere wenn er nass ist, wie im Referenzfoto dargestellt. Achten Sie besonders darauf, den winzigen Bereich im Zentrum der Highlights auszusparen, damit er absolut weiß bleibt. Dieser Kontrast zu den umliegenden schattierten Bereichen wird zur Illusion einer glänzenden, beleuchteten Oberfläche beitragen. Durch geschicktes Einbinden von drei verschiedenen Werten von Highlights können Sie einen beeindruckenden Effekt erzielen, der sowohl Helligkeit als auch Tiefe suggeriert und gleichzeitig die schwarze Färbung des Orcas betont.

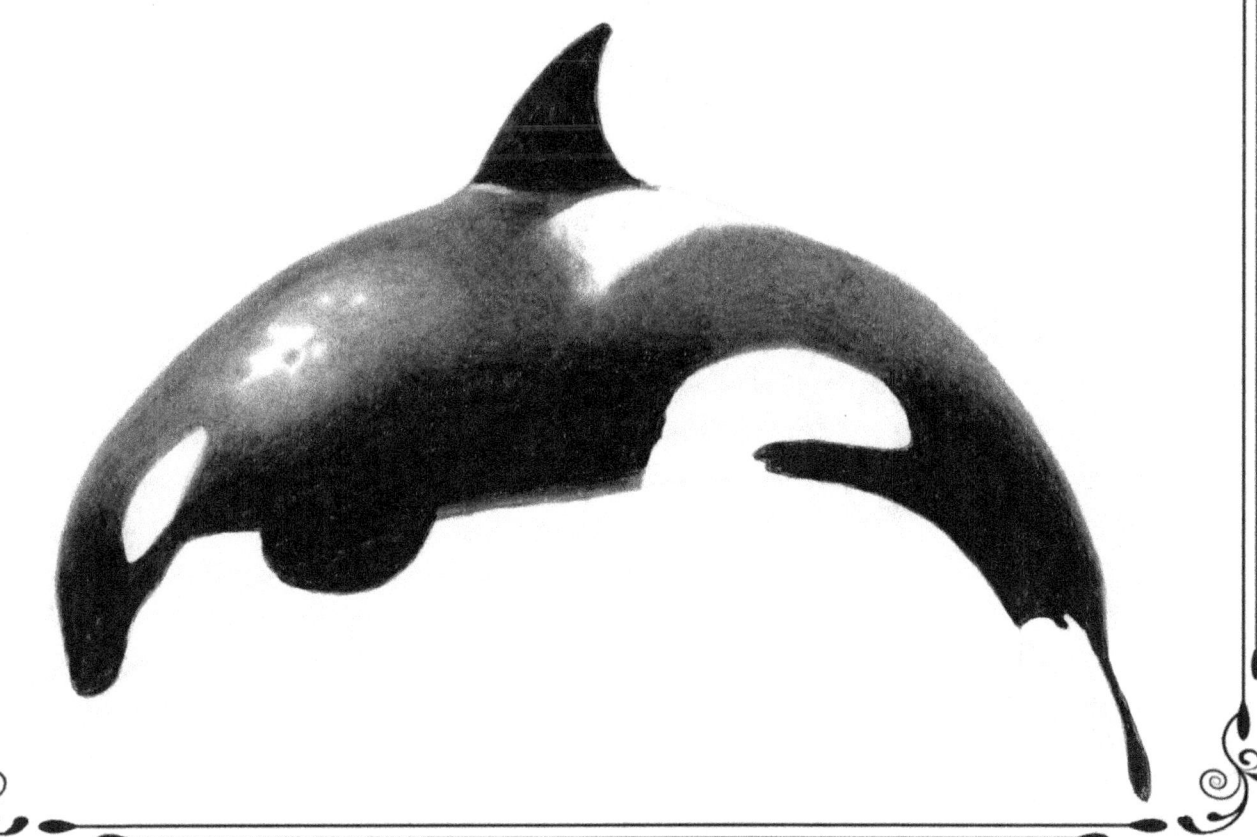

Die weißen Teile schattieren

Um Tiefe und Realismus zu erzeugen, ist es wichtig, selbst die weißen Teile des Körpers des Orcas zu schattieren, besonders diejenigen im Selbstschatten. Stellen Sie sich vor, Sie schattieren eine Kugel in einem typischen Zeichentutorial und wenden Sie eine ähnliche Technik hier an. Um dies zu erreichen, empfehle ich, den Hintergrund mit Klebeband oder einem geeigneten Material abzudecken, um unbeabsichtigtes Schattieren zu vermeiden, und dann ein Wattestäbchen zu verwenden, um die unteren Teile der weißen Bereiche vorsichtig zu schattieren. Verringern Sie allmählich den Druck, wenn Sie nach oben gehen, und verblenden Sie den Schatten sanft zu den beleuchteten weißen Teilen, die makellos bleiben sollten. Vergessen Sie auch nicht, auf den Schwanz zu achten; Studieren Sie meinen Schritt und das Referenzfoto, um die Genauigkeit in Ihrem Schattierungsprozess sicherzustellen.

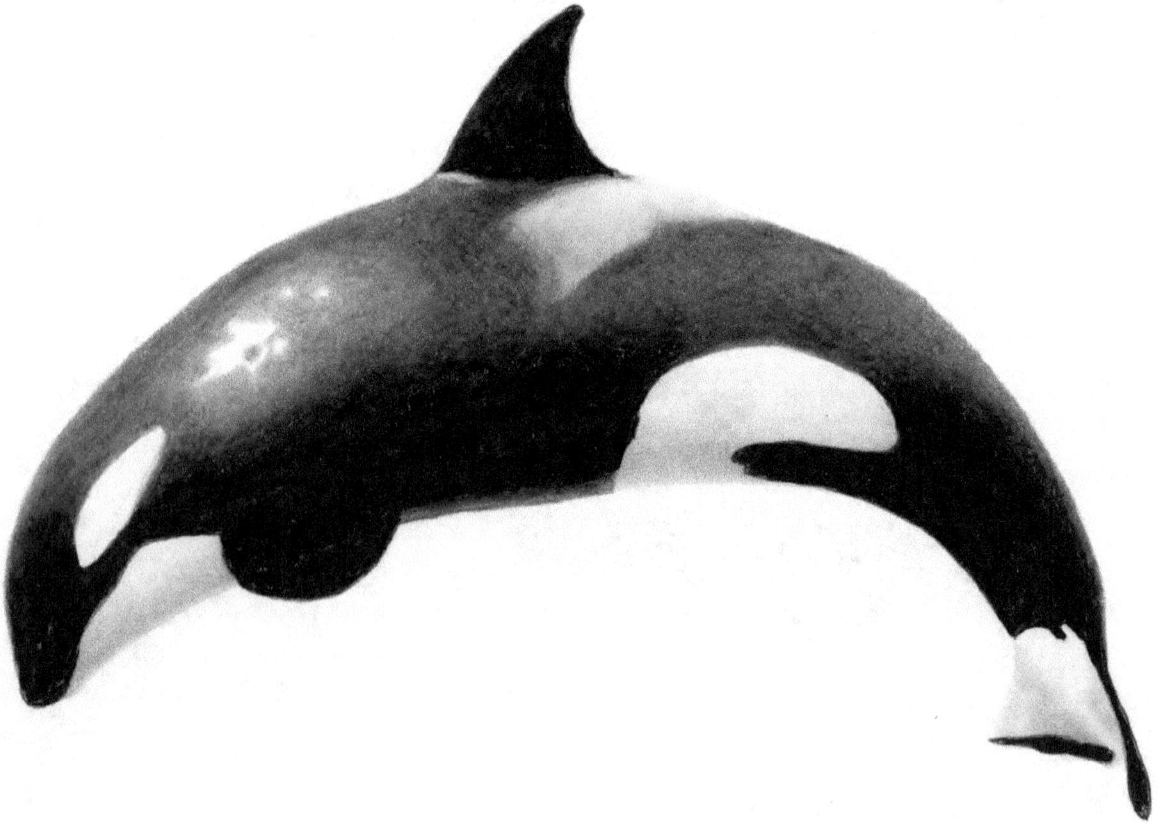

Einen nassen Eindruck erzeugen

Lassen Sie uns nun den glänzenden Effekt des Orcas verstärken, indem wir winzige weiße Punkte um den beleuchteten Rücken und andere relevante Bereiche hinzufügen. Sie können diese Punkte sogar mit einem elektrischen Radiergummi erstellen, aber meiner Erfahrung nach ist die Verwendung eines weißen Gelstifts viel einfacher und liefert bessere Ergebnisse. Wenn Sie beide Werkzeuge haben, können Sie sie gerne ausprobieren und sehen, was für Sie am besten funktioniert. Es ist faszinierend, wie diese kleinen Details wirklich den nassen Look in der Darstellung des Orcas hervorheben können.

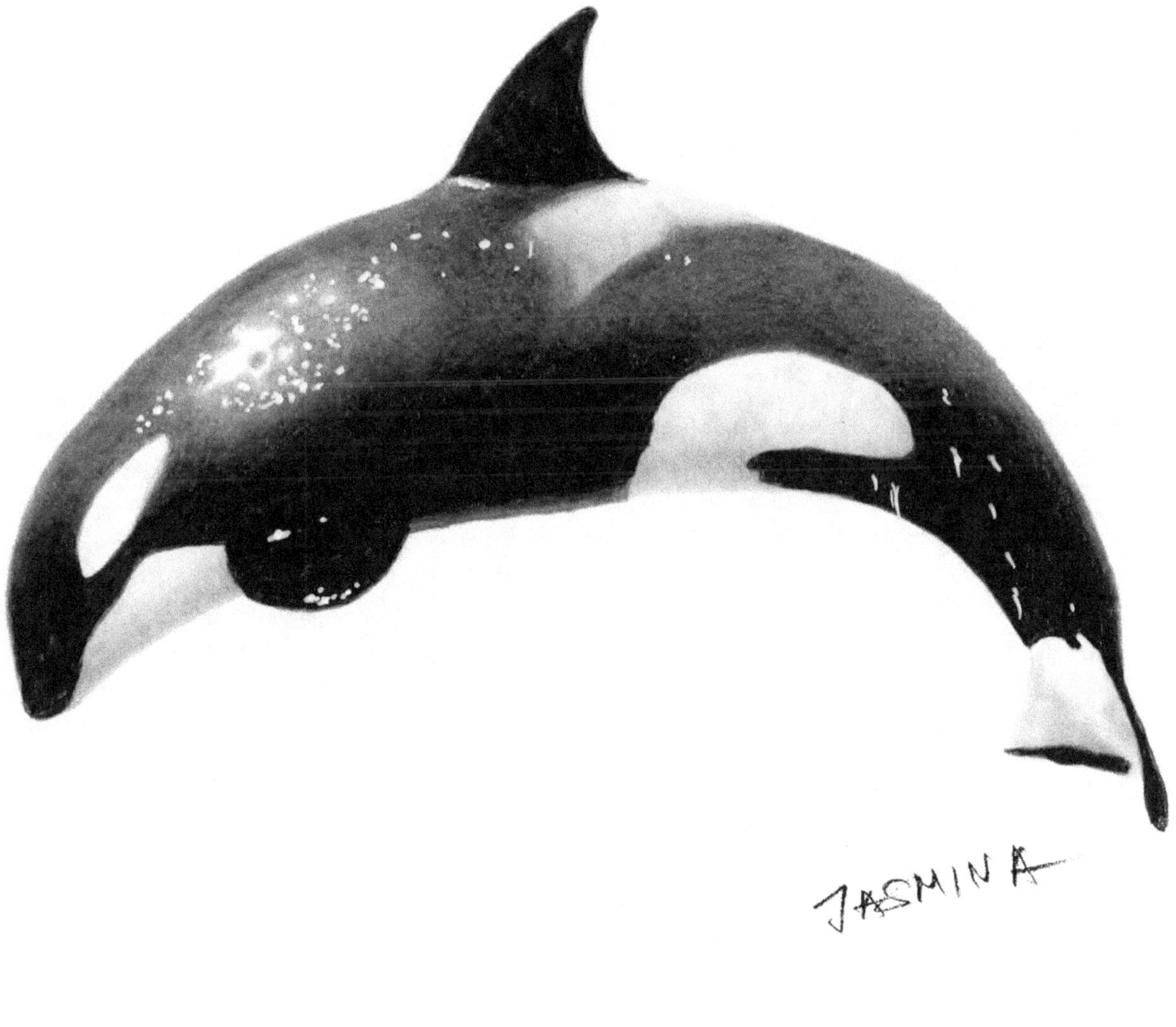

Einen Marienkäfer zeichnen

Das Zeichnen eines Marienkäfers bietet eine hervorragende Gelegenheit, Schattierungstechniken zu üben, insbesondere die in Kapitel „Sanfter Farbverlauf" besprochenen Gradientenübergänge. Diese bezaubernden Insekten bringen nicht nur Freude, sondern spielen auch eine wichtige Rolle bei der Aufrechterhaltung des ökologischen Gleichgewichts, indem sie Schädlinge fressen und zur Gesundheit unserer Biogärten beitragen. Lassen Sie uns ihren Charme und ihre Schönheit auf Papier einfangen und gleichzeitig ihre vorteilhafte Präsenz in der Natur feiern.

Das Referenzfoto

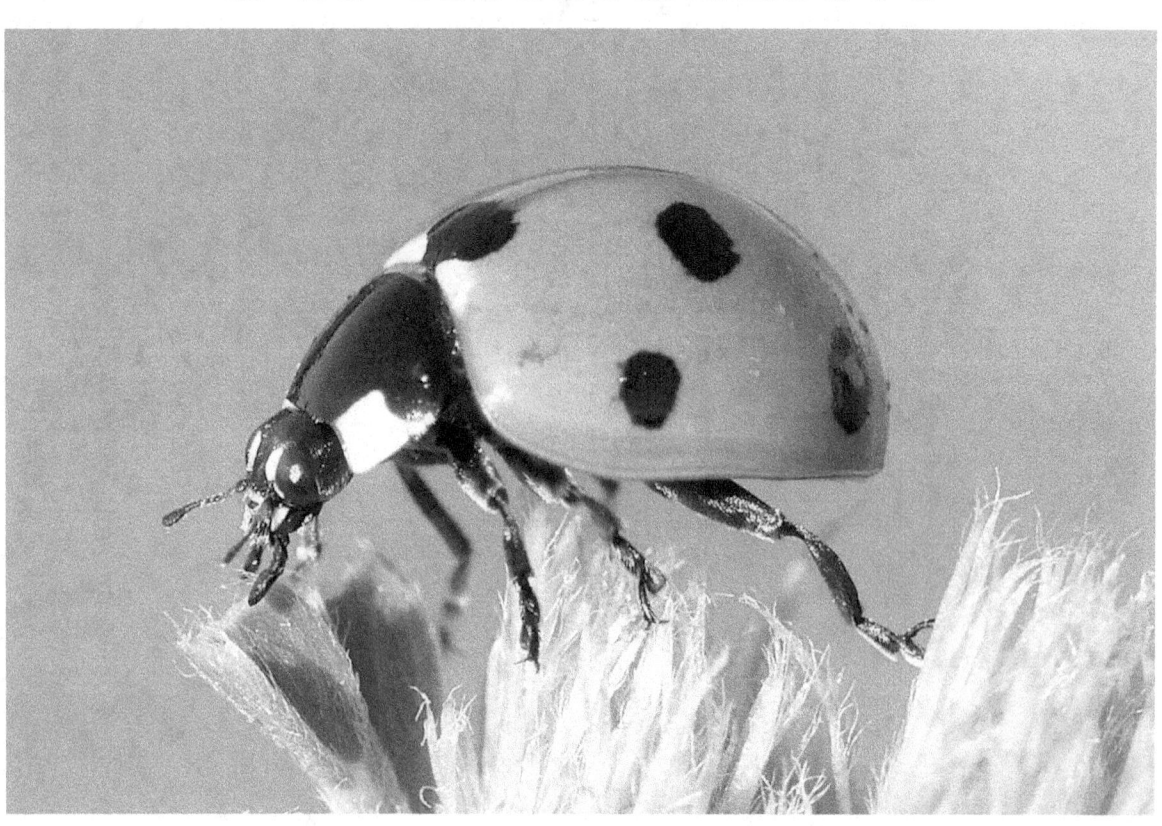

Skizzieren und Grundformen

Um diese Skizze nachzubilden, bitte ich Sie, sich auf das Kapitel „Die Rastermethode" zu beziehen, in dem detaillierte Anweisungen und schrittweise Anleitungen zum Verfahren zu finden sind.

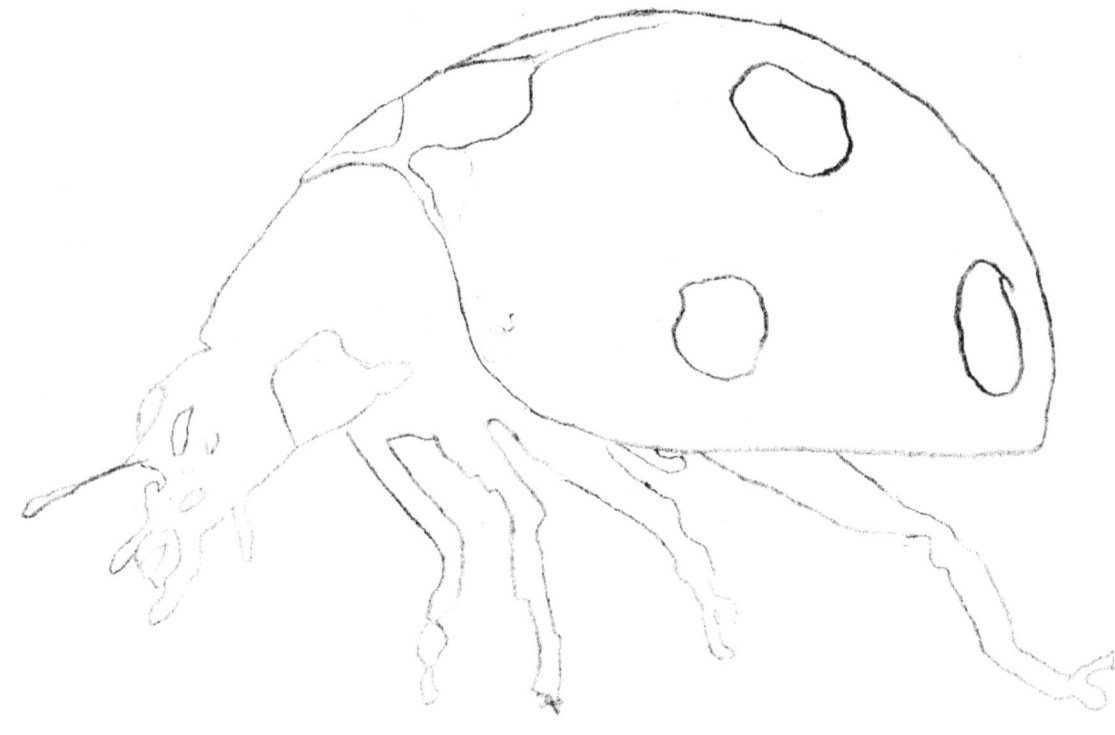

Den Hintergrund maskieren

Dieses Mal habe ich mich dafür entschieden, mit Graphitpulver zu schattieren, das mit einem Taschentuch aufgetragen wird. Um die Skizzenlinien der schwarzen Flecken zu betonen, verstärke ich sie leicht, um ihre Sichtbarkeit unter der Schicht aus Graphitschattierung zu erhalten. Diese Flecken müssen jedoch nicht genau an den gleichen Stellen wie auf dem Referenzfoto platziert werden.
Um den Hintergrund vor Schattierung zu schützen und klare und definierte äußere Kanten zu gewährleisten, verwende ich Frisket Masking Film. Die Verwendung dieses Produkts oder eines einfachen Abdeckbands oder eines zugeschnittenen Papiers ist eine effektive Technik, um den umgebenden Bereich zu schützen, während an bestimmten Details des Kunstwerks gearbeitet wird.
Die Verwendung des Masking Films ist wichtig, da es nahezu unmöglich wäre, den stark auf den Hintergrund gedrückten Graphit zu entfernen, ohne eine Spur zu hinterlassen. Dieser Film kann leicht über das Papier geklebt und ohne Schäden entfernt werden. Nachdem ich den Film über meine Skizze gelegt habe, schneide ich vorsichtig mit einem Präzisionsmesser wie X-acto um die Ränder des Marienkäfers herum, wobei ich die Schale zugänglich lasse, um sie zu schattieren, während der Bereich drumherum geschützt bleibt.

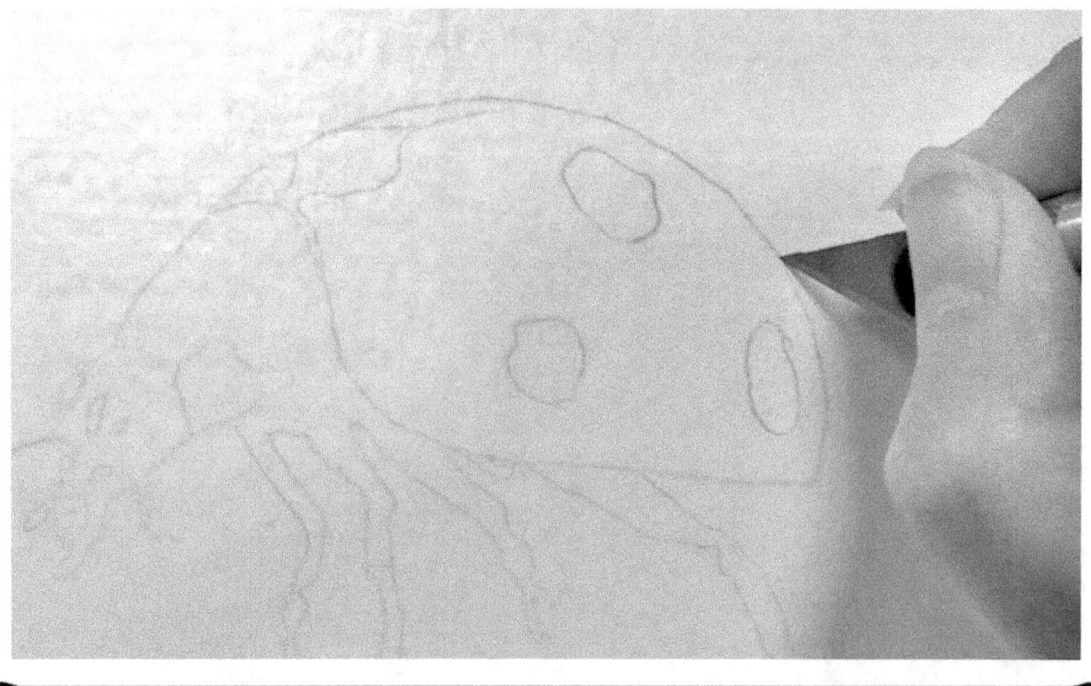

Die Schale des Marienkäfers schattieren

Nun, da wir den Bereich der Schale freigelegt haben, lassen Sie uns mit dem Schattieren fortfahren. Bevor Sie das Graphitpulver auf Ihre Zeichnung auftragen, testen Sie es auf einem separaten Blatt Papier, um den Ton zu ermitteln, den es erzeugen wird. Seien Sie auch vorsichtig, das Papier nicht mit den Fingern zu berühren, da dies unerwünschte Flecken verursachen könnte, sobald das Graphitpulver aufgetragen ist. Um dies zu vermeiden, lege ich meine Hand beim Arbeiten an meiner Zeichnung immer auf ein separates Blatt Papier. Dadurch wird vermieden, dass meine Hand mit dem Kunstwerk in Kontakt kommt, und es bleibt sauber und frei von Verschmierungen.

Tauchen Sie Ihren mit einem Taschentuch umwickelten Finger in Graphitpulver. Tragen Sie dieses Graphit vorsichtig über den Bereich auf, beginnend mit dem schattierten Teil auf der rechten Seite und mit abnehmendem Druck, während Sie zum linken Teil hin schattieren. Diese Technik wird einen graduellen Übergang zwischen den dunklen und hellen Schattierungen erzeugen. Denken Sie daran, nach dem Eintauchen Ihres Taschentuchs in Graphitpulver immer auf der rechten Seite zu beginnen und es für den schattierten Bereich aufzutragen. Das verbleibende Graphit auf dem Tuch wird für den helleren Bereich auf der linken Seite ausreichen. Das Anwenden von kreisenden Bewegungen wird Ihnen helfen, einen sanften Übergang zwischen den Schattierungen zu erzielen.

Schichtung und Entfernen des Films

Fahren Sie Schicht für Schicht fort und bauen Sie die Schattierungen sorgfältig auf, bis Sie das gewünschte Ergebnis erzielen. Die Wahl des Graphitpulvertons ist wichtig; in meinem Fall verwende ich einen B-Ton. Wenn Sie einen dunkleren Ton haben, möchten Sie möglicherweise etwas Graphit von Ihrem Tuch entfernen, bevor Sie es auf Ihre Zeichnung auftragen, um zu verhindern, dass es zu dunkel wird und schwer zu entfernen ist. Andererseits kann es bei HB oder hellerem Graphitpulver sein, dass es nicht dunkel genug für den schattierten Bereich ist. Nachdem Sie den Frisket Masking Film entfernt haben, sollten Sie feststellen, dass Ihr schattierter Bereich dem auf meinem nächsten Bild ähnelt. Wenn Sie jedoch feststellen, dass Ihr Ergebnis nicht zufriedenstellend ist, empfehle ich Ihnen, auf einer neuen Skizze von vorne zu beginnen. Da Sie sich erst in den Anfangsstadien der Zeichnung befinden und noch nicht viel Aufwand investiert haben, ist das Wiederholen dieses Schritts, bis Sie mit dem Ergebnis zufrieden sind, ein kluger Ansatz. Ich hoffe, Sie finden diese Schattierungstechnik ansprechend, besonders wenn Sie bedenken, dass sie sowohl schneller ist als auch ein glatteres Erscheinungsbild erzeugt im Vergleich zur Verwendung von Graphitstiften und dem Vermischen. Nehmen Sie sich Zeit, um diese Methode zu beherrschen, bevor Sie zum nächsten Schritt übergehen, und erkunden sie den Prozess experimentieren Sie, bis Sie den gewünschten Effekt erzielen.

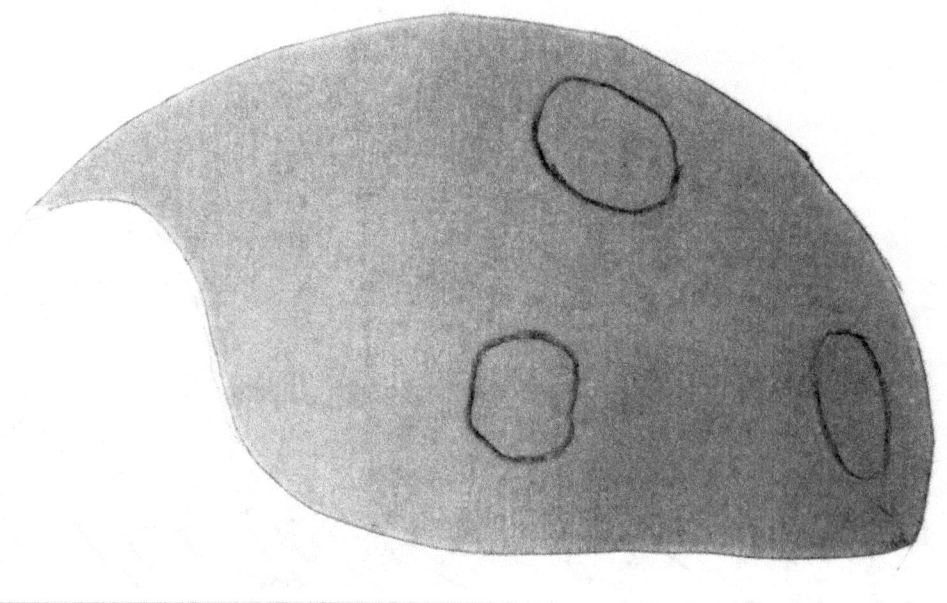

Die schwarzen Flecken zeichnen

Im nächsten Schritt werden wir uns darauf konzentrieren, die charakteristischen schwarzen Flecken auf den Flügeln des Marienkäfers hinzuzufügen. Verwenden Sie dafür Ihren 14B-Bleistift und üben Sie kräftigen Druck aus, während Sie diese Flecken zeichnen. Das Ziel ist es, einen tiefen und kontrastreichen Schatten zu erzeugen, der sich von der umgebenden Graphit-Schattierung abhebt.

Wie bereits erwähnt, fühlen Sie sich beim Zeichnen der Flecken auf den Flügeln des Marienkäfers nicht durch das Referenzfoto eingeschränkt. Sie haben die kreative Freiheit, sie so zu interpretieren und zu platzieren, wie Sie es für richtig halten. In meinem Fall habe ich leider die ursprüngliche Skizze für den Fleck auf der Oberseite des Flügels verloren, aber ich habe ihn nun wieder hinzugefügt, indem ich seine Position abgeschätzt habe.

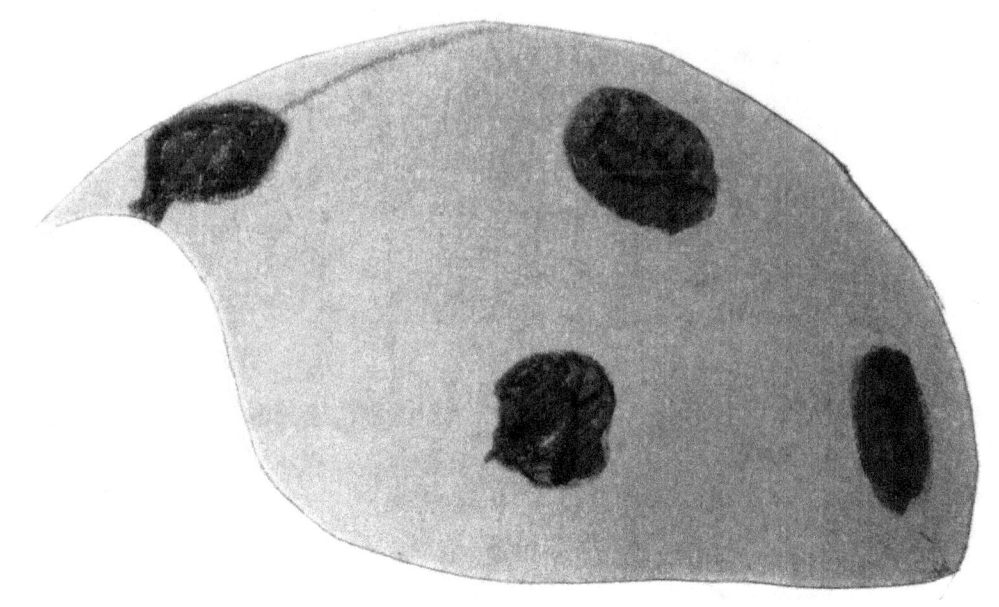

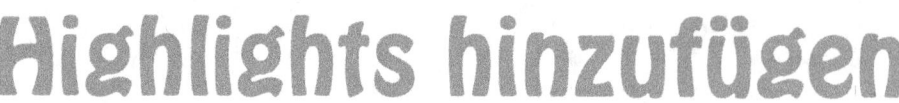

Highlights hinzufügen

Im nächsten Schritt werden wir die Flügel des Marienkäfers mit einigen Highlights akzentuieren. Um diesen Effekt zu erzielen, nehme ich vorsichtig mit einem knetbaren Radiergummi etwas Graphit ab, wie in der nächsten Abbildung gezeigt. Für ein stärkeres Highlight verwende ich meinen elektrischen Radiergummi, um die Mitte dieses Bereichs aufzuhellen. Diese zusätzliche Helligkeit verleiht dem Flügel ein wunderschön gerundetes Aussehen.

Zusätzlich radiere ich sorgfältig die beiden weißen Flecken in der Nähe des Kopfes aus, um ihre Weiße zu bewahren, den Kontrast zu erhöhen und sie elegant hervorzuheben.

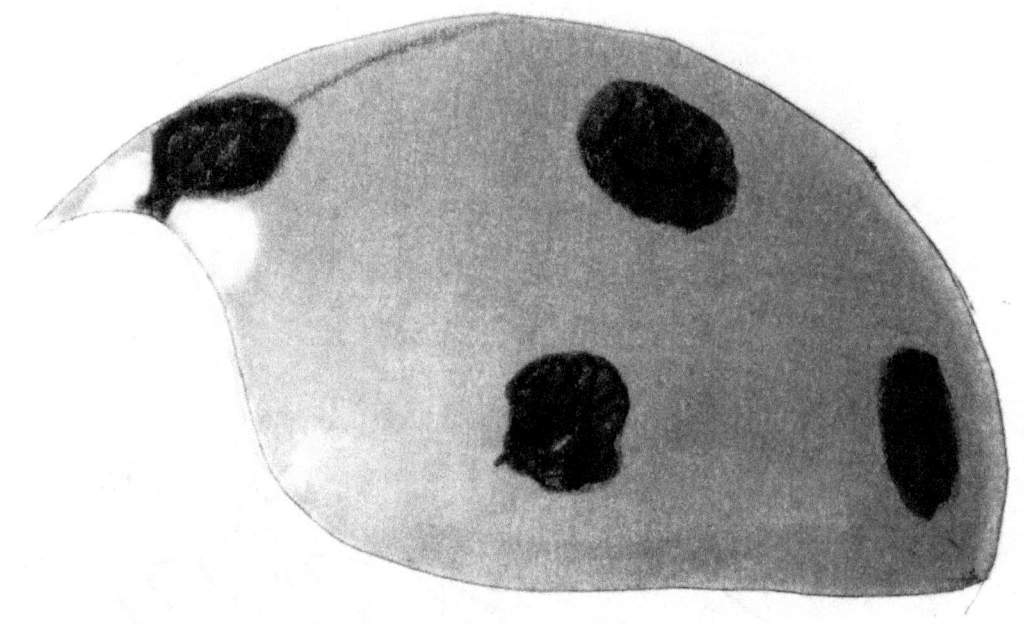

Die dunkelsten Bereiche zeichnen

Fahren Sie fort, indem Sie alle dunkelsten Bereiche mit der tiefsten Schattierung, wie beispielsweise 14B, schattieren. Sehen Sie sich die folgende Abbildung an, um genau zu erkennen, welche Bereiche ich geschattet habe, während ich bestimmte winzige Abschnitte weiß gelassen habe. Nehmen Sie sich Zeit, um sowohl das Referenzfoto als auch meinen Schritt-für-Schritt-Prozess zu studieren, um die notwendigen Schritte für Ihre Zeichnung zu erfassen.

Es ist wichtig zu beachten, dass ich den schwarzen hervorge-hobenen Teil über dem Pronotum (dem schwarzen Bereich zwischen dem Kopf und dem Panzer) absichtlich unberührt gelassen habe. Dieser Bereich wird mit einem leichteren Grad schattiert, um den Glanz zu kennzeichnen, den er besitzt.

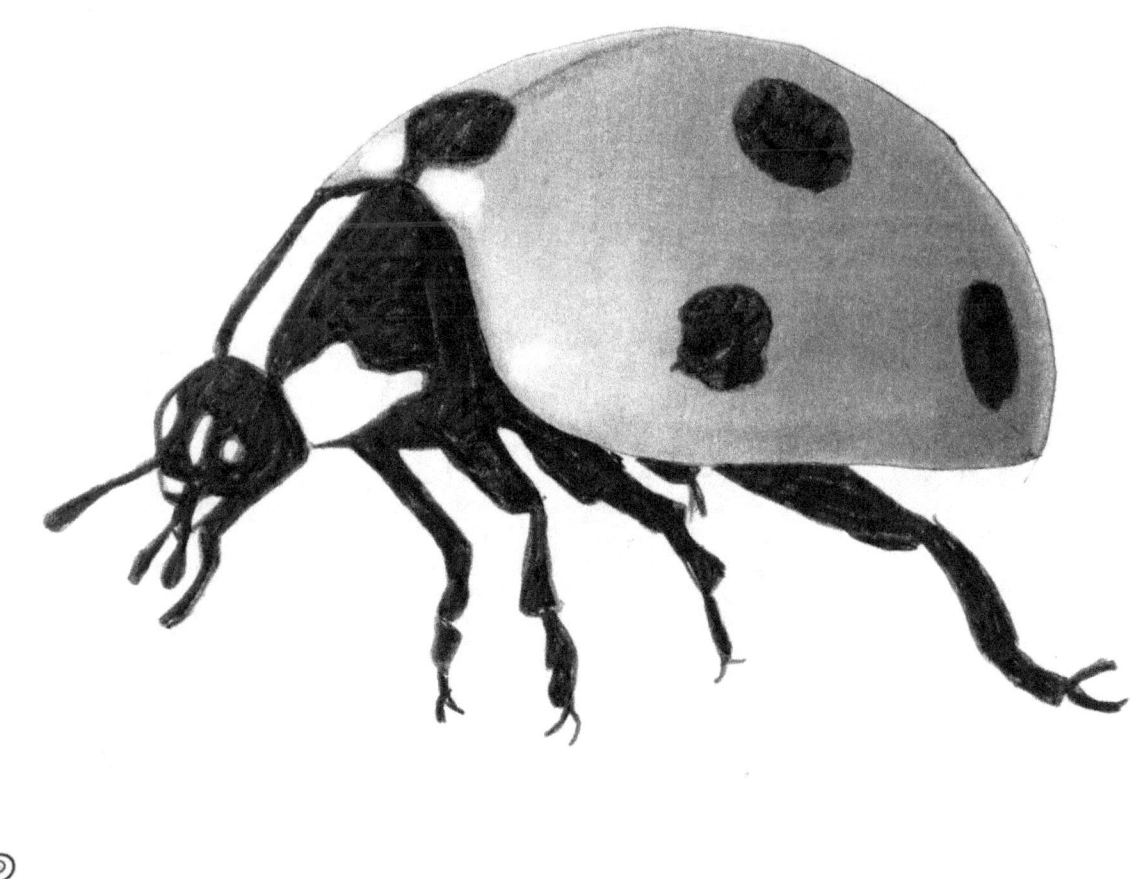

Verschwimmen und Schattieren der Details

Als Nächstes werden wir den zuvor unberührten Bereich über dem Pronotum schattieren. Beginnen Sie mit einem HB-Stift oben in diesem Bereich und wechseln Sie allmählich in den mit 14B schattierten Bereich. Anschließend verblenden Sie die Kante zwischen diesen Schattierungen mit einem 6B-Stift, um einen sanften Übergang zu erzielen.

Nehmen Sie außerdem einen Papierwischer und verblenden Sie vorsichtig die Kanten der Beine im Hintergrund, um ihnen ein leicht verschwommenes Aussehen zu verleihen. Dieser Effekt wird den Eindruck erwecken, dass diese Beine hinter den Beinen positioniert sind, die näher an den Augen des Betrachters liegen. Verblenden Sie auch die Kante des Panzers neben dem Pronotum, um einen nahtlosen Übergang zwischen den beiden Abschnitten sicherzustellen.

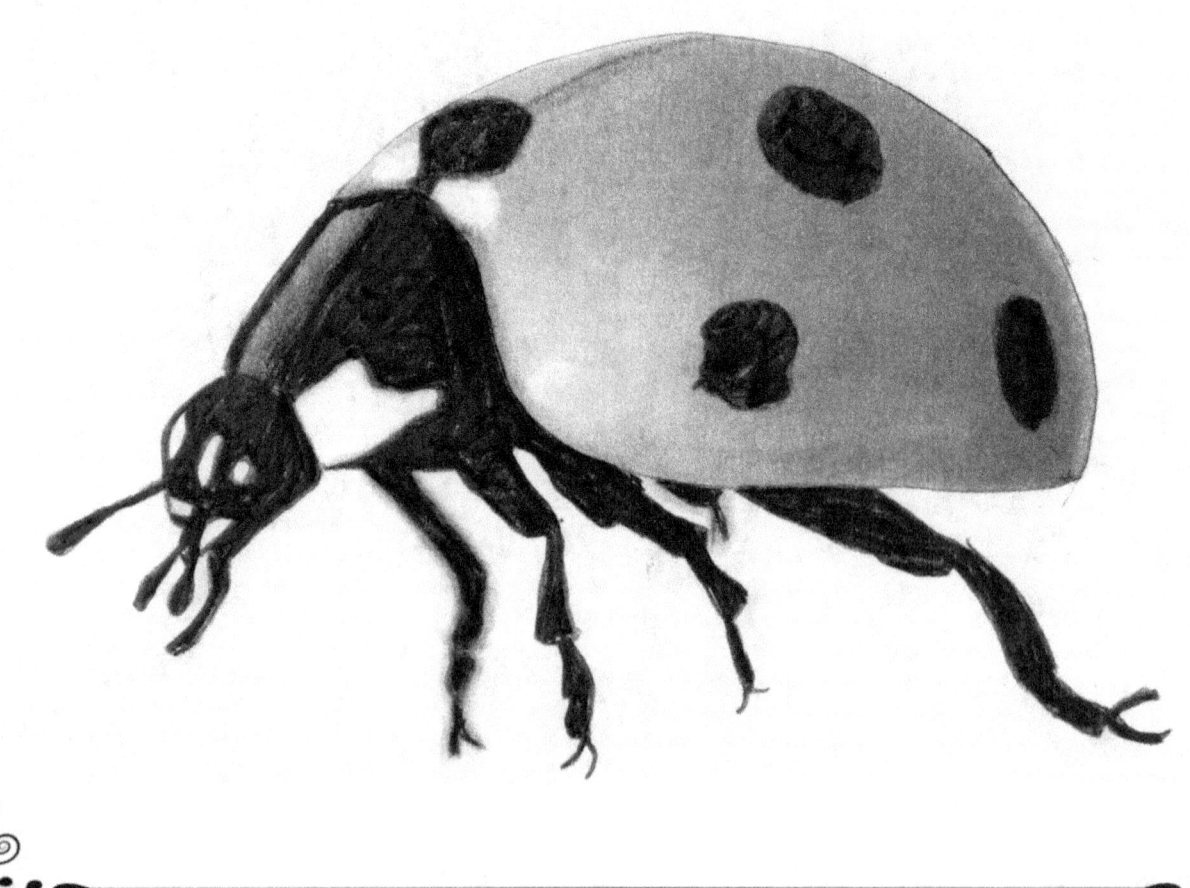

Beinhaare zeichnen

Wie auf dem Referenzfoto zu sehen ist, besitzen die Beine eine haarige Textur. Um diesen Effekt zu erzielen, werden wir einen farblosen Wachsmischer verwenden. Indem wir die Spitze vorsichtig entlang des Randes des Beins platzieren und sie in die erforderliche Richtung nach außen ziehen, können wir das Aussehen winziger Haare erzeugen, wie es in meiner Zeichnung dargestellt ist. Diese Technik verstärkt die Flauschigkeit und verleiht den Beinen im Kunstwerk eine realistische und lebendige Qualität.

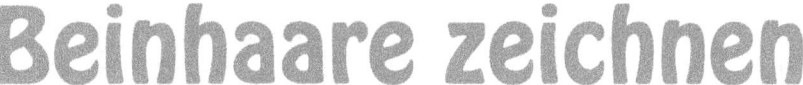

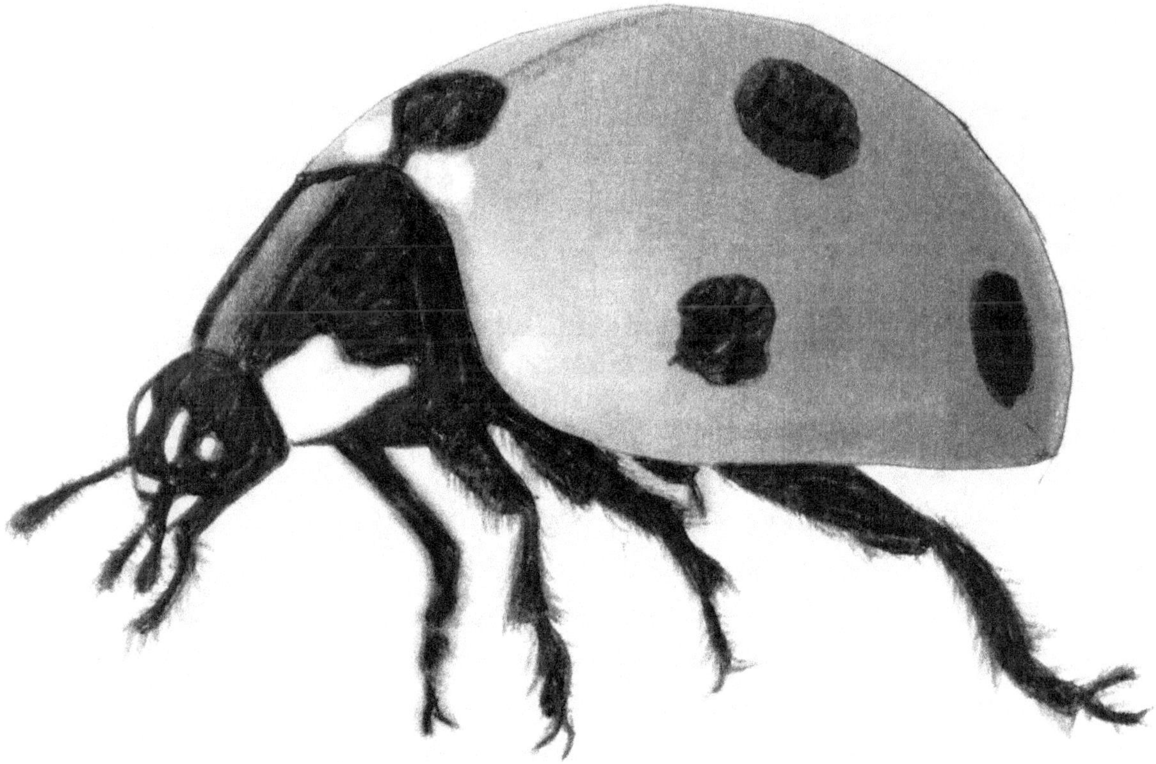

67

Verfeinern mit winzigen Highlights

Nun ist es an der Zeit, die letzten Akzente zu setzen, indem wir kleine hervorgehobene Stellen an den passenden Stellen einfügen. Um diesen Effekt zu erzielen, habe ich die scharfe Spitze meines elektrischen Radierers verwendet, um vorsichtig Graphit zu entfernen und helle Highlights zu erzeugen. Für Bereiche, die einen reinen Weißwert erforderten, habe ich einen weißen Gelstift verwendet. Auf dem beigefügten Bild können Sie zahlreiche kleine weiße Punkte erkennen, die ich sorgfältig auf dem Marienkäfer platziert habe, sogar auf seinen Beinen.

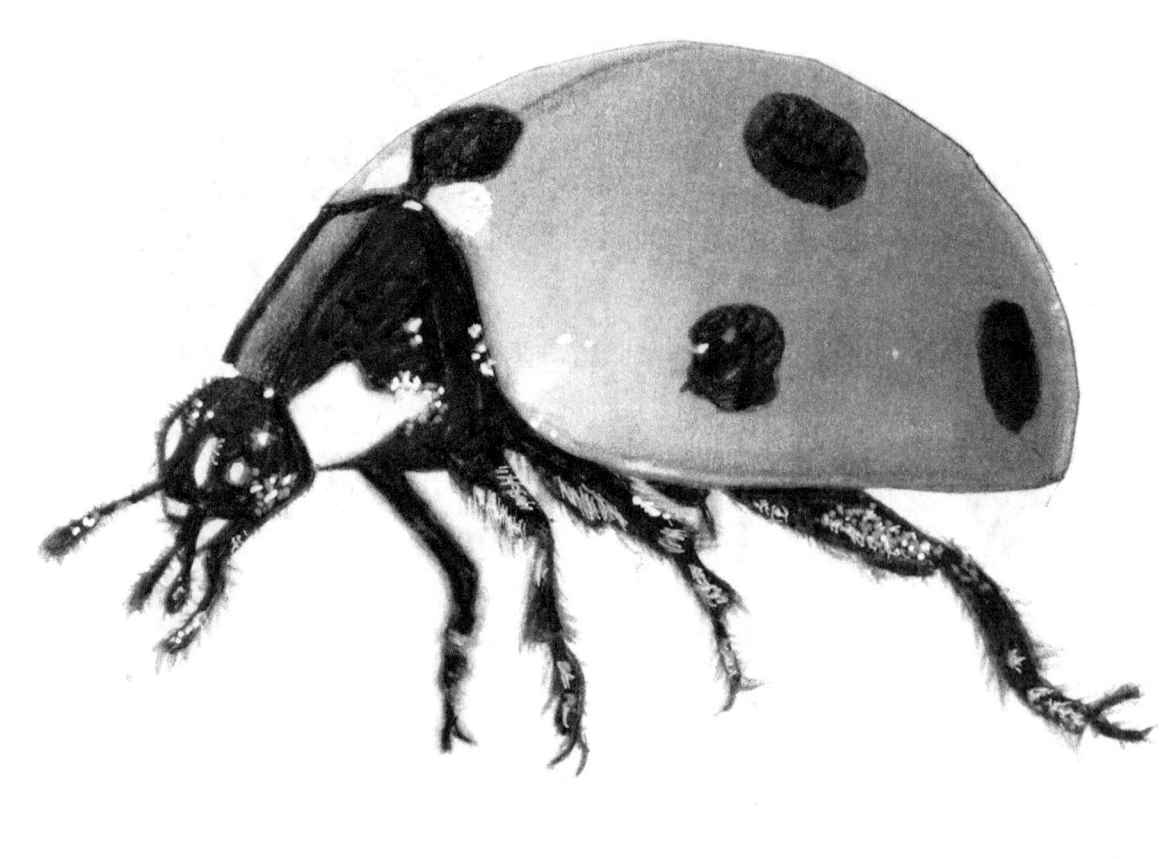

Das Meistern von Wurfschatten für Realismus

Sobald Sie mit dem Gesamtaussehen Ihrer Zeichnung zufrieden sind, ist es an der Zeit, ihr ein dreidimensionales und lebensechtes Gefühl zu verleihen, indem Sie einen Wurfschatten unter dem Marienkäfer erstellen. Um dies zu erreichen, habe ich Graphitpulver und einen Malpinsel verwendet, wobei ich Hin- und Herbewegungen angewandt habe, um den Schatten aufzutragen. Der Schatten sollte neben den Beinen des Marienkäfers dunkler erscheinen und allmählich in den Hintergrund übergehen. Wenn Sie Graphitpulver mit einem Pinsel auftragen, konzentrieren Sie sich zuerst auf Bereiche, die einen dunkleren Ton erfordern. Während Sie nach außen schattieren, wird immer weniger Graphitpulver auf dem Pinsel vorhanden sein, was zu einem sanften Übergang zwischen dem Wurfschatten und dem Hintergrund führt. Diese Technik verleiht der Zeichnung einen realistischen und räumlichen Effekt.

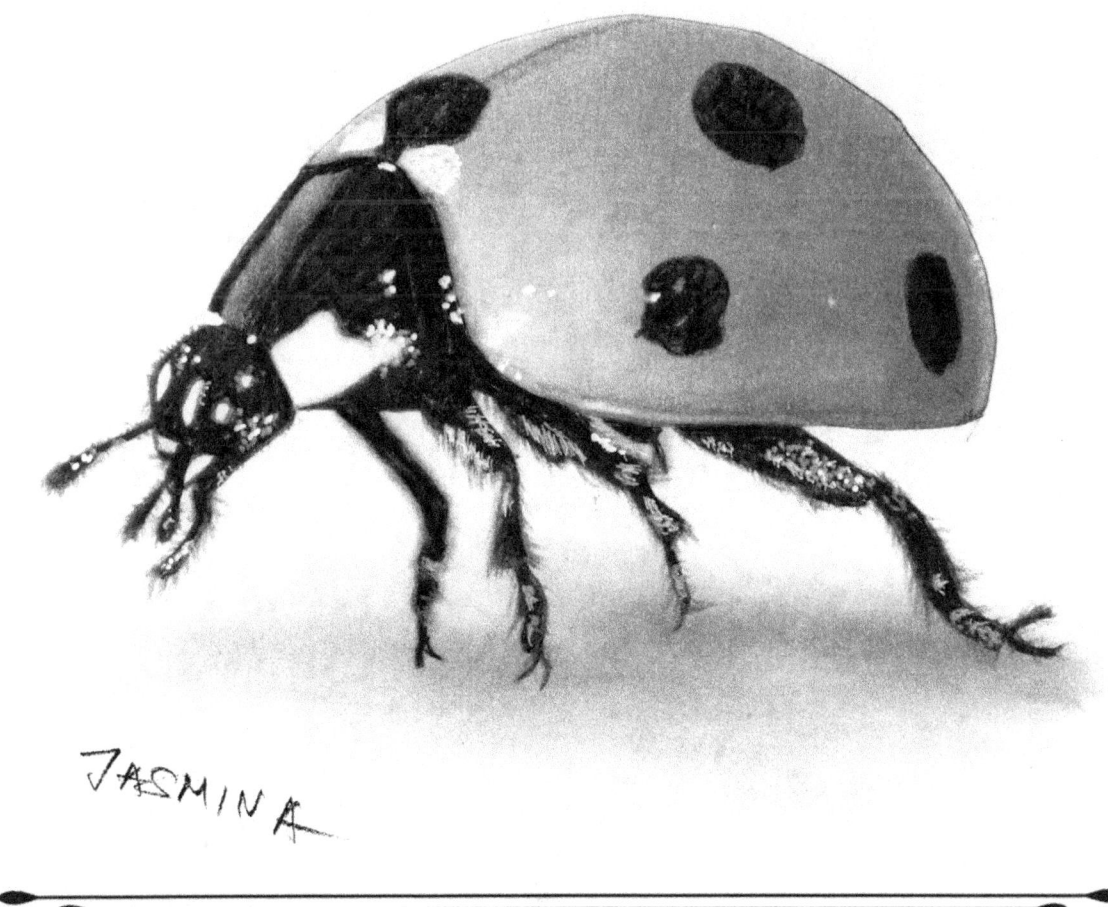

JASMINA

Eine Hummel zeichnen

Mit ihren flauschigen Körpern und ihrer charakteristischen schwarz-gelben Färbung sind Hummeln faszinierende Motive für künstlerische Erkundungen. Hummeln sind für ihre sanfte und friedliche Natur bekannt, was sie zu beliebten Bewohnern von Gärten und natürlichen Lebensräumen macht. Als Künstler und Naturbegeisterter habe ich persönlich Klee in meinem weitläufigen Garten gepflanzt, um gezielt Honigbienen und Hummeln anzulocken und mit Nahrung zu versorgen. Sie fröhlich zwischen den lebendigen Blumen summen zu sehen, bereitet wahre Freude und inspiriert mich, ihren Charme auf Papier festzuhalten. Indem wir Kunstwerke schaffen, die ihre Schönheit zeigen, können wir auf die Bedeutung des Schutzes dieser wertvollen und bedrohten Spezies aufmerksam machen.

Das Referenzfoto

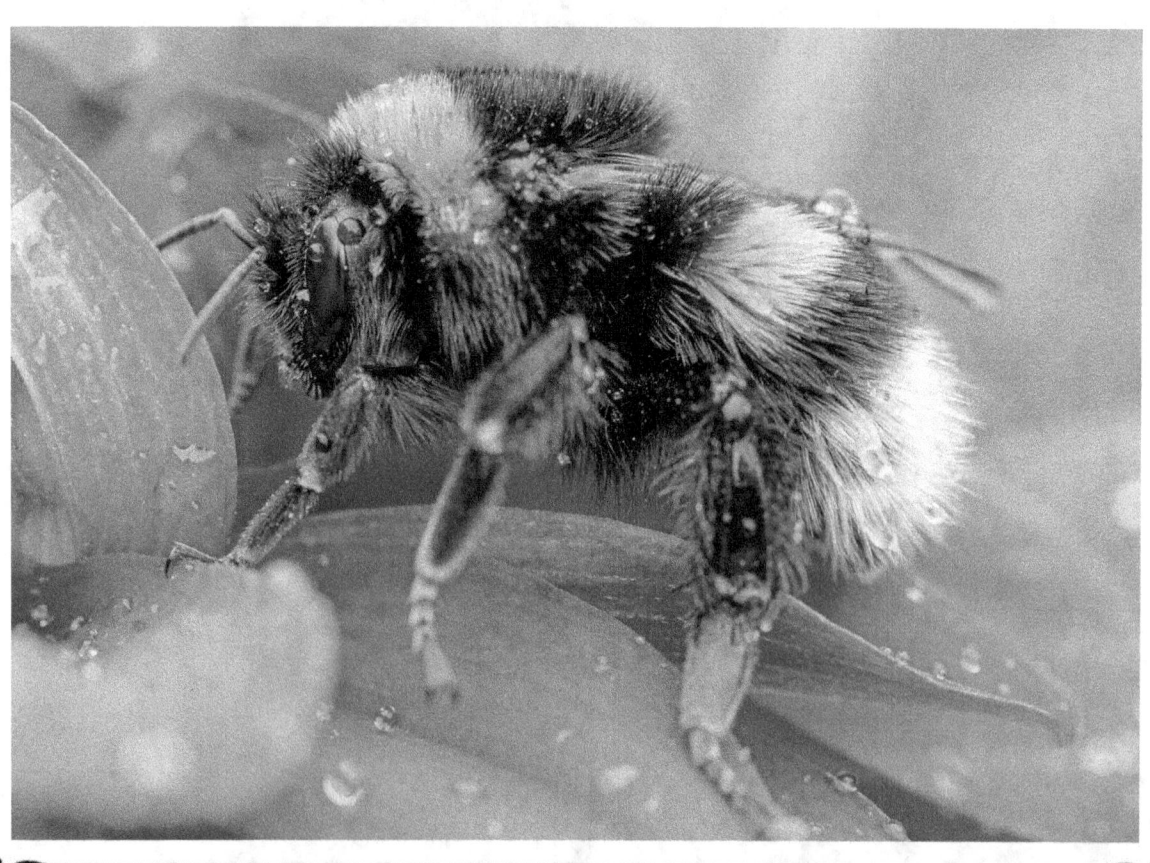

Skizzieren und Grundformen

In meiner Vorgehensweise habe ich die Bedeutung betont, den Hauptkörper und die Beine zu umreißen und die Grenze zwischen den auffälligen schwarzen und gelben Abschnitten mit Zickzack-Linien zu kennzeichnen. Denken Sie daran, dass nicht jedes Detail in Ihrer Skizze perfekt mit dem Referenzfoto übereinstimmen muss. Experimentieren und erkunden Sie. Weichen Sie beispielsweise von den genauen Positionen der Flügel ab.

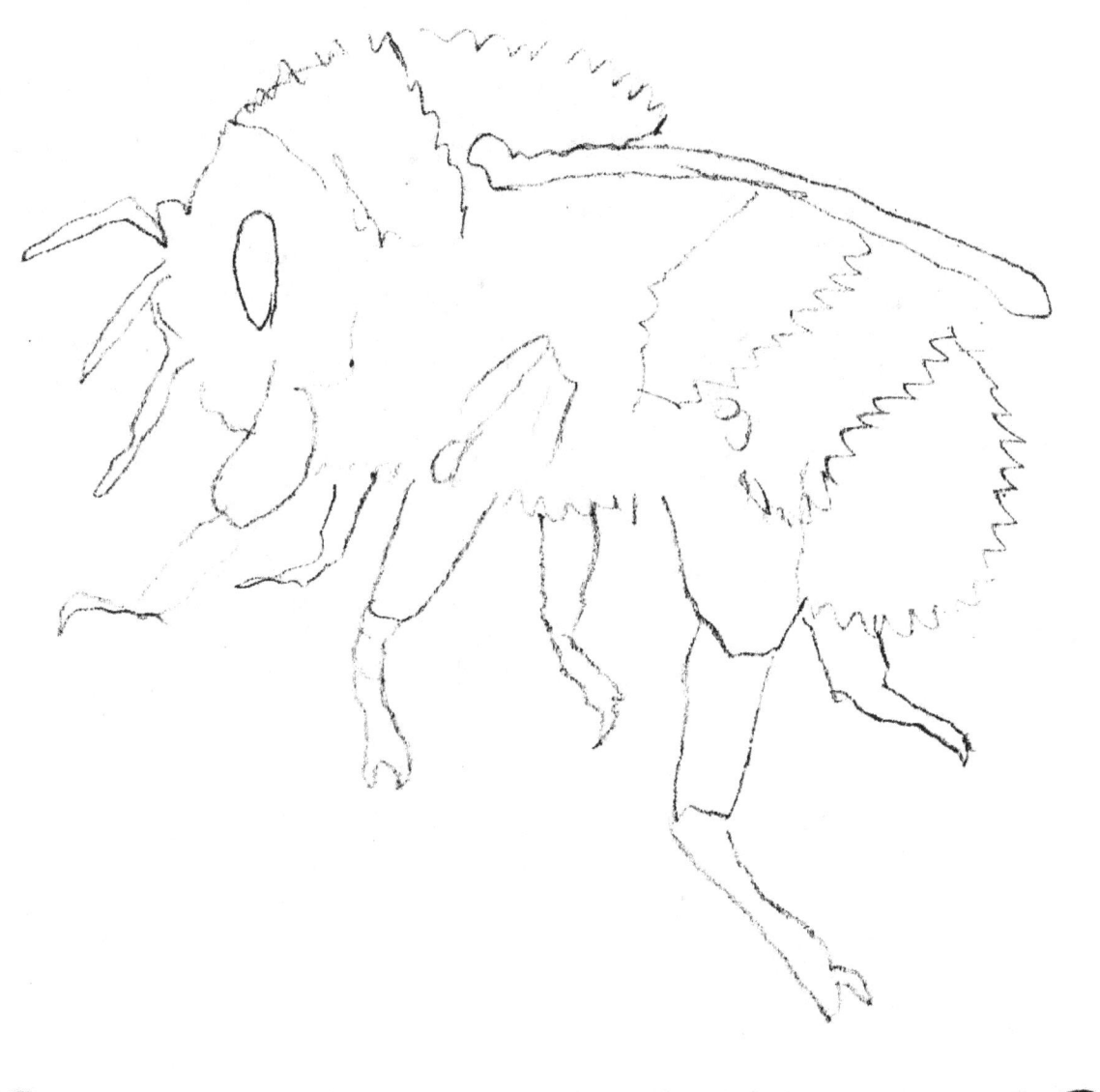

Die dunkelsten Bereiche zeichnen

Verwenden Sie einen 14B-Stift und beginnen Sie damit, die Regionen zu skizzieren, die komplett schwarz sein sollten. Es könnte etwas herausfordernd sein, diese Bereiche im Referenzfoto zu erkennen, daher bitte ich Sie, sich an meinem Schritt zu orientieren, um zu sehen, wo ich den tiefsten Schatten aufgetragen habe.

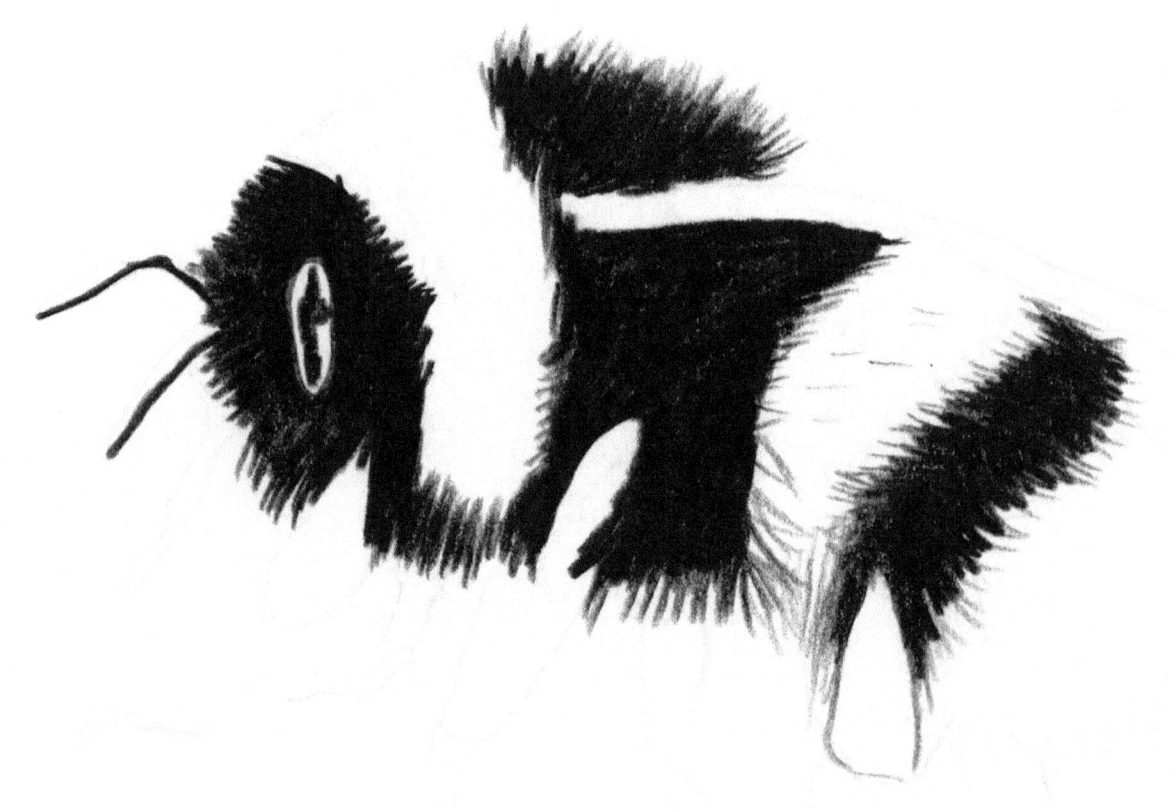

Hellere Haare zeichnen

Hummeln sind für ihre charakteristischen schwarzen und gelben Streifen bekannt, die oft in einem weißen Abschnitt am Hinterteil enden. Verwenden Sie nun einen HB-Stift, um sich auf das Skizzieren der feinen Haare über den beiden gelben Abschnitten zu konzentrieren. Reduzieren Sie allmählich die Dichte dieser Striche für den Abschnitt mit den weißen Haaren.

Wie bei den vorherigen Schritten stellen Sie sicher, dass Sie Ihre Striche mit dem natürlichen Wuchs und Fluss der Haare in Einklang bringen.

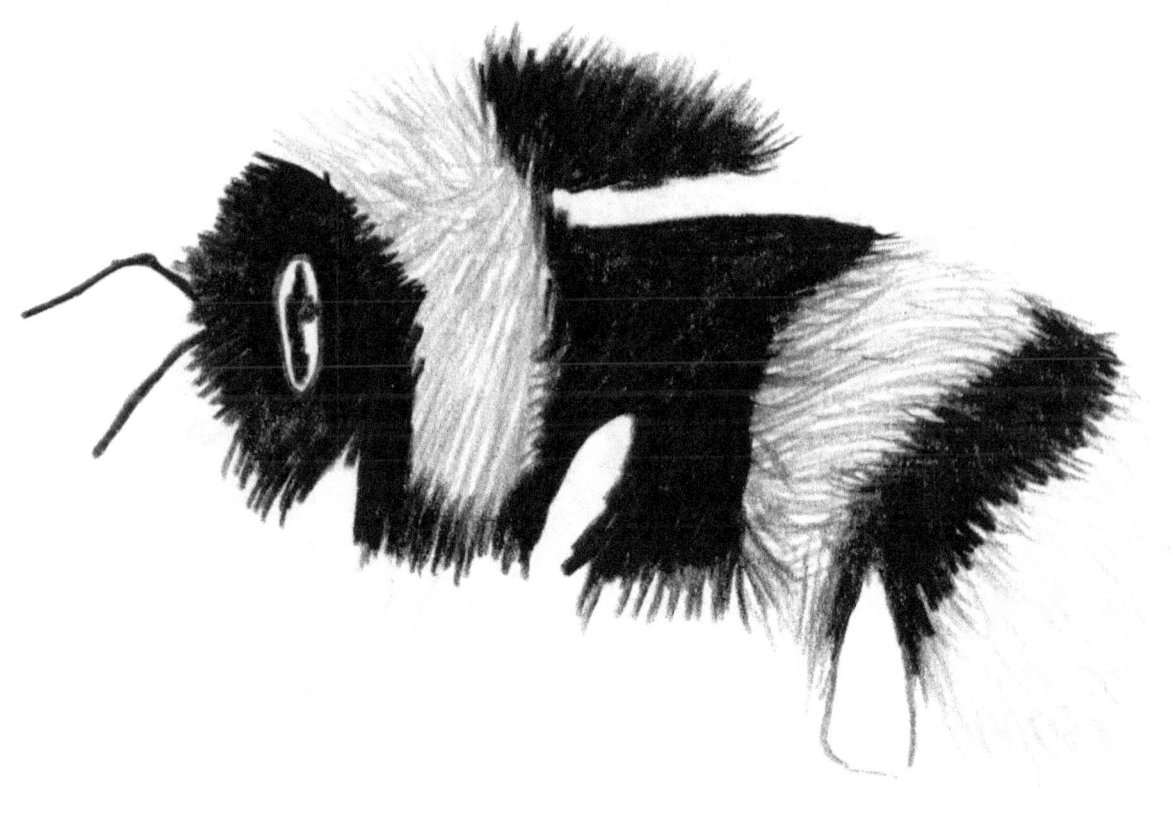

Die helleren Haare verwischen

Um einen weicheren und natürlicheren Look zu erzielen, verwenden Sie einen Papierwischer oder ein Wattestäbchen, um die von Ihnen skizzierten Haare sorgfältig zu verwischen.

Dieser Verwischprozess verhindert, dass die Haare scharf und deutlich erscheinen, und trägt zu einer realistischeren und sanfteren Textur bei.

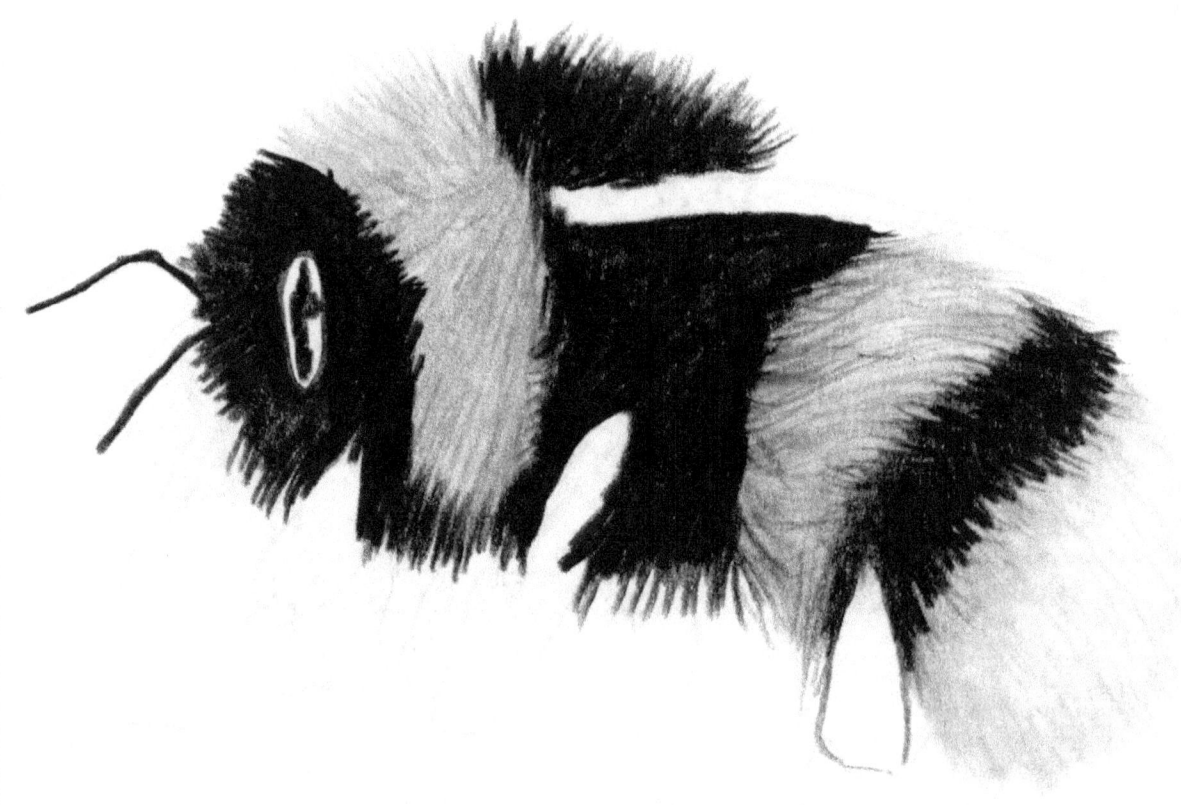

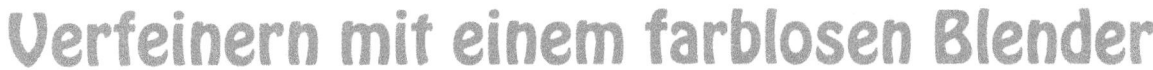

Verfeinern mit einem farblosen Blender

In diesem Schritt habe ich einen farblosen Blender von Prismacolor Premier verwendet, um die Enden der schwarzen Haare zu verschmelzen, die ich mit einem 14B Bleistift gezeichnet habe. Dieses Verblenden wird auf die schwarzen Haare angewendet, die über die gelben und weißen Teile der Hummel reichen, sowie auf diejenigen entlang des äußeren Randes gegen den Hintergrund. Um dies auszuführen, platzieren Sie die Spitze des Blenders auf dem schwarzen Bereich und führen Sie einen schnellen Strich in die gewünschte Richtung aus. Während auch ein 2B Bleistift für diese Aufgabe verwendet werden kann, habe ich festgestellt, dass der Verblendungseffekt delikater und strukturierter ist, wenn dieser spezielle Blender verwendet wird.

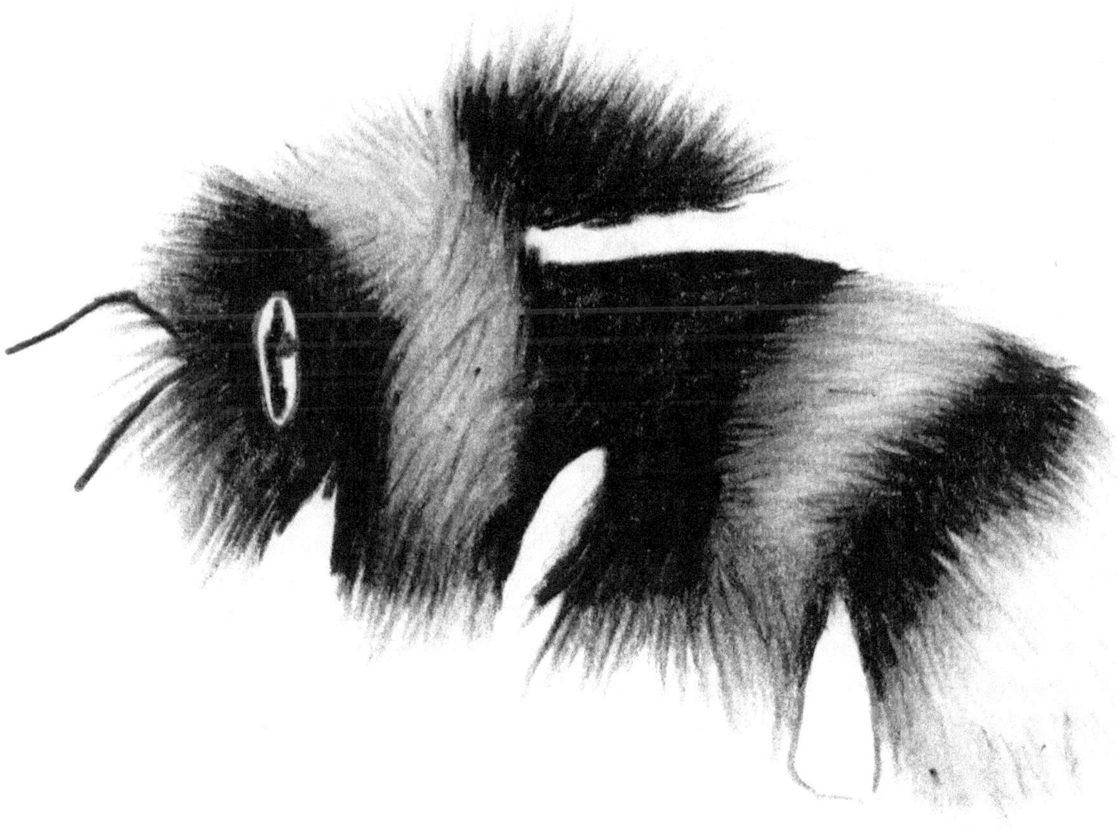

Hervorgehobene Haare hinzufügen

Im nächsten Schritt werden wir einige feine, hervorgehobene Haare an den Übergängen der schwarzen Abschnitte zu den gelben und weißen Bereichen einführen. Sie haben die Möglichkeit, diese zarten, hellen Haare entweder mit einem elektrischen Radiergummi oder einem weißen Tinten-Gelstift zu zeichnen. Sollten die Highlights nach der Verwendung des Gelstifts zu leuchtend erscheinen, können Sie sie nach dem Trocknen der Tinte einfach mit einem Papierwischer leicht abtupfen, um einen leicht dunkleren Ton zu erzielen.

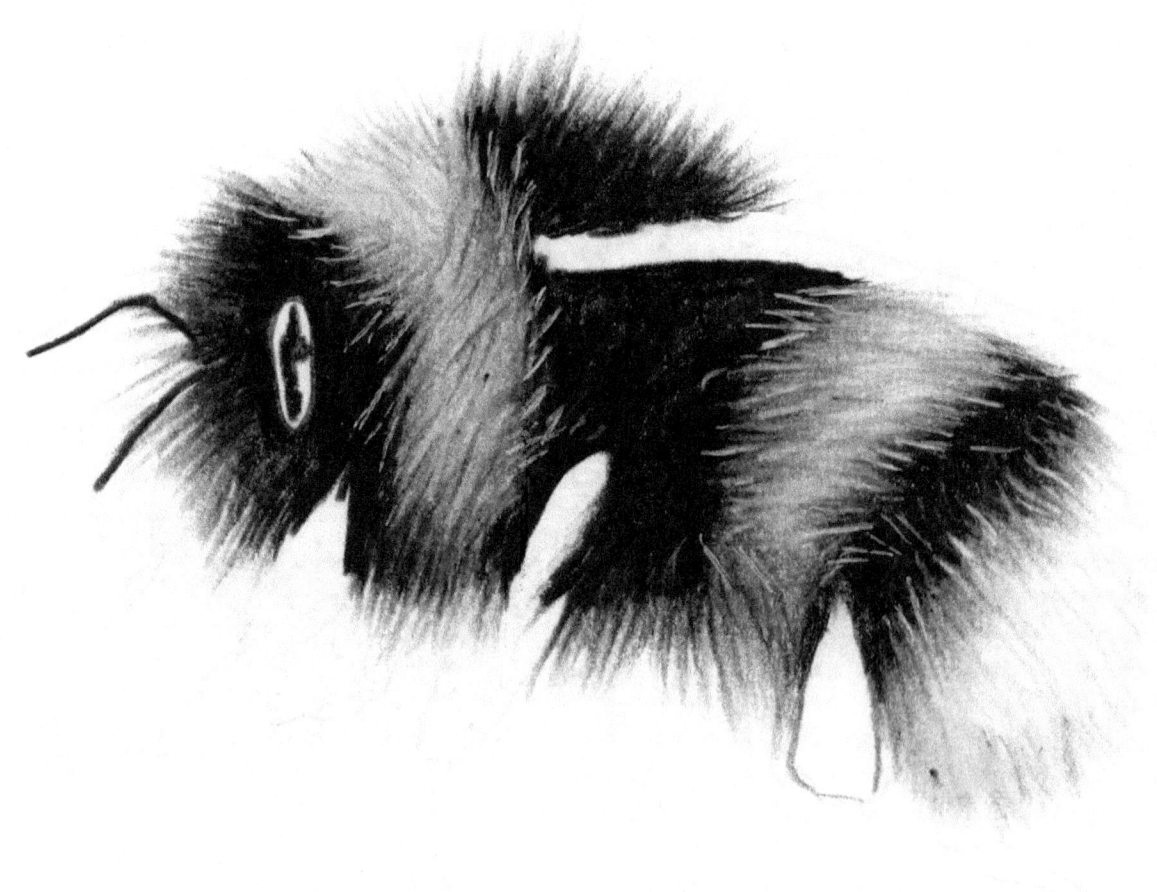

Schattieren der Fühler, des Auges und des Flügels

In dieser Phase werden wir dazu übergehen, die oberen Abschnitte der Fühler mit einem HB-Stift zu schattieren. Verwenden Sie denselben Stift, um auch das Auge und den Flügel zu schattieren. Beim Schattieren des Flügels sollten Sie darauf achten, den Druck anzupassen, um einen strukturierten Effekt zu erzeugen, der weniger gleichmäßig und eher dreidimensional wirkt.

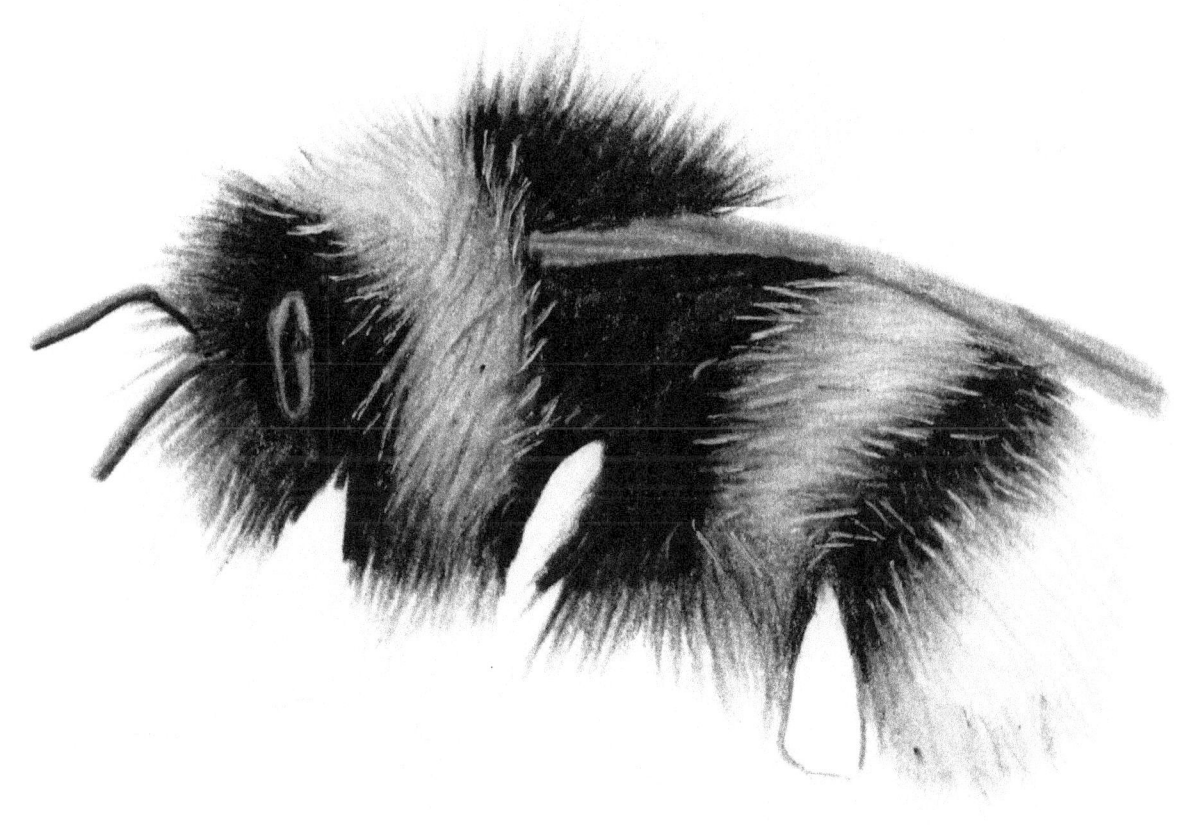

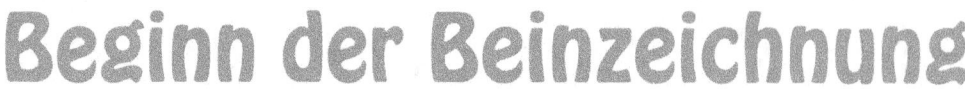
Beginn der Beinzeichnung

Wenn Sie bereit sind, können wir mit dem Zeichnen der Beine beginnen. Um ein Gefühl von Rundum-Beleuchtung und Rundheit zu erzeugen, habe ich einen 2B-Stift verwendet, um die äußeren Abschnitte der Beine zu schattieren. Beachten Sie das begleitende Bild, um die spezifischen Regionen zu identifizieren, die ich in diesem Fall geschattet habe.

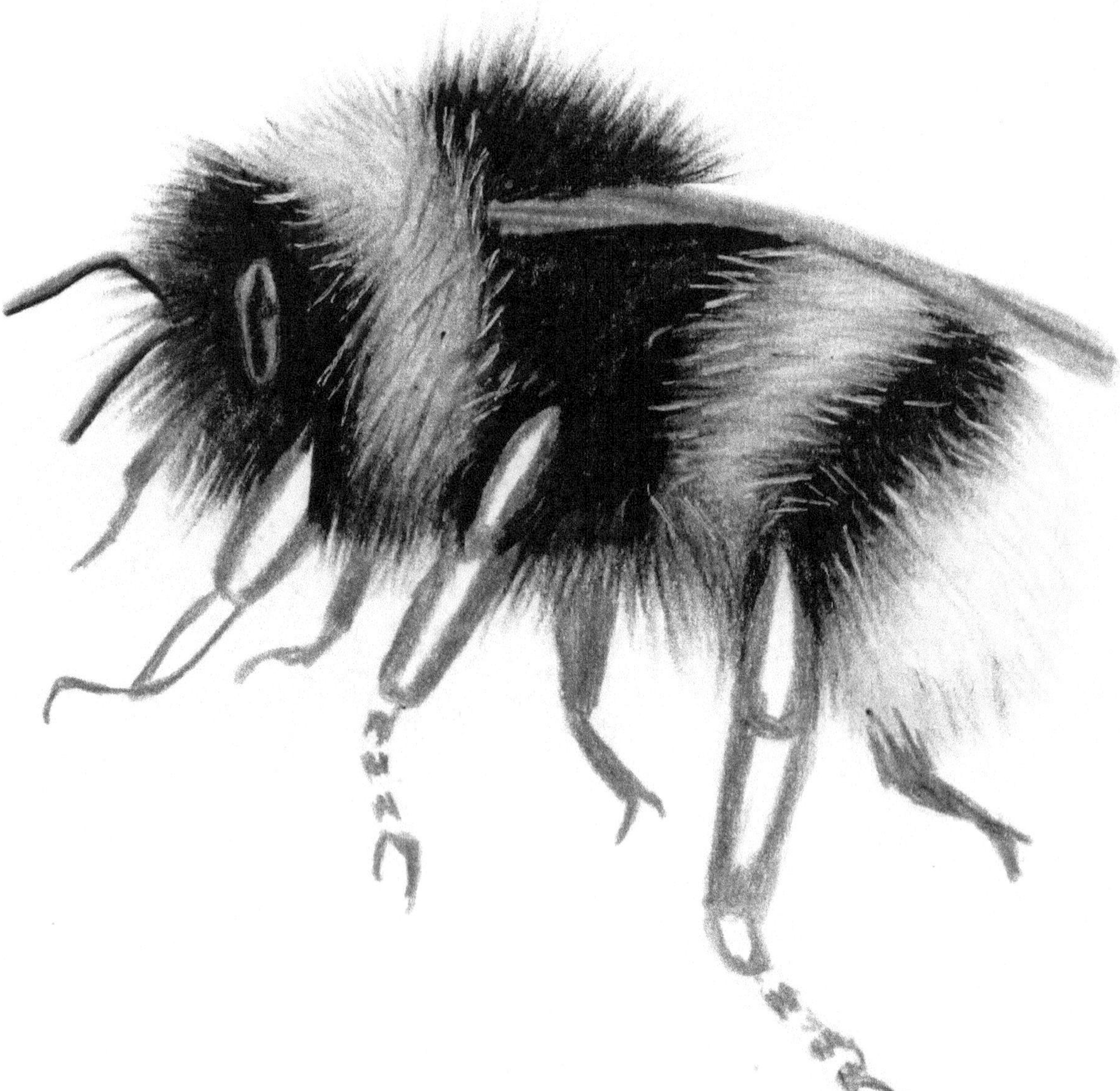

Fortsetzung des Schattierens der Beine

Fahren Sie fort mit dem Schattieren der Bereiche, die im vorherigen Schritt unberührt blieben, und konzentrieren Sie sich auf die mittleren Abschnitte der Beinteile. Verwenden Sie einen 10B-Stift für dieses Schattieren. Verwenden Sie anschließend einen 6B-Stift, um die Übergänge zwischen den beiden Schattierungen zu verwischen und einen allmählichen und nahtlosen Übergang zwischen ihnen zu gewährleisten. Diese Verwisch-technik wird einen gerundeten Effekt für die Beine erzeugen.

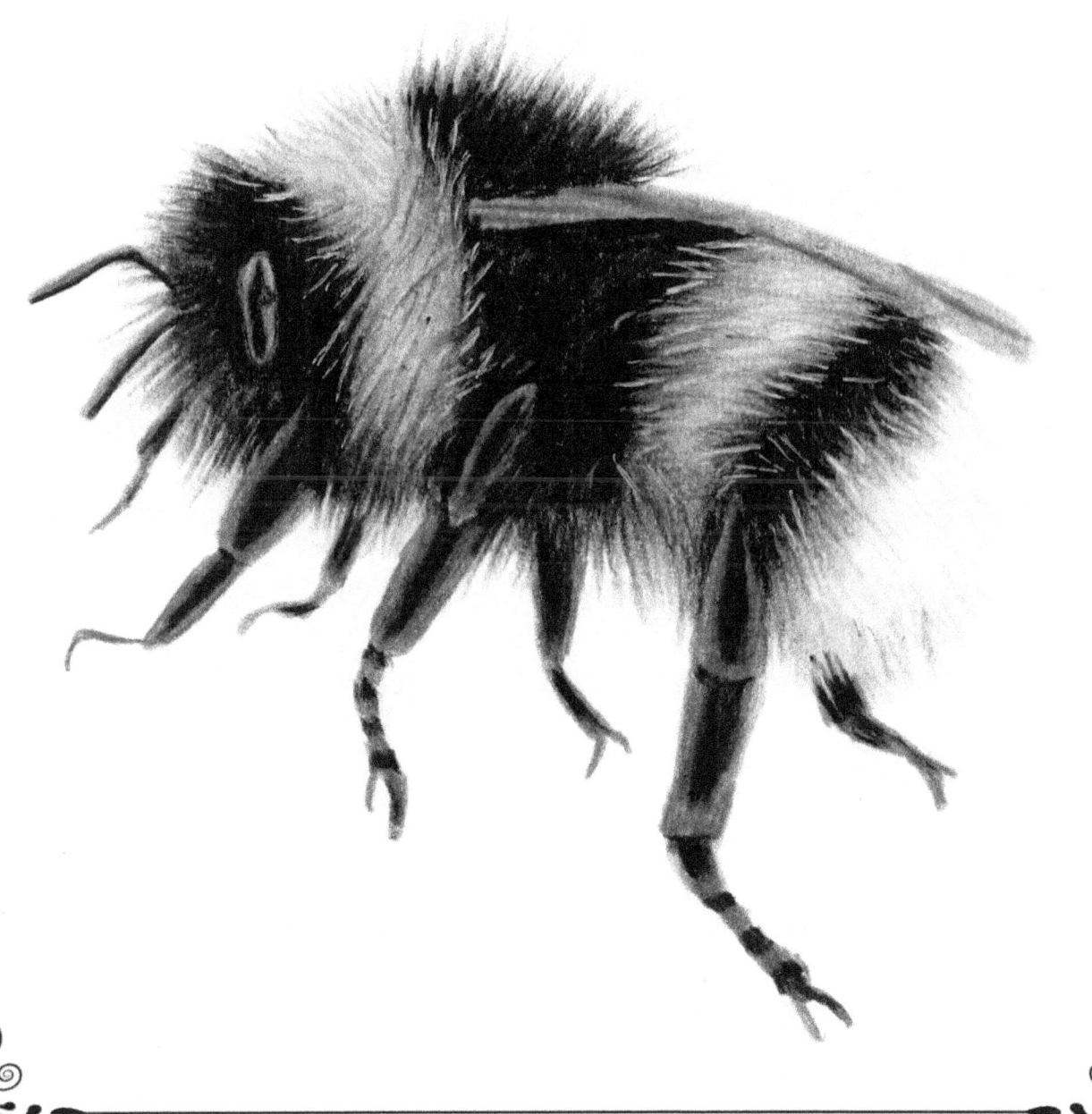

Verfeinern der Details an den Beinen

Setzen Sie Ihre Arbeit fort, indem Sie einen 2B-Bleistift verwenden, um sorgfältig die kleinen Haare zu zeichnen, die die gesamte Oberfläche der Beine schmücken. Folgen Sie dabei der visuellen Anleitung in meinem begleitenden Bild. Wenn Sie mit dem Ergebnis zufrieden sind, fahren Sie fort, indem Sie diese gezeichneten Haare mit einem farblosen Verwischer oder einem helleren Ton wie HB verblenden. Dieses Verblenden verleiht den Beinhaaren ein harmonisches und texturiertes Erscheinungsbild.

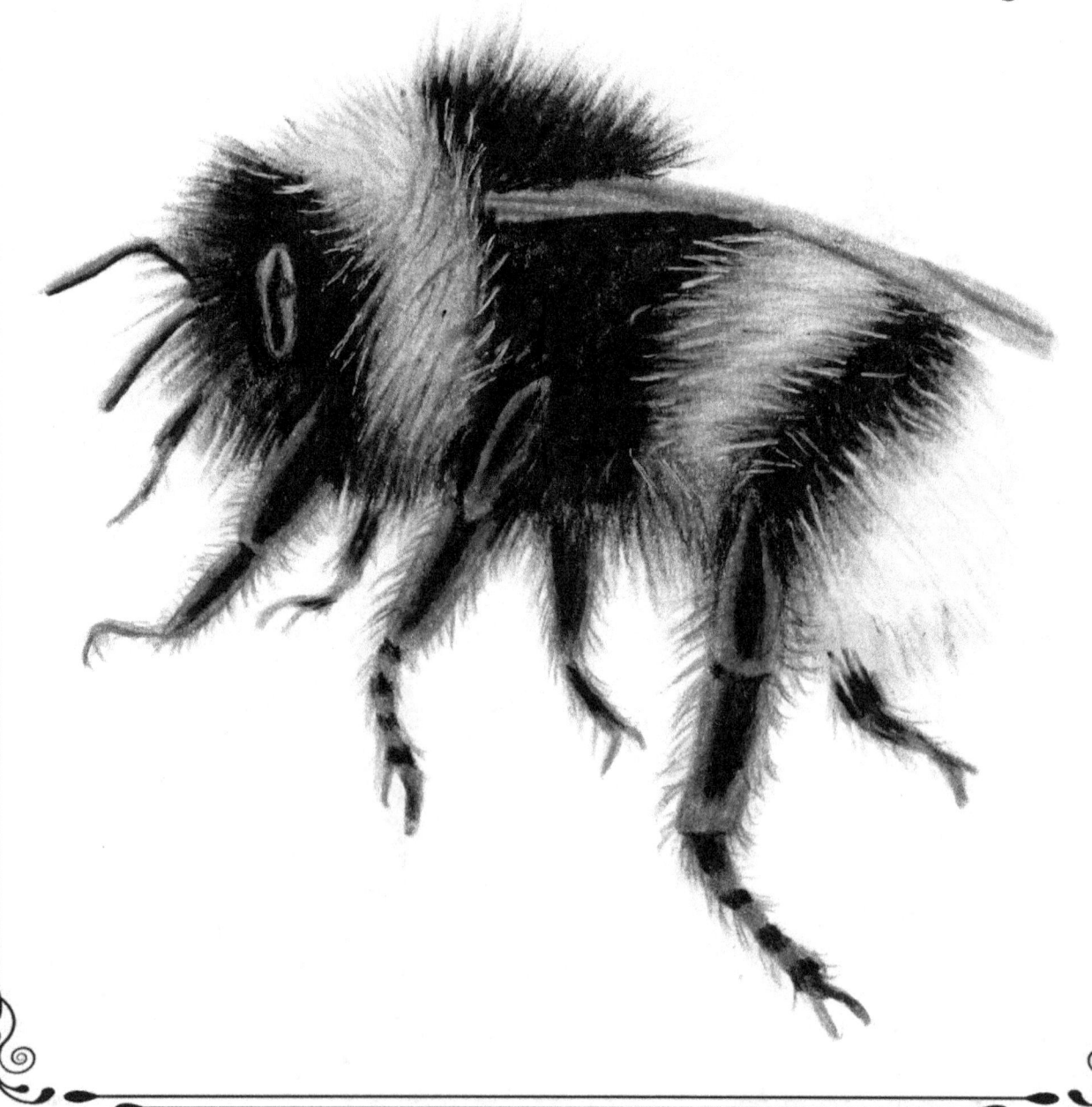

Verfeinern der Beindetails und Hinzufügen von Pollen

Fahren Sie fort, indem Sie einen weißen Gelstift verwenden, um vorsichtig die winzigen Haare zu gestalten, die die Beine schmücken. Diese Haare glänzen oft im Licht oder tragen Spuren von Pollen, was ihre Darstellung mit der Präzision eines weißen Gelstift oder eines elektrischen Radierers rechtfertigt. Zusätzlich können Sie strategisch einige kleine Punkte über die Form der Hummel verteilen, um die Idee von Pollen und seiner fleißigen Nahrungssuche zu vermitteln. Dadurch wird Ihre Kunst mit Leben und Lebendigkeit erfüllt.

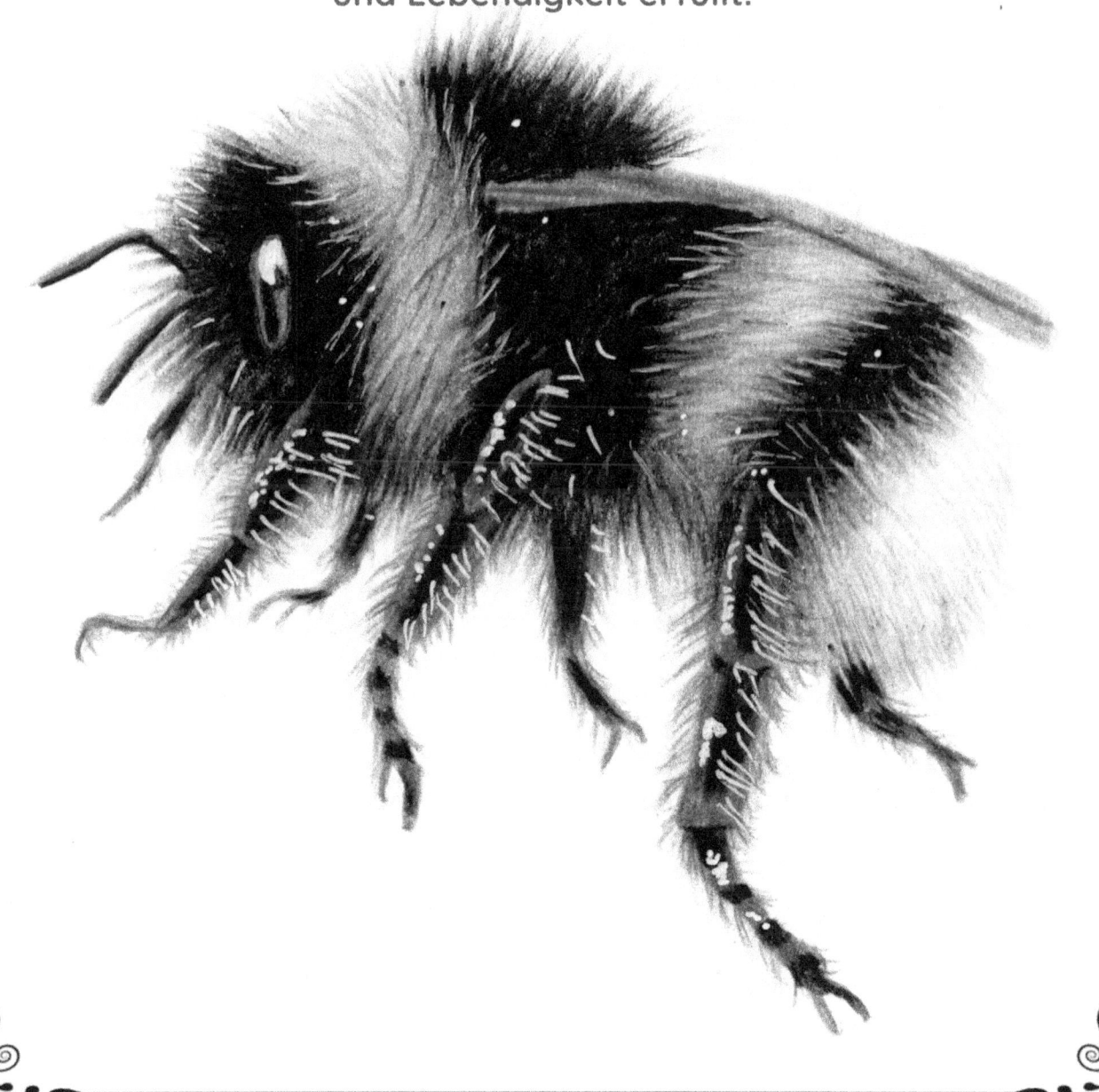

Abschließen des Hummel-Kunstwerks

Wenn Sie mit Ihrer Darstellung der Hummel zufrieden sind, können Sie in Betracht ziehen, Ihre Komposition zu erweitern, indem Sie eine Blume unterhalb der Hummel zeichnen, als ob sie auf ihr sitzen würde. Um eine zusätzliche Note von Realismus hinzuzufügen, habe ich mich dafür entschieden, den Schatten darzustellen, den die Hummel auf der imaginären Oberfläche wirft. Dies wurde erreicht, indem ich vorsichtig Graphitpulver mit einem Pinsel aufgetragen habe, wodurch der Szene eine subtile und atmosphärische Dimension verliehen wird.

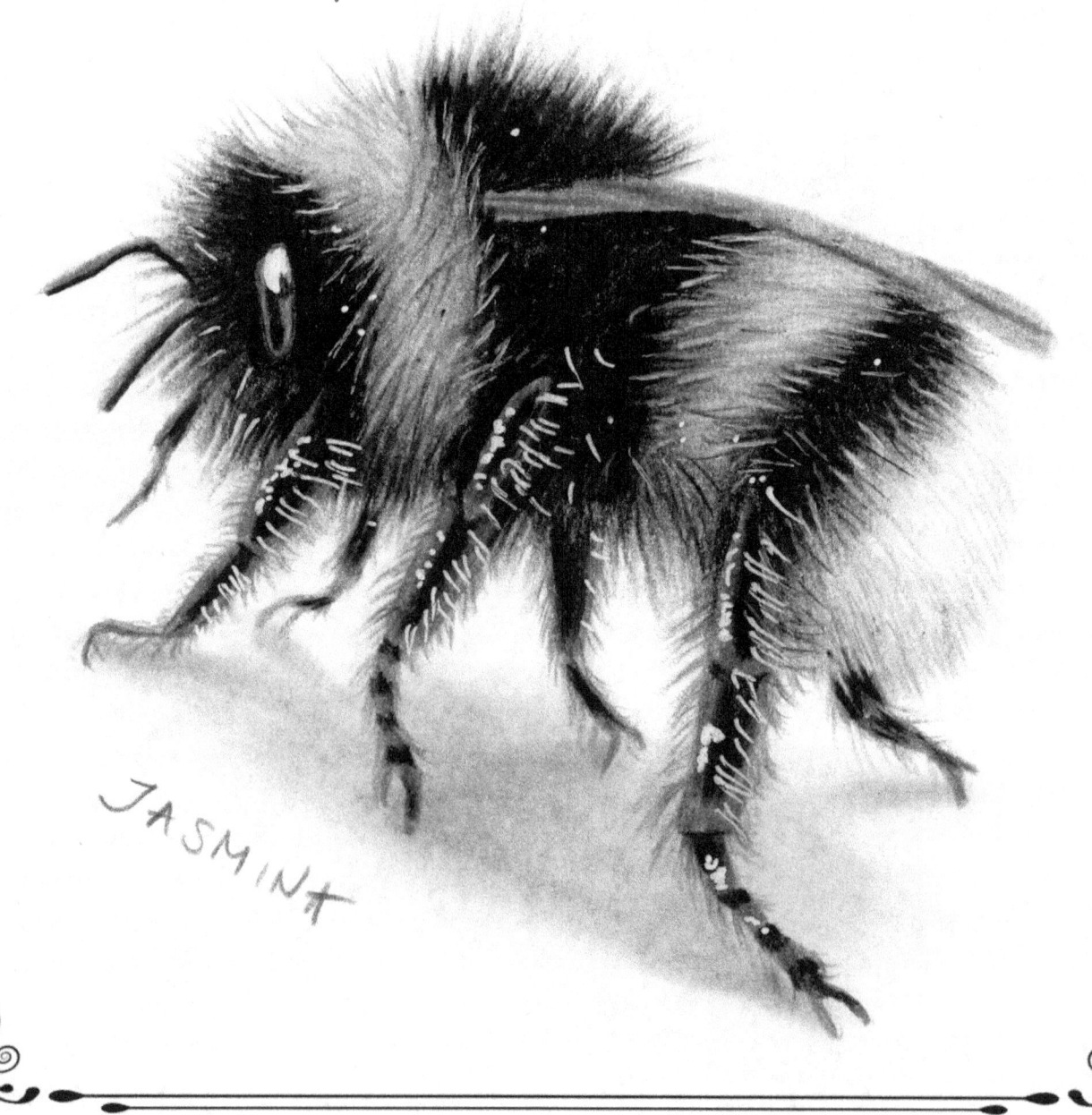

Zeichnungseinlagen

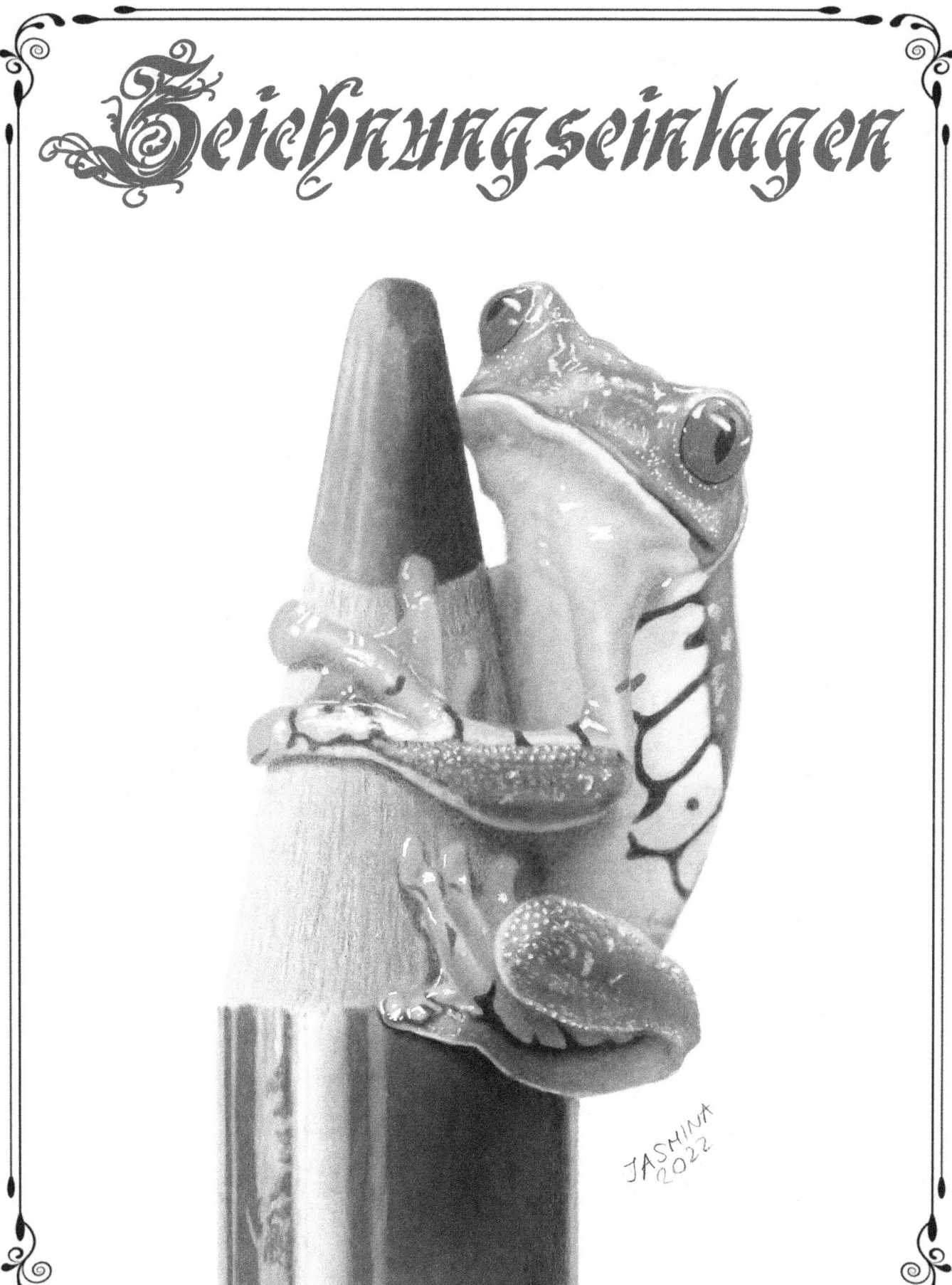

Schwarzen Schwan zeichnen

Das Zeichnen des schwarzen Schwans bietet die Möglichkeit, Texturen, Schattierungen und komplexe Details zu üben und dabei zu erforschen, wie das Licht auf dunklen Federn spielt und die Realität und Anziehungskraft Ihres Kunstwerks erhöht. Schätzen Sie die Eleganz der Natur und entwickeln Sie Ihre künstlerischen Fähigkeiten, indem Sie die Schönheit des schwarzen Schwans einfangen. Lassen Sie uns ihn in unserer Zeichnung zum Leben erwecken.

Das Referenzfoto

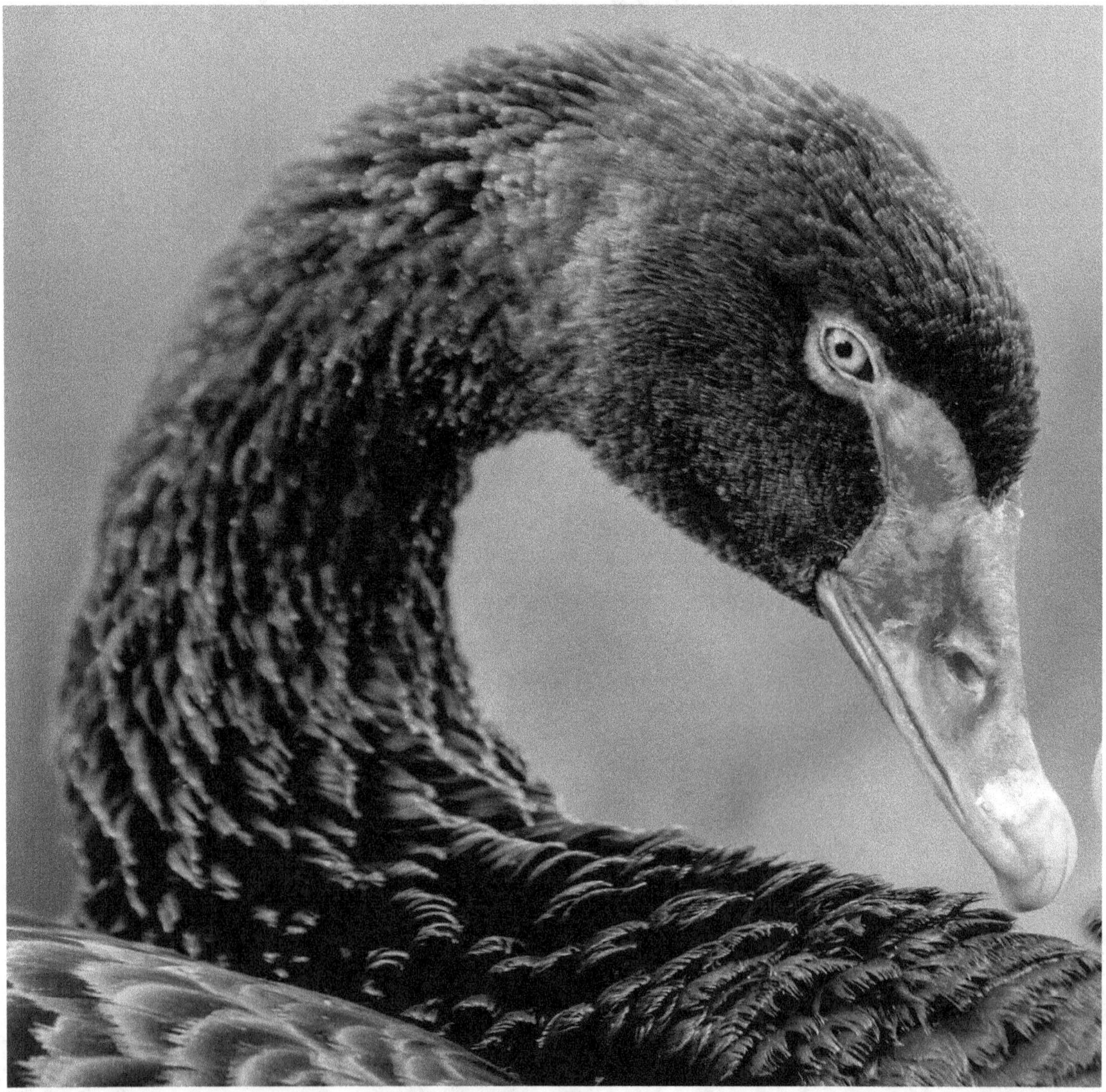

Skizzieren und Grundformen

In der nächsten Abbildung finden Sie meine Bleistiftskizze, die ich gescannt habe. Nehmen Sie sich einen Moment Zeit, um die Linien zu studieren und zu analysieren, die ich in meiner Zeichnung als wichtig und bedeutsam erachtet habe. Diese Linien wurden sorgfältig ausgewählt, um die Essenz und den Charakter des Motivs einzufangen. Beachten Sie die Details, die Kurven und die Präzision in jedem Strich, da sie zur Gesamtkomposition beitragen.

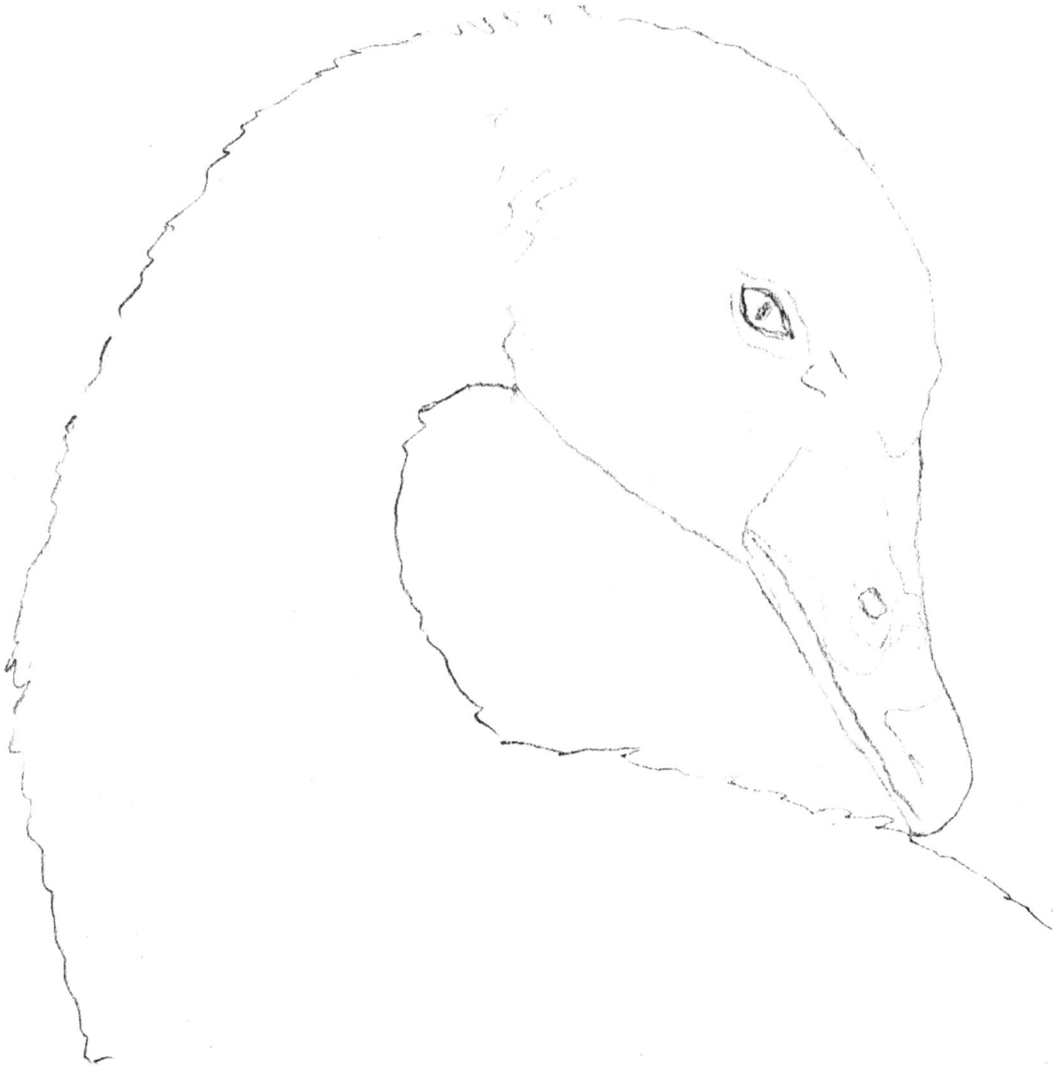

Analyse der Werte des schwarzen Schwans

Beginnen wir damit, das Foto des wunderschönen schwarzen Schwans zu analysieren und es in verschiedene Tonwertstufen zu unterteilen. Dafür können Sie jede Bildbearbeitungs-App mit einer Posterize Funktion verwenden. Ich habe hierfür ein kostenloses Tool erstellt, das Posterize Image Online Free Tool, das auf der Pencil Drawing Tutor Website www.pencildrawingtutor.com verfügbar ist.

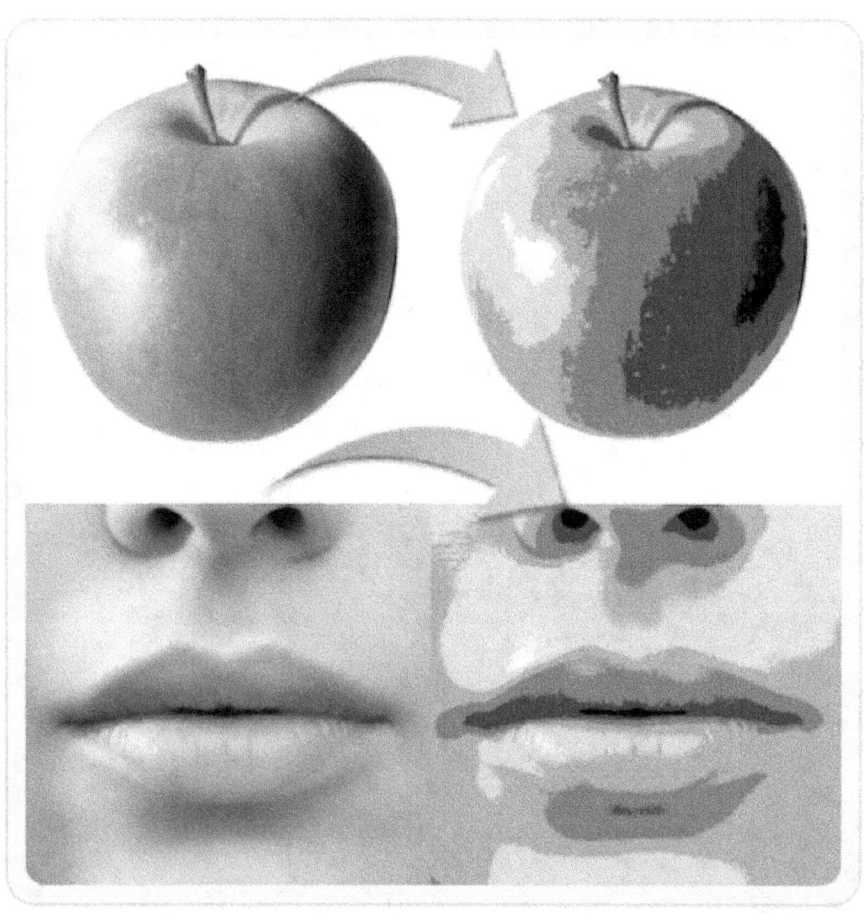

Wenn Sie Ihr Foto in das Posterize Image Online Free Tool hochladen, bewegen Sie den Regler unter dem Bild, um die gewünschte Anzahl an Tonwertstufen auszuwählen.
Wenn Sie zum Beispiel 2 Stufen wählen, werden nur Schwarz und Weiß angezeigt. Mit 3 Stufen wird ein Grauton zwischen Schwarz und Weiß hinzugefügt.

Im gezeigten Screenshot habe ich 4 Stufen gewählt, was zu Schwarz, Weiß sowie helleren und dunkleren Grautönen führt. Diese vier Werte reichen aus, um das Foto in klare Bereiche für die Schattierung zu unterteilen. Sie können zwar mit fünf oder mehr Stufen experimentieren, aber ich finde, dass diese vier Werte eine gute Grundlage bieten, wenn man den Detailgrad berücksichtigt, den wir später hinzufügen werden.

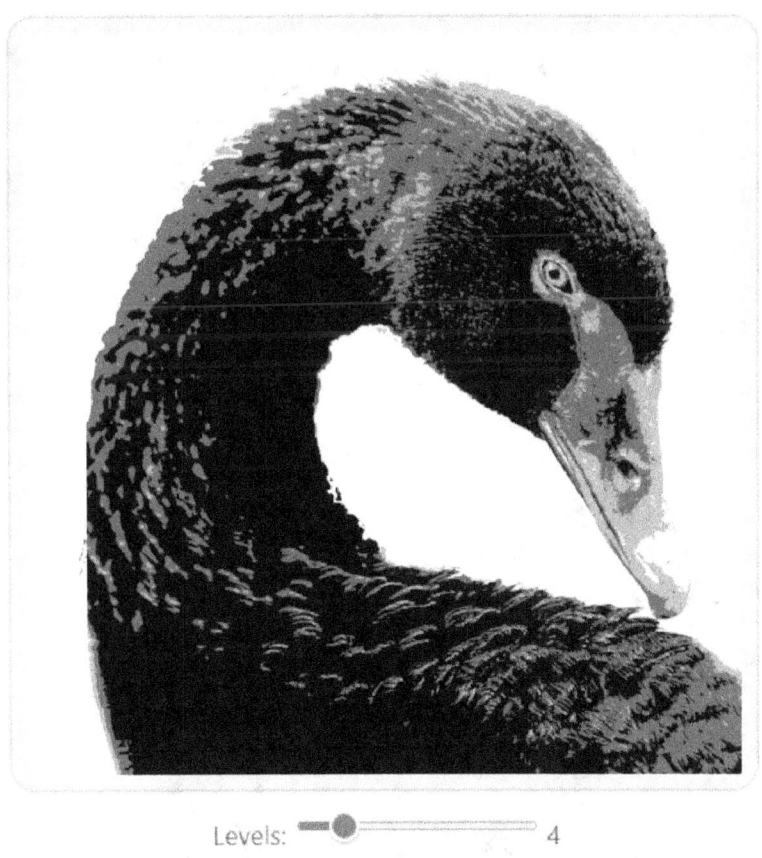

Levels: ●━━━━━━ 4

Download posterized image

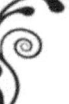

Das Finden der richtigen Schattierungen

In der nächsten Abbildung finden Sie das von mir erstellte "posterisierte" Bild. Es zeigt das Schwarz und zwei Grautöne, die ich ausgewählt habe. Ich habe jede Schattierung mit einer Linie mit dem entsprechenden Muster verbunden. Dieser Ansatz hilft uns, die Werte klar zu identifizieren, frei von Ablenkungen durch umgebende Abstufungen oder komplexe Details.

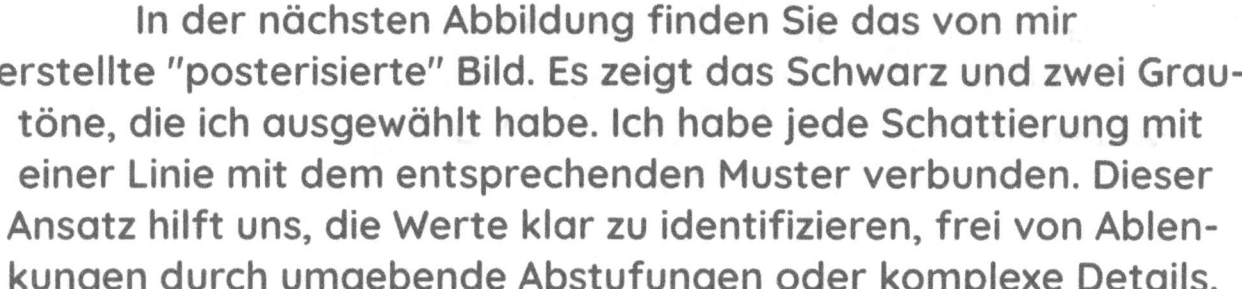

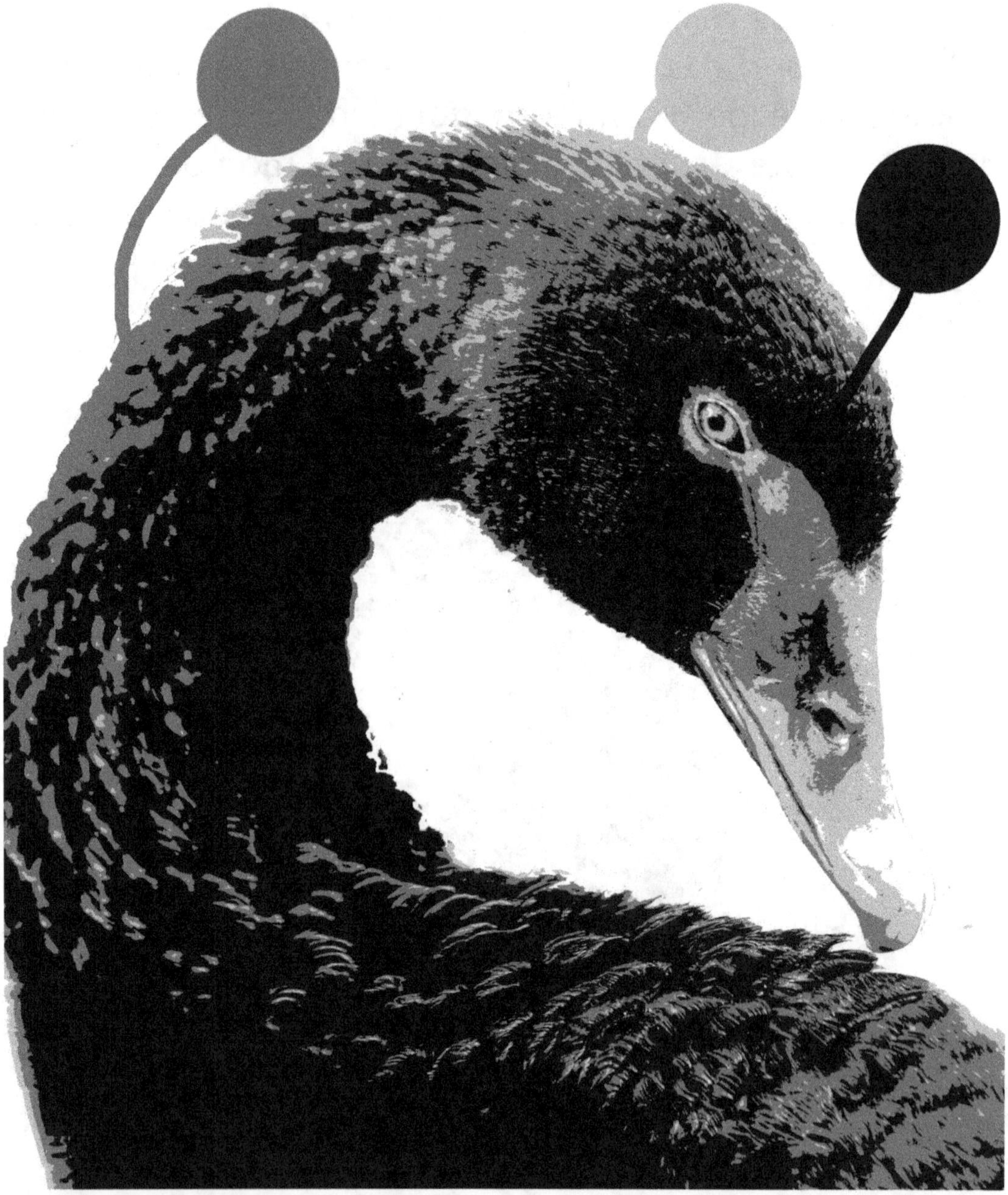

Die richtigen Stifte auswählen

Durch diese Vereinfachung des Bildes können wir problemlos die idealen Stifte für unsere Zeichnung identifizieren. Nach meinem Urteil passen diese drei Stifte perfekt zu den verschiedenen Musterstücken. Allerdings können während des Schattierungsprozesses immer Anpassungen vorgenommen werden. In diesem Stadium ist es entscheidend, die richtigen Härtegrade der Stifte zu haben, um das Fundament für unser Kunstwerk zu legen.

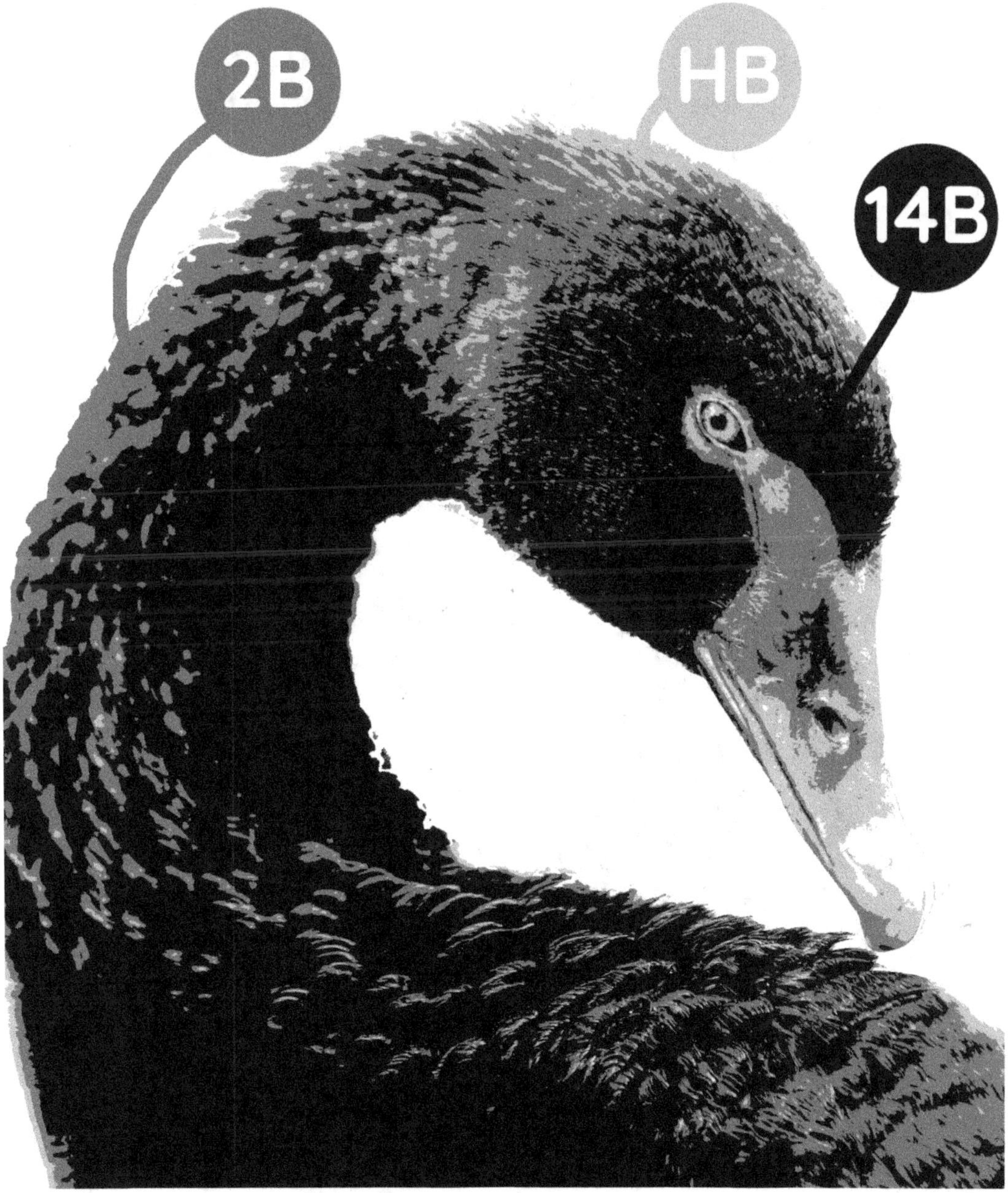

Anwenden der dunkelsten Schattierungen

Um den Prozess zu vereinfachen, werden wir uns später auf das Auge und den Schnabel konzentrieren. Lassen Sie uns zunächst die schwarzen Federn schattieren.

Beginnen Sie damit, einen 14B Stift zu verwenden, um die in der begleitenden Abbildung sichtbaren Bereiche zu schattieren.

Üben Sie beim Schattieren kräftigen Druck aus, um einen satten und tiefsten Schatten zu erzielen. Denken Sie daran, dass wir nicht jede Feder einzeln zeichnen müssen, wie in den Referenzfotos zu sehen ist. Konzentrieren Sie sich stattdessen darauf, das Schattieren anzunähern, um die tiefsten Schattierungen zwischen überlappenden, beleuchteten schwarzen Federn einzufangen.

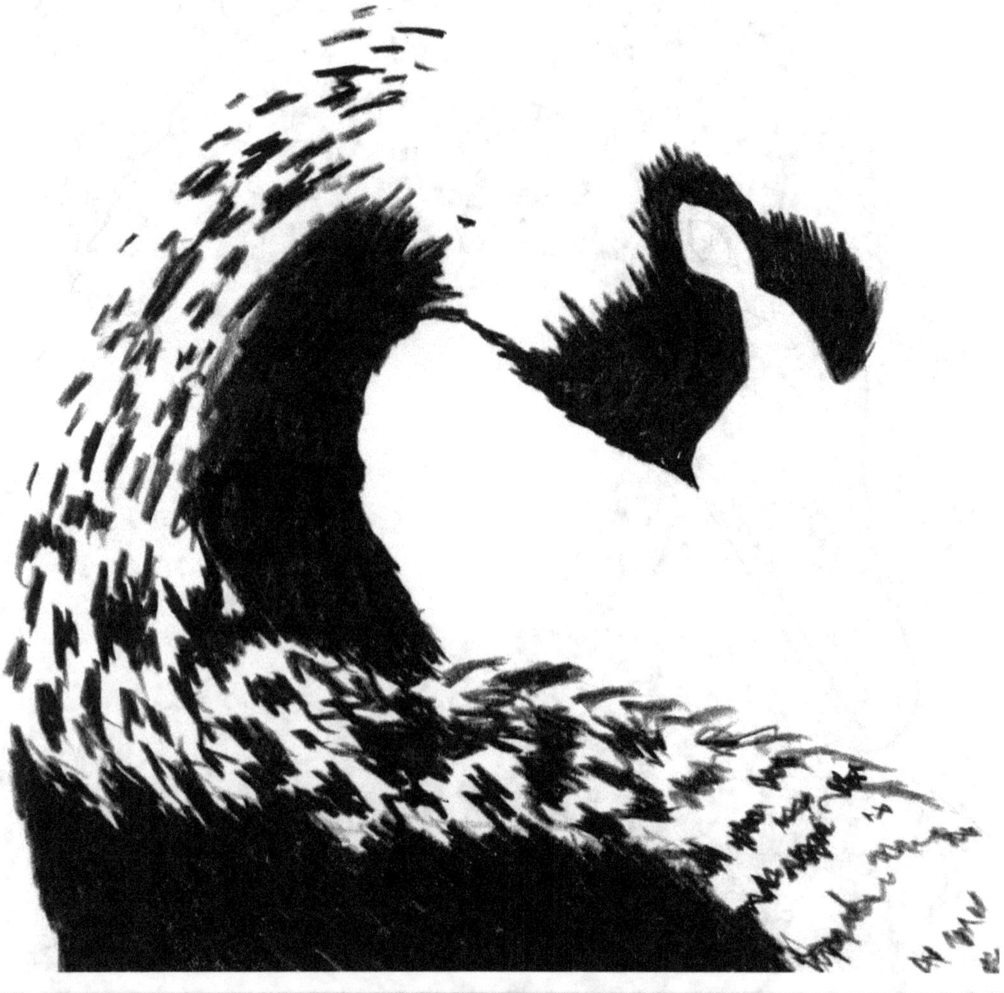

Anwenden der mittleren Schattierungen

Folgen Sie den Werten, die in der Abbildung im Schritt "Die richtigen Stifte auswählen" gezeigt werden, und fahren Sie mit einem 2B Stift fort, um alle dafür vorgesehenen Bereiche zu schattieren, wobei Sie auf eine gleichmäßige und gleichmäßige Anwendung achten. Behalten Sie die Abschnitte, die für den hellsten Ton vorgesehen sind, vor, denn diese werden wir mit einem HB Stift schattieren.

Zeichnen Sie die Striche immer in Richtung des Flusses und Wachstums der Feder. Zusätzlich zeichnen Sie um die äußeren Kanten herum und folgen Sie direkt neben den 14B-Kanten, um reflektiertes Licht zu erzeugen, da der schwarze Rand oft leicht beleuchtet ist.

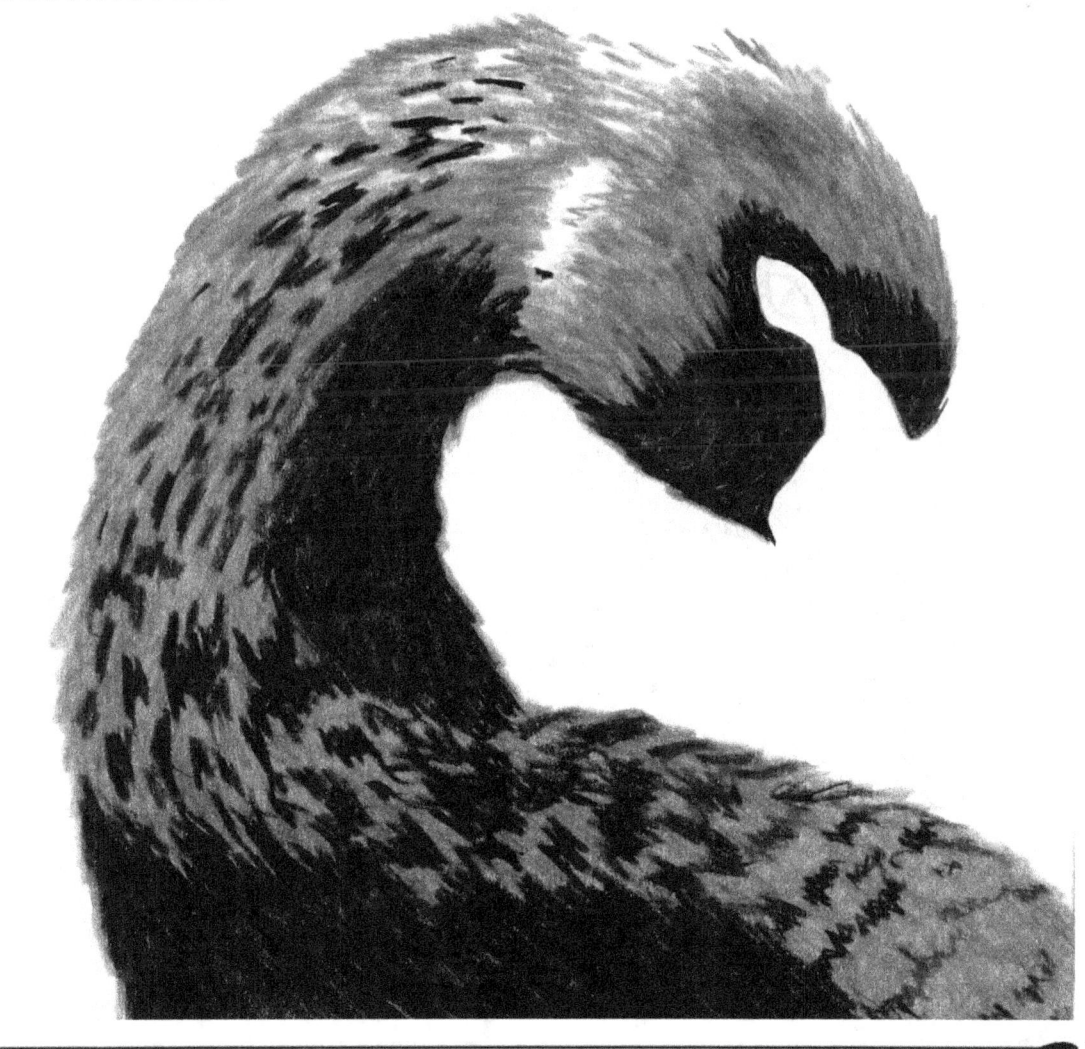

Anwenden der hellsten Schattierungen

In diesem Schritt verwenden wir den HB Stift, um die verbleibenden kleineren Bereiche vorsichtig zu bearbeiten. Konzentrieren Sie sich darauf, die leichtesten Schattierungen zu erzeugen, die den schwarzen Federn des Schwans Tiefe und Dimension verleihen. Nach dem Auftragen der Highlights, verblenden Sie diese Bereiche vorsichtig mit einem Mischstumpf.

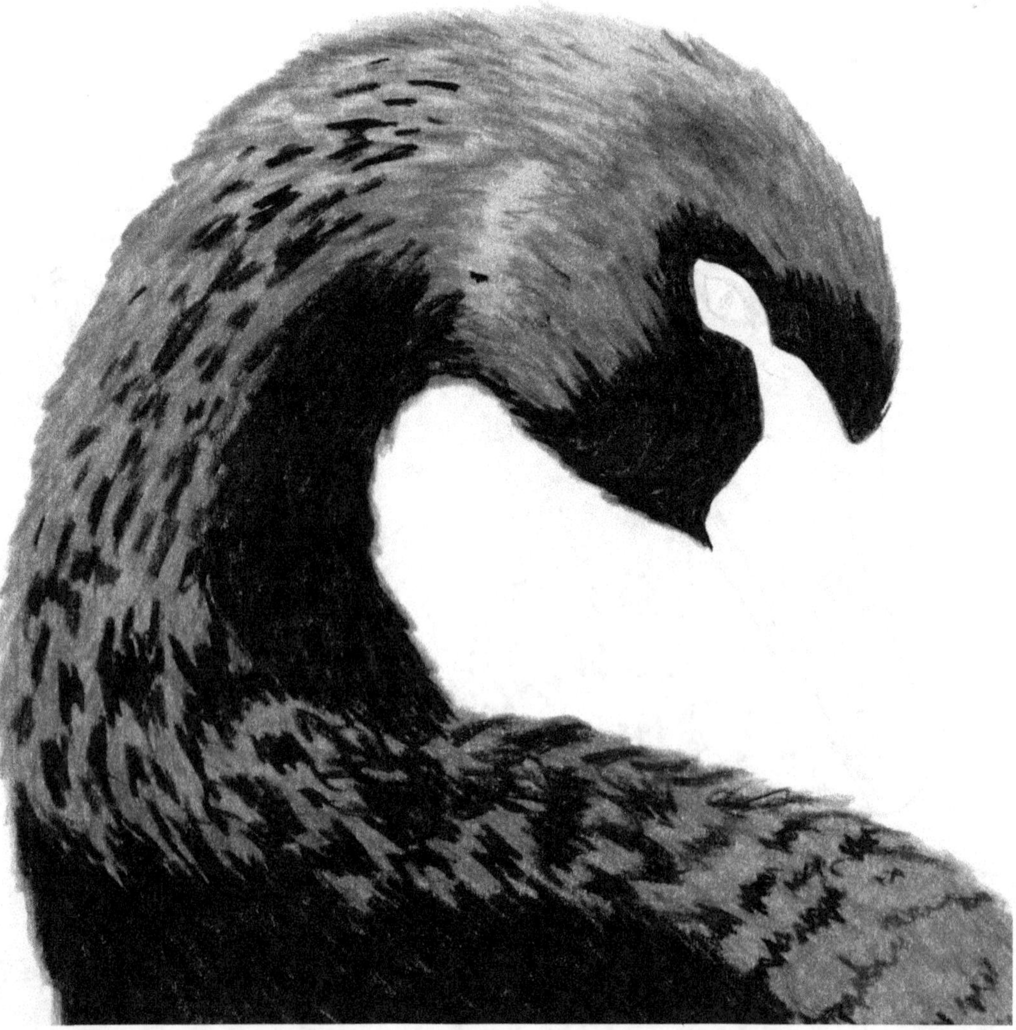

Glätten der Schattierungsübergänge

Als nächstes verblenden Sie die 14B- und 2B-Schattierungen nahtlos mit einem 6B-Stift, der zwischen ihnen liegt. Passen Sie Ihren Druck an, um einen sanften Übergang zu erzeugen: Verringern Sie den Druck von den 14B-Bereichen zu den 2B-Bereichen und umgekehrt. Diese Technik beseitigt sichtbare Kanten und lässt diese Schattierungen nahtlos ineinander übergehen, ohne dass Kanten sichtbar sind. Da wir mit nur 3 Werten begonnen haben, können wir jetzt zusätzliche Schattierungen erstellen, indem wir geschickt zwischen diesen Werten schattieren.

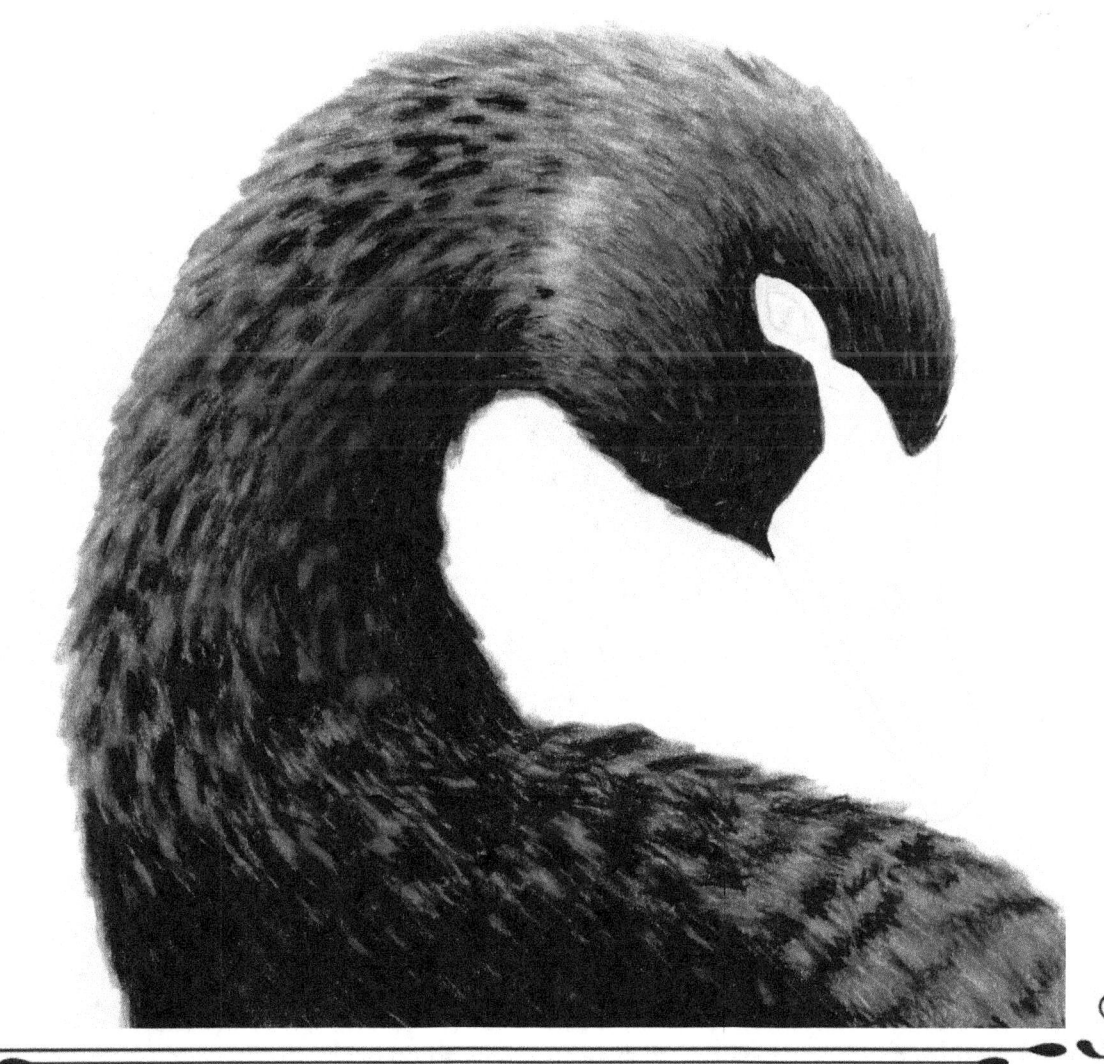

Erstellen von Highlights

Jetzt wollen wir unsere Zeichnung durch Hinzufügen von Highlights zu den 2B-Bereichen mit einem Radiergummi verbessern. Denken Sie daran, dass eine Erweiterung des Wertebereichs Ihre Zeichnung realistischer wirken lässt. Vergleichen Sie einen Moment lang Ihr aktuelles Bild mit dem vorherigen, um die Auswirkung dieser Highlights zu beobachten. Wenn der Knetradiergummi nicht ausreichend Grafit entfernt, erwägen Sie die Verwendung eines Kunststoff- oder Gummiradiergummis für bessere Ergebnisse. Um einen nahtlosen Übergang zwischen den Highlights und der 2B-Schattierung zu erzielen, machen Sie die Kanten der Highlights leicht dunkler, indem Sie an den Kanten der Highlights weniger radieren oder diese Kanten mit einem beliebigen Stift schattieren.

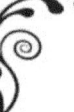

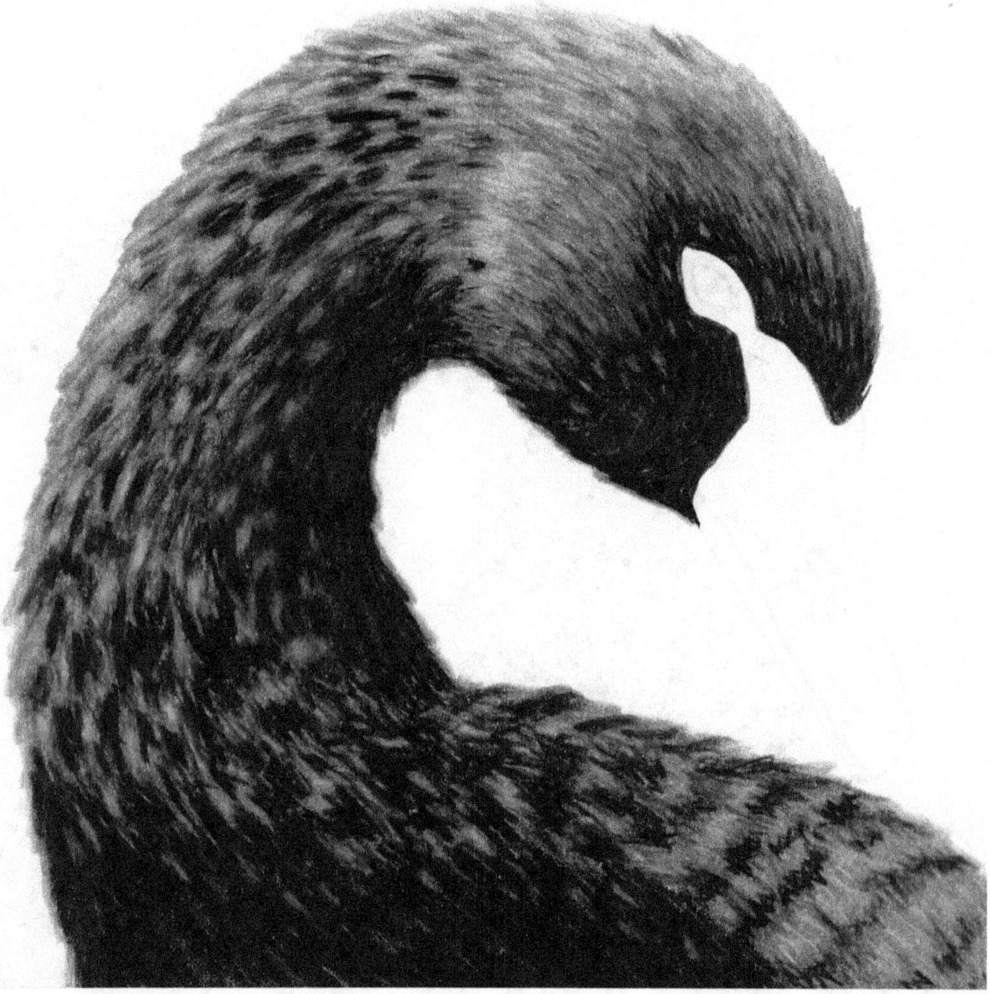

Wenn Sie mit der Feder zufrieden sind, konzentrieren wir uns nun auf den Schnabel. Beginnen Sie damit, einen 14B Stift zu verwenden, um die dunkelsten Teile zu zeichnen, wie die Pupille, die Umrandung des Auges, das Nasenloch und die Linie zwischen dem oberen und unteren Schnabel, wie in der folgenden Abbildung dargestellt.

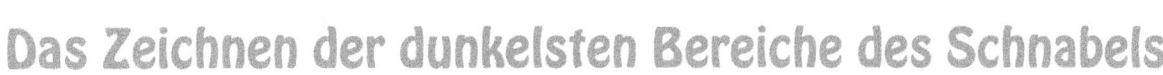

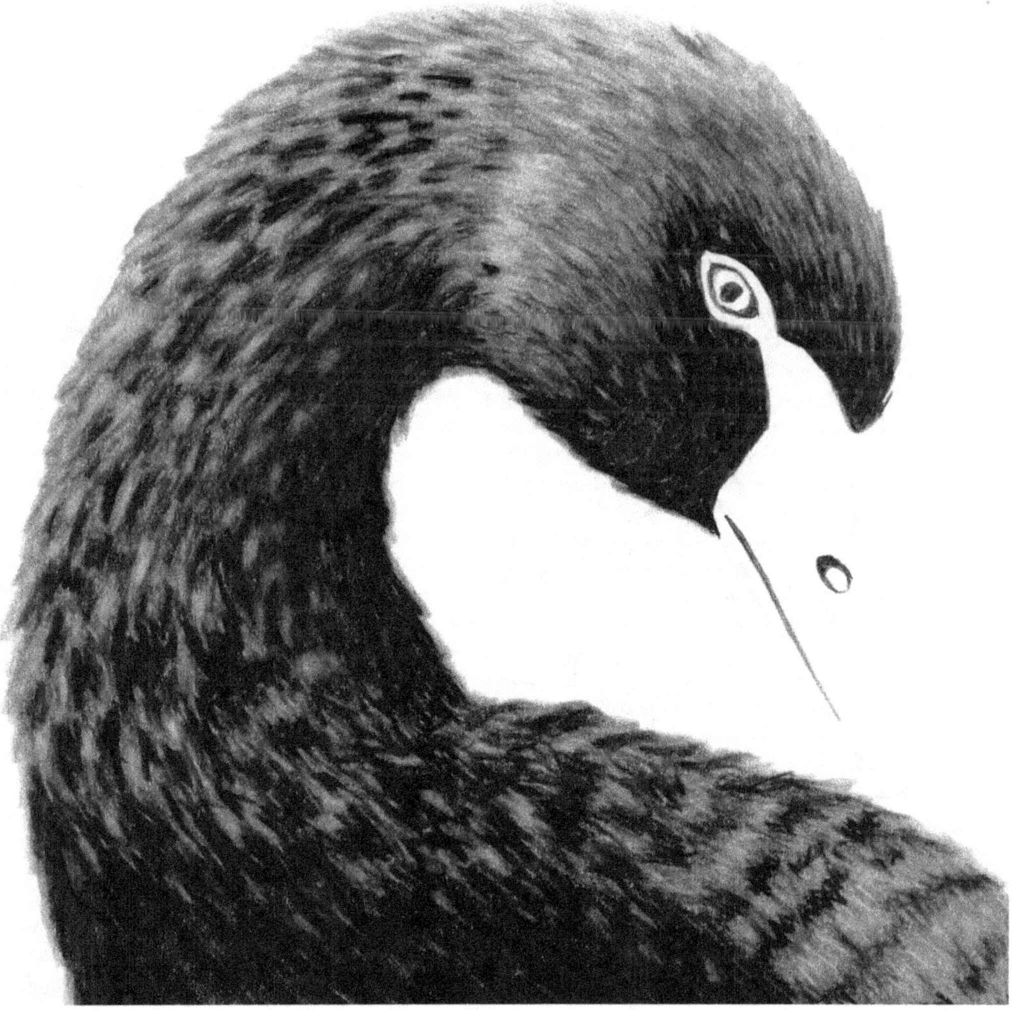

Das Zeichnen der Mitteltöne des Schnabels

Beginnen Sie damit, die 2B-Pinselstriche sanft zu schichten und allmählich die Mitteltöne aufzubauen, um einen sanften Übergang von den dunkelsten Bereichen zu erzielen. Achten Sie auf die einzigartige Struktur des Schnabels und erfassen Sie mit jedem Strich seine anmutigen Kurven und subtile Textur. Während Sie fortschreiten, betrachten Sie das Referenzbild immer wieder als Orientierungshilfe und analysieren Sie das Zusammenspiel von Licht und Schatten auf der Oberfläche des Schnabels. Denken Sie daran, den Druck des Stiftes zu variieren, um die Dunkelheit zu kontrollieren und Ihrem Bild eine Note von Tiefe und Realismus zu verleihen. Üben Sie das Verblenden, um die Mitteltöne nahtlos zu verbinden und ein zusammenhängendes und harmonisches Erscheinungsbild zu erzielen.

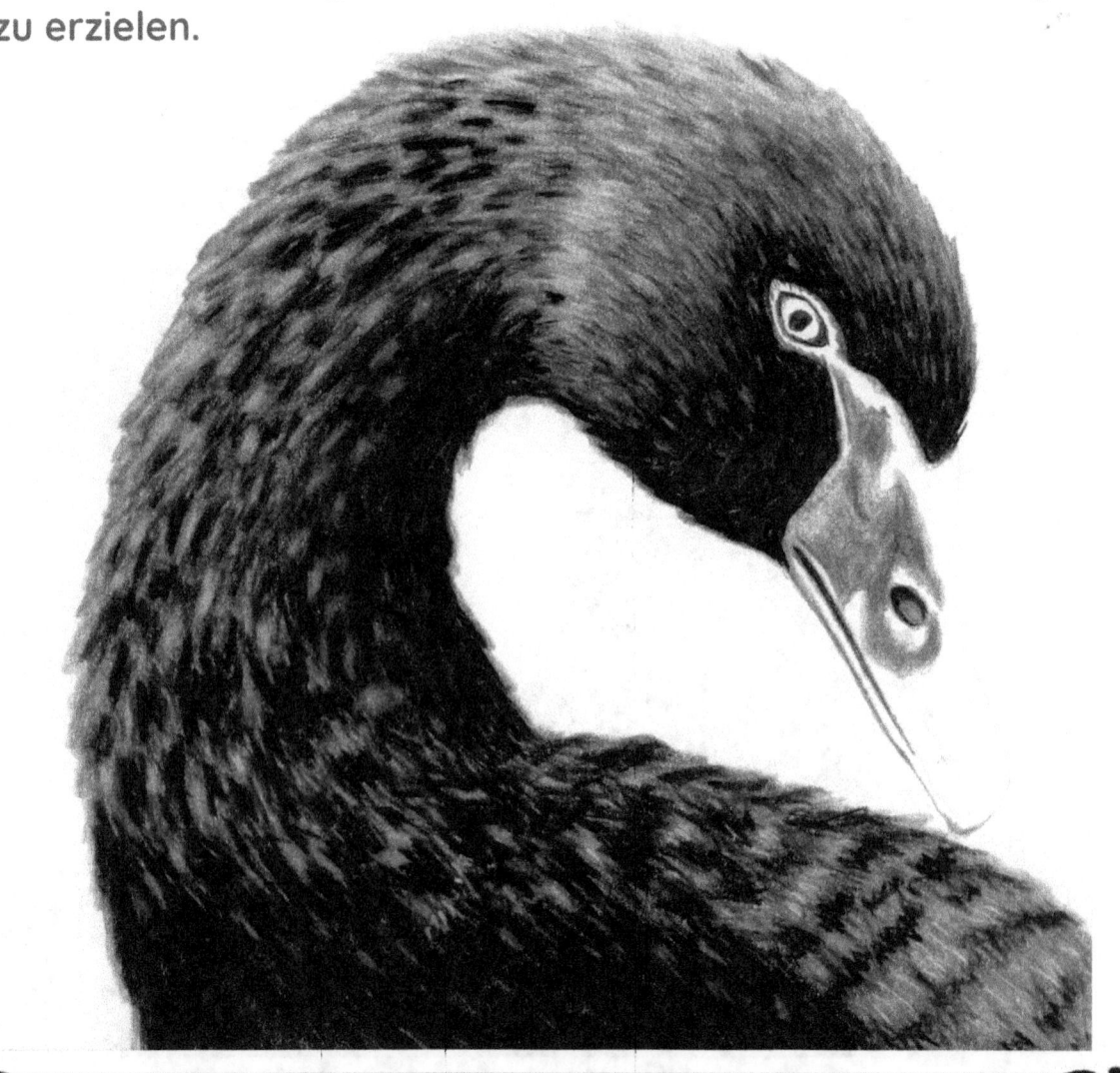

Das Zeichnen der Highlights des Schnabels

Um diese Zeichnung abzuschließen, verwenden wir einen HB-Stift, um Highlights zu den hellsten Teilen des Schnabels hinzuzufügen. Wenden Sie dabei unterschiedlichen Druck an, da es auch unter den hervorgehobenen Bereichen verschiedene Schattierungen zu erfassen gibt. Verwenden Sie einen Mischstumpf, um diese Bereiche sorgfältig zu verblenden, damit keine Linien sichtbar sind. Bei Bedarf können Sie einen Knetradiergummi verwenden, um die hellsten Highlights vorsichtig zu entfernen. Wenn die Highlights zu intensiv erscheinen, können Sie sie leicht anpassen, indem Sie mit einem Stift über sie schattieren und dann alles zusammen verblenden.

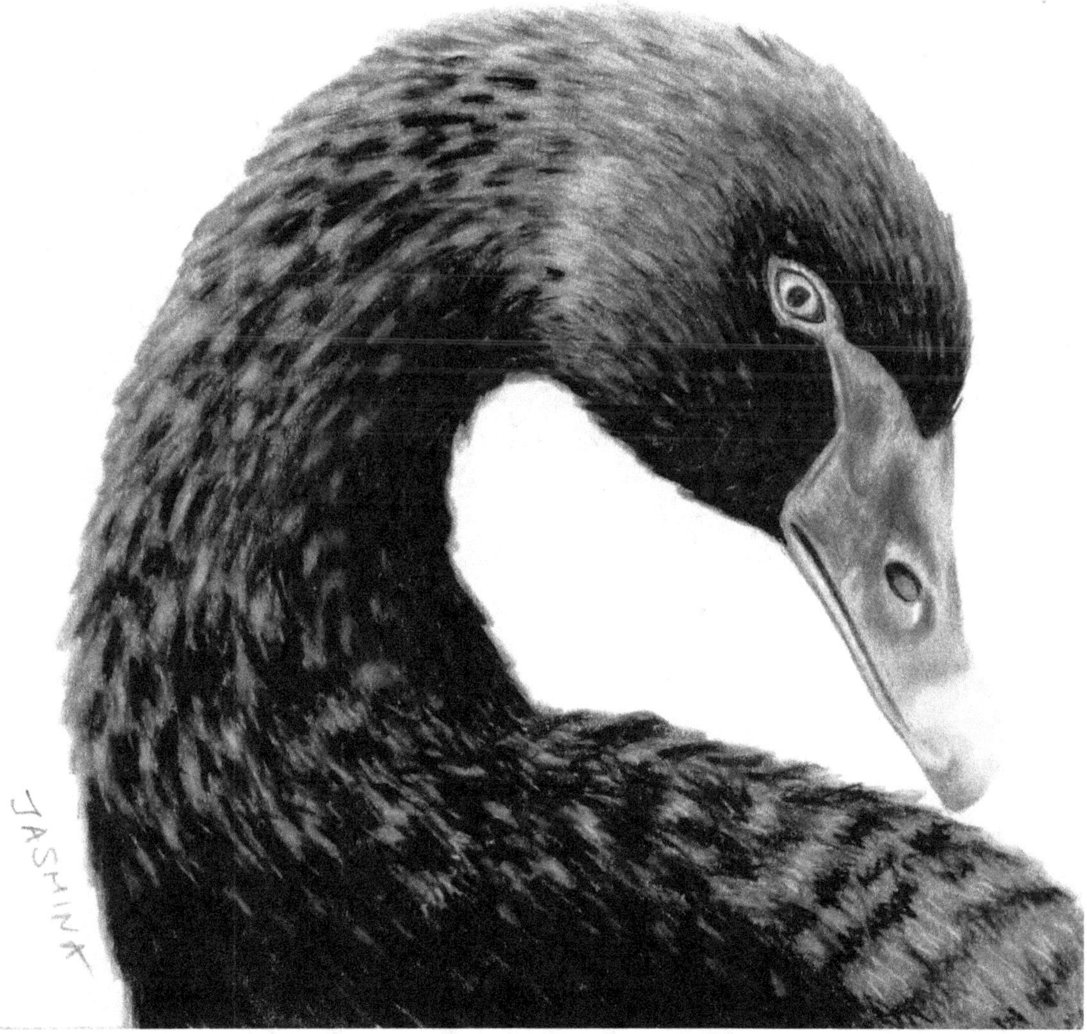

Ragdoll-Katze zeichnen

Das Zeichnen einer Ragdoll-Katze mit ihrem langen, flauschigen Fell und ihren wunderschönen, faszinierenden Augen kann ein fesselndes und lohnendes künstlerisches Unterfangen sein. Es bietet eine ausgezeichnete Gelegenheit, Textur, Tiefe und Persönlichkeit in Ihrem Kunstwerk zu präsentieren.

Das Referenzfoto

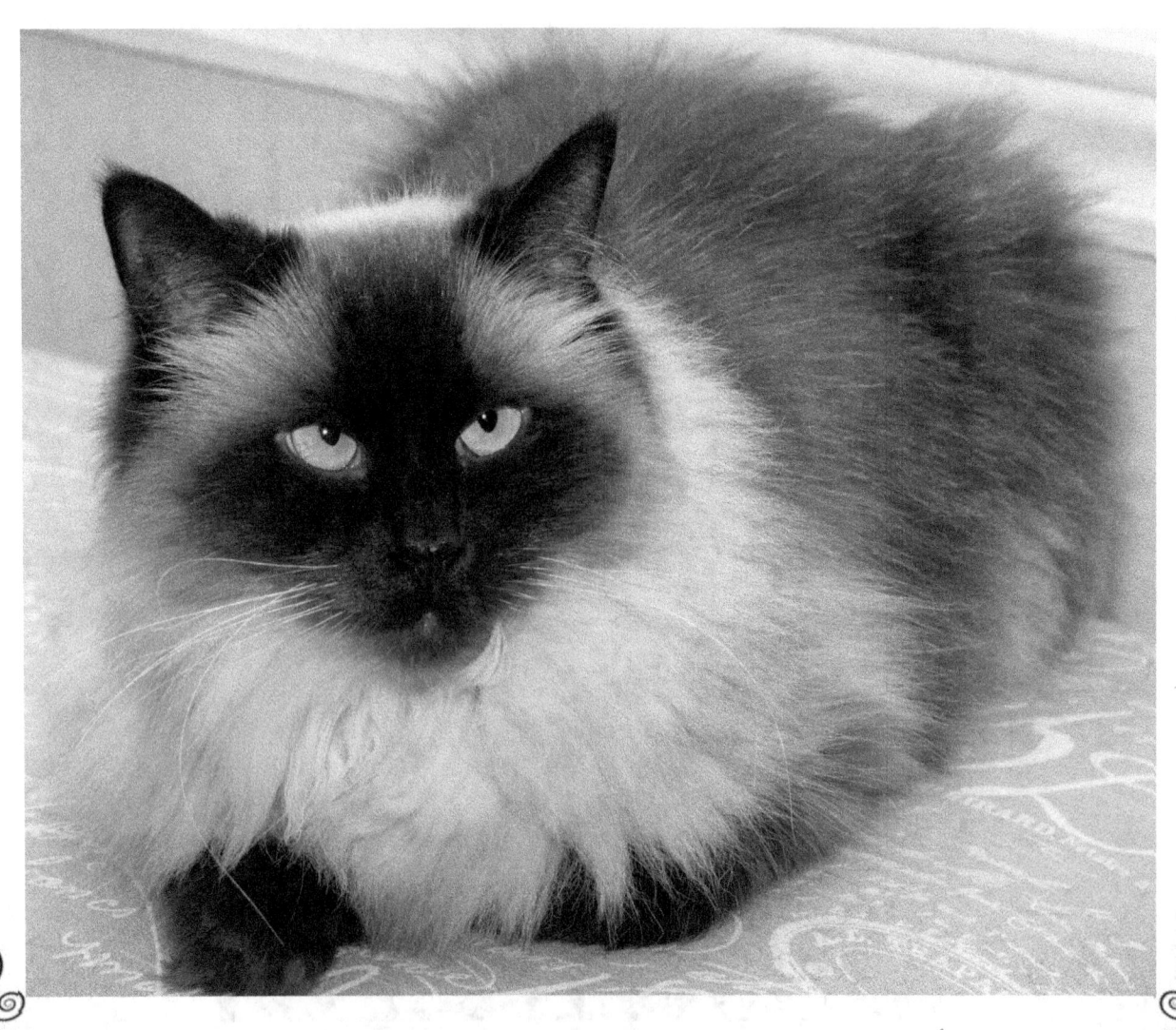

Während ich mit diesem Referenzfoto einer Ragdoll--Katze arbeitete, bemerkte ich, dass die Augen auf dem Bild gekreuzt waren, was nicht mit dem gewünschten Ausdruck übereinstimmte, den ich darstellen wollte. Ich wollte größere und aus-drucksstärkere Augen beto-nen, um den Charme dieser Rasse wirklich einzufangen. Daher entschied ich mich da-für, Augen aus einem ander-en Referenzfoto auszuwählen und einzufügen, die den Blick, den ich mir vorgestellt hatte, besser wiedergaben.

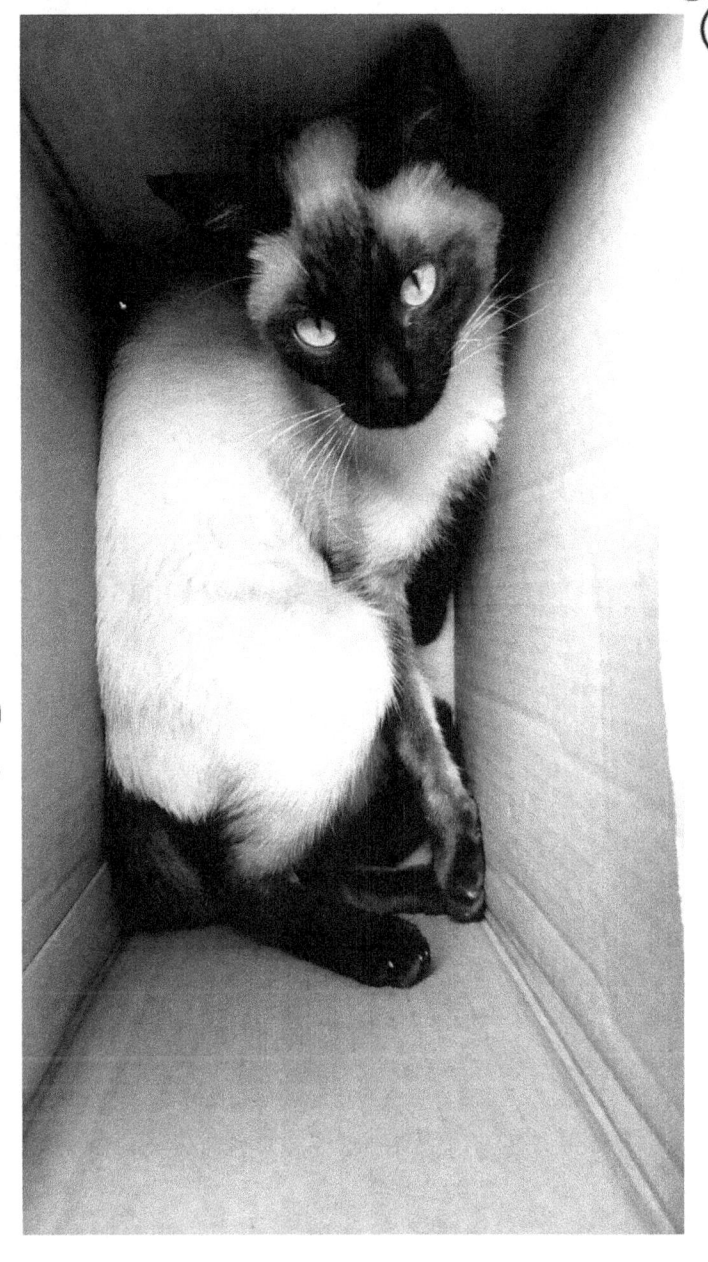

Allerdings habe ich mich ent-schieden, das gesamte Foto nicht als Referenz zu ver-wenden, da die Katze in einer unnatürlichen Position in einer Kartonschachtel dar-gestellt war und das Licht auf dem Fell nicht mit meiner Vorstellung für die Zeichnung überein-stimmte. Daher habe ich nur die Augen aus diesem Foto verwendet. Der Rest der Zeichnung basierte auf dem ersten Foto, das die Katze in einer natürlicheren Position zeigt und das gewünschte Licht und Fell-Details bot. Ich ermutige alle, Referenzfotos als Grundlage zu verwenden, aber fühlt euch frei, Elemente nach Bedarf anzupassen oder aus verschiedenen Quellen zu kombinieren. Dieser Ansatz ermöglicht eine persönlichere Darstellung des Motivs.

Skizzieren und Grundformen

In der untenstehenden Skizze solltet ihr besonders auf die wichtigen Linien achten, die ich hervorgehoben habe. Die genaue Position der Augen, des Kopfes und der Ohren der Katze sind entscheidende Schwerpunkte. Anstelle einer geraden Linie habe ich Zickzack-Skizzenlinien verwendet, um den Übergang zwischen dem helleren und dunkleren Fell zu kennzeichnen. Diese wurden jedoch nicht an ihrer genauen Position gezeichnet, da ihre Platzierung von Katze zu Katze variieren kann. Das gibt uns die Freiheit, uns zu entspannen und gewünschte Variationen vorzunehmen, wie wir möchten. Die genaue Platzierung der Schnurrhaare ist ebenfalls nicht entscheidend und kann am Ende der Zeichnung angenähert werden.

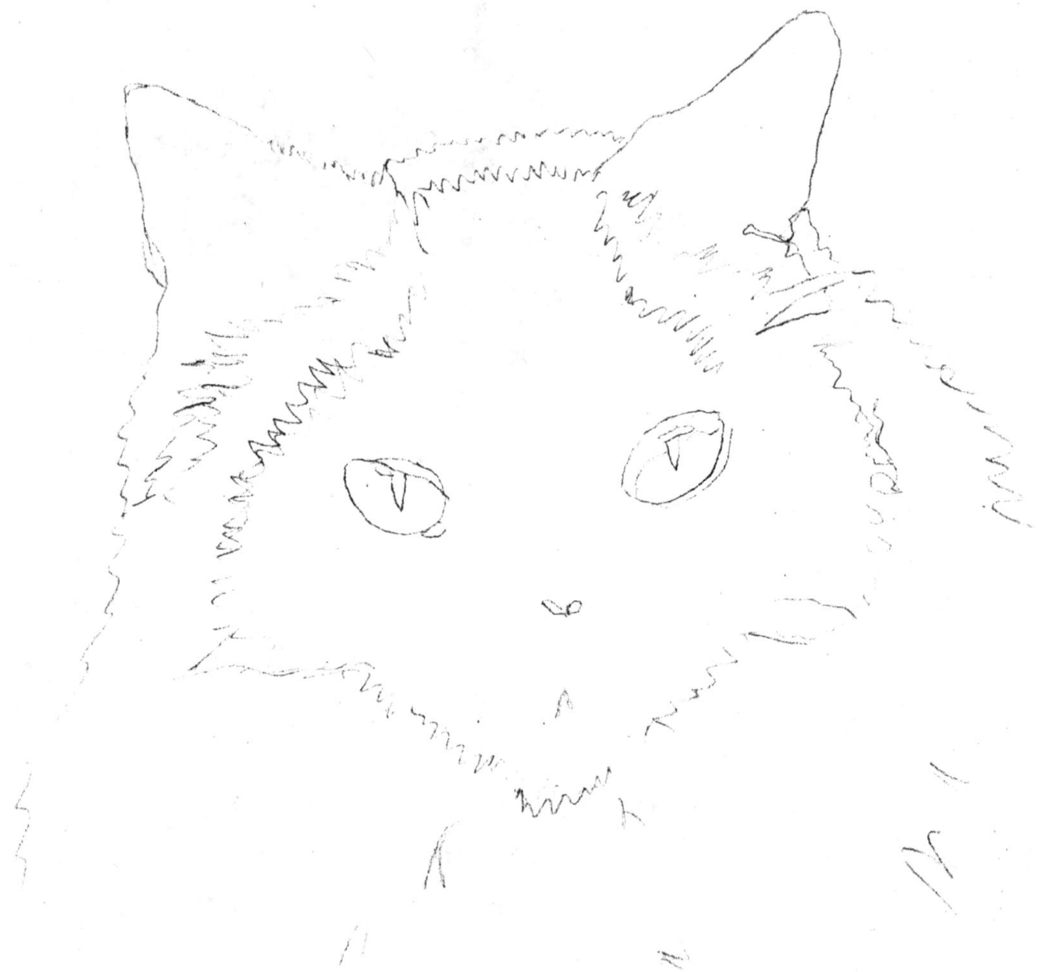

Die Grundlage für die Augen schaffen

Beginnen wir mit den Augen, einem entscheidenden Aspekt, den ich nicht nur bei der Darstellung von Tieren, sondern auch bei meinen Porträts von Menschen priorisiere. Zufriedenstellende Ergebnisse bei den Augen setzen den Ton für das gesamte Kunstwerk und ermöglichen es mir, selbstbewusst mit dem Rest fortzufahren, wo absolute Präzision nicht immer erforderlich ist.

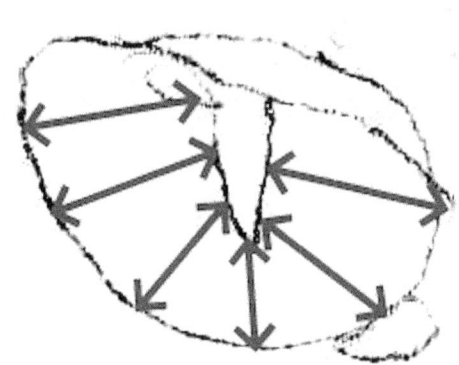

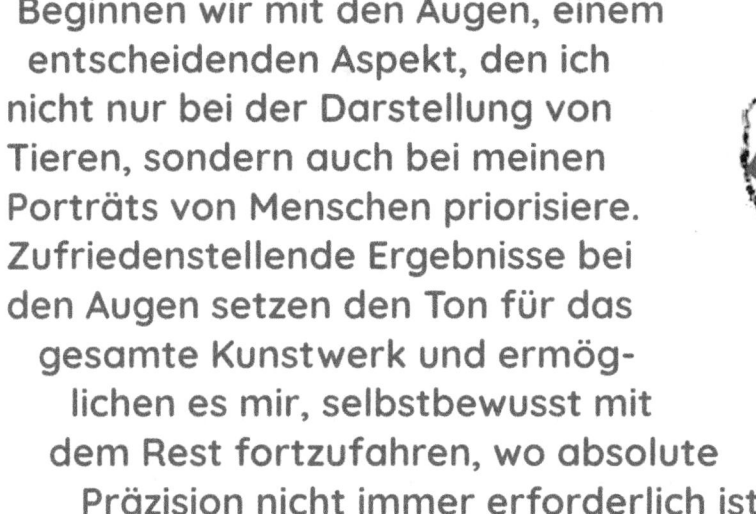

Lassen Sie uns nun damit beginnen, die Iriden zu schattieren. Die Hauptmethode besteht darin, Strahlen zu zeichnen, die von der Begrenzung der Iris ausgehen und sich zum Zentrum der Pupille erstrecken, wie in diesem Bild mit digital platzierten Pfeilen über meiner Skizze dargestellt. Jeder Strahl sollte vom exakten Zentrum des Auges ausstrahlen und so einen realistischen Effekt erzeugen.

Um die Iriden zu schattieren, empfehle ich die Verwendung eines HB--Bleistifts. Für den Schatten, der durch das obere Augenlid über die Iris geworfen wird, verwenden Sie einen dunkleren Bleistift wie 2B. Es gibt zwei Herangehensweisen, die Sie wählen können: Entweder können Sie die Bereiche für die Highlights überspringen und um sie herum zeichnen oder die gesamte Iris schattieren und die Highlights später mit einem Radiergummi oder einem weißen Gelstift erstellen, sobald die Augen vollständig verblendet sind.

Als Nächstes verblenden Sie die zuvor schattierten Bereiche mit einem Papierwischer, um den Graphit ins Papier einzuarbeiten. Dadurch können die Bereiche etwas dunkler erscheinen, aber keine Sorge, denn wir können problemlos die Highlights über diesen Teilen erstellen.

 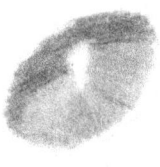

Aber lassen Sie uns zuerst die dunkleren Muster über den Iriden zeichnen. Hierfür habe ich einen 2B-Stift verwendet und sie ungefähr in den gleichen Bereichen wie auf dem Referenzfoto platziert. Ohne diese Muster könnten die Augen flach wirken. Das Hinzufügen dieser kleinen Details und „Unvollkommenheiten" kann die Zeichnung lebendiger wirken lassen und eine natürliche Textur schaffen, die sie von digitaler Kunst unterscheidet.

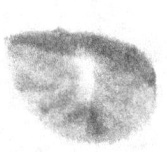 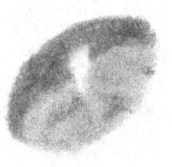

Verwenden Sie nun einen Radiergummi, um die Highlights zu setzen. Analysieren Sie das Referenzfoto, um die hellsten Bereiche auf den Iriden zu identifizieren, und radieren Sie vorsichtig, um diese Highlights in Ihrer Zeichnung nachzuahmen. Diese Liebe zum Detail verleiht Ihrem Kunstwerk Leben und verbessert das realistische Erscheinungsbild der Augen.

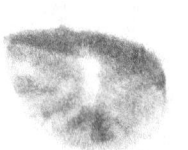 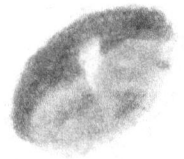

Einführung der dunkelsten Schattierung

Lassen Sie uns einen mutigen Schritt unternehmen, indem wir die dunkelste Schattierung, 14B, um die Iris herum hinzufügen, um zu beobachten, wie die Werte der Augen mit der dunklen Umgebung interagieren. Dies wird uns helfen zu bestimmen, ob die Iriden in Bezug auf Dunkelheit oder Helligkeit angepasst werden müssen. Zusätzlich schattieren Sie die Pupillen mit dem dunkelsten Stift, den Sie haben, und üben Sie kräftigen Druck aus, um eine intensive schwarze Farbe zu erreichen, die den tiefsten Schatten in der Zeichnung darstellt. Mischen Sie die Übergänge zwischen den neu erstellten schwarzen Bereichen und den Iriden sorgfältig mit einem 2B-Stift, um eine eventuelle Schärfe sanft zu beseitigen, die aufgetreten sein könnte. Die Spitze des Papierwischers könnte für diese Aufgabe zu dick sein, daher benötigen wir die Präzision des Stifts, um den gewünschten dunklen Mischeffekt zu erzielen.

Wenn Sie an den Iriden nichts ändern müssen, können Sie mit dem Zeichnen des Fells beginnen.

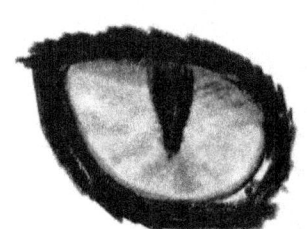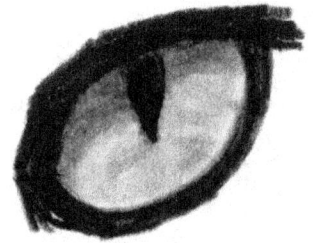

Analyse des Fellwachstums und -flusses

Betrachten Sie eine Katze genau oder studieren Sie Bilder von Katzen, und Sie werden ein faszinierendes Muster bemerken: Alle Haare, ob lang oder kurz, scheinen vom Zentrum ihres Gesichts aus zu strahlen, genau zwischen ihren Augen. In der folgenden Abbildung werden Sie einen Punkt über dem wichtigen Punkt bemerken, den ich erwähnt habe, begleitet von Pfeilen, die die Richtung des Haarwachstums und -flusses anzeigen.

Dieser Leitfaden wird während des gesamten Prozesses des Zeichnens des Fells von unschätzbarem Wert sein und Ihnen helfen, Ihre Bleistiftstriche selbstbewusst zu lenken und eine realistische und lebendige Textur in Ihrer Kunst zu erzielen.

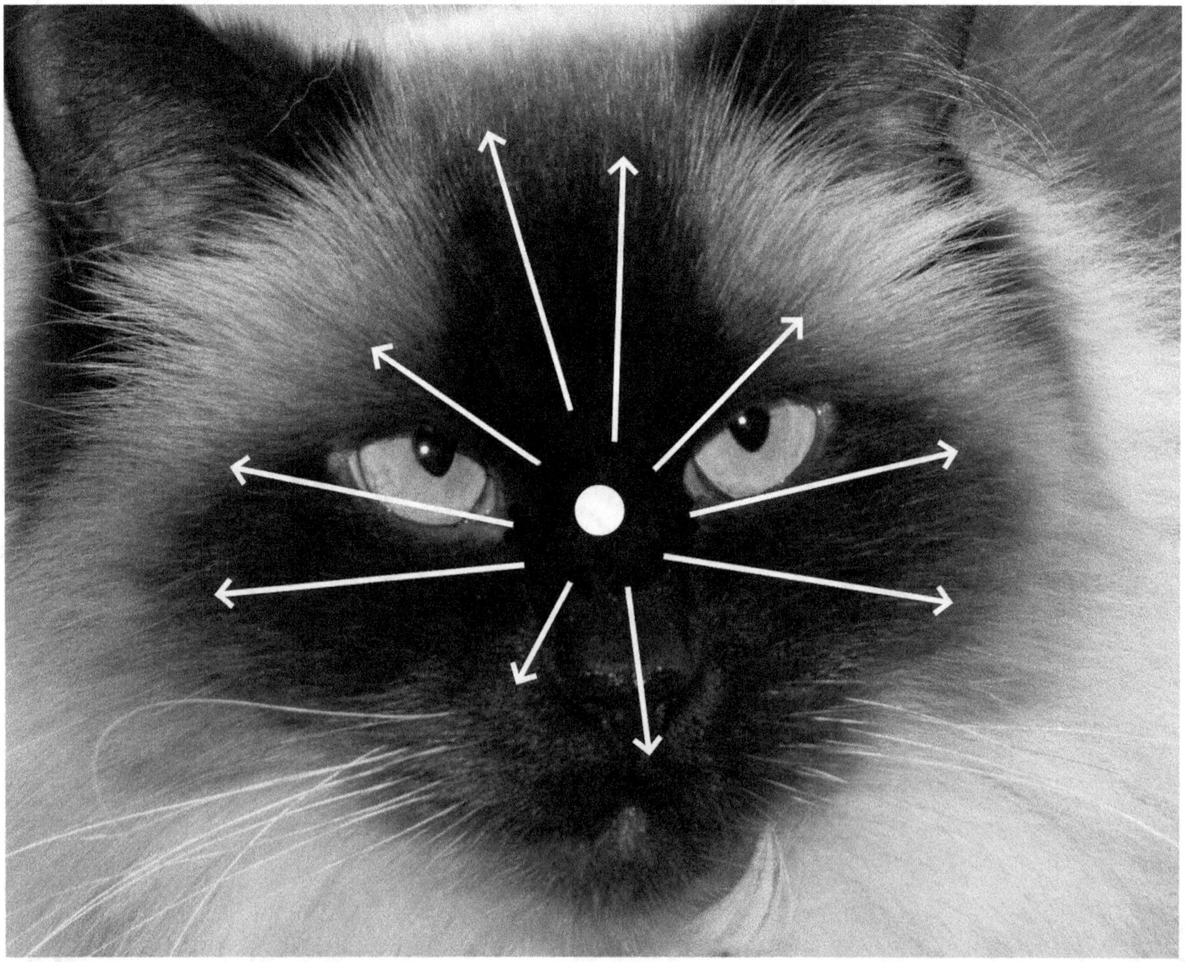

Schwarzes Fell im Gesicht zeichnen

Folgen Sie diesen Anweisungen und zeichnen Sie selbstbewusst die Linien mit einem 14B-Bleistift, indem Sie fest drücken und sie eng aneinander legen, um eine vollständige Abdeckung des Papiers zu erreichen und die schwarzen Bereiche zu erstellen, wie in der nächsten Abbildung dargestellt. Beachten Sie die haarähnlichen Striche entlang des Randes des gezeichneten Bereichs, um die lebendige Textur zu replizieren. Verzichten Sie außerdem auf das Highlight über der Nase und den hervorgehobenen Bereich auf der rechten Seite, da diese subtilen Details den Gesamteindruck des Kunstwerks realistischer machen.

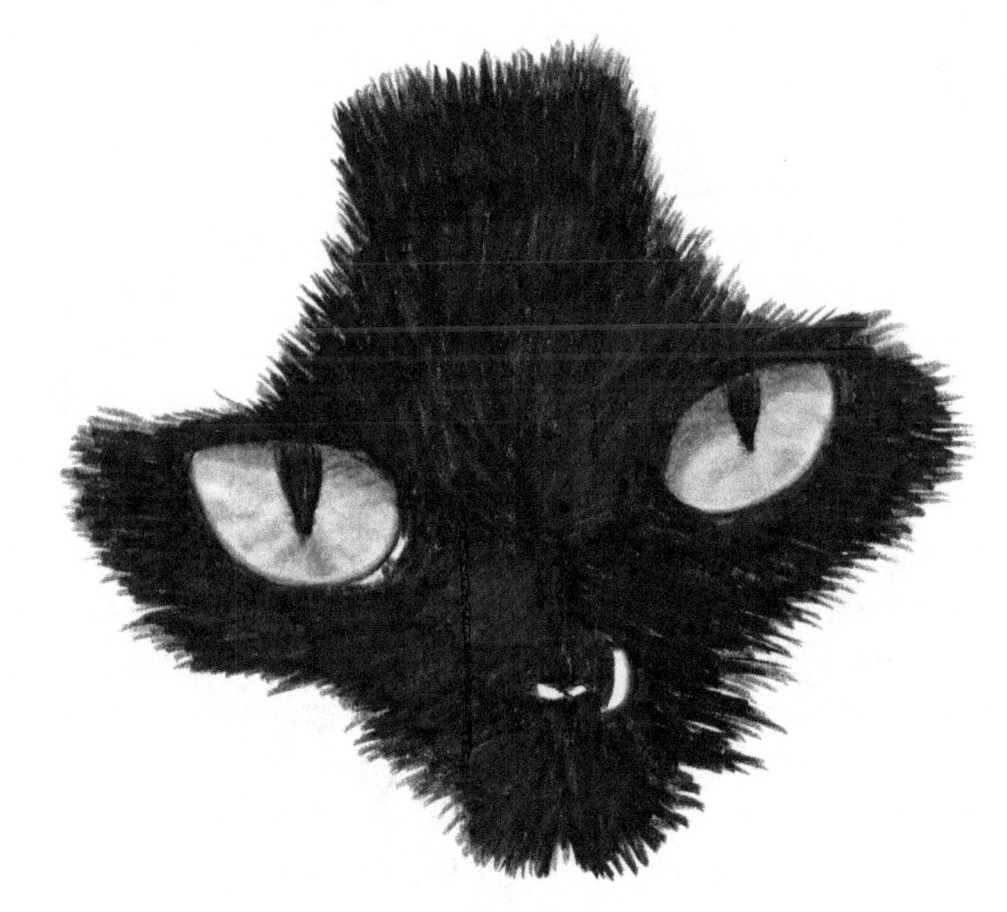

Verwischen für den Effekt von flauschigem Fell

Halten Sie die Richtung aller Bleistiftstriche, die vom Zentrum des Gesichts ausgehen, ein und gehen Sie dazu über, die Kanten mit einem farblosen Blender von Prismacolor zu verwischen. Positionieren Sie die Spitze des Werkzeugs tiefer im Bereich, leicht weg von der Kante, damit es eine großzügige Menge Graphit aufnehmen kann, um beim Verwischen nach außen lange und glatte Linien zu erzeugen. Wenn Sie diesen Anweisungen folgen, werden Sie die Flauschigkeit des Fells erzeugen, was den Prozess unglaublich befriedigend macht. Das Beherrschen dieser Technik wird Ihre Zeichnungen aufwerten und Ihr Kunstwerk mit bemerkenswertem Realismus und Liebe zum Detail zum Leben erwecken.

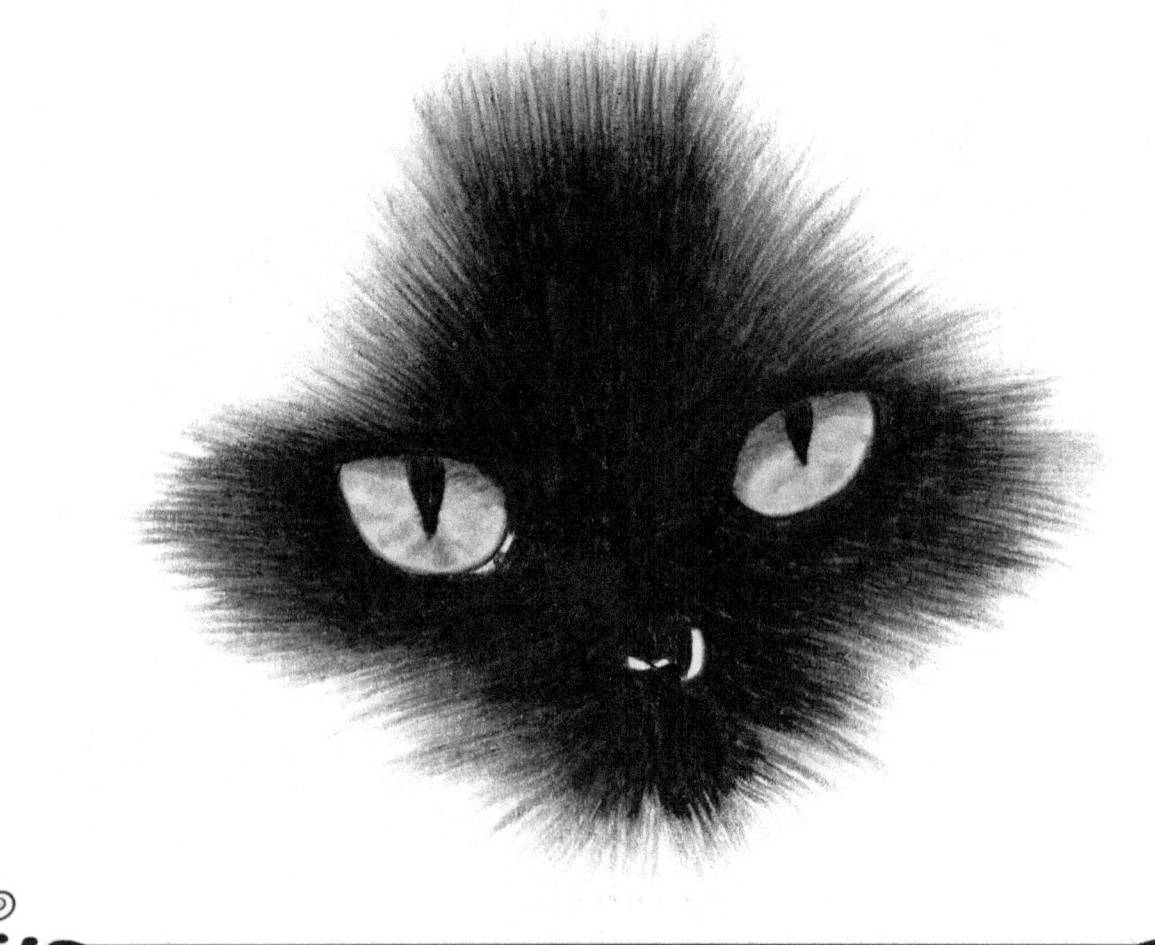

Hervorheben des Gesichts und der Augen

Als Nächstes radieren Sie vorsichtig etwas Graphit weg, um die Highlights um die Nase herum zu erzeugen, wobei Sie auf einen dunkelgrauen Ton abzielen, um die Tiefe zu bewahren. Ebenso heben Sie die unteren Augenlider hervor und erzielen einen etwas helleren Ton als Schwarz, wie in der begleitenden Abbildung gezeigt. Darüber hinaus radieren Sie die reflektierten Lichter über den Iriden und über den Pupillen aus und erwägen das Hinzufügen eines Punktes mit einem weißen Tintengelstift, um ihren Glanz zu verstärken. Beobachten Sie, wie die Augen und das Gesicht der Katze durch diese reflektierten Lichter zum Leben erweckt werden und Ihre Zeichnung mit einer zusätzlichen Schicht von fotorealistischem und fesselndem Detail durchdrungen wird. Auch wenn diese reflektierten Lichter nicht im Referenzfoto vorhanden sind, haben Sie die künstlerische Freiheit, Ihre Zeichnung mit einem Gefühl von Leben und Seele zu durchdringen, indem Sie sie geschickt einbinden.

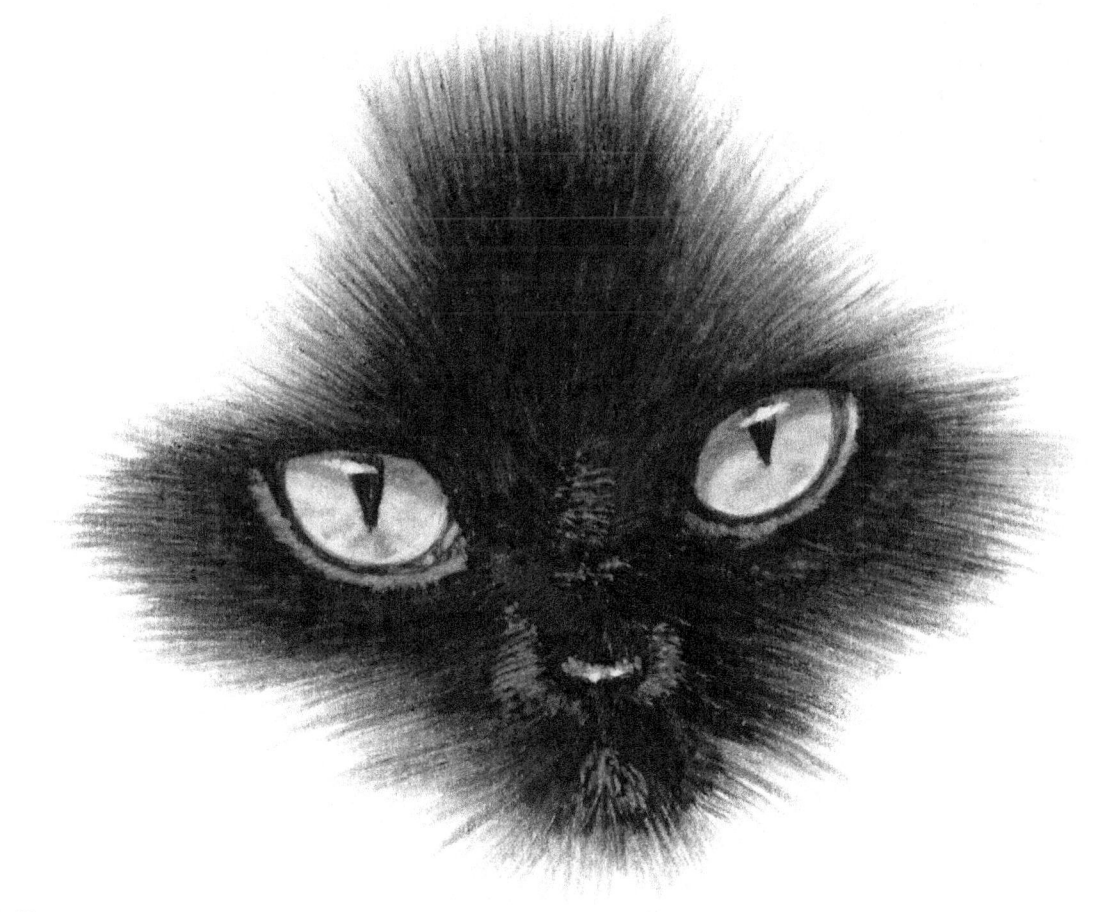

Erstellen der dunkelsten Bereiche an den Ohren

In diesem Schritt werden wir an den Ohren arbeiten, um den oberen Teil des Kopfes zu finalisieren, indem wir die langen Haare geschickt zwischen dem Zentrum des Gesichts und den Ohren verbinden. Verwenden Sie einen 14B-Bleistift und reproduzieren Sie sorgfältig die dunkelsten Teile der Ohren, wobei Sie das Referenzfoto genau betrachten, um die Richtung des Haarflusses zu verstehen. Um einen realistischen und texturierten Look zu erzielen, achten Sie darauf, dass die Kanten dieser Bereiche mit haarähnlichen Strichen gezeichnet werden, um einen nahtlosen Übergang zwischen den dunkleren und helleren Haaren zu schaffen. Durch den geschickten Einsatz des dunklen Stifts zeichnen wir den Raum zwischen den hellen Haaren, wie in der nächsten Abbildung gezeigt.

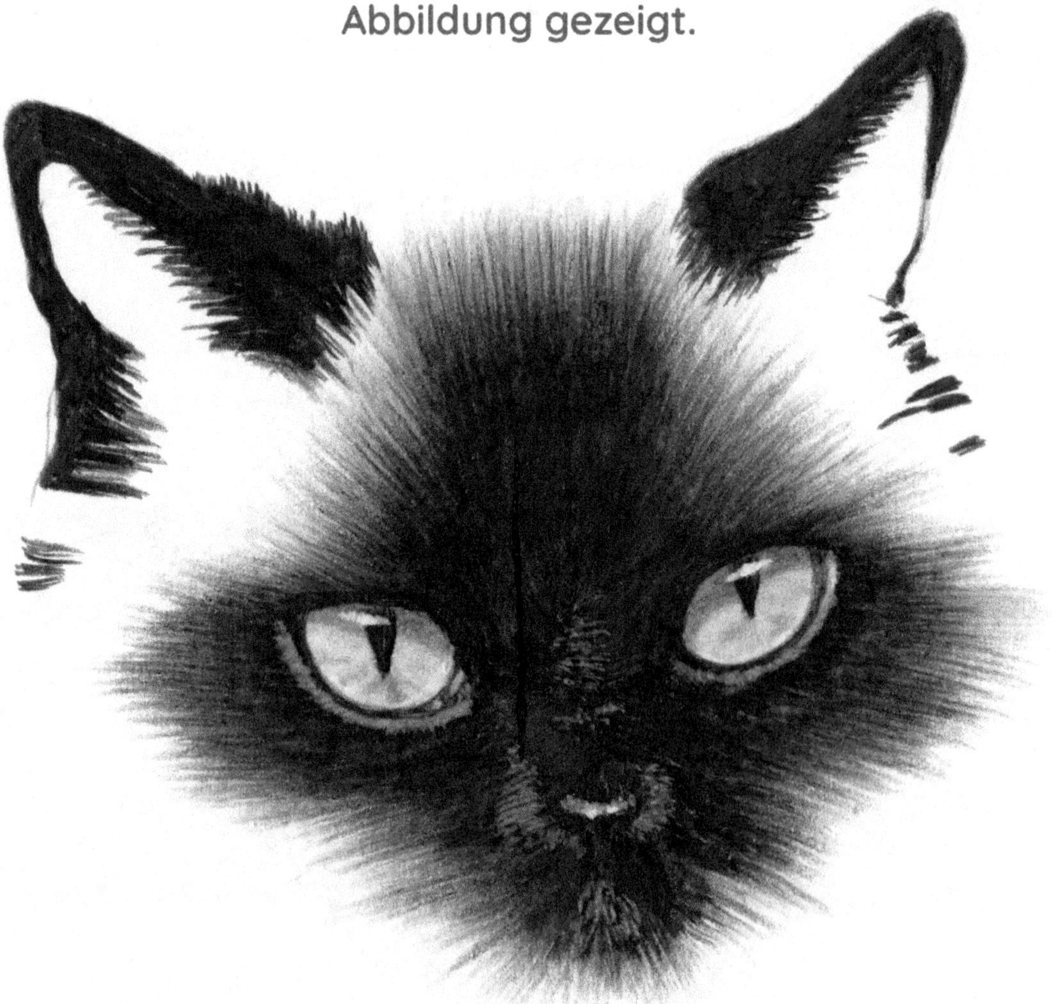

Hinzufügen des Mitteltons

In diesem Schritt konzentrieren wir uns darauf, die inneren Teile der Ohren mit einem HB-Bleistift zu schattieren und dabei sorgfältig die subtilen Details festzuhalten, die Tiefe und Dimension in unsere Zeichnung bringen. Zusätzlich fügen wir auf beiden Seiten des Gesichts winzige dunkle Haare hinzu, die dem Kunstwerk ein lebensechtes Erscheinungsbild verleihen. Um eine bessere Orientierung zu haben, vergleichen Sie dieses Bild mit dem vorherigen, um genau den Bereich zu verfolgen, in dem diese Bleistiftstriche platziert wurden. Verwenden Sie abschließend einen Papierwischer oder ein Wattestäbchen, um die inneren Teile der Ohren kunstvoll zu verschmelzen und einen sanften Übergang der Töne zu schaffen.

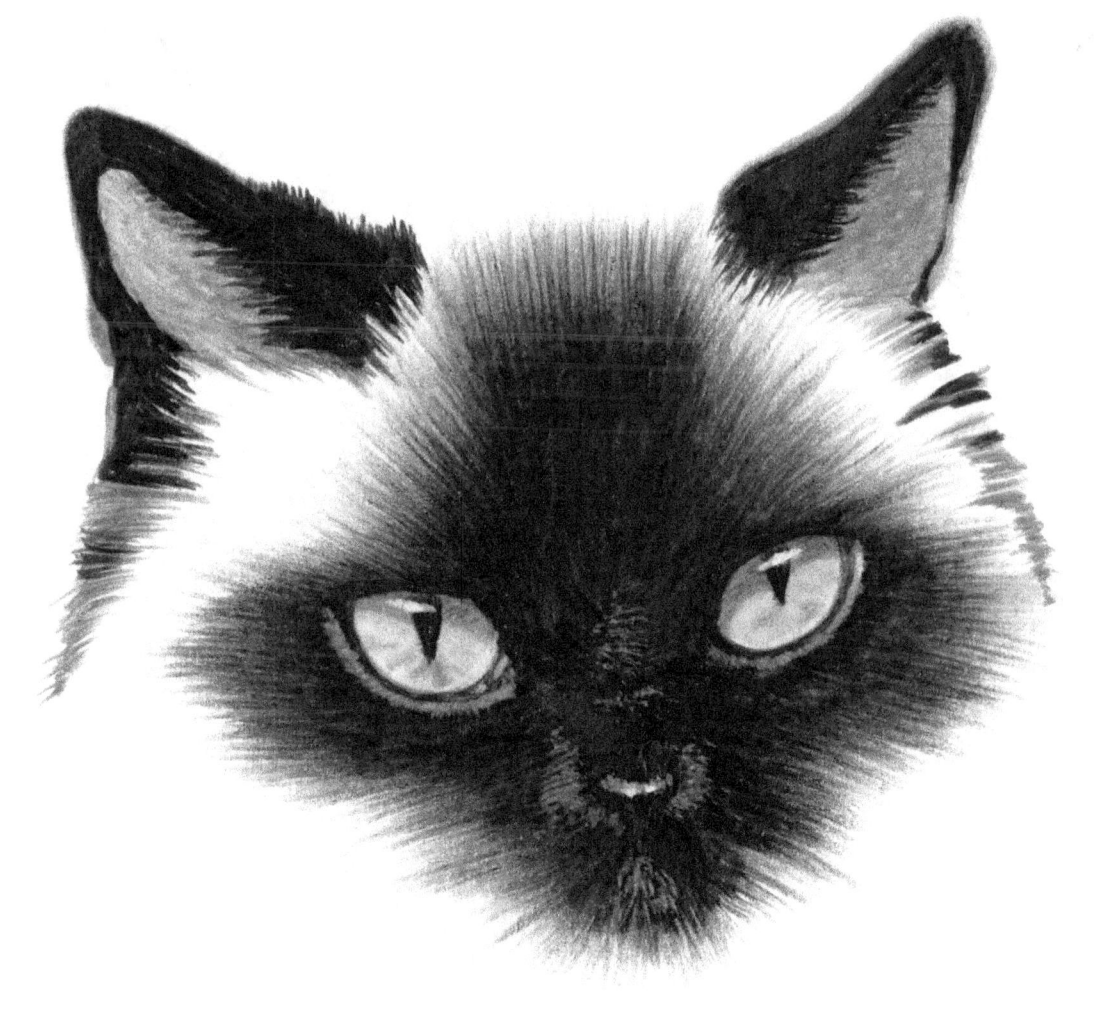

Meisterung der aufwendigen Details der Ohrhaare

Lassen Sie uns die komplexen Haare auf dem Referenzfoto sorgfältig mit einem 14B-Bleistift nachbilden, beginnend über den schwarzen Bereichen und den zuvor gezeichneten inneren Teilen der Ohren. Beachten Sie, wie diese kunstvoll dargestellten Haare die Dominanz der inneren Bereiche subtil abmildern, während sie ihre Sichtbarkeit vor dem hellen Hintergrund beibehalten. Verwenden Sie einen Papierwischer oder einen farblosen Blender, um diese Haare zu verschmelzen, und erzielen Sie so ein nahtloses und realistisches Erscheinungsbild.

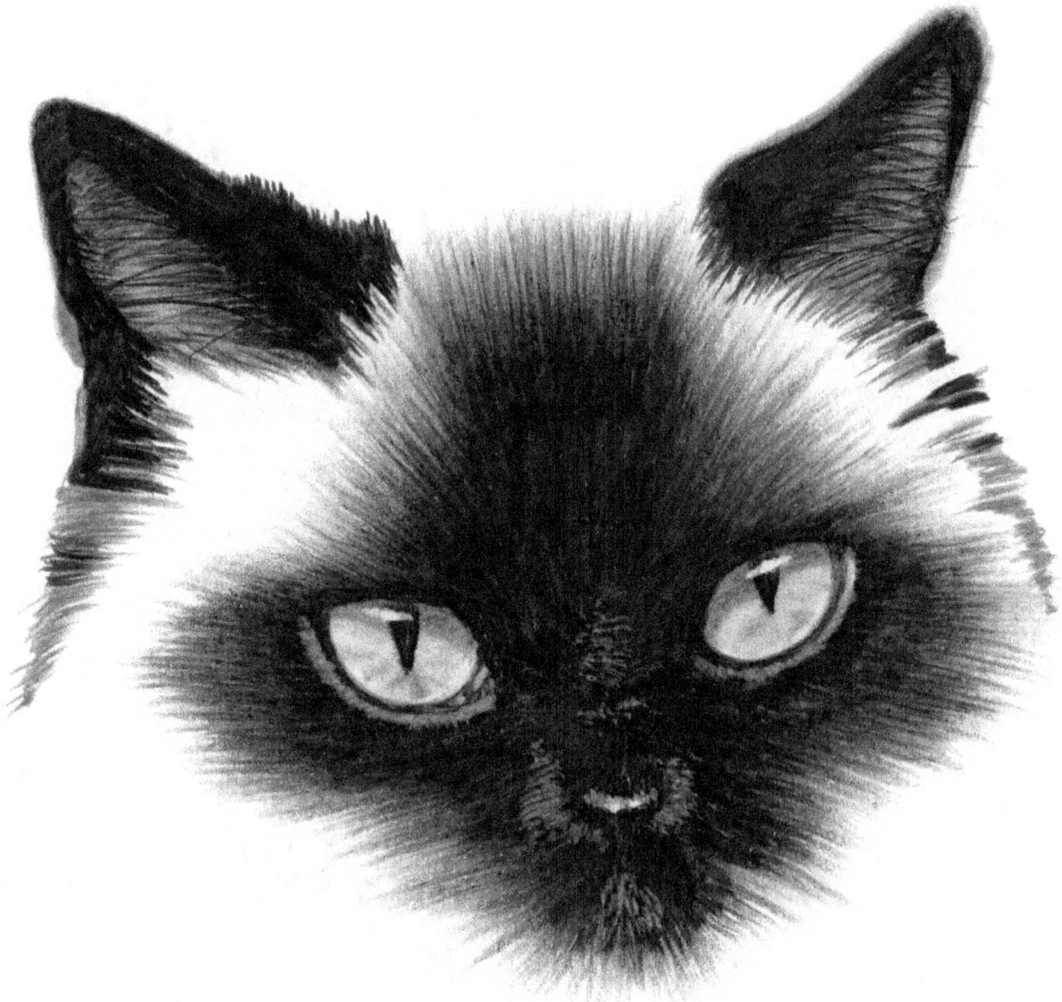

Die Ohren aufplustern

In diesem Schritt verwenden Sie einen farblosen Blender, um eine flauschige Textur an den äußeren Rändern der Ohren zu erzeugen. Setzen Sie die Spitze des Blenders über die Linien des 14B-Bleistifts und bewegen Sie ihn nach außen, um kurze Striche für einen realistischen Effekt zu erzeugen. Beachten Sie das Referenzfoto für die Richtung dieser Haare, und machen Sie die Linien auf der Oberseite der Ohren etwas länger für die Genauigkeit, wie in der nächsten Abbildung gezeigt.

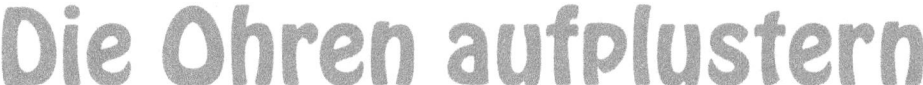

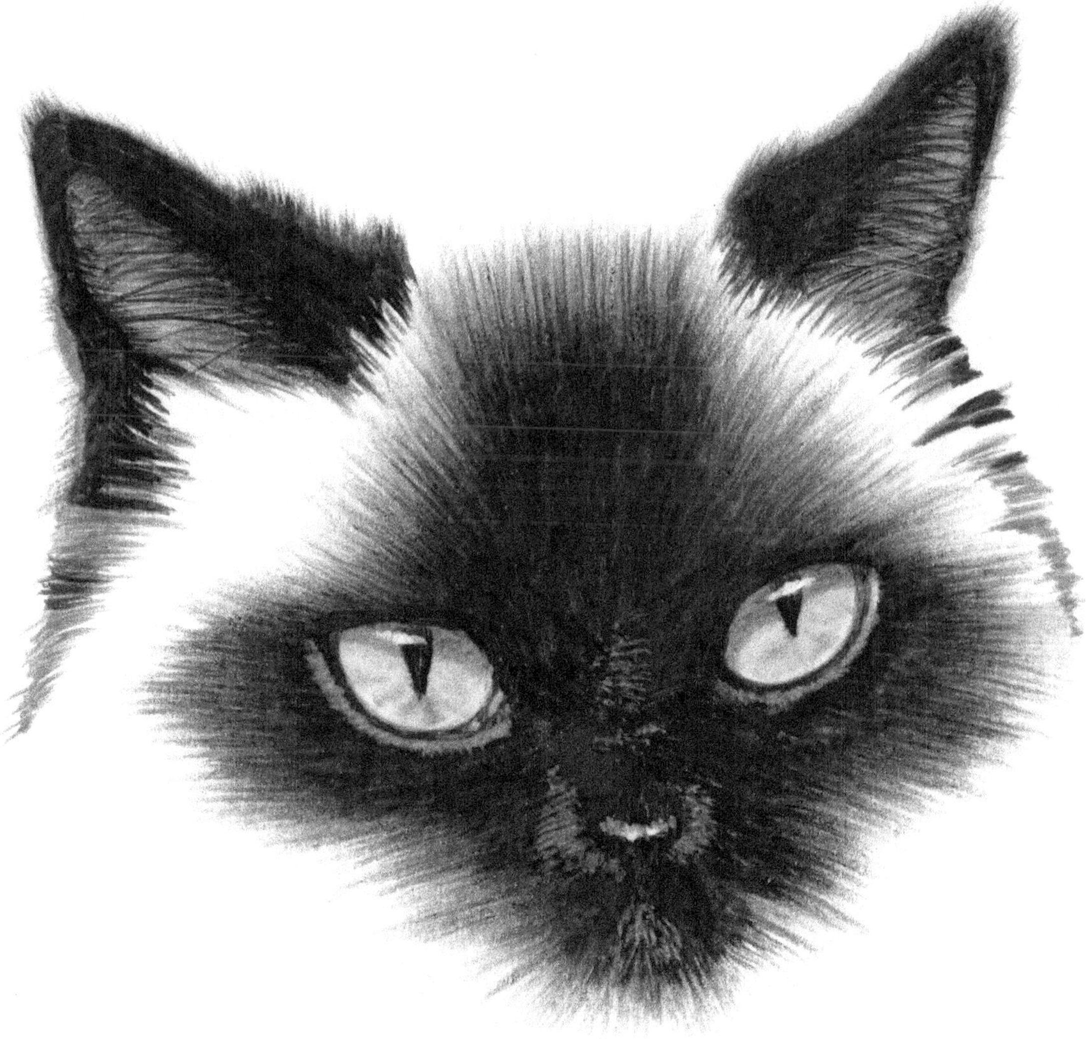

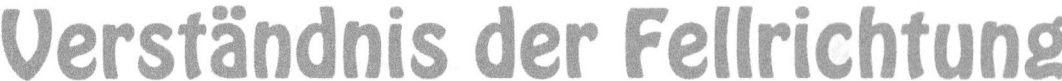

Verständnis der Fellrichtung

Nun ist es an der Zeit, das gesamte helle Fell im oberen Teil des Kopfes zu verblenden, da wir die umliegenden Bereiche abgeschlossen haben. Für diesen Verblendungsprozess werde ich einen farblosen Blender von Prismacolor verwenden. Bevor wir mit dem Verblenden fortfahren, ist es wichtig, einen Moment innezuhalten und die Fellrichtung zu studieren. Um diesen Prozess zu erleichtern, habe ich im vorherigen Schritt digital platzierte Pfeillinien hinzugefügt, die die genaue Richtung anzeigen, in der die Striche gezogen wurden. Das sorgfältige Studieren dieser Anleitung ermöglicht es uns, den Fluss und die Bewegung des Fells zu verstehen, was entscheidend ist, um eine realistische und flauschige Textur zu erreichen. Sobald wir die natürliche Richtung des Fells gründlich studiert und erfasst haben, können wir mit Zuversicht zum Verblendungsschritt übergehen.

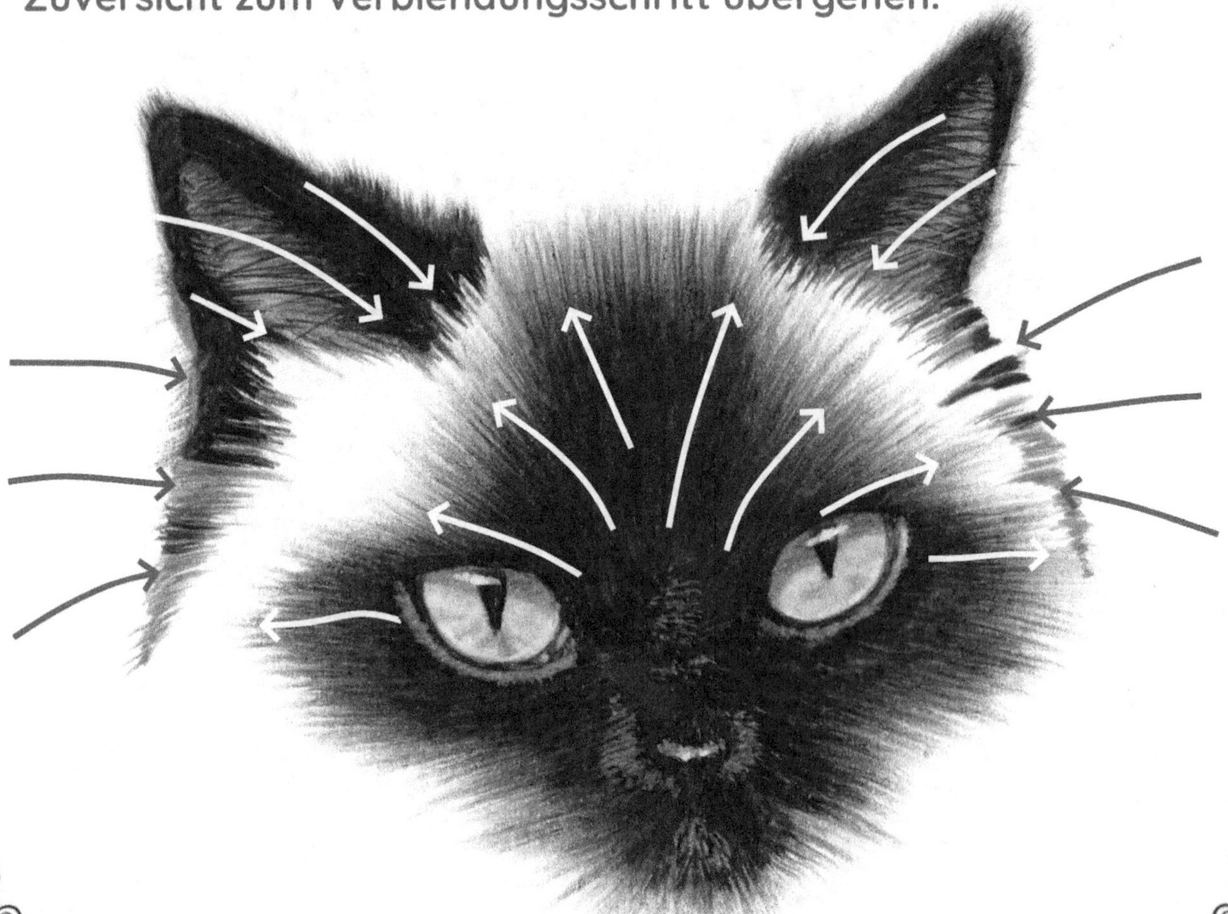

Erstellen von flauschigem hellem Fell

Um das flauschige Aussehen des hellen Fells zu erzeugen, verblenden Sie die Linien, indem Sie geschickt den Graphit von den dunklen Bereichen auf beiden Seiten aufnehmen - beginnend vom Zentrum des Gesichts und nach außen zu den Ohren hin, und von den Ohren nach innen auf das helle Fell, in der Richtung, die durch die Pfeile im vorherigen Bild angezeigt wird. Um es Ihnen leichter zu machen und präzise zu sein, können Sie das Papier drehen, um es bequemer für Ihre Hand zu machen und um die Striche in die erforderliche Richtung aufzutragen. Denken Sie daran, dass jeder Teil des hellen Fells etwas Graphit erhalten sollte, wie Sie es beim Studieren des Referenzfotos beobachten werden. Es gibt keine komplett weißen Bereiche im Fell, daher ist es wichtig, diese Regionen vollständig zu bedecken und die Dunkelheit und Helligkeit zu variieren, um die natürliche Textur und Tiefe des Fells im Referenzbild wiederzugeben.

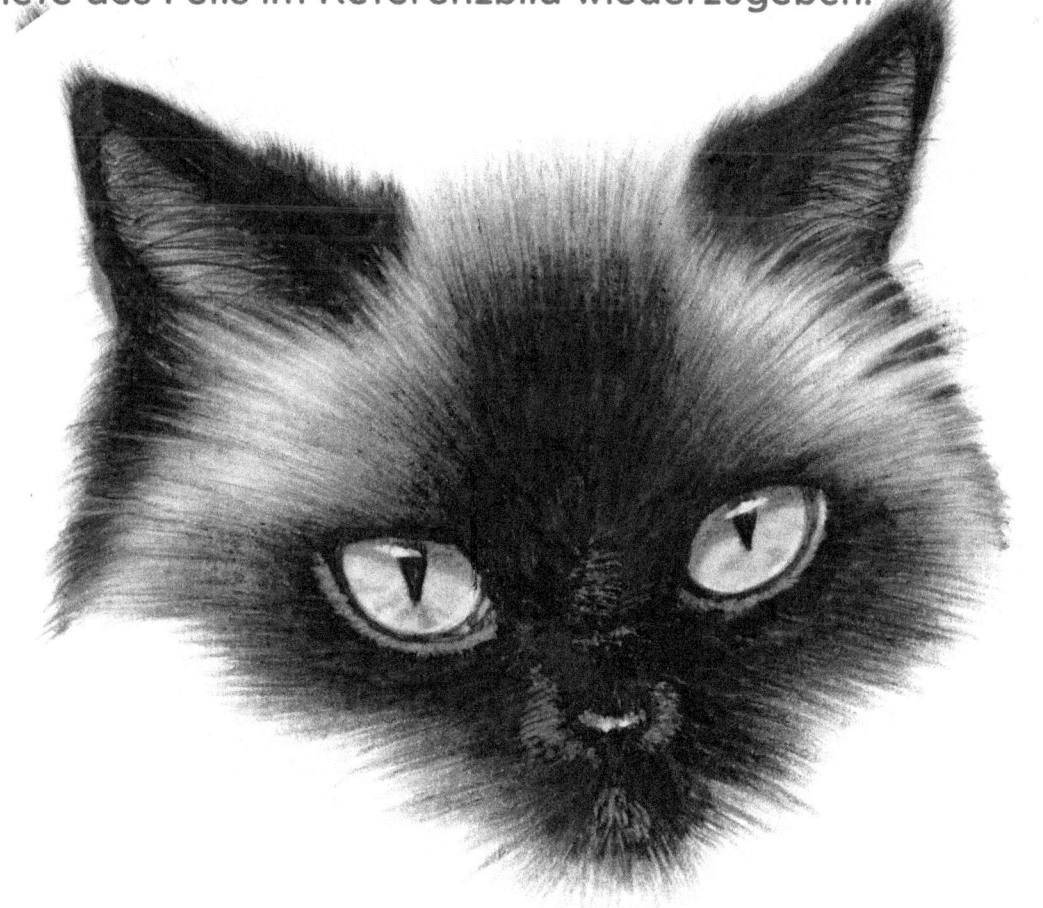

Um den oberen Teil des Kopfes zu vervollständigen, werde ich einige „frische" Linien über das helle, flauschige Fell zeichnen, indem ich einen gut gespitzten 14B-Bleistift verwende und dieselben Richtungen wie zuvor verfolge. Zusätzlich werde ich mit einem weißen Tintengelstift einige hellere Linien erstellen, was sich als äußerst hilfreich für diesen Zweck erwiesen hat. Im nächsten Bild sehen Sie, wo ich diese Haare hinzugefügt habe. Wenn Ihnen die Linien zu weiß erscheinen, warten Sie einfach, bis die Tinte trocken ist, und gehen Sie dann vorsichtig mit einem Papierwischer darüber. Dadurch werden die Linien leicht dunkler, während sie immer noch auf den dunklen Bereichen hervorstechen.

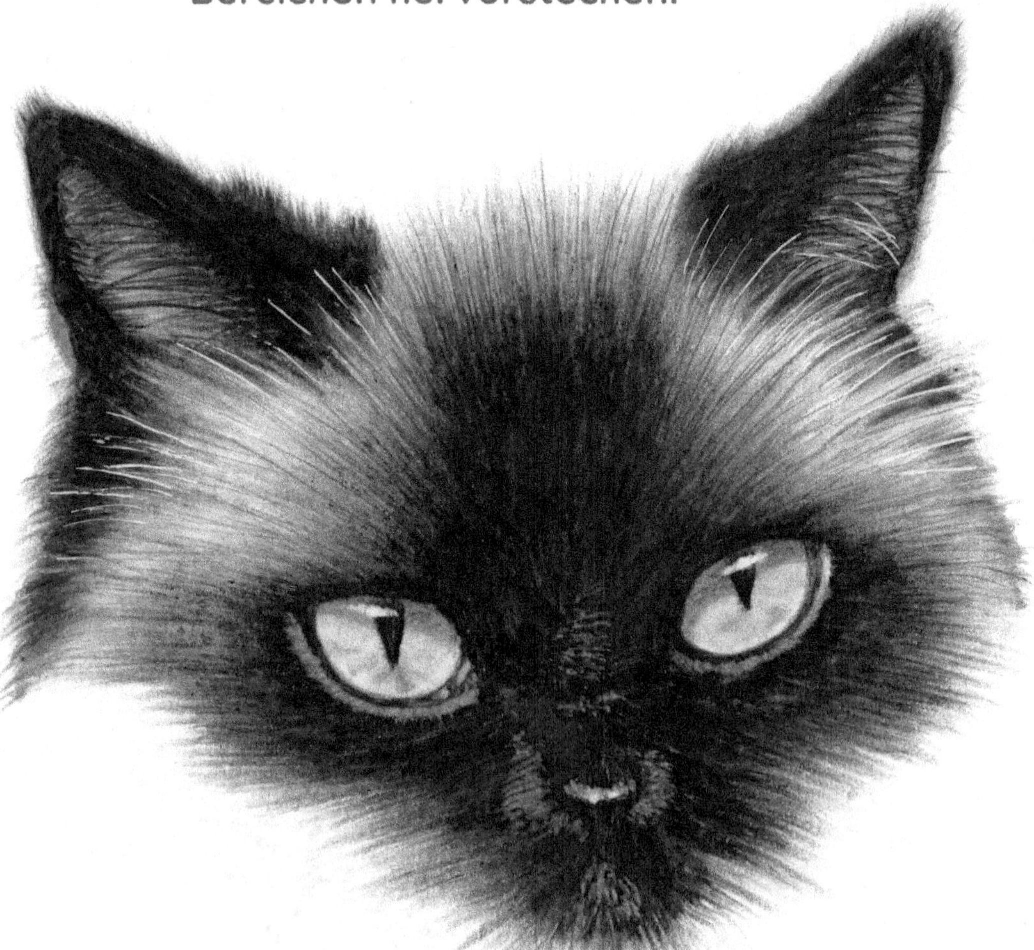

Als Nächstes lenken wir unseren Blick auf den unteren Teil des Bildes, genauer gesagt auf den Körper der Katze. Die Haare in diesem Bereich haben ein weicheres und zarteres Erscheinungsbild, das eine einzigartige Textur erzeugt, die keine zeitaufwändige Zeichnung einzelner Haare erfordert. Trotz des Fehlens von weißem Fell behält dieser Bereich eine Helligkeit bei, die durch sanftes Auftragen von Graphitpulver mit einem um unseren Finger gewickelten Tuch erzielt werden kann, wobei Sie dem natürlichen Verlauf der Haare folgen.

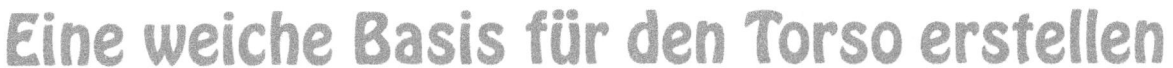

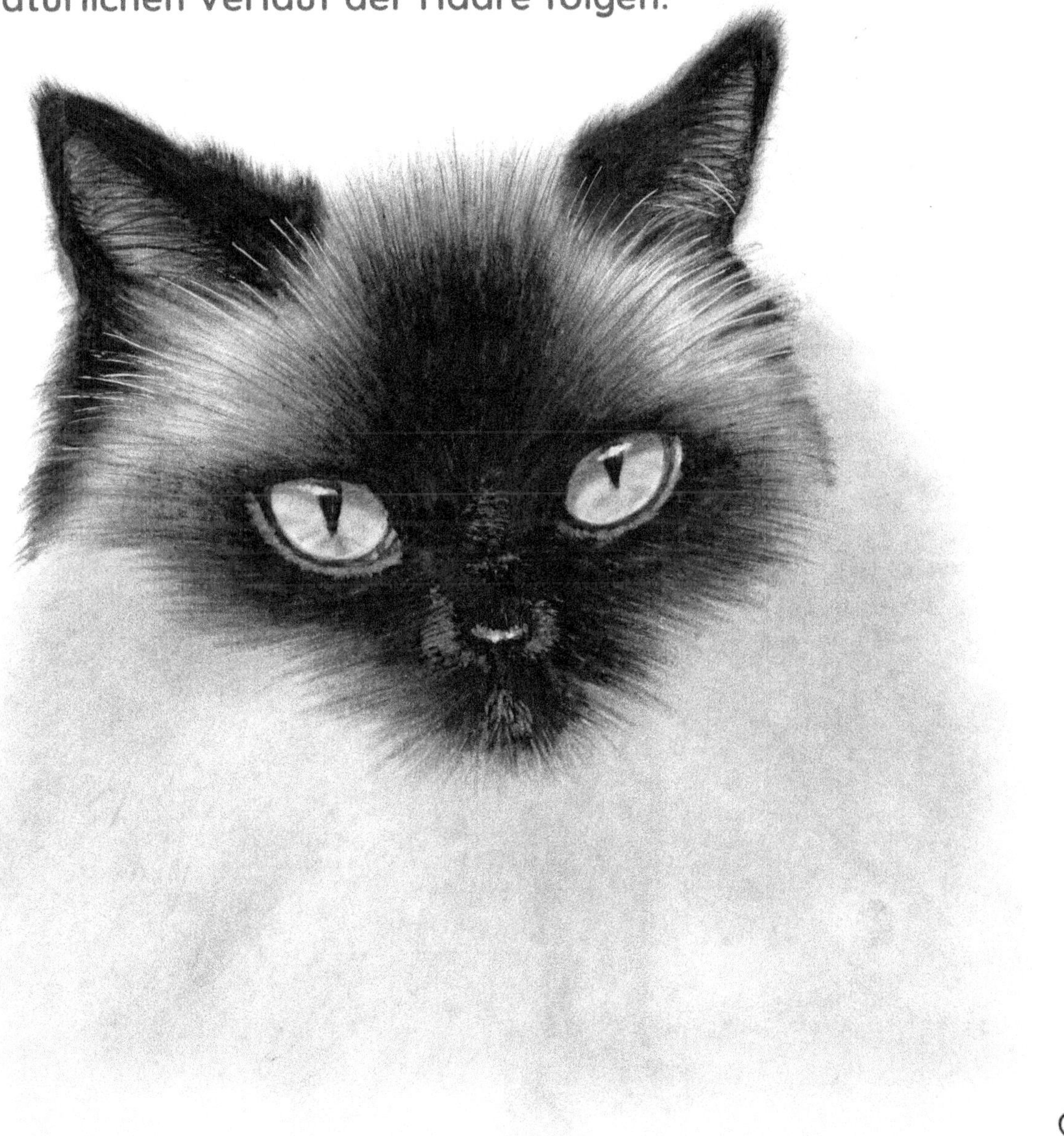

Dunklere Schattierungen hinzufügen

Während wir voranschreiten, ist es an der Zeit, unserer Zeichnung Tiefe und Dimension zu verleihen, indem wir uns auf dunklere Schattierungen in bestimmten Bereichen konzentrieren. Um dies zu erreichen, nehmen Sie Ihren Papierwischer und tauchen Sie seine Spitze vorsichtig in das Graphitpulver. Tragen Sie das Pulver behutsam auf die ausgewählten Bereiche auf, um tiefe Schatten zu erzeugen und die Konturen zu betonen, wie in der folgenden Abbildung dargestellt.

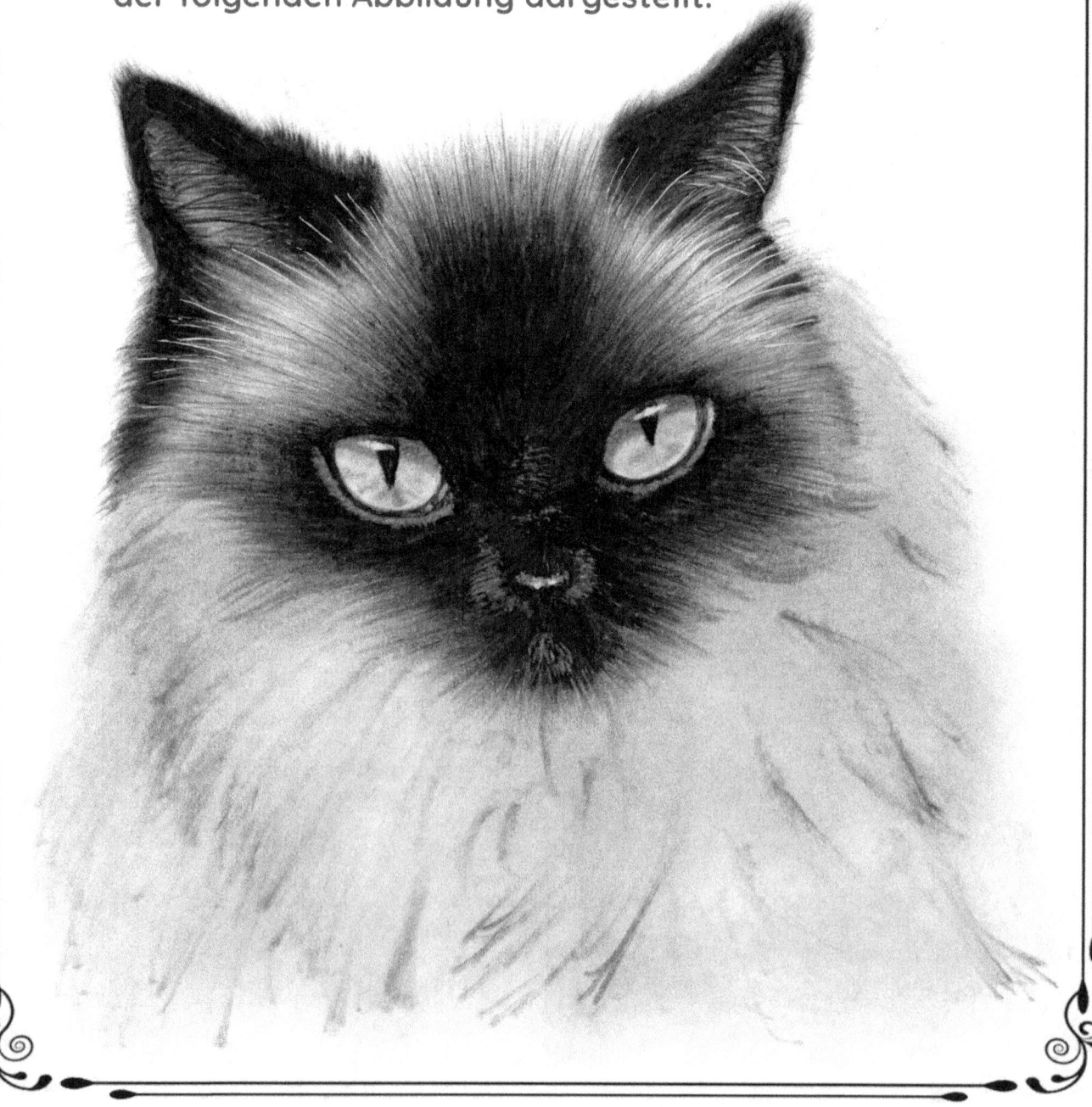

Hervorheben des Fellmusters am Körper

Nachdem wir dunklere Schattierungen hinzugefügt haben, um die Tiefe zu verstärken, ist es an der Zeit, die Highlights hervorzuheben. Für diese anspruchsvolle Aufgabe empfehle ich dringend die Verwendung eines knetbaren Radiergummis, da er präzise Kontrolle ermöglicht und sicherstellt, dass die Textur flauschig und natürlich bleibt. Arbeiten Sie sorgfältig mit dem knetbaren Radiergummi, entfernen Sie allmählich Graphit, bis Sie die gewünschten Werte erreichen und so helle Highlights erzeugen.

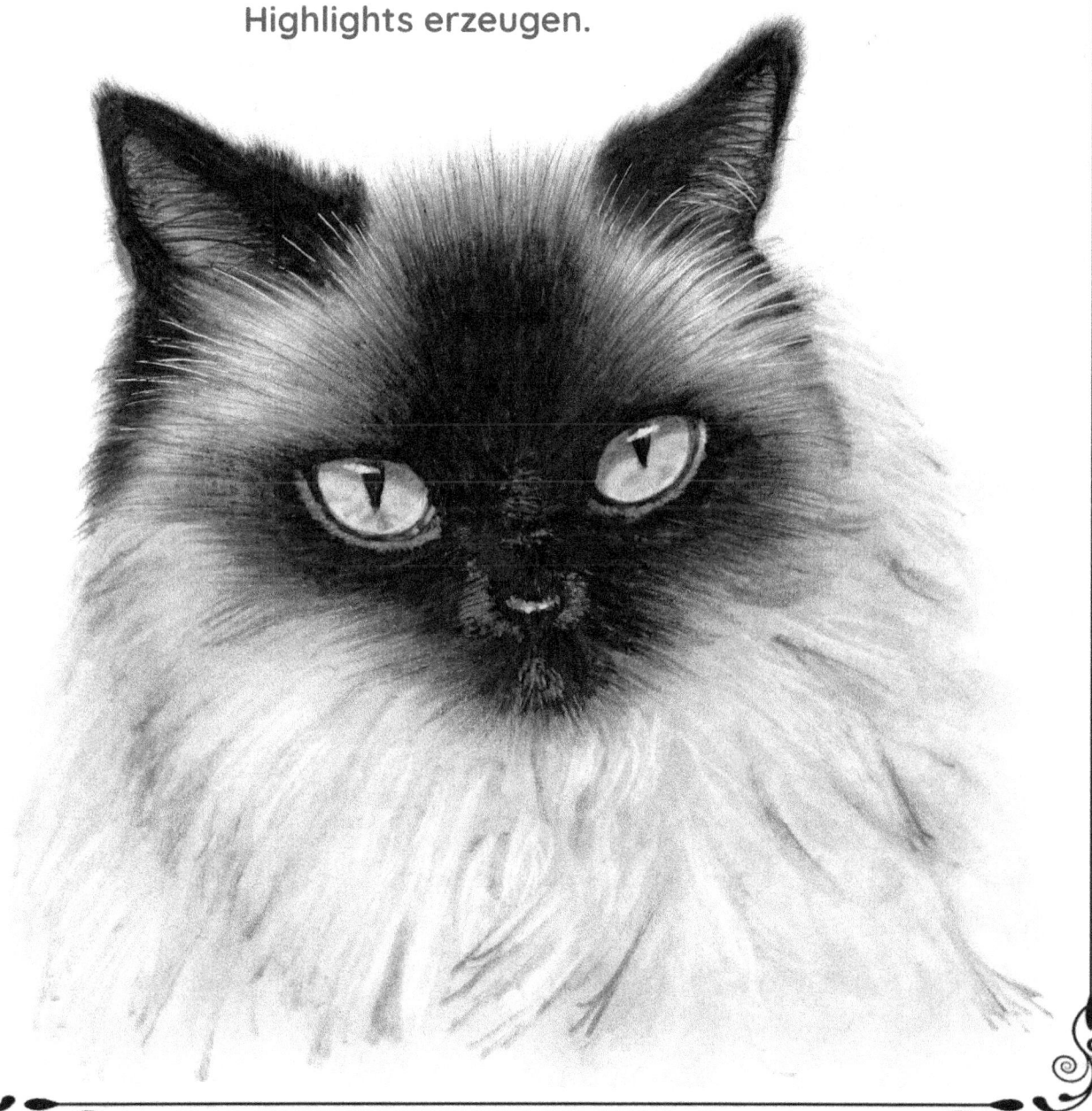

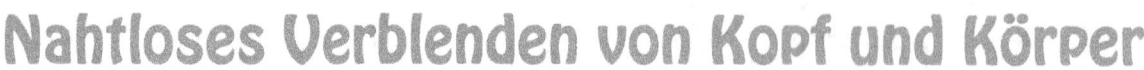

Nahtloses Verblenden von Kopf und Körper

Indem ich vorsichtig den Graphit mit der Spitze des farblosen Mischstifts von Prismacolor aufnehme, verblende ich die zuvor gezeichneten dunklen Haare von der unteren Gesichtspartie über den Körper hinweg und lasse sie nahtlos in die flauschige Textur des Körperfells übergehen. Diese Technik gewährleistet, dass die dunklen Bereiche sich auf natürliche Weise verblenden.

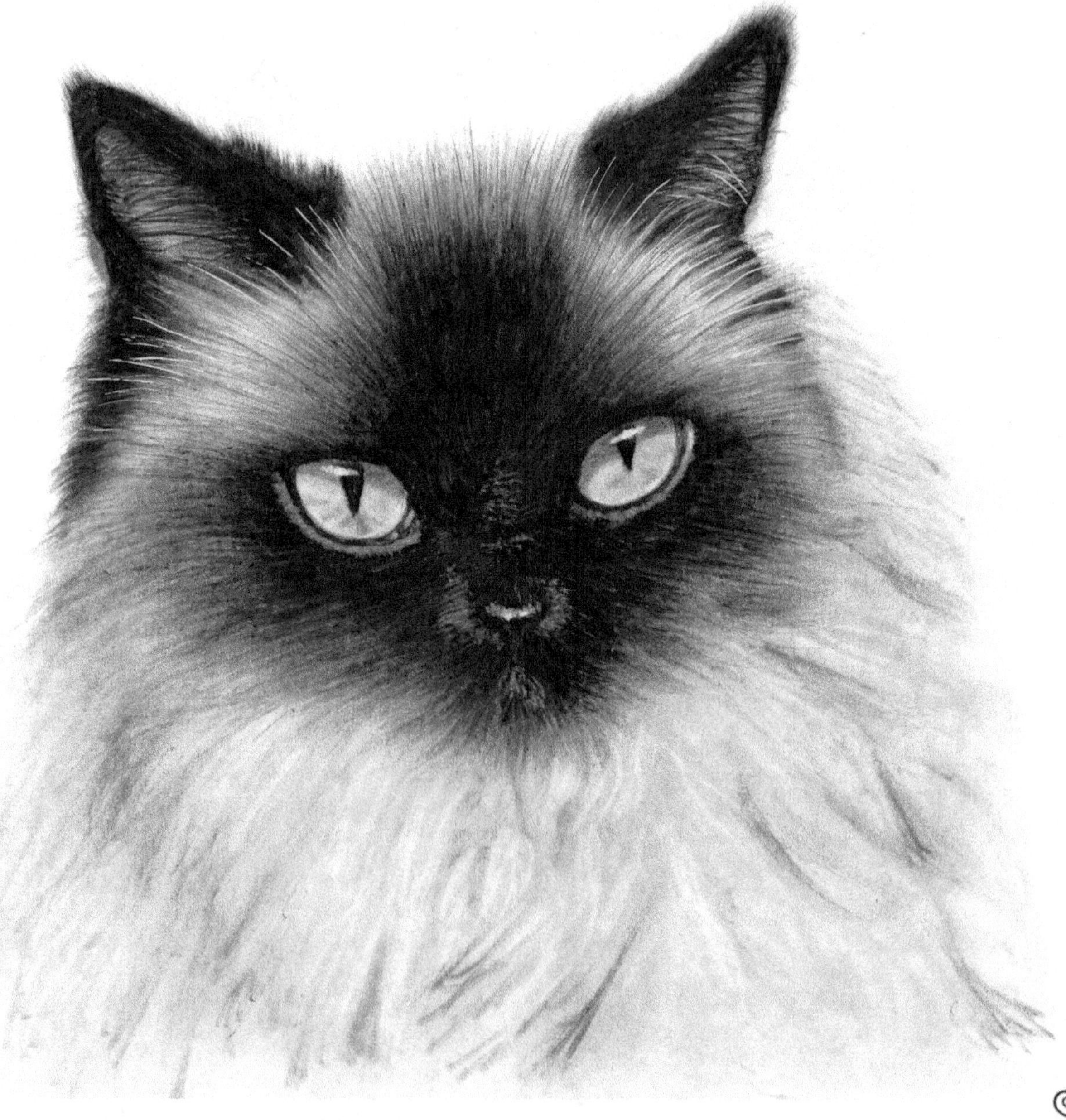

Individuelle Haare hinzufügen

Um die Textur des Körpers weiter zu bereichern, werden wir vorsichtig lange einzelne Haare über die Oberfläche zeichnen, dem natürlichen Verlauf folgend, wie wir es zuvor getan haben. Verwenden Sie einen gut gespitzten HB-Bleistift und setzen Sie schnelle, selbstbewusste Striche in einem zufälligen Muster ein. Einige dieser Striche können aus dem dunklen Fell des unteren Teils des Katzenkopfes stammen und so einen nahtlosen Übergang zwischen den beiden Bereichen schaffen.

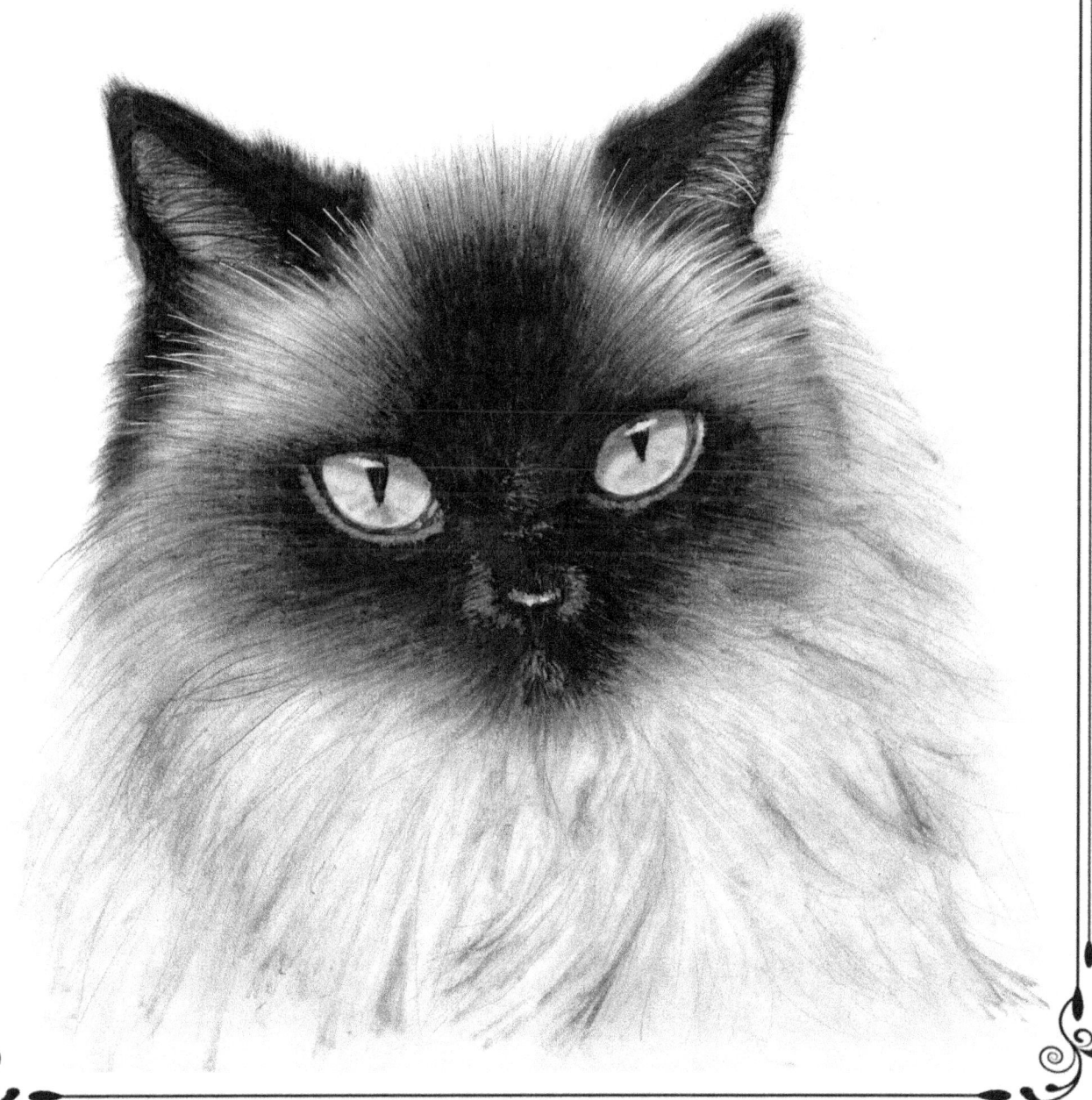

Schnurrhaare zeichnen

Das berühmte Zitat von Leonardo da Vinci, „Kunst ist nie fertig, nur verlassen", trifft zu. Dennoch habe ich einen Punkt erreicht, an dem ich mit der Zeichnung zufrieden bin und nichts mehr ändern oder hinzufügen möchte. Fühlen Sie sich jedoch frei, weiter zu experimentieren und in Ihrem eigenen Kunstwerk Anpassungen vorzunehmen, die Sie für angemessen halten. Wenn also alles gut aussieht, können wir die Zeichnung abschließen, indem wir Schnurrhaare mit einem weißen Tinten-Gelstift hinzufügen.

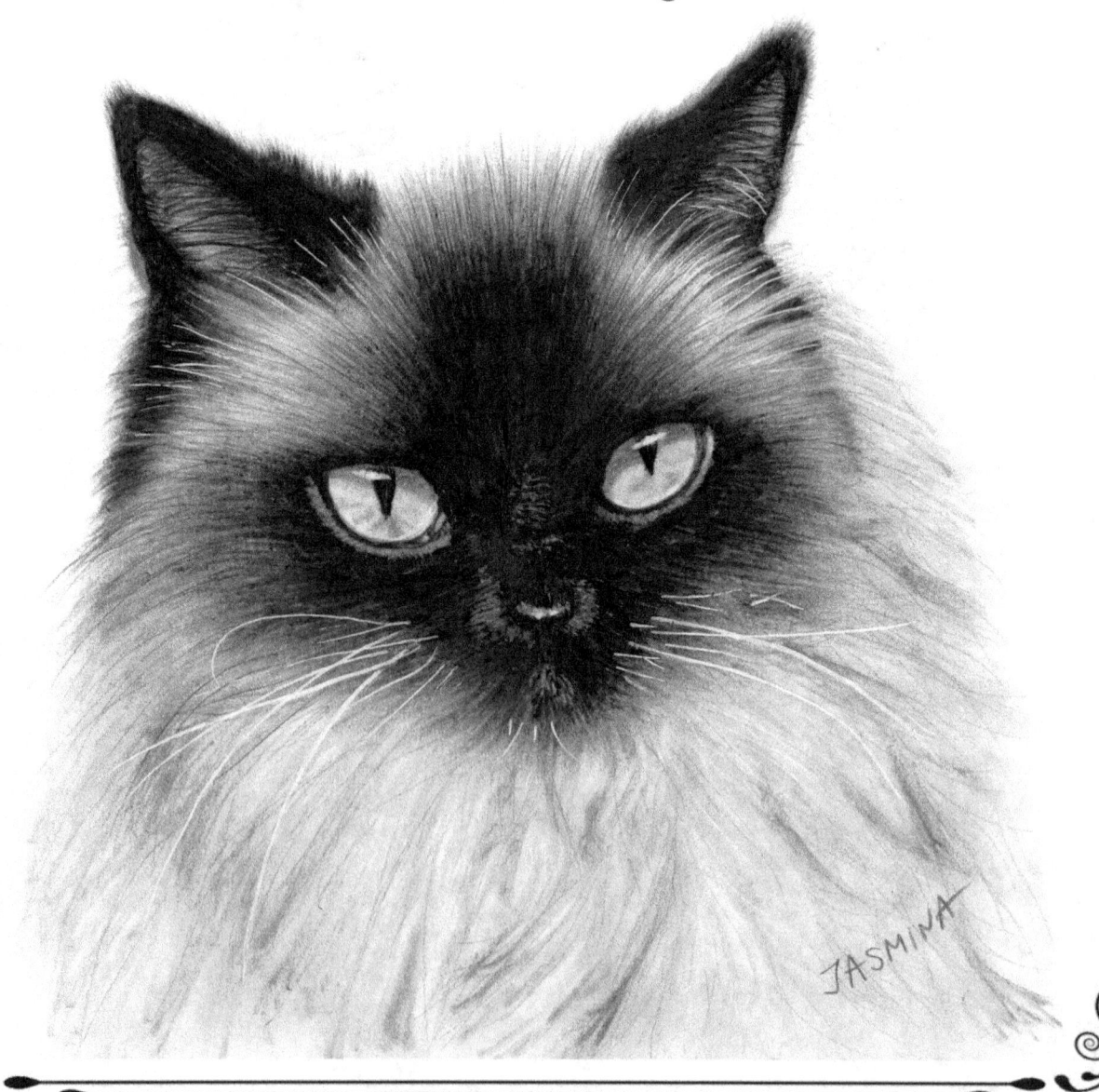

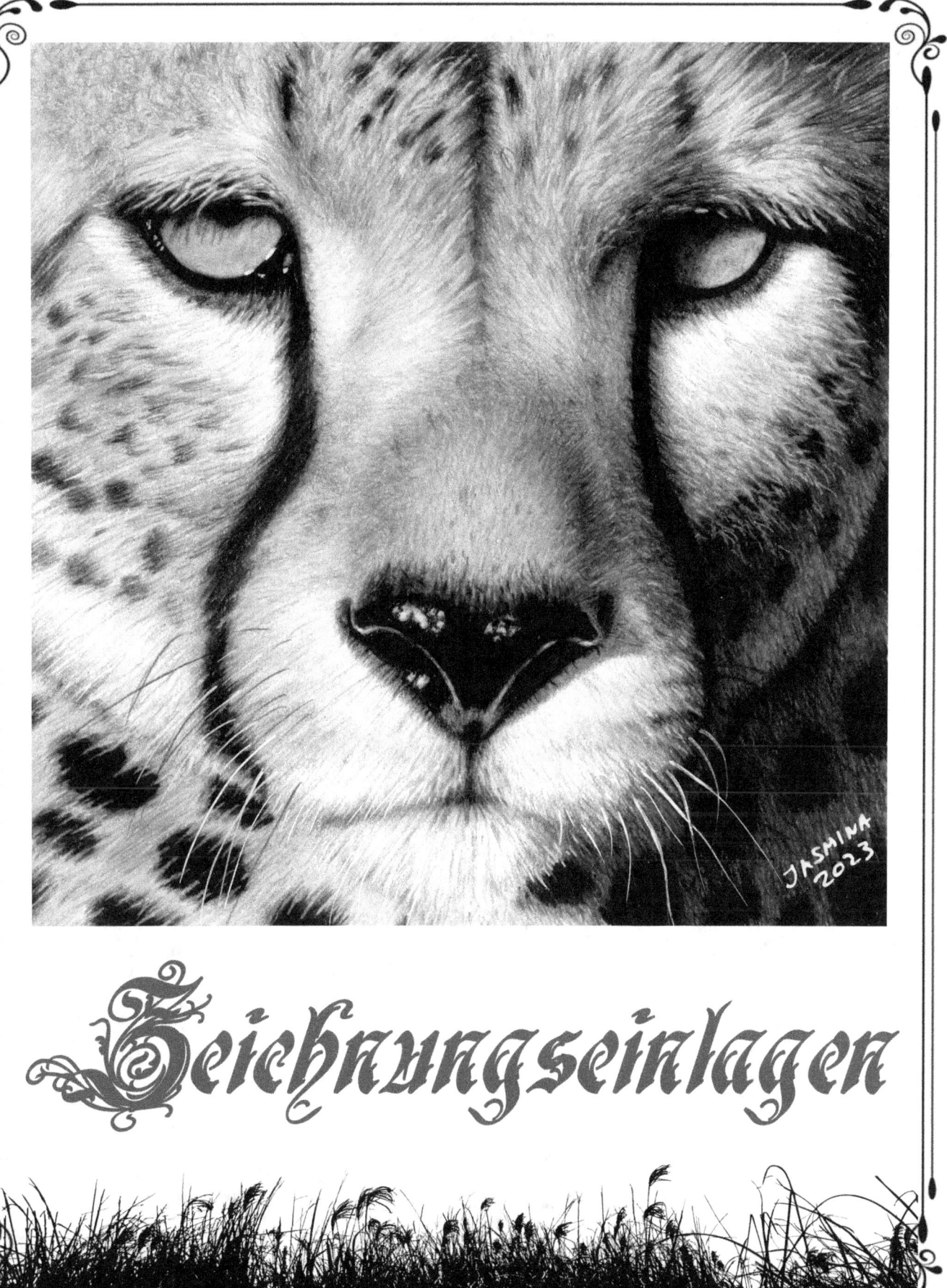

Zeichnungseinlagen

Ein Zebra Zeichnen

Das Zeichnen eines Zebras bietet eine wunderbare Gelegenheit, in die Welt von Mustern, Kontrasten und einzigartigen Texturen einzutauchen. Die markanten schwarz-weißen Streifen des Zebras sind ein visuell eindrucksvolles Motiv, das unsere Beobachtungs- und Zeichenfähigkeiten herausfordert. Indem wir ein Zebra studieren und zeichnen, können wir unser Verständnis von Licht und Schatten vertiefen, unsere Aufmerksamkeit für Details entwickeln und das faszinierende Wechselspiel zwischen positiven und negativen Räumen erforschen. Lassen Sie uns die Schönheit und Vielfalt des Tierreichs schätzen und die faszinierende Schönheit des Zebras auf Papier einfangen.

Das Referenzfoto

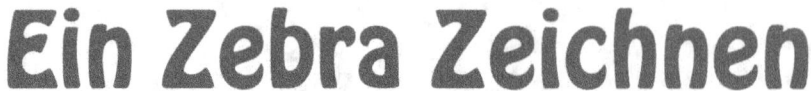

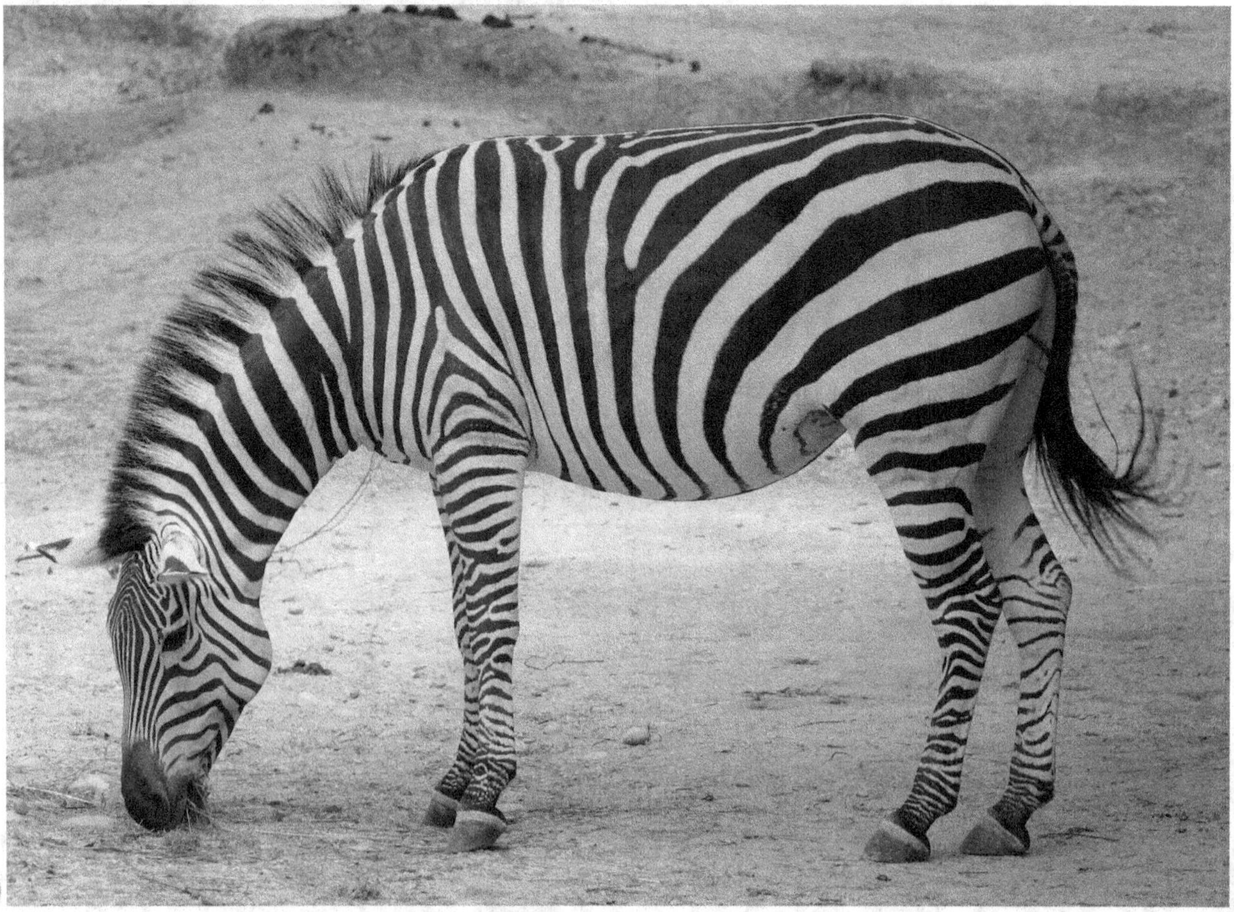

Skizzieren und Grundformen

Im nächsten Bild habe ich die Linien hervorgehoben, die ich für wichtig halte. Mit der Rastermethode können Sie die Hauptumrisse des Zebras erstellen. Beim Skizzieren des Zebras ist es nicht notwendig, sich streng an die Rastermethode für die schwarzen und weißen Streifen zu halten. Sie können zufällig erstellt werden. In diesem Fall habe ich mich jedoch dafür entschieden, jedes Detail genau so zu skizzieren, wie es im Referenzfoto dargestellt ist, um einen klaren Vergleich zwischen Ihrer Zeichnung und dem Originalbild zu ermöglichen. In meiner Skizze habe ich die schwarzen Streifen mit kleinen „x"-Markierungen versehen, um sie von den weißen Streifen zu unterscheiden. Dies hilft mir, Verwirrung zu vermeiden und sicherzustellen, dass ich die Bereiche, die schwarz sein sollten, genau schattiere.

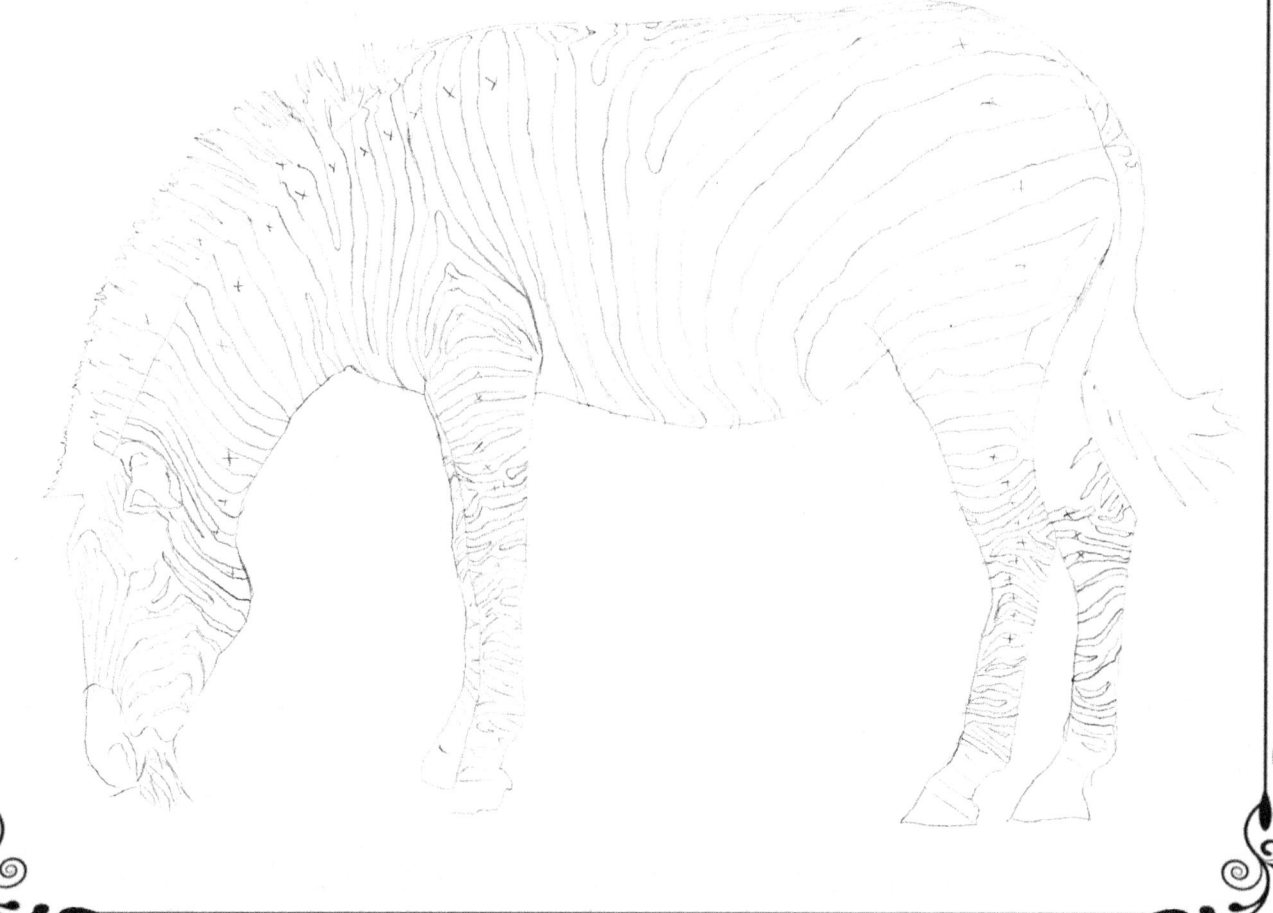

Die schwarzen Streifen zeichnen

Beginnen Sie damit, einen 14B-Bleistift zu verwenden, um die Bereiche zu schattieren, die im Referenzfoto absolut schwarz sind. In diesem Schritt lassen wir absichtlich die oberen Bereiche der schwarzen Streifen vorerst unbehandelt, da sie einen helleren Wert benötigen, um die beleuchteten Bereiche darzustellen. Obwohl diese Teile im Referenzfoto möglicherweise nicht sichtbar sind, möchten wir uns darauf konzentrieren, Kontrast und Tiefe in unserer Zeichnung zu schaffen. Verwenden Sie den Bleistift mit kräftigem und gleichmäßigem Druck, um einen reichen, dunklen Ton zu erzeugen. Wenn Sie sich unsicher sind oder Anpassungen vornehmen möchten, können Sie einen HB-Bleistift mit leichterem Druck verwenden, um diese Bereiche auszufüllen, bevor Sie sich für den dunkleren Wert entscheiden. Sobald Sie mit der Platzierung und dem Aussehen der schwarzen Bereiche zufrieden sind, können Sie darüber mit einem sehr dunklen Bleistift, wie 8B oder dunkler, gehen, um die Tiefe und den Reichtum der schwarzen Töne weiter zu verstärken. Dieser Schritt ist entscheidend und erfordert sorgfältige Aufmerksamkeit. Allein die Fertigstellung dieses Schrittes erforderte in meinem Fall eine beträchtliche Menge Zeit, etwa 2,5 Stunden. Also nehmen Sie sich Zeit, besonders wenn Sie an den komplexen Details wie den dünnen Streifen über den Bejnen und dem Kopf arbeiten.

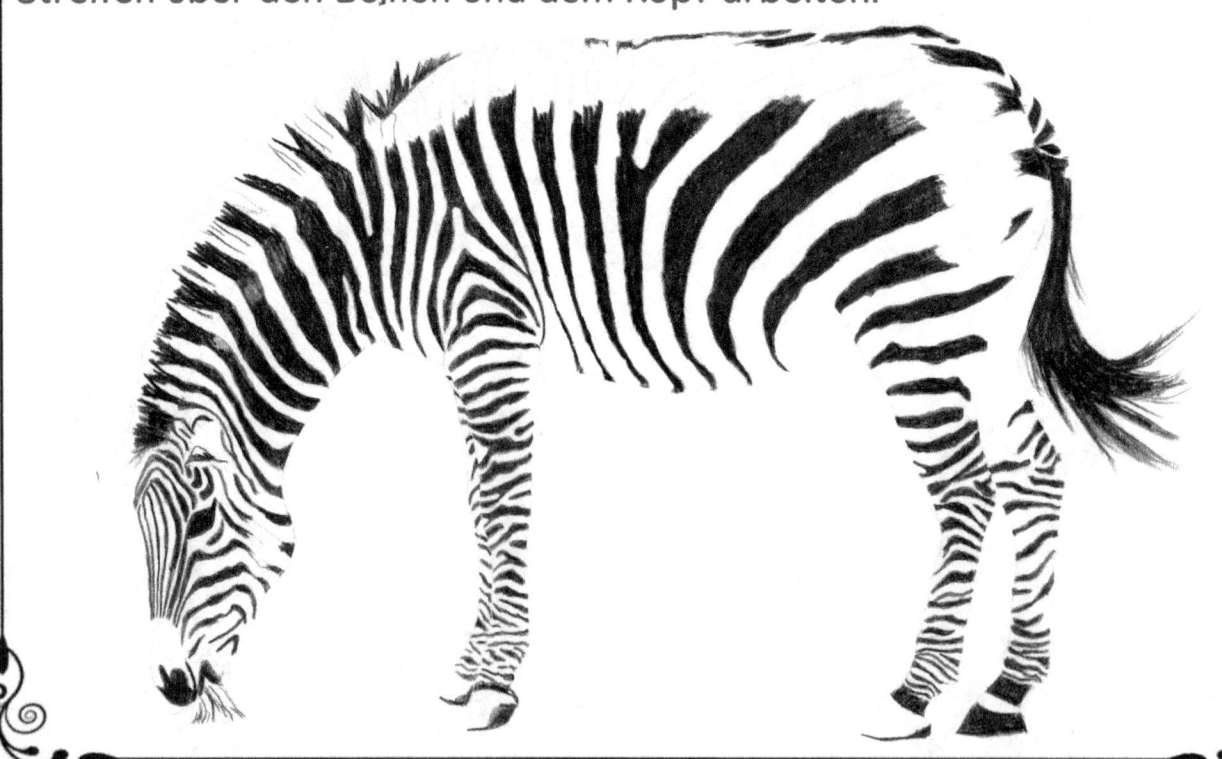

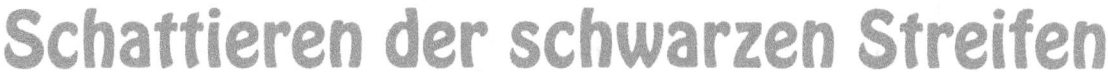

Schattieren der schwarzen Streifen

Im nächsten Schritt möchten Sie die hervorgehobenen schwarzen Streifen schattieren, die zuvor im Bild unberührt gelassen wurden. Verwenden Sie einen HB-Bleistift für diesen Teil des Prozesses. Darüber hinaus erhellen Sie die oberen Teile der schwarzen Streifen am Hals, insbesondere unter den Wurzeln der Mähnenhaare, da diese Bereiche eine leichte Hervorhebung aufweisen. Diesen Effekt können Sie durch vorsichtiges Verwenden eines Radiergummis erzielen.

Es ist wichtig, nicht zu überstürzen und präzise zu zeichnen, um den gewünschten Effekt zu erzielen. Jede Person hat ihr eigenes Tempo, und ausreichend Zeit für jeden Schritt zu widmen, gewährleistet Genauigkeit und Liebe zum Detail.

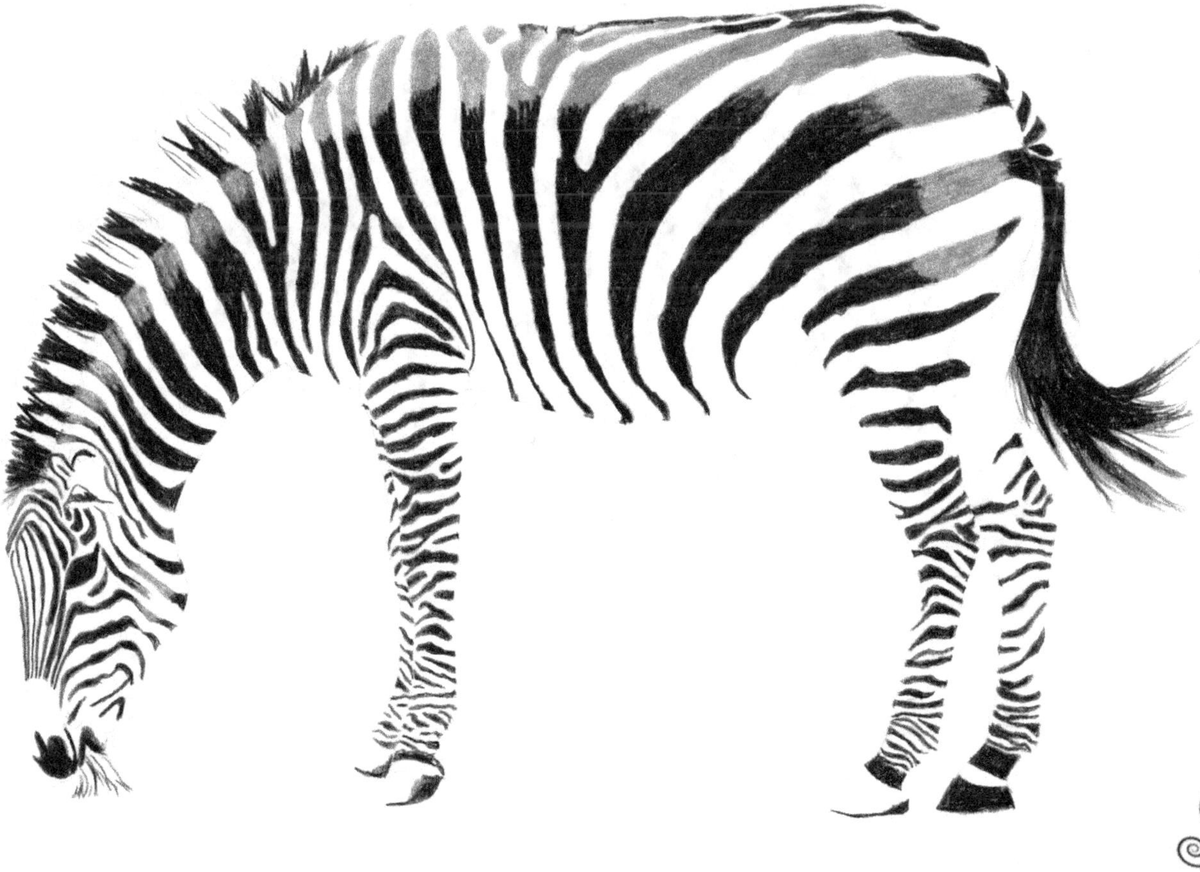

Tonübergänge glätten

Im nächsten Schritt möchten Sie sich darauf konzentrieren, die Übergänge zwischen den beiden zuvor aufgetragenen Schattierungen zu verschmelzen. Ihr Ziel ist es, einen sanften Übergang zu schaffen, bei dem die Schattierungen nahtlos ineinander übergehen. Wenn Sie die im Kapitel „Sanfter Farbverlauf" besprochene Technik geübt haben, ist dies die perfekte Gelegenheit, sie anzuwenden. Um zu beginnen, empfehle ich Ihnen die Verwendung eines 4B-Bleistifts zum Verblenden. Während Sie verblenden, können Sie allmählich den Druck auf den Bleistift erhöhen, insbesondere in den Bereichen, in denen Sie die dunkelsten Teile der Streifen zuvor mit dem 14B-Bleistift schattiert haben. Sie können sanfte, kreisende Bewegungen oder hin und her gehende Striche verwenden, um den Übergang zu glätten und einen nahtlosen Fluss zwischen den Schattierungen zu erzeugen. Diese Verblendungstechnik wird dazu beitragen, dem Zebra ein dreidimensionales Erscheinungsbild zu verleihen und im Vergleich zum vorherigen flachen Look Tiefe hinzuzufügen.

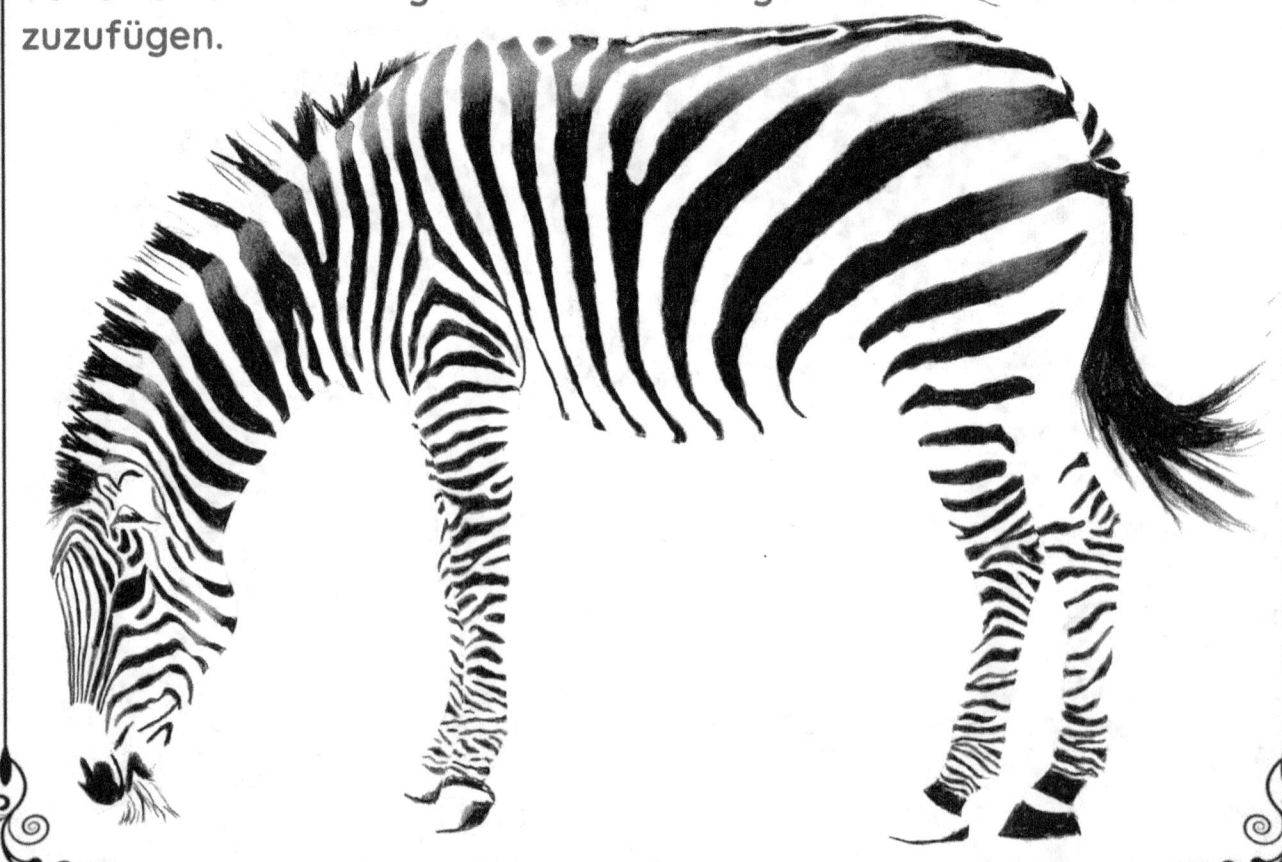

Hufe und Maul schattieren

Im nächsten Schritt konzentrieren wir uns darauf, die Hufe und das Maul des Zebras mit einem HB-Bleistift zu schattieren. Sehen Sie sich das beigefügte Bild an, um die spezifischen Bereiche zu identifizieren, die Schattierung erfordern.

Beachten Sie die Schatten, Highlights und Textur im Referenzbild, um Ihre Schattiertechnik zu lenken. Bei Bedarf können Sie einen Papierwischer verwenden, um die geschatteten Bereiche sanft zu verwischen und zu weichen.

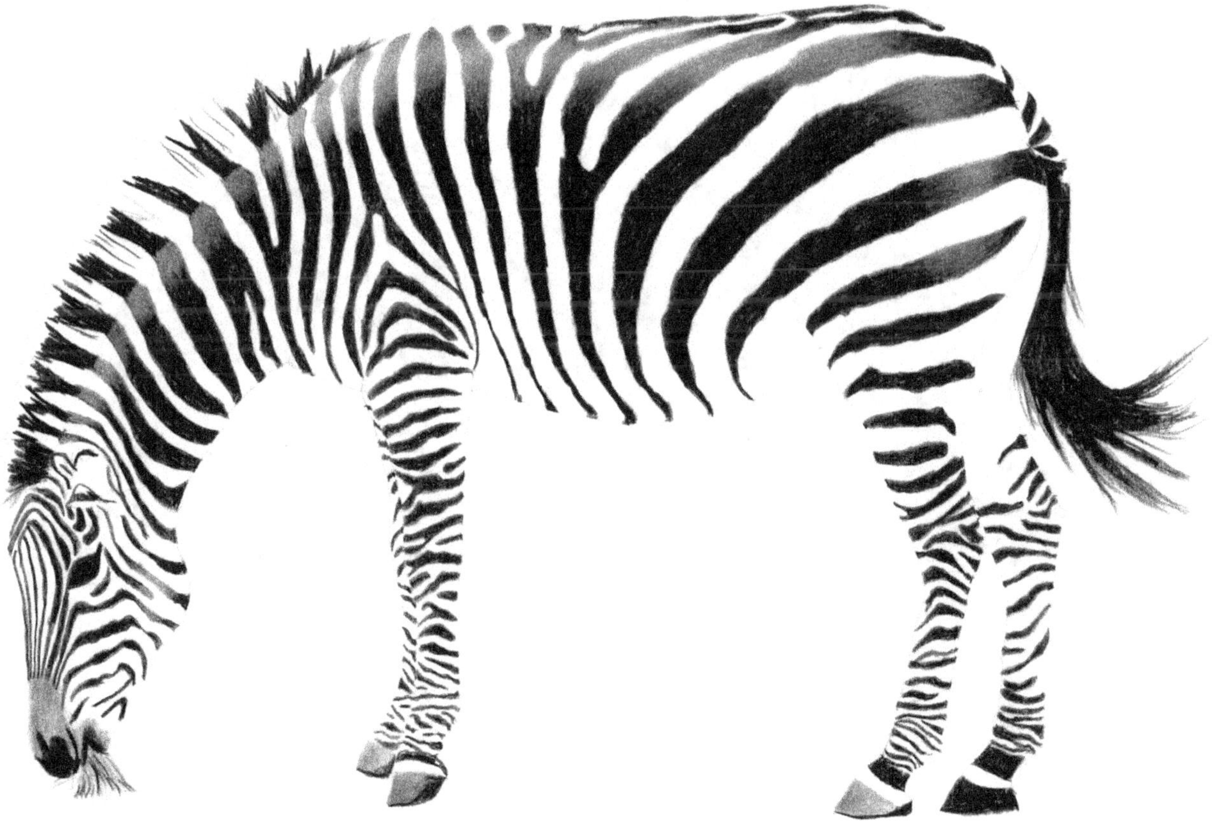

Übergänge der Töne verwischen

In diesem Schritt werden wir einen nahtlosen Übergang der Tonwerte zwischen den zuvor geschatteten Hufen und dem Maul und den mit 14B gezeichneten Bereichen erzeugen. Um dies zu erreichen, verwenden wir einen 8B-Bleistift und verringern allmählich den Druck, während wir von den Schatten zu den hervorgehobenen Teilen schattieren. Wenn eine Fläche zu hell erscheint oder nicht ausreichend schattiert ist, fügen Sie einfach weitere Schichten Schattierung hinzu, um den gewünschten Ton aufzubauen. Verwenden Sie Ihren Bleistift, um vorsichtig zusätzliche Schattierung aufzutragen und diese allmählich aufzubauen, bis die gewünschte Konsistenz erreicht ist. Andererseits, wenn bestimmte Bereiche zu dunkel erscheinen oder aufgehellt werden müssen, können Sie einen Radiergummi leicht verwenden, um etwas Graphit aus diesen spezifischen Bereichen zu entfernen. Seien Sie beim Verwenden des Radiergummis vorsichtig, da Sie nicht zu viel entfernen oder das Papier beschädigen möchten. Nachdem Sie die dunkleren Bereiche aufgehellt haben, können Sie dann die Übergänge glätten und sie mit den umgebenden Tönen verschmelzen.

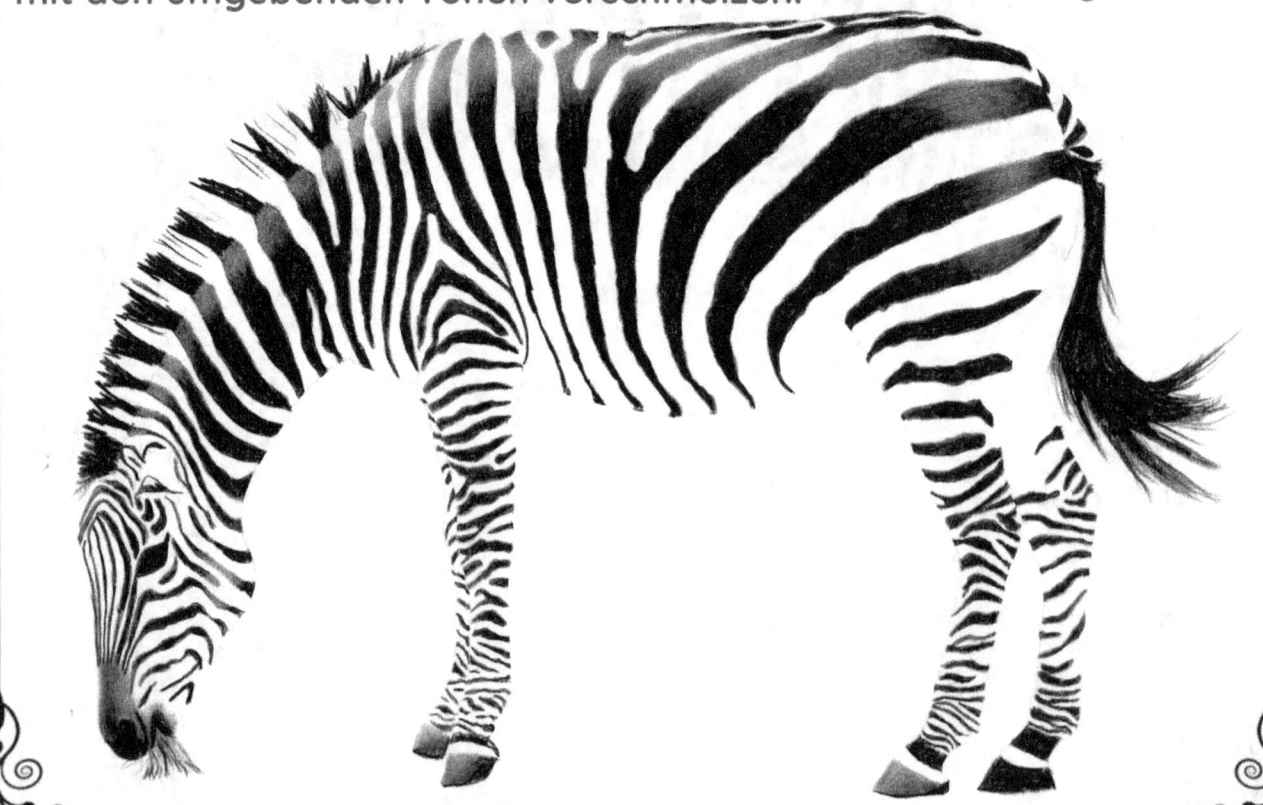

128

Die weißen Bereiche schattieren

Lassen Sie uns nun darauf achten, das weiße Fell zu schattieren. Obwohl es anfangs kontraintuitiv erscheinen mag, weißes Fell zu schattieren, können wir den gewünschten Effekt erzielen, indem wir sanft mit dem Bleistift arbeiten und zusätzliche Schichten auftragen. Diese Technik erfordert Geduld und kontinuierliche Arbeit, bis das gewünschte Erscheinungsbild erreicht ist. In der nächsten Abbildung können Sie die mit einem HB-Bleistift geschatteten Bereiche als Referenz für Ihre eigene Schattierung betrachten. Beachten Sie, dass ich fest an den Rändern gedrückt und meinen Druck allmählich gelockert habe, als ich mich den Highlights näherte. Sie können entweder einen HB-Bleistift mit leichterem Druck verwenden oder zu einem härteren Bleistift wie 2H wechseln, um leichtere Schattierungen zu erzielen. Dieser allmähliche Übergang ermöglicht es dem hellsten Schatten, nahtlos in die Helligkeit der Highlights überzugehen. Vergessen Sie nicht, reflektierende Lichter in Bereichen wie den Hinterhandbereichen neben dem Schwanz zu erzeugen. Indem Sie den Bleistift leicht aufsetzen und etwas stärkeren Druck weiter von der Kante entfernt ausüben, können Sie einen dreidimensionalen Effekt hinzufügen. Auch wenn sie im Referenzfoto nicht sichtbar sind, verstärken diese reflektierenden Lichter die Rundheit des Motivs.

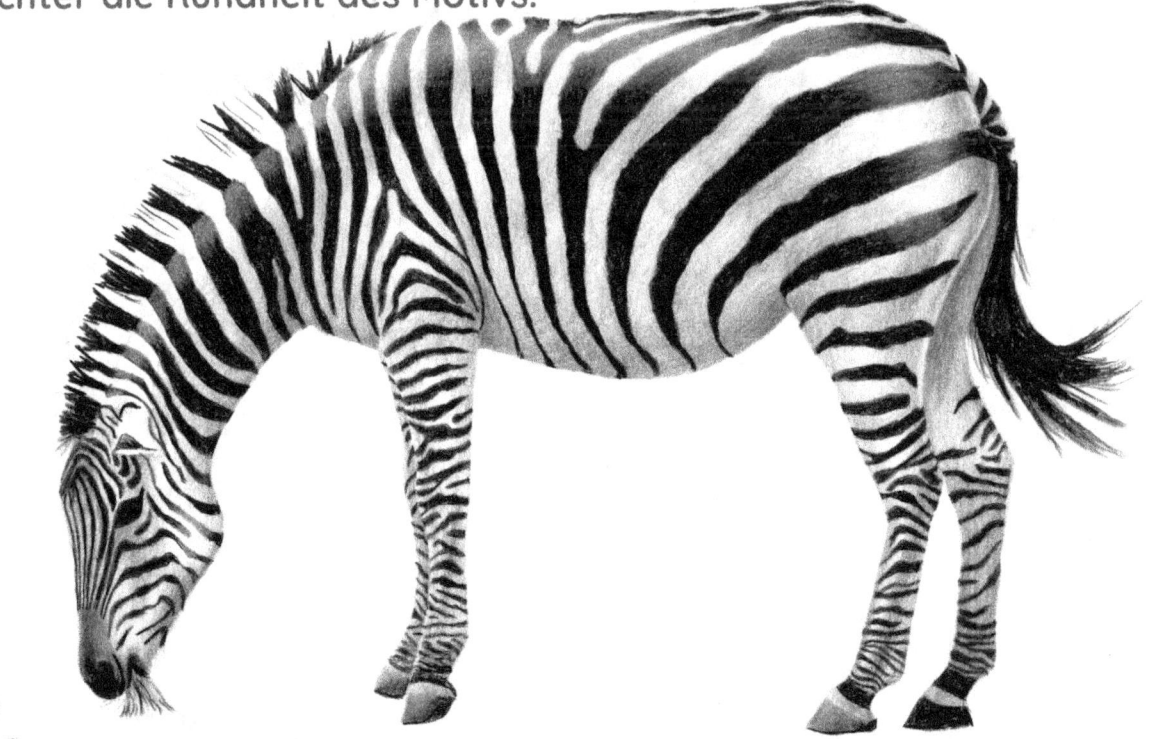

Die Schattierungen intensivieren

Lassen Sie uns beurteilen, ob weitere Schattierungen erforderlich sind. Bei genauer Betrachtung habe ich festgestellt, dass der Schatten auf dem Bauch des Zebras zu hell erscheint. Um dies zu korrigieren, empfehle ich, auf einen 4B-Bleistift umzusteigen und festen Druck entlang der Kanten auszuüben, während Sie den Druck allmählich lockern, wenn Sie sich entfernen. Zusätzlich erfordern der schattierte obere Teil des Halses und die Bereiche unter den Augen zusätzliche Schattierung. Darüber hinaus ist es wichtig zu beachten, dass der hintere Teil des Körpers des Zebras, der vom Schwanz beschattet wird, erheblich dunkler sein muss. Beim Vergleich dieses Bildes mit dem vorherigen können Sie den Unterschied in den Werten deutlich erkennen. Um den gewünschten Effekt zu erzielen, verwenden Sie einen dunkleren Bleistift wie 4B oder 6B und üben Sie beim Schattieren ausreichend Druck aus. Dadurch entsteht ein stärkerer Kontrast und der schattierte Bereich wird betont, was der Zeichnung Tiefe und Dimension verleiht. Es ist wichtig, jeden Bereich zu schattieren, außer den Highlights. Sie werden feststellen, dass durch das Schattieren der Schulter mit leichterem Druck im Vergleich zu den umliegenden Schatten dieser heller erscheint und auf dem Papier deutlicher hervorsticht.

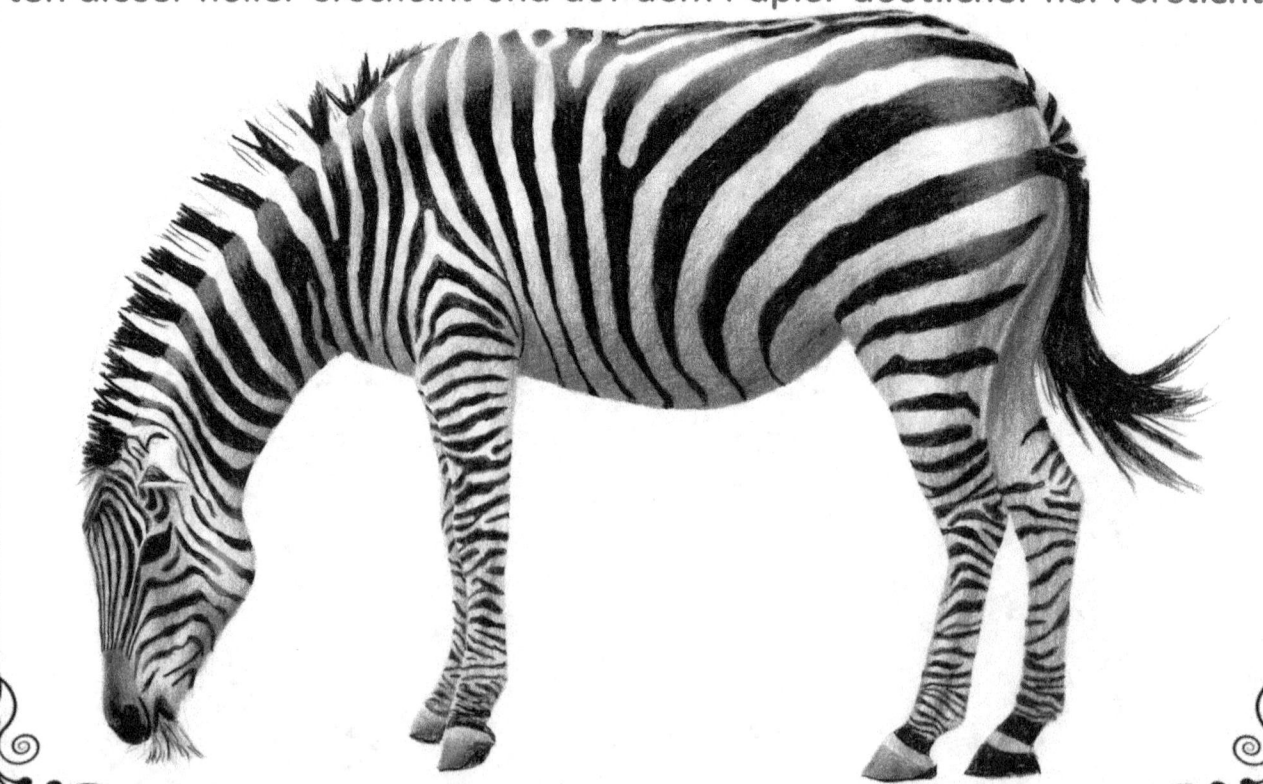

Verwischen und Verfeinern

Jetzt ist es an der Zeit, all diese Bereiche sorgfältig mit einem Papierwischer oder einem Wattestäbchen zu verwischen. Beginnen Sie mit einer sauberen Spitze des Verwischwerkzeugs neben den Highlights und arbeiten Sie allmählich zu den dunkleren Bereichen hin. Wenn die Spitze mit Graphit gesättigt wird, empfiehlt es sich, auf ein sauberes Wattestäbchen oder einen sauberen Papierwischer zu wechseln, um unbeabsichtigtes Verschmieren in den Highlight-Bereichen zu vermeiden. Denken Sie daran, dass das Ziel nicht darin besteht, alles zu verwischen, um absolute Glätte zu erzielen. Das Bewahren einiger „Unvollkommenheiten" wie einzelner Haare, Narben, Flecken oder Spuren von Schmutz im Fell wird den Realismus des Tieres verstärken. Wenn das weiße Fell perfekt glatt ist, könnte es eher wie eine digitale Zeichnung oder eine Vektorillustration wirken, was als künstlich oder „falsch" empfunden werden könnte. Das Hinzufügen winziger, zufälliger Details trägt zu einer lebendigeren Darstellung bei. Indem Sie diese leichten Abweichungen akzeptieren und subtile, unerwartete Elemente einbeziehen, werden Sie eine authentischere und natürlichere Wiedergabe des Tiers schaffen.

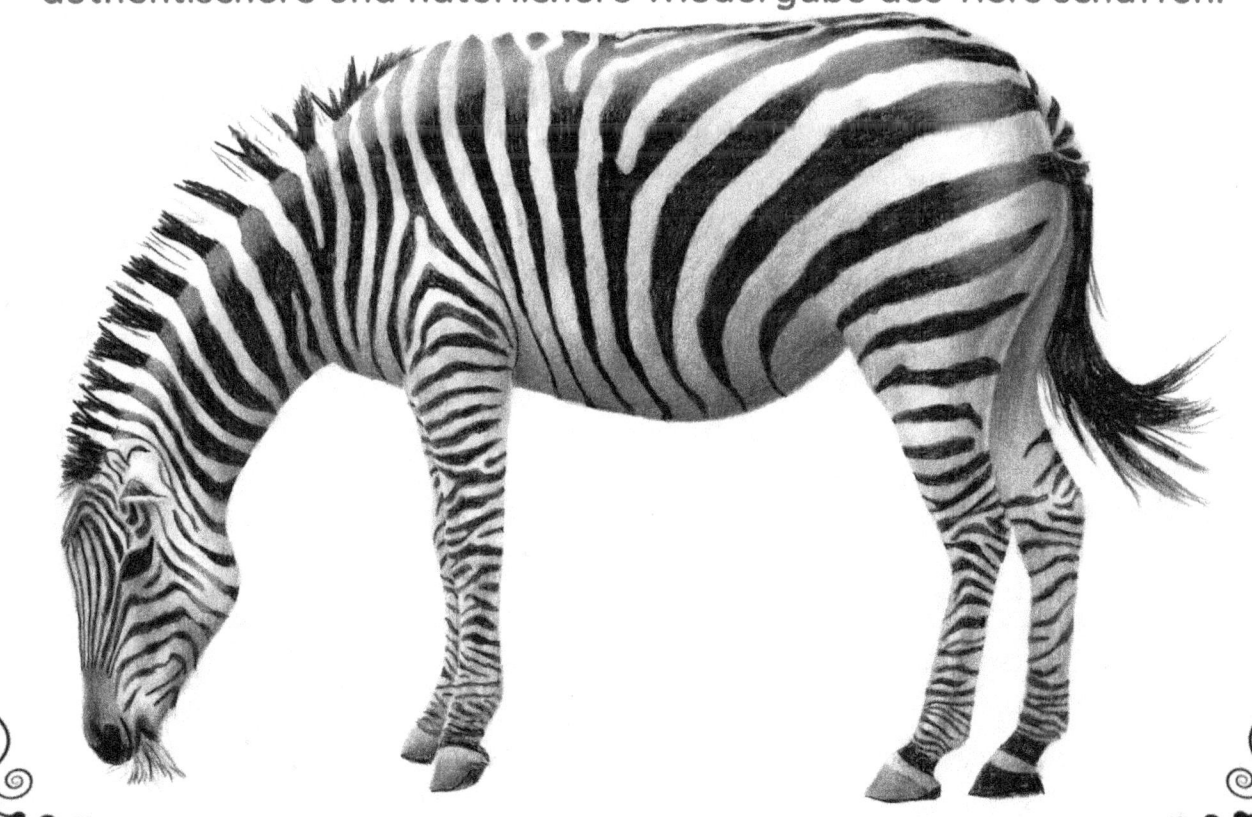

Eintauchen in kunstvolle Details

Jetzt ist es an der Zeit, einige kunstvolle Details einzubauen, die möglicherweise nicht sofort sichtbar sind, aber zum Realismus der Zeichnung beitragen. Hierfür verwende ich einen farblosen Verwischer von Prismacolor, um winzige, zarte Haare an den Stellen zu erzeugen, wo sich die schwarzen und weißen Streifen treffen. Diese Haare ahmen die feine Textur im Fell des Zebras nach und fügen der Kunstarbeit eine zusätzliche Ebene von Hyperrealismus hinzu. Um diese Kanten zu verwischen, platziere ich die Spitze des farblosen Verwischers über den Rand der schwarzen Streifen und gleite sanft nach außen über die weißen Streifen. Die Spitze des Verwischers nimmt selektiv die benötigte Menge an Graphit auf, wodurch diese feinen Haare mit flauschigen Enden entstehen.

Es ist wichtig zu beachten, dass dieser Schritt eine akribische Aufmerksamkeit für Details erfordert und zeitaufwendig sein kann. Während dies in einer Miniaturansicht möglicherweise nicht sofort erkennbar ist, empfehle ich, jede Gelegenheit zur Geduld zu nutzen und sich in diesen Prozess zu vertiefen. Wenn jedoch zeitliche Einschränkungen eine Rolle spielen, können Sie diesen Schritt überspringen, ohne die Gesamtwirkung der Zeichnung zu beeinträchtigen.

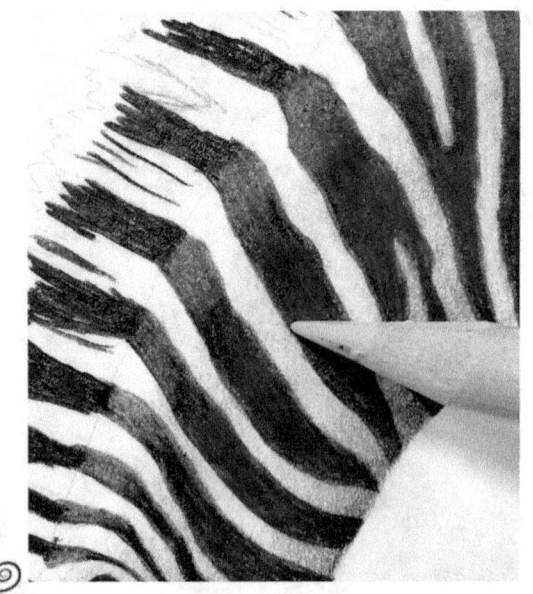
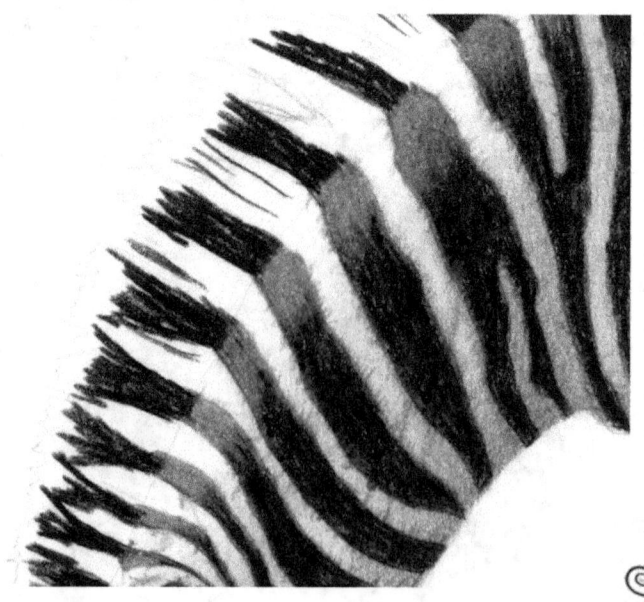

Hinzufügen subtiler Elemente für Realismus

Um die Details weiter zu verbessern, wollen wir einige Elemente einarbeiten, die im Referenzfoto sichtbar sind. Konkret gibt es graue Streifen zwischen den beiden schwarzen Streifen über den weißen Streifen. Um diesen Effekt zu erzielen, verwenden Sie einen 2B-Bleistift und legen Sie ihn leicht schichtweise auf, wobei Sie allmählich den Wert erhöhen, bis die gewünschte Dunkelheit erreicht ist. Nehmen Sie sich Zeit für diesen Prozess und stellen Sie sicher, dass die Schichten gleichmäßig und sanft aufgetragen werden.

Für einen klaren Vergleich empfehle ich, das vorherige Bild neben dem aktuellen Bild zu betrachten, um die spezifischen Bereiche zu identifizieren, in denen diese Streifen hinzugefügt wurden. Beachten Sie die subtilen Details und studieren Sie auch das Referenzfoto.

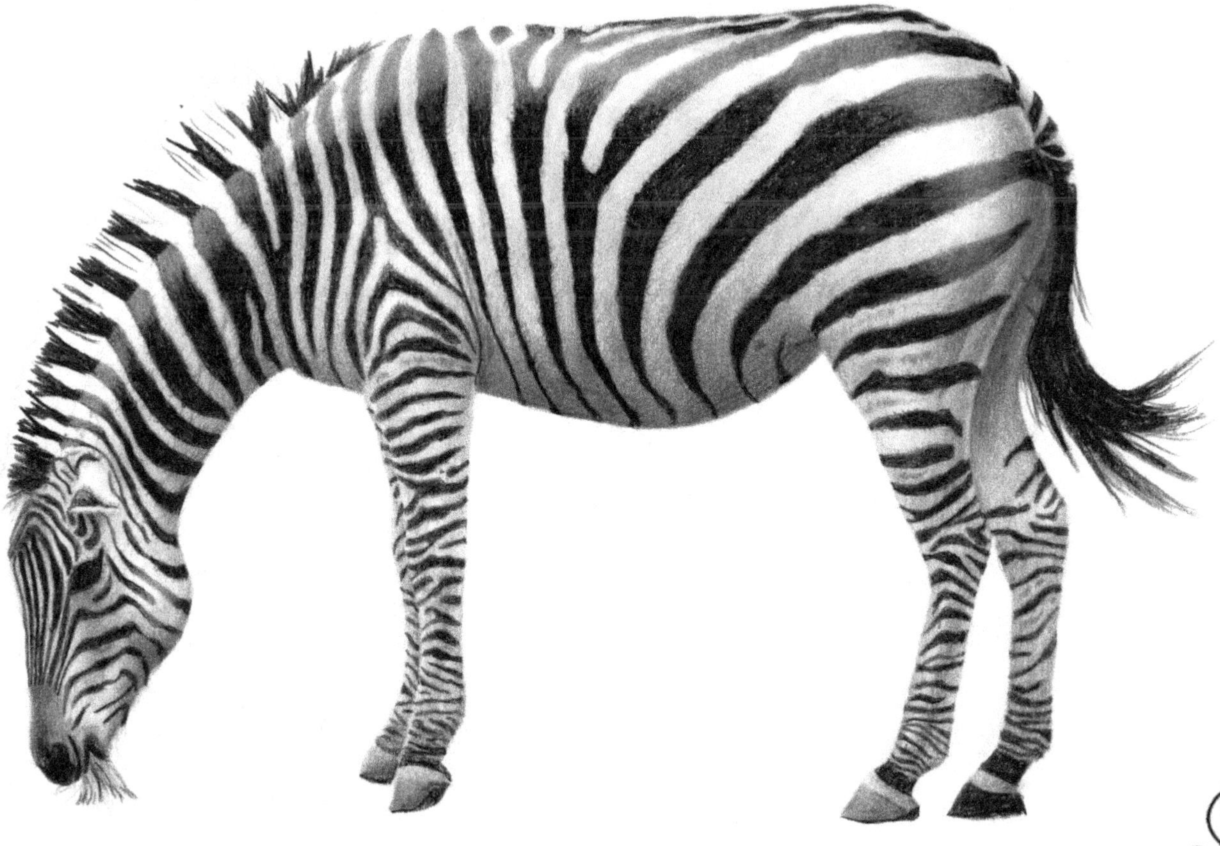

Weichzeichnen langer Haare

Um eine weiche und flauschige Textur für die Enden des Schwanzes und der Mähne zu erzeugen, ist das Verblenden entscheidend. Ich empfehle die Verwendung eines farblosen Mischstifts auf Wachsbasis von Prismacolor. Die Spitze des Mischstifts wird die richtige Menge Graphit aufnehmen, um die Linie sanft zu beenden und allmählich im Hintergrund verschwinden zu lassen. Gleichzeitig erzeugt der Mischstift einen leicht verschwommenen Effekt entlang der Kanten.

Um dies zu erreichen, positionieren Sie die Spitze Ihres Mischstifts auf dem gewünschten Bereich und verwenden Sie schnelle, selbstbewusste Striche, um den Graphit nach außen zu verteilen. Wenn Sie sich dem Hintergrund nähern, heben Sie die Spitze Ihres Stifts leicht an, um einen Verblassungseffekt zu erzeugen. Der Unterschied in Textur und Verblendung ist im unten stehenden Vorher-Nachher-Bild zu sehen, das die erhebliche Auswirkung dieser Verblendungstechnik zeigt.

Vorher und Nachher

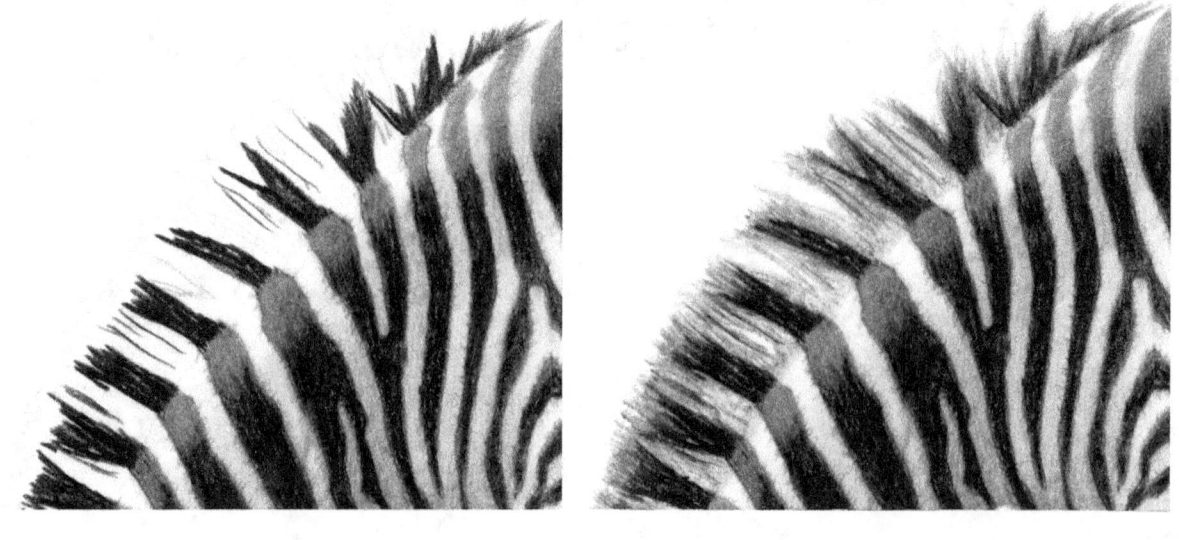

Zusätzlich ist es beim Verblenden der Enden der Mähne wichtig, Linien entlang der Richtung des Haarflusses auf den weißen Teilen der Mähne zu erzeugen. Diese Technik verleiht der Zeichnung eine realistische Note und ahmt den natürlichen Fluss der einzelnen Haare der Mähne nach. Ich muss sagen, dieser Schritt war wirklich faszinierend und ansprechend. Er hat mein Interesse während des gesamten Prozesses aufrecht erhalten, und ich habe große Zufriedenheit darin gefunden, detailreiche Texturen und Strukturen zu schaffen.

Ich bin neugierig, ob Sie einen Lieblingsteil des Zeichenprozesses hatten. Ich würde mich freuen, wenn Sie Ihre Gedanken und Erfahrungen mit mir teilen könnten.

Nachdem Sie den Verblendungsprozess abgeschlossen haben, können Sie den Effekt weiter verstärken, indem Sie einige einzelne Haare mit einem 8B-Bleistift oder einem dunkleren Farbton zeichnen.

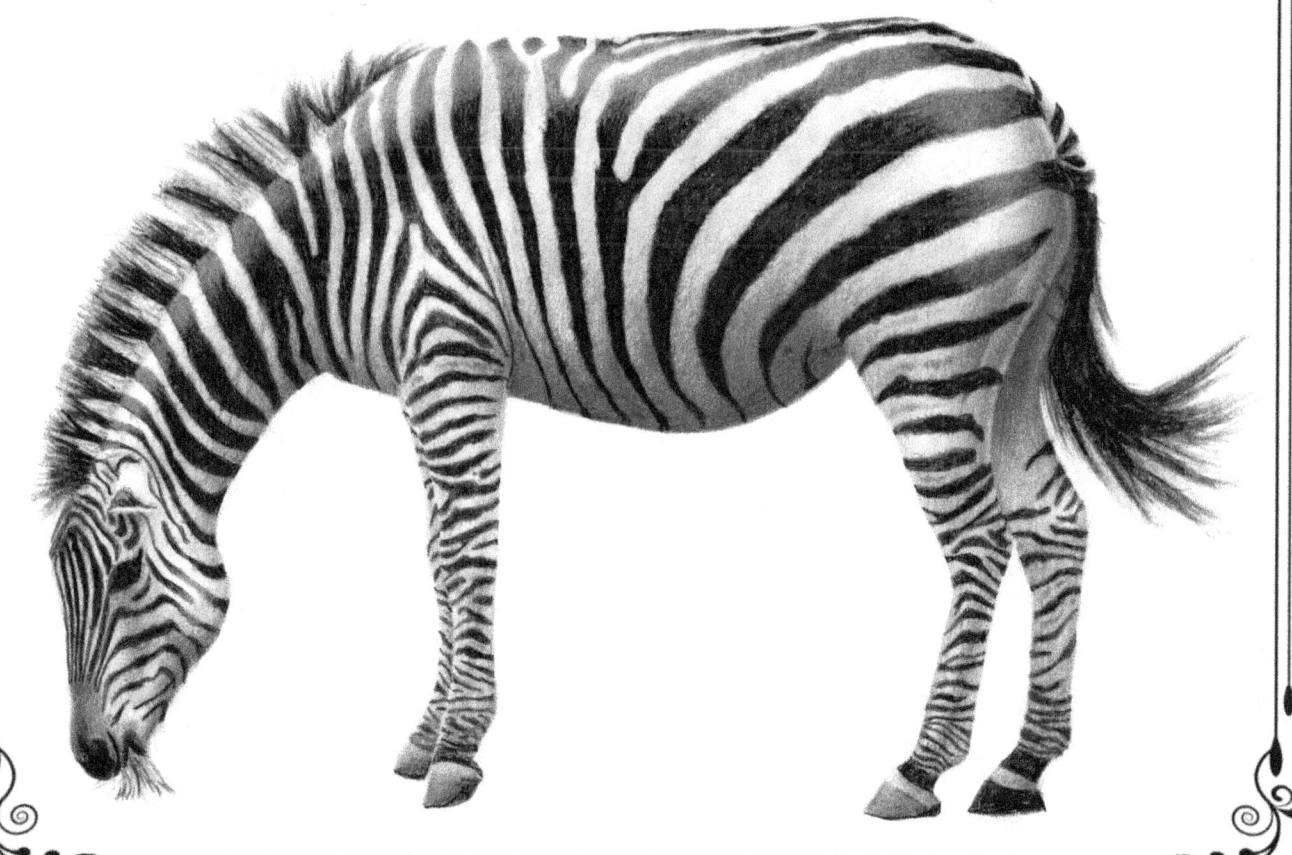

Den Schatten des Zebras zeichnen

Um diese Zeichnung abzuschließen, können Sie, wenn Sie mit dem Gesamtergebnis zufrieden sind und das Gefühl haben, dass keine weiteren Ergänzungen notwendig sind, nun in Betracht ziehen, den Schatten hinzuzufügen, den das Zebra wirft. Im Referenzfoto werden Sie bemerken, dass der von Kopf und Beinen des Zebras geworfene Schatten neben diesen Körperteilen dunkler erscheint und allmählich in die umgebende Fläche übergeht. Erzeugen Sie außerdem einen größeren Schattenwurf in der Mitte, der horizontal mit den Hufen ausgerichtet ist, um den Schatten des Körpers des Zebras darzustellen. Sie können diesen Effekt erzielen, indem Sie Graphitpulver mit einem einfachen Pinsel auftragen oder es vorsichtig mit einem Taschentuch mit hin- und hergehenden Bewegungen verteilen. Dadurch wird die Gesamttiefe und Realität der Zeichnung verbessert. Wenn Sie versuchen, das Zebra in direktem Sonnenlicht stehend darzustellen, ist es wichtig, scharfe Kanten für den Schattenwurf zu haben, um einen realistischen Effekt zu erzielen. Im Gegensatz dazu sollte der Schatten über dem Tier verschwommen erscheinen, wenn die Lichtverhältnisse auf eine weichere Beleuchtung hinweisen.

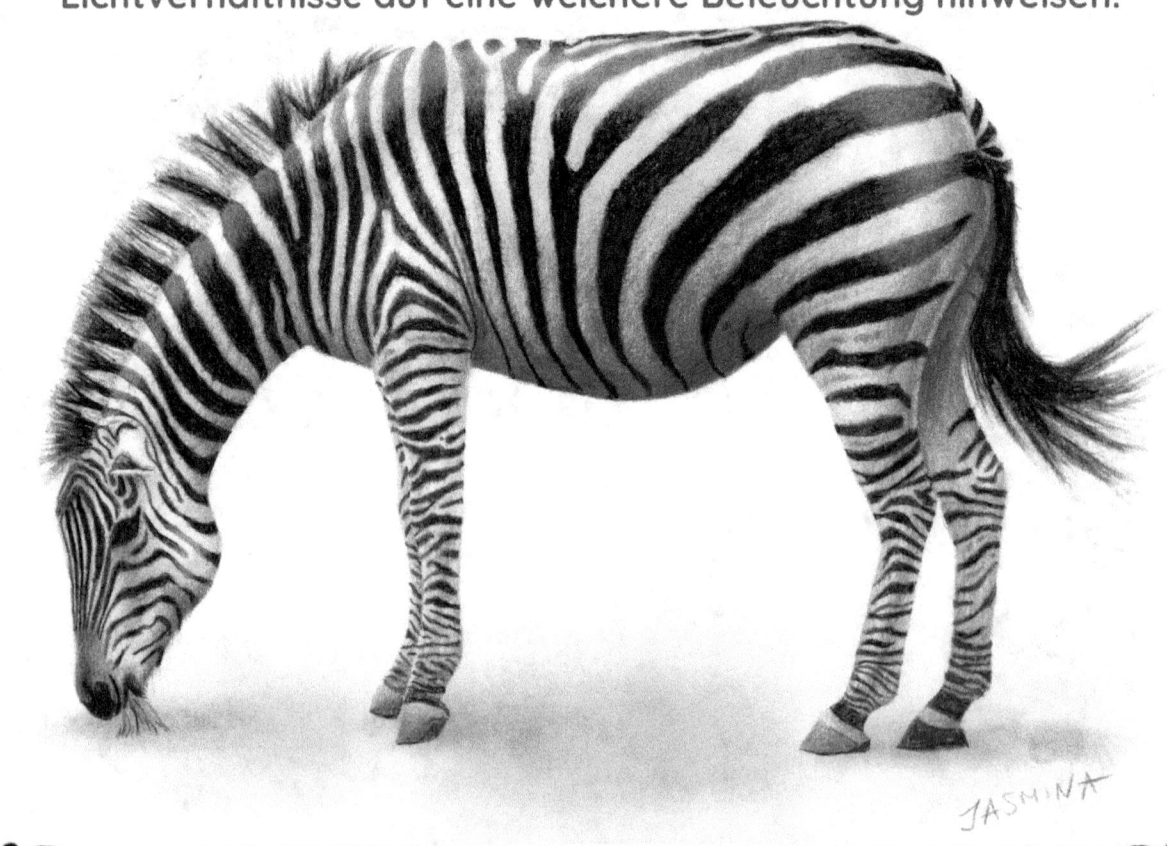

Zeichnungseinlagen

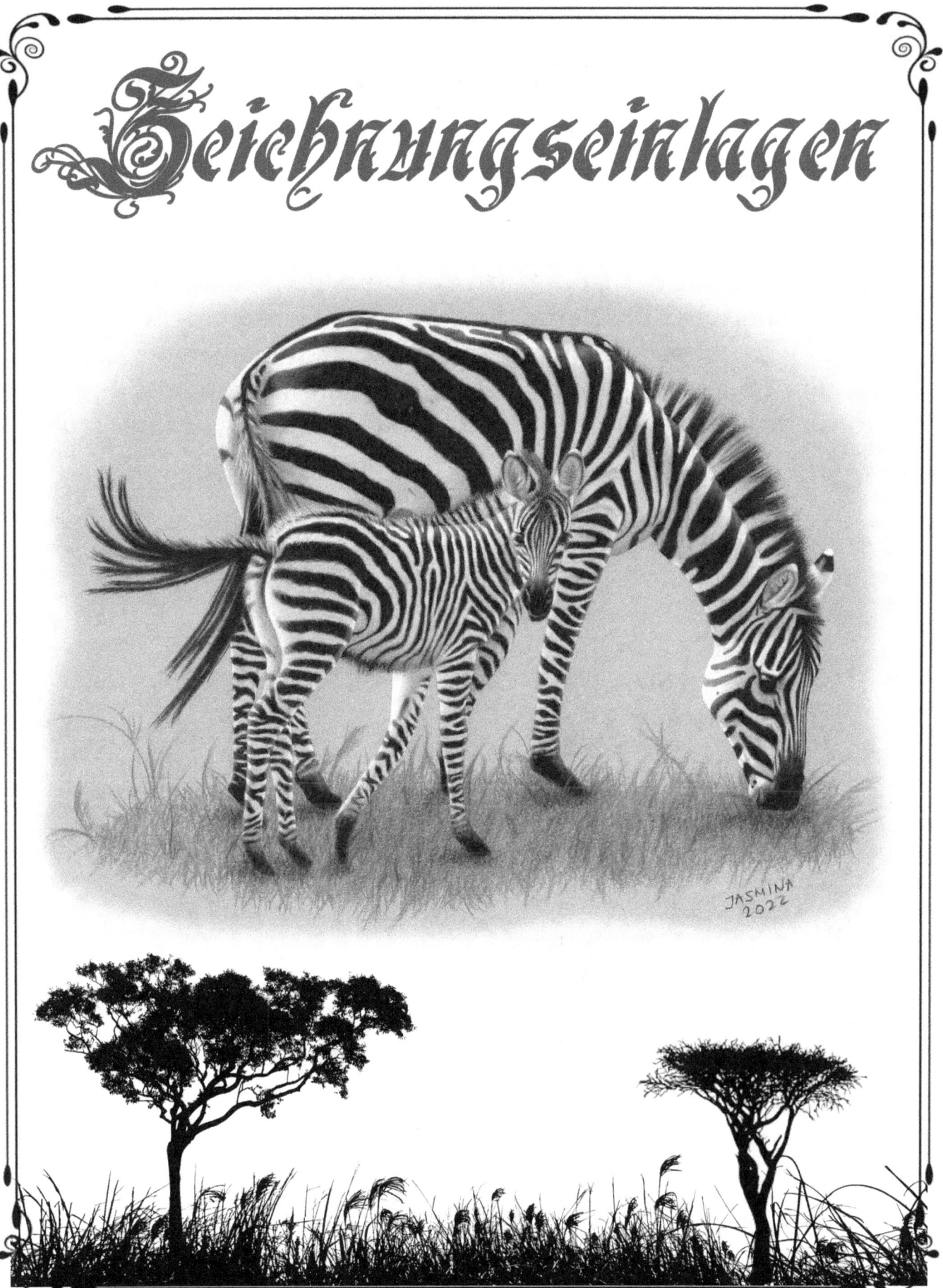

Einen Elefanten zeichnen

Das Einlassen auf das Zeichnen eines Elefanten bietet eine spannende Möglichkeit, sich in die Kunst der Gestaltung von komplexen Texturen jenseits von Fell zu vertiefen. Die einzigartige Haut des Elefanten mit ihren Falten, Wülsten und taktilen Eigenschaften ermöglicht es Künstlern, die Kunst der Detailgenauigkeit und Realismus zu meistern. Die Herausforderungen, diese bemerkenswerte Textur nachzubilden, verbessern Ihre Zeichenfertigkeiten und öffnen Türen zu einer Welt künstlerischer Möglichkeiten, was es zu einem faszinierenden und lohnenden Motiv für jeden Künstler macht.

Das Referenzfoto

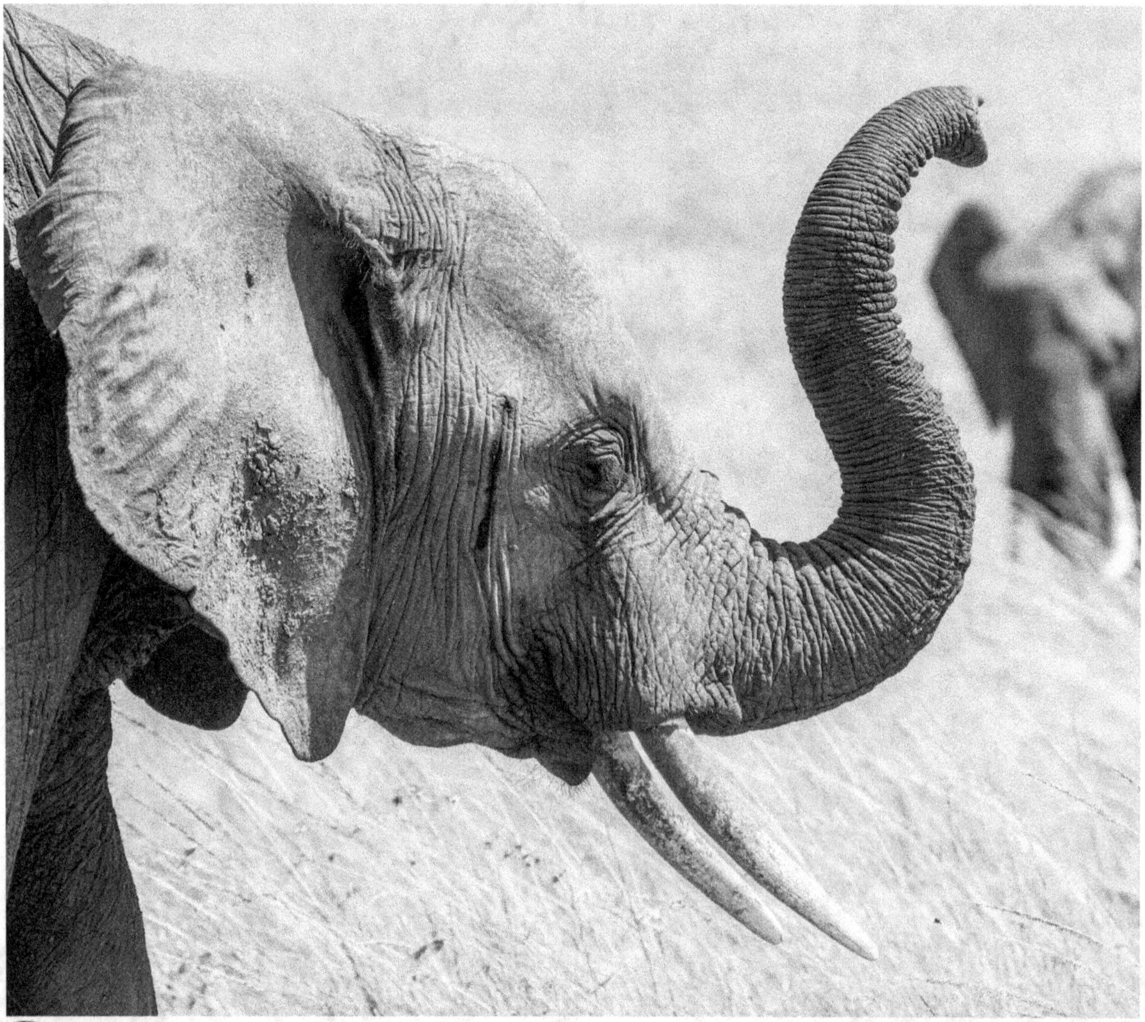

Skizzieren und Grundformen

Um lebensechte Darstellungen von Elefanten zu erreichen, ist die Auswahl des richtigen Referenzfotos entscheidend. Suchen Sie nach Bildern von Elefanten, die im direkten Sonnenlicht gebadet sind, da dieses Licht starke Schatten und Selbstschatten erzeugt. Dadurch wird die Gleichmäßigkeit der Hauttextur des Elefanten unterbrochen und eine Vielzahl von Tonwerten entsteht, die Tiefe und Dimension in das Kunstwerk bringen. Durch das Erfassen des faszinierenden Kontrasts zwischen Licht und Dunkelheit werden Ihre Zeichnungen wirklich auffällig und präsentieren die majestätische Schönheit dieser prächtigen Geschöpfe. Auf dem untenstehenden Bild sehen Sie, dass ich die Umrisse des Elefantenkörpers markiert und die Kanten zwischen den kontrastierenden dunklen und hellen Bereichen hervorgehoben habe. Darüber hinaus habe ich einige feinere Details wie das Auge und subtile Falten hinzugefügt.

Analyse der Hautwerte

Als Nächstes ist es wichtig, die hellsten Bereiche des Elefanten zu identifizieren, auch wenn es möglicherweise keine vollständig reinen Weißtöne gibt. Dafür verwende ich das Highlight & Shadow Isolator Online Free Tool, das ich auf der Pencil Drawing Tutor Website www.pencildrawingtutor.com erstellt habe und das Sie kostenlos nutzen können, um die dunkelsten Bereiche und die hellsten Lichter Ihres Referenzfotos zu erkennen. Ich habe den Regler in Richtung Highlights bewegt, um die hellsten Stellen am Elefanten sichtbar zu machen.

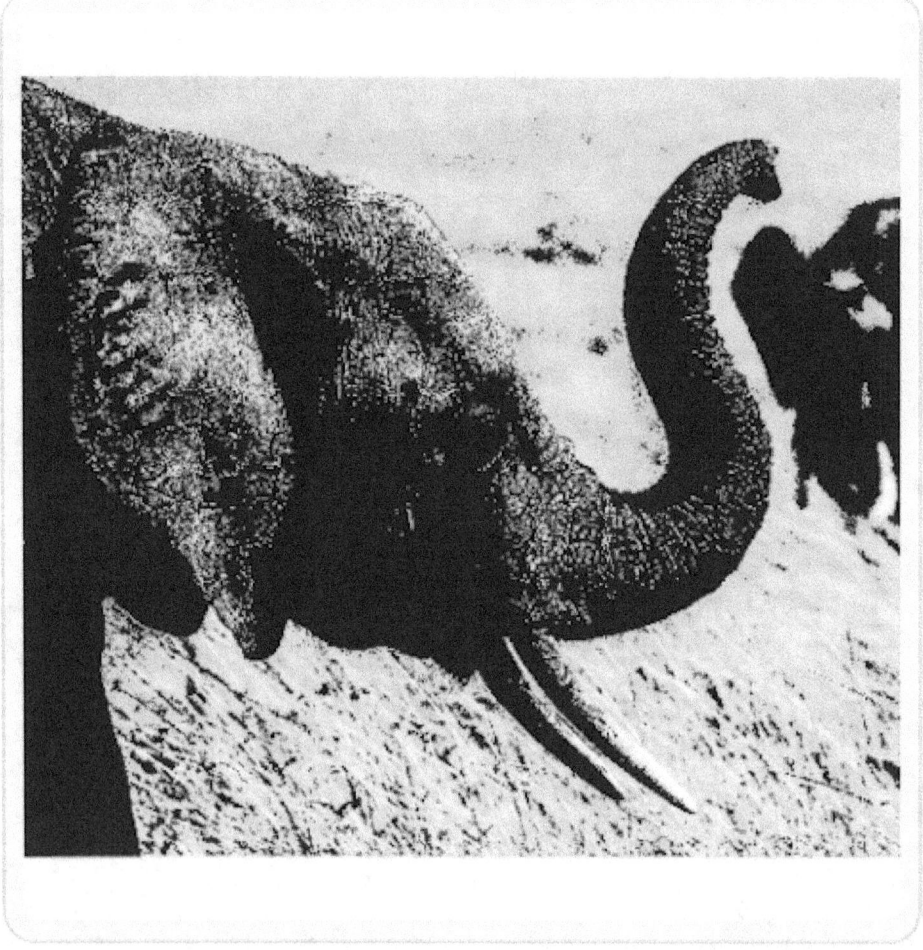

Shadows ◀ 0 ▶ Highlights

Als Nächstes bewegen Sie den Regler in Richtung Schatten, um die dunkelsten Bereiche des Referenzfotos zu finden. Je weiter Sie ihn nach links verschieben, desto reiner werden die schwarzen Flächen, wie im beigefügten Screenshot zu sehen ist. Diese Technik hilft Ihnen, die dunkelsten Tonwerte klar zu erkennen, die für Tiefe und Kontrast in Ihrer Zeichnung entscheidend sind.

Ich empfehle dringend, diesen Bearbeitungsschritt in Ihren Zeichenprozess zu integrieren, egal ob Sie fellige Tiere, menschliche Porträts oder andere Motive zeichnen. Er hilft Ihnen, ein tieferes Verständnis für Tonwerte zu entwickeln und verleiht Ihren Zeichnungen ein neues Maß an Realismus.

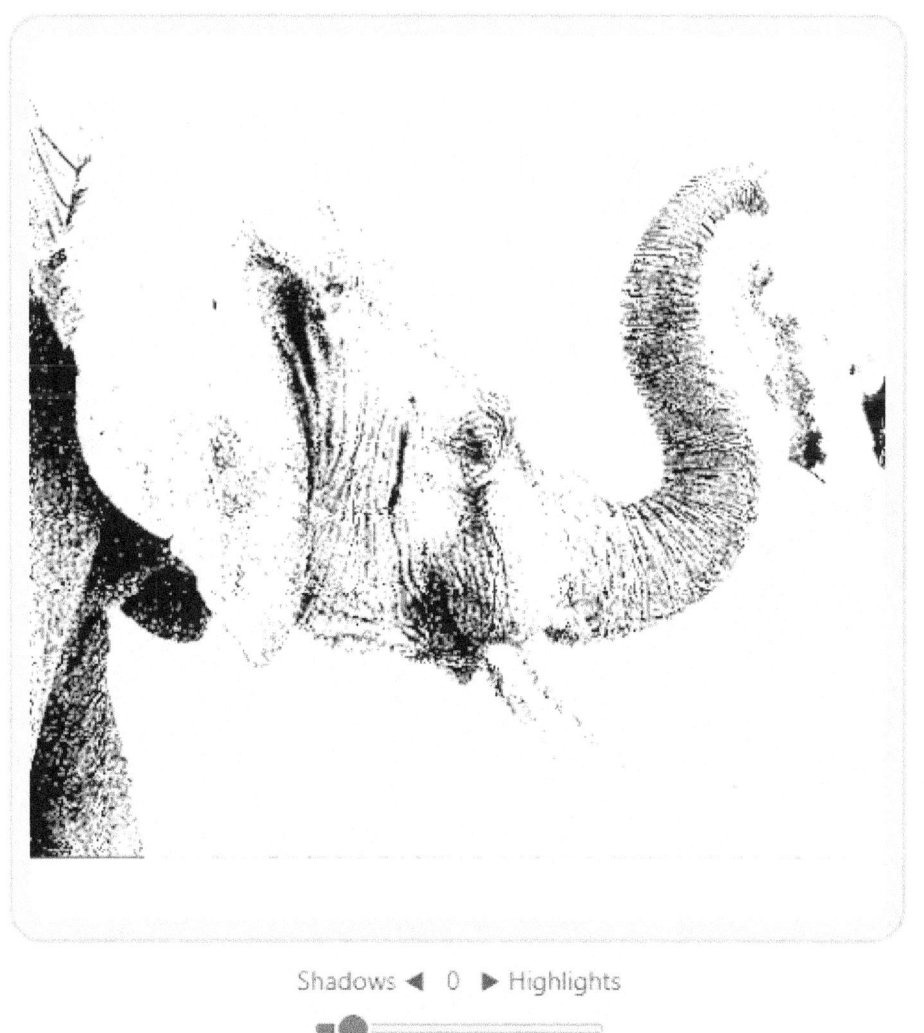

Shadows ◀ 0 ▶ Highlights

Die tiefsten Schatten zeichnen

Folgen Sie also den vorherigen Anweisungen und konzentrieren Sie sich darauf, die dunkelsten Teile des Bildes zu zeichnen. Verwenden Sie hierfür einen 12B-Bleistift, um die Bereiche entsprechend der Abbildung unten zu schattieren. Üben Sie festen Druck aus, um reiche, tiefe Töne zu erzeugen. Denken Sie daran, dass diese dunkleren Bereiche Tiefe und Dimension zu Ihrer Zeichnung hinzufügen werden.

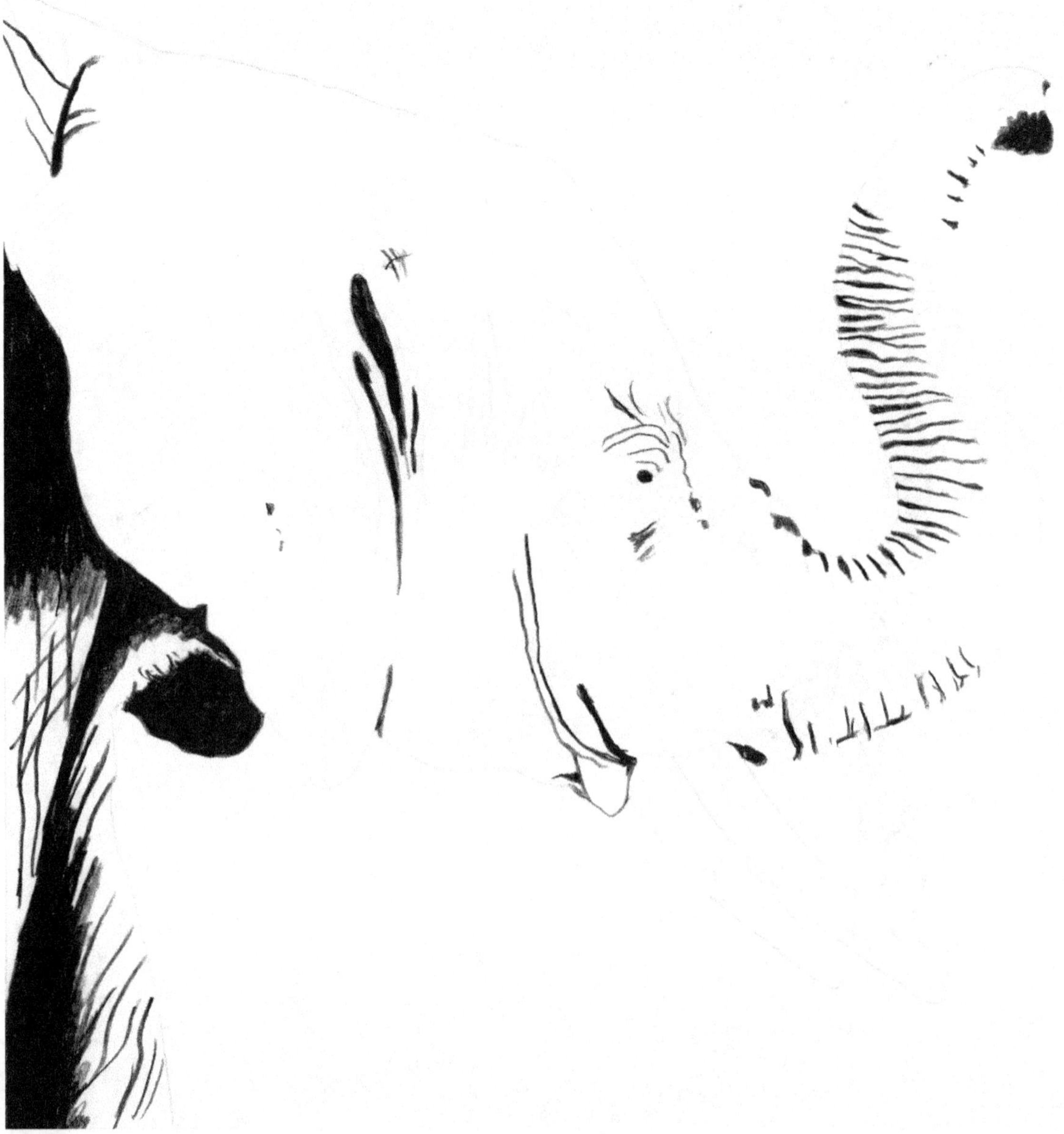

Erstellen von weicheren Schatten

Als Nächstes werden Sie einen 2B-Bleistift verwenden, um die Regionen neben den zuvor gezeichneten zu schattieren. Dieser Bleistift eignet sich hervorragend für das Erzeugen dunkler Bereiche, wenn auch nicht so intensiv wie der 12B-Bleistift. Er dient als leichterer dunkler Wert und ermöglicht es Ihnen, sanft in die mittleren Töne überzugehen. Stellen Sie sicher, dass Sie mit diesem Bleistift alle Falten über dem Rüssel, dem Kopf und dem Ohr sorgfältig markieren. Denken Sie daran, auch die Stoßzähne zu schattieren und dabei festen Druck auf die schattierten Bereiche auszuüben.

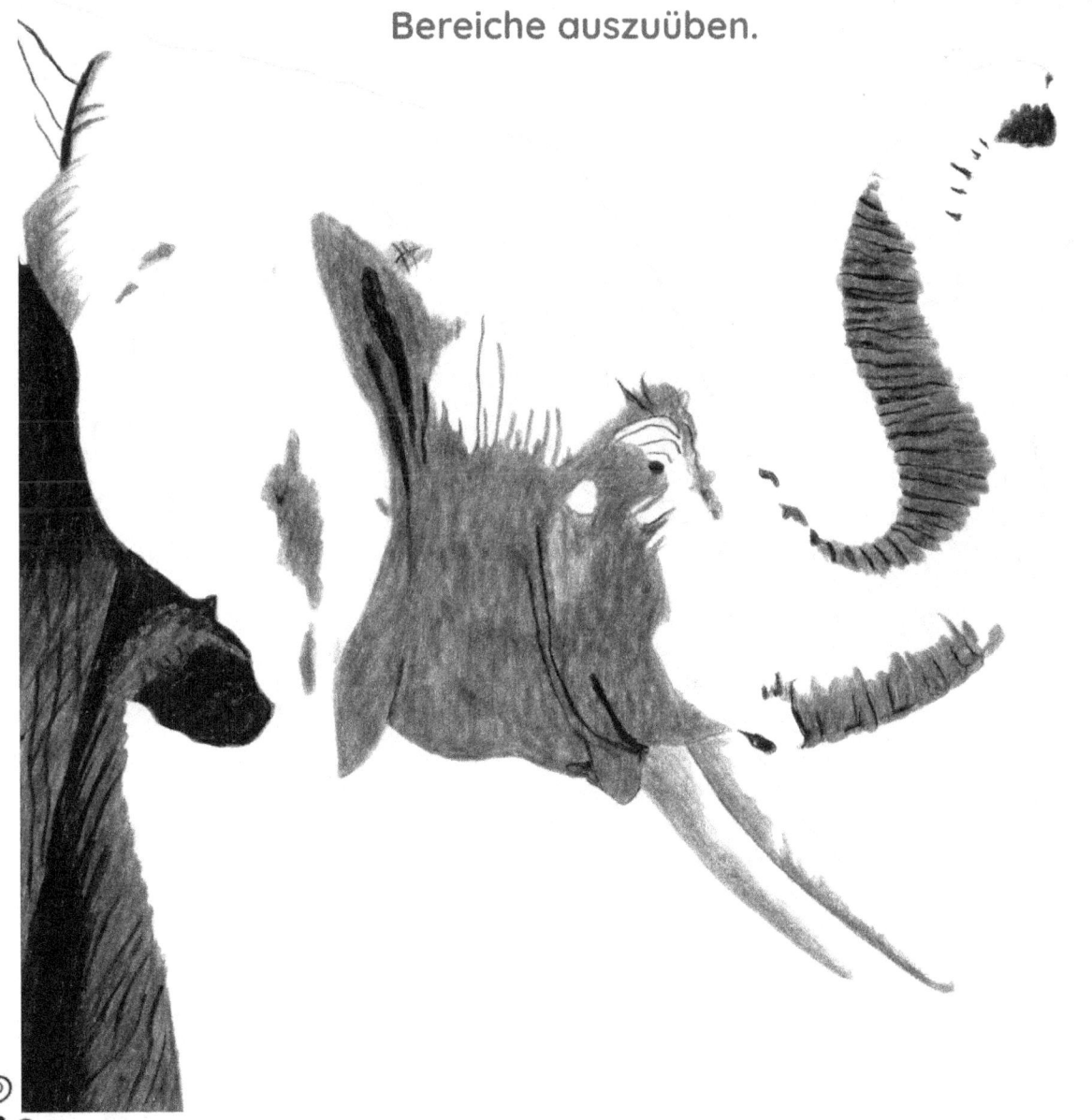

Auftragen der Mitteltöne

Gehen Sie nun dazu über, einen HB-Bleistift zu verwenden, um den gesamten verbleibenden Bereich zu schattieren, wobei Sie der Richtung der Falten und Texturen folgen. Seien Sie bei Ihren Strichen über den hervorgehobenen Bereichen sanft und üben Sie leichteren Druck aus. Für Bereiche, die eine etwas dunklere Note erfordern, wie Falten und bestimmte vertiefte Bereiche, die nicht mit einem 2B-Bleistift schattiert werden sollten, wenden Sie etwas mehr Druck auf den Bleistift an.

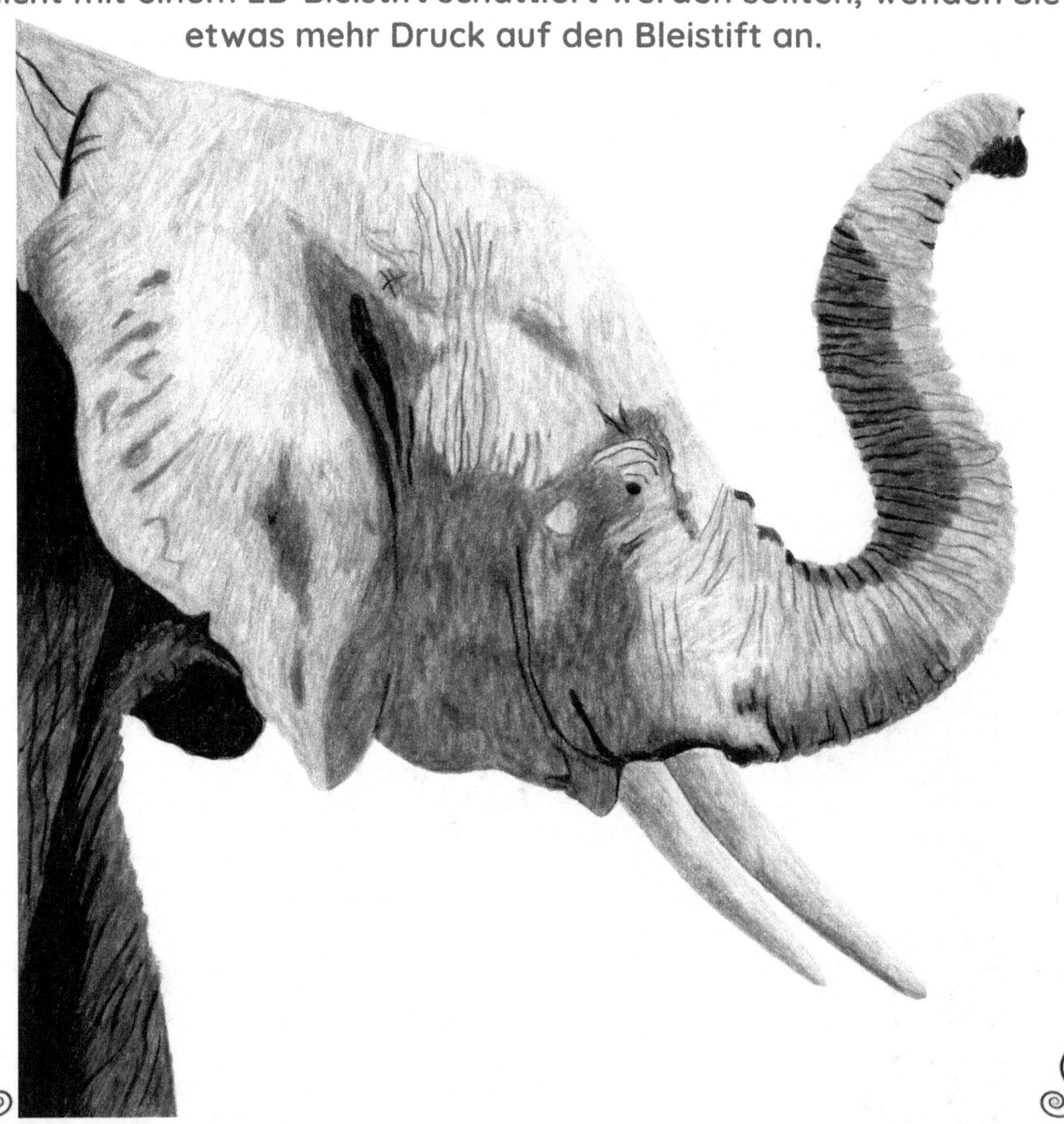

Verblenden der Mitteltöne

In diesem Schritt nehmen Sie ein um den Finger gewickeltes Taschentuch oder ein Wattepad und verblenden den gesamten Bereich, der mit einem HB-Bleistift geschattet wurde, indem Sie festen Druck ausüben. Diese Verblendungstechnik wird das Graphit in die Fasern des Papiers eindrücken und zu einem leicht dunkleren und glatteren Erscheinungsbild führen. Für Bereiche in der Nähe der Ränder der Zeichnung verwenden Sie einen Papierwischer. Wenn Sie Graphit versehentlich über die Kontur des Elefanten hinaus und auf den Hintergrund aufgetragen haben, verwenden Sie einen Radiergummi, um diese unerwünschten Markierungen vorsichtig zu entfernen.

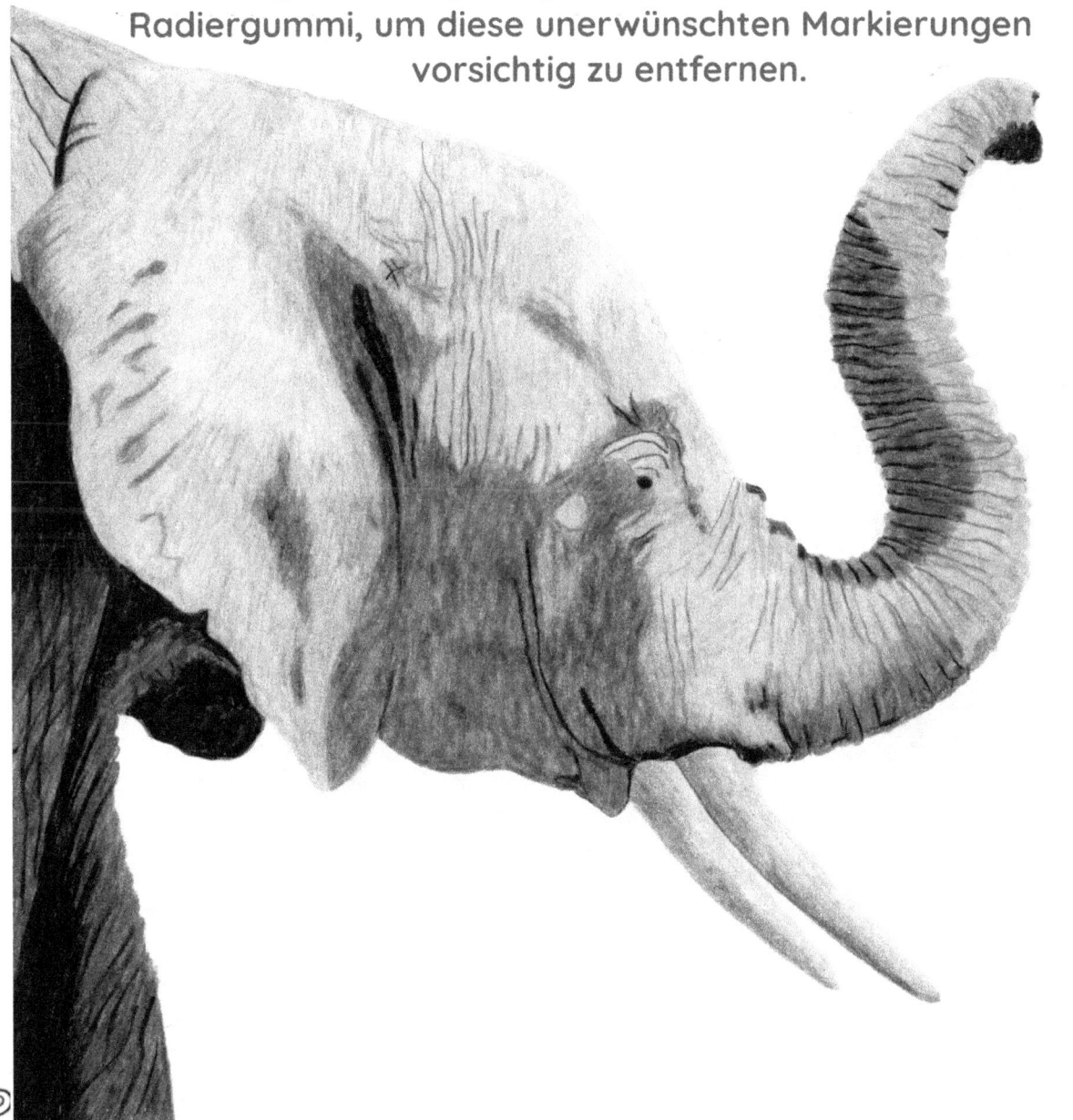

Detailarbeit in den schattierten Bereichen

Lassen Sie uns nun zu den mit einem 2B-Stift geschatteten Bereichen zurückkehren und feine Falten mit einem dunkleren Stift wie 8B, 10B oder sogar 12B zeichnen. Wenn Sie Falten zeichnen, üben Sie mit dem dunklen Stift festen Druck aus, um die tiefsten Teile der Falten zu betonen. Verringern Sie den Druck allmählich, während Sie sich von dem tiefsten Punkt entfernen, um einen sanften Übergang zwischen den dunkelsten Bereichen der Falte und dem grundlegenden Schatten des umliegenden Bereichs zu ermöglichen. Diese Technik erzeugt mehrere Schattierungen in den schattierten Regionen, die für einen fotorealistischen Effekt unerlässlich sind.

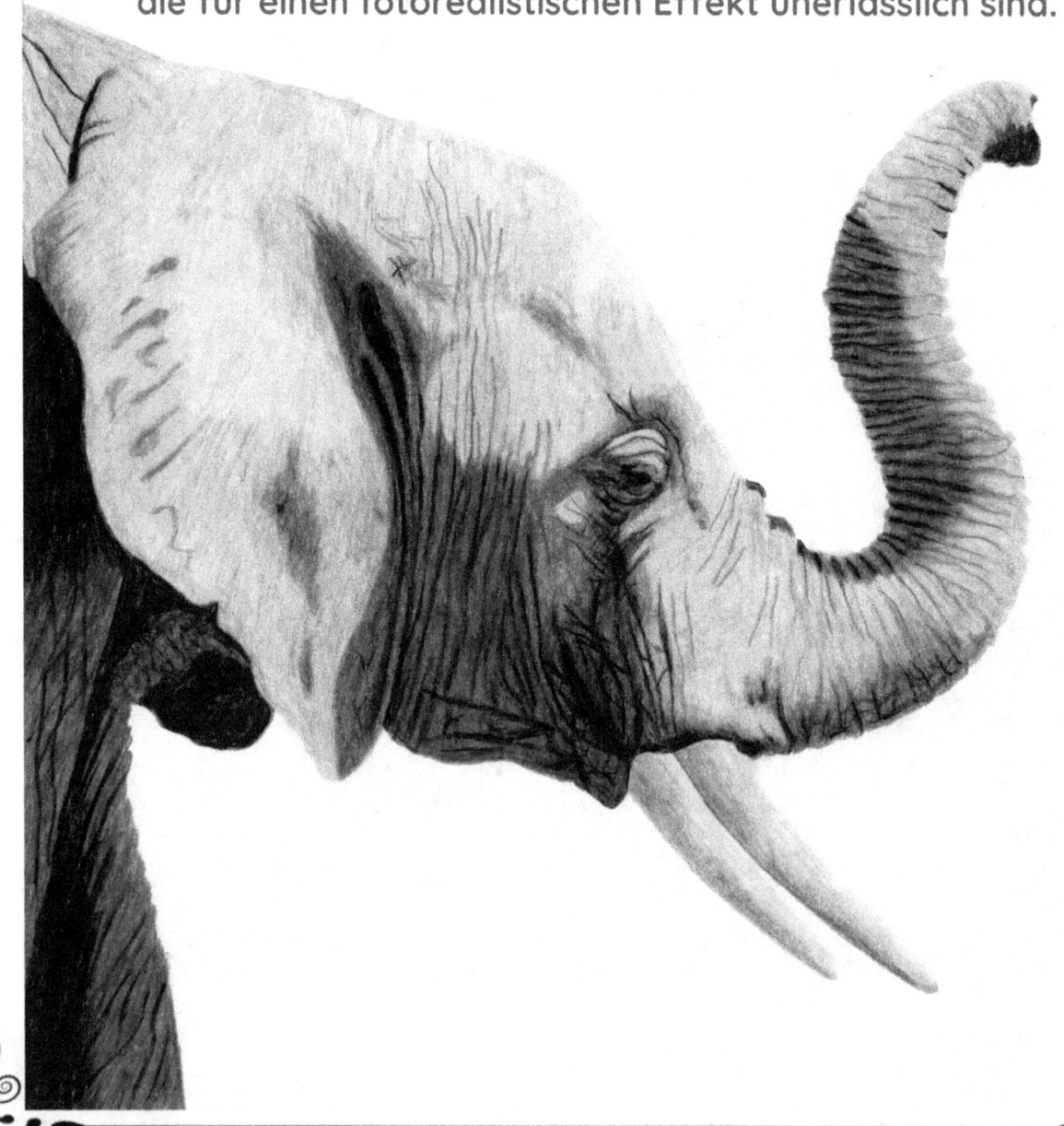

Erzeugung von mittleren Tonwerten

Verwenden Sie einen HB-Stift, um die Bereiche über den mittleren Tönen zu intensivieren, die Sie zuvor mit einem HB-Stift geschattet und verblendet haben. Stellen Sie sicher, dass nur die hellsten Highlights unberührt bleiben. Wenn Sie möchten, dass sie auffälliger sind, ohne sie heller zu machen, fügen Sie einfach Schatten um sie herum hinzu. Variieren Sie den Druck auf den Stift, um eine Palette von Werten zu erzeugen und eine nahtlose tonale Progression zwischen mittleren Tönen und Highlights zu ermöglichen. Beachten Sie die speziellen Abschnitte des Ohres, an denen ich mehr Schattierung aufgetragen habe, und die Abschnitte, die ich absichtlich unbeschattet gelassen habe.

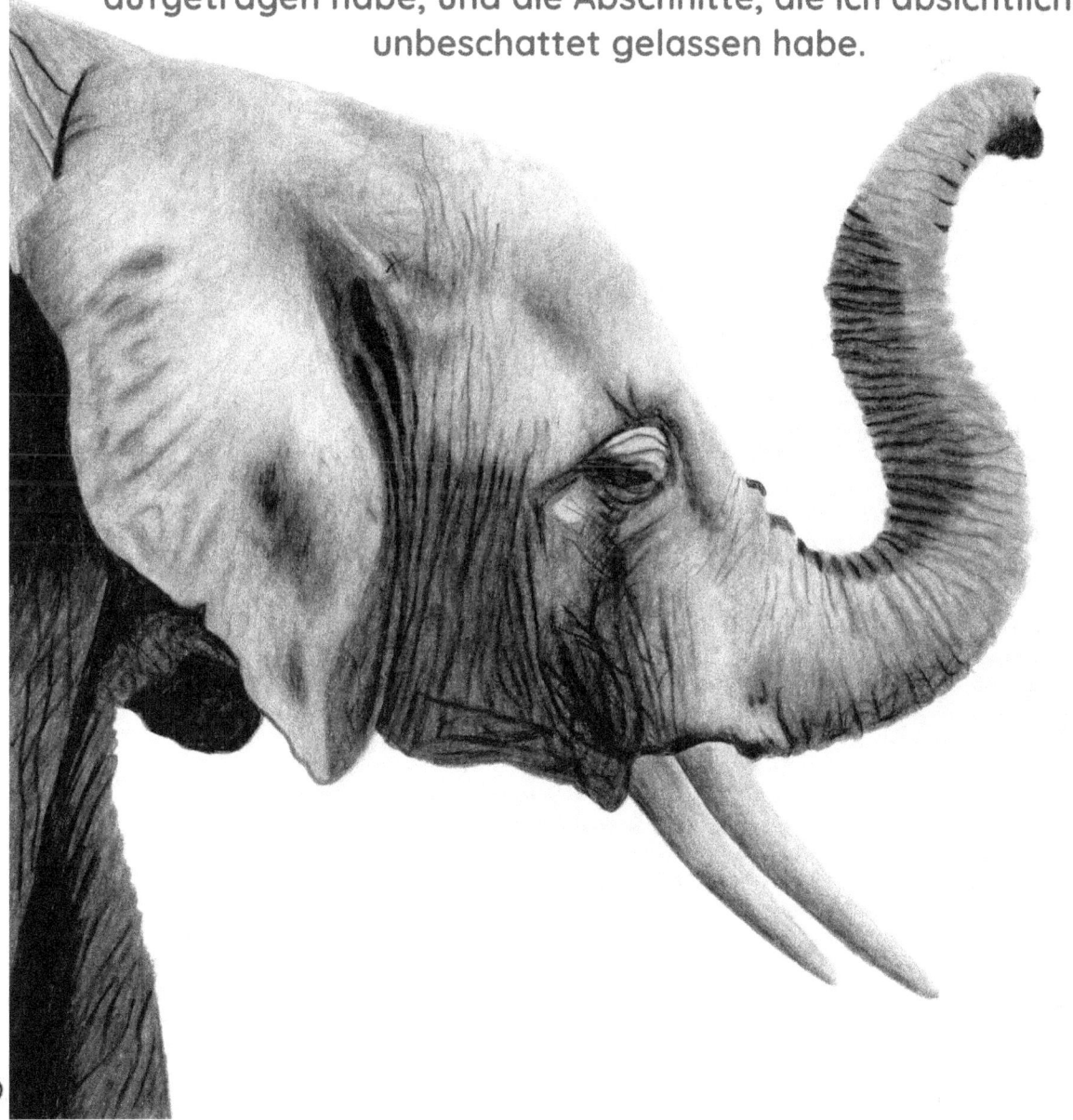

Hinzufügen der Falten

Verwenden Sie einen 4B-Stift, um die Falten über den mit HB geschatteten Bereich zu skizzieren, einschließlich derjenigen über und unter dem Auge sowie entlang des gesamten Rüssels. Die Falten müssen nicht genau dem Referenzfoto entsprechen, stellen Sie jedoch sicher, dass sie der Richtung des Rüssels folgen und zu seiner Form beitragen.

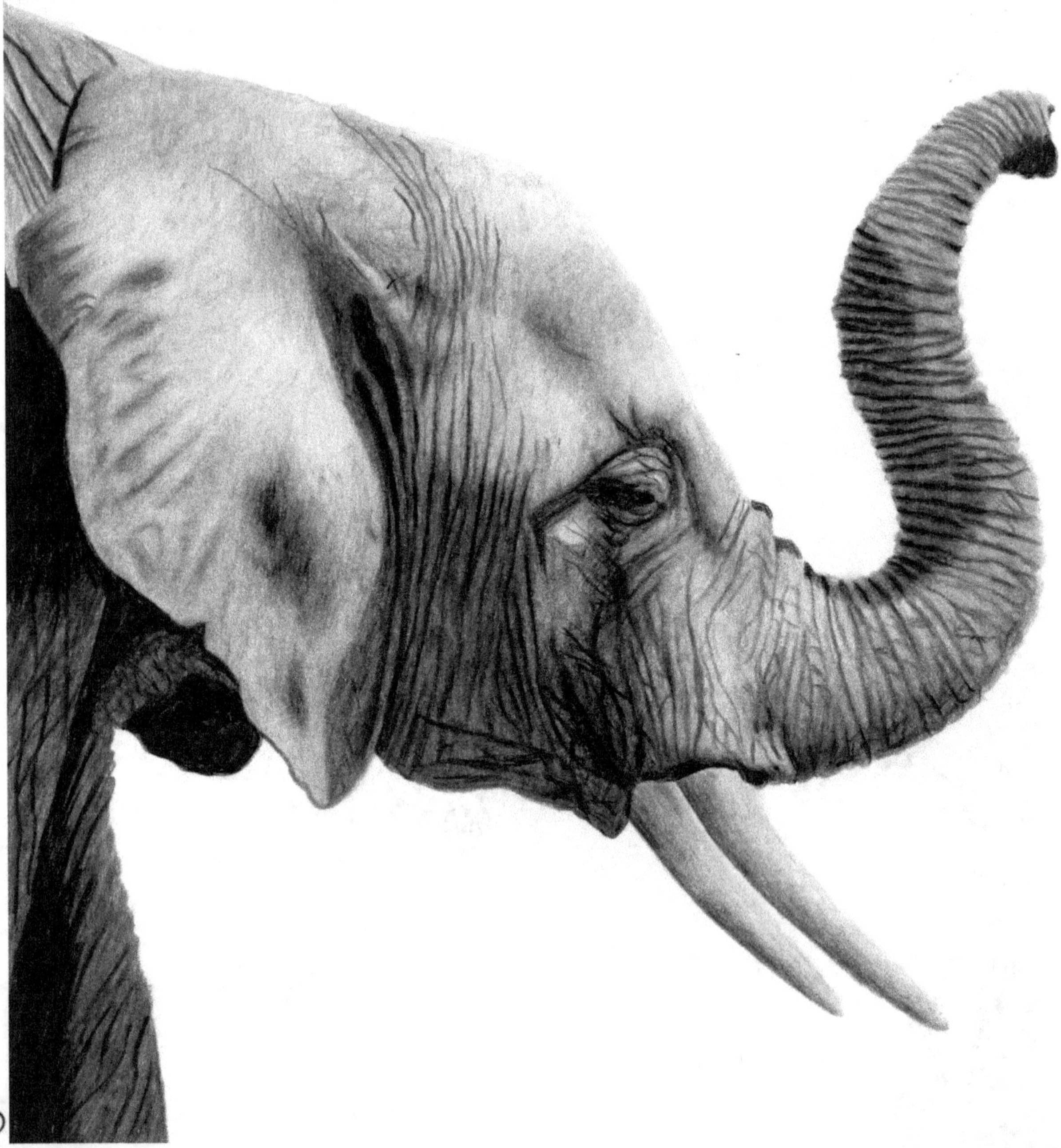

Weichzeichnen der Falten

Verwenden Sie einen 4B-Stift, um die Falten über den mit HB geschatteten Bereich zu skizzieren, einschließlich derjenigen über und unter dem Auge sowie entlang des gesamten Rüssels. Die Falten müssen nicht genau dem Referenzfoto entsprechen, stellen Sie jedoch sicher, dass sie der Richtung des Rüssels folgen und zu seiner Form beitragen.

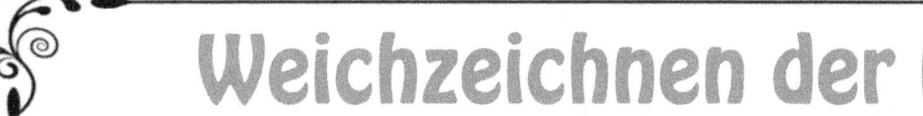

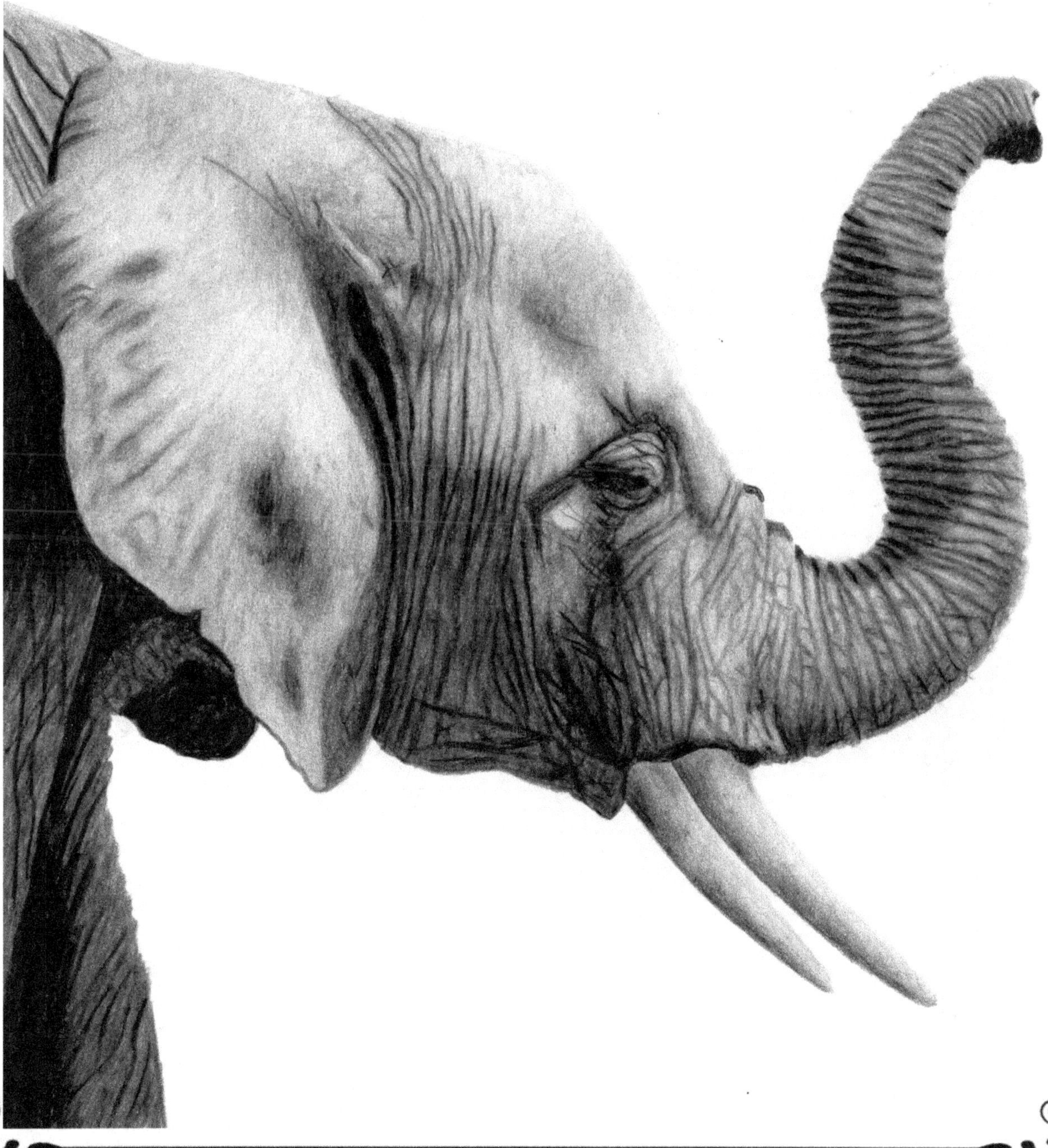

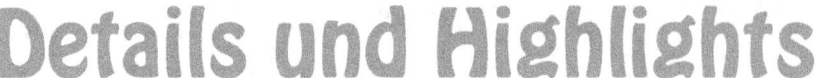

Details und Highlights

Da die Falten derzeit ziemlich scharf und deutlich erscheinen,
ist es notwendig, sie mit einem helleren Bleistift wie HB zu
mildern. Obwohl ein Mischstumpf möglicherweise nicht
die erforderliche Dunkelheit um die Falten herum erzielt,
ist er dennoch wichtig, um diese Übergänge
sanft zu verwischen.

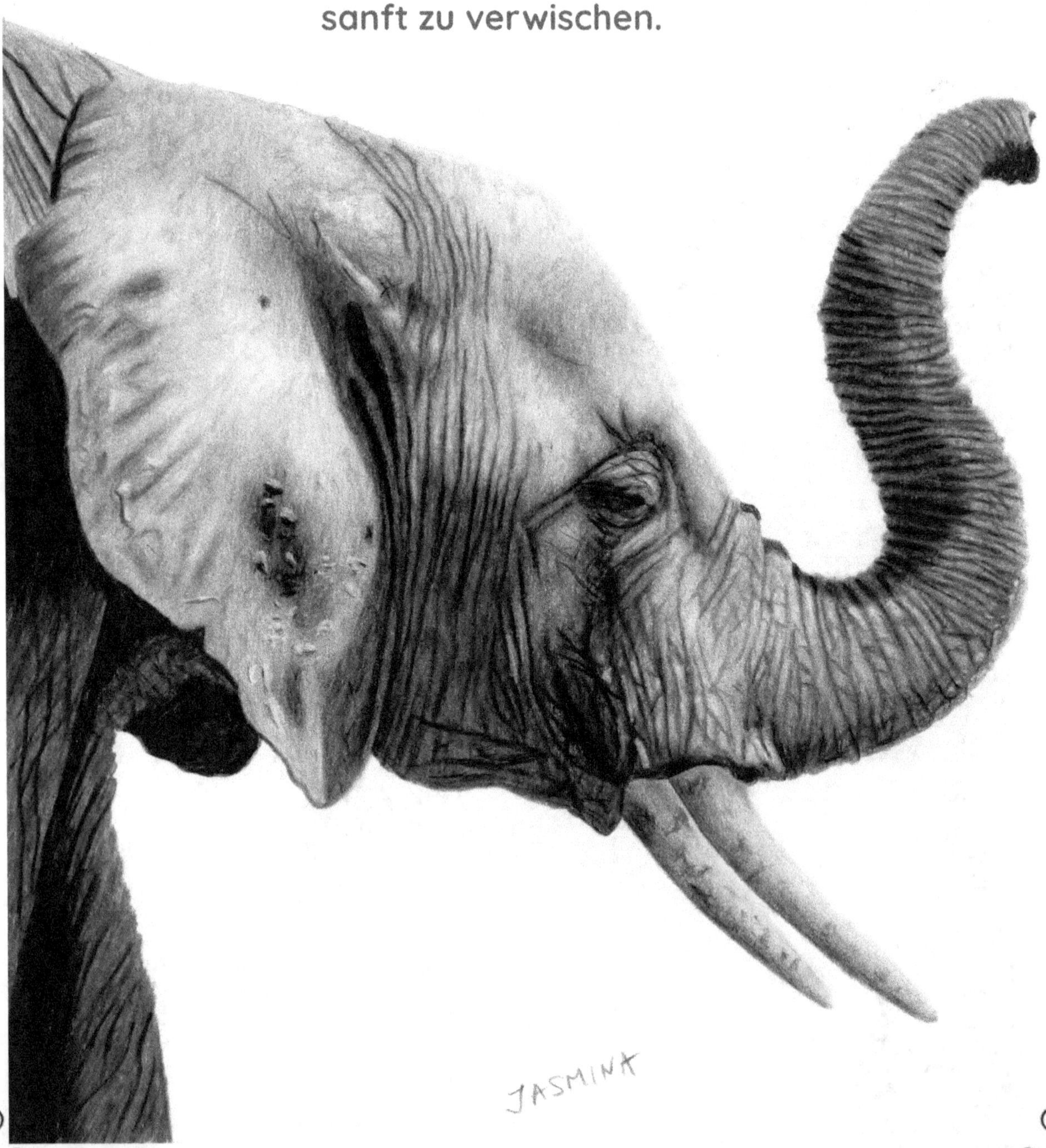

JASMINA

Zeichnungseinlagen

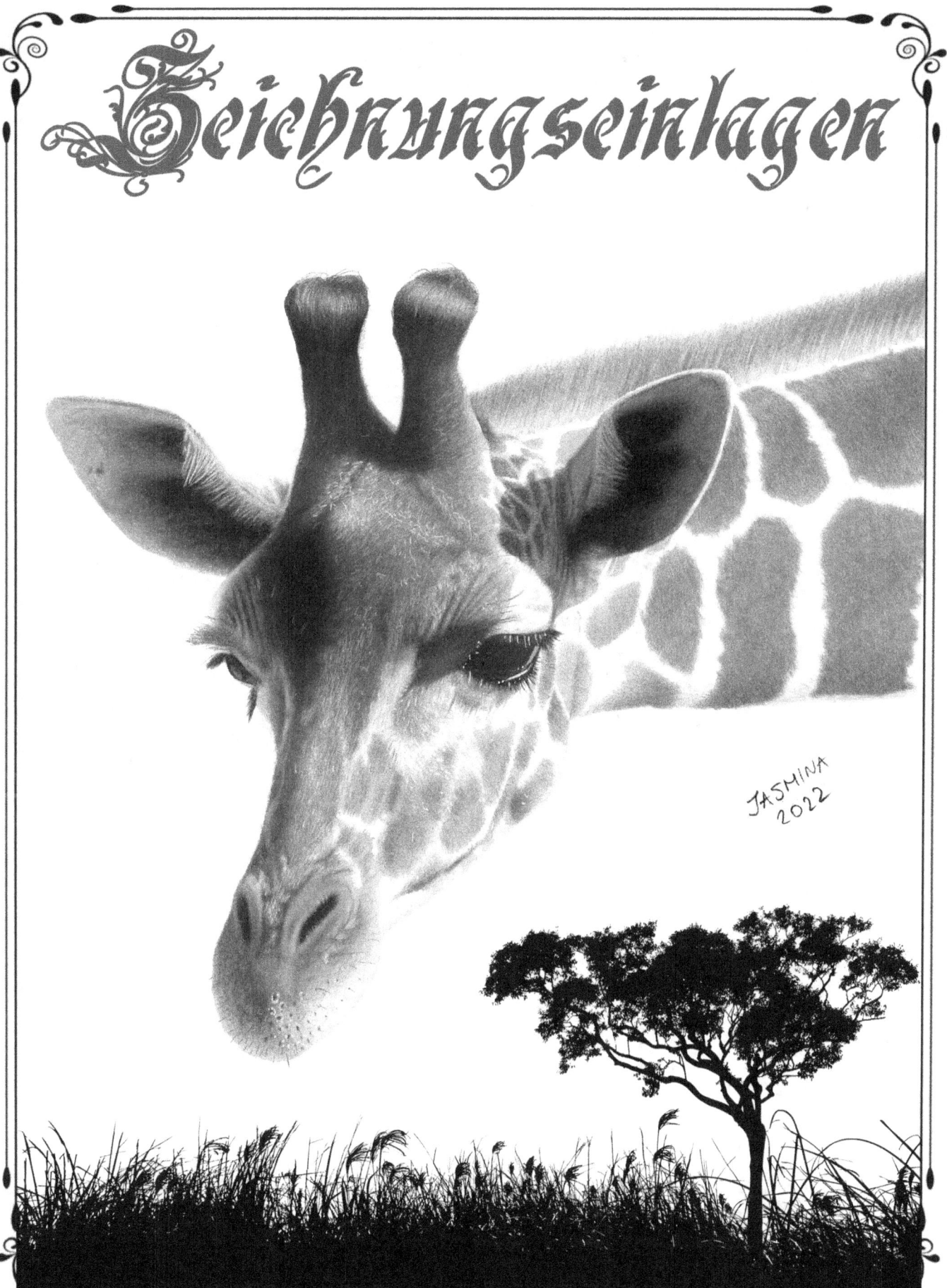

Pferd Zeichnen

Pferde strahlen eine Anmut und Schönheit aus, die sie zu faszinierenden Motiven für Künstler machen. Ihre muskulösen Formen, fließenden Mähnen und ausdrucksstarken Augen bieten eine Vielzahl von Details, die auf Papier festgehalten werden können. Die komplexen Texturen ihres Fells, das Spiel von Licht und Schatten auf ihren Körpern und die Feinheiten ihrer Merkmale bieten wertvolle Gelegenheiten, Schattierungen zu üben, zu rendern und Tiefe zu erfassen.

Das Referenzfoto

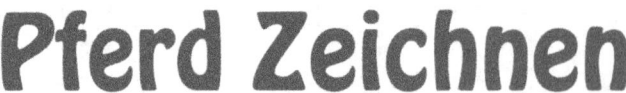

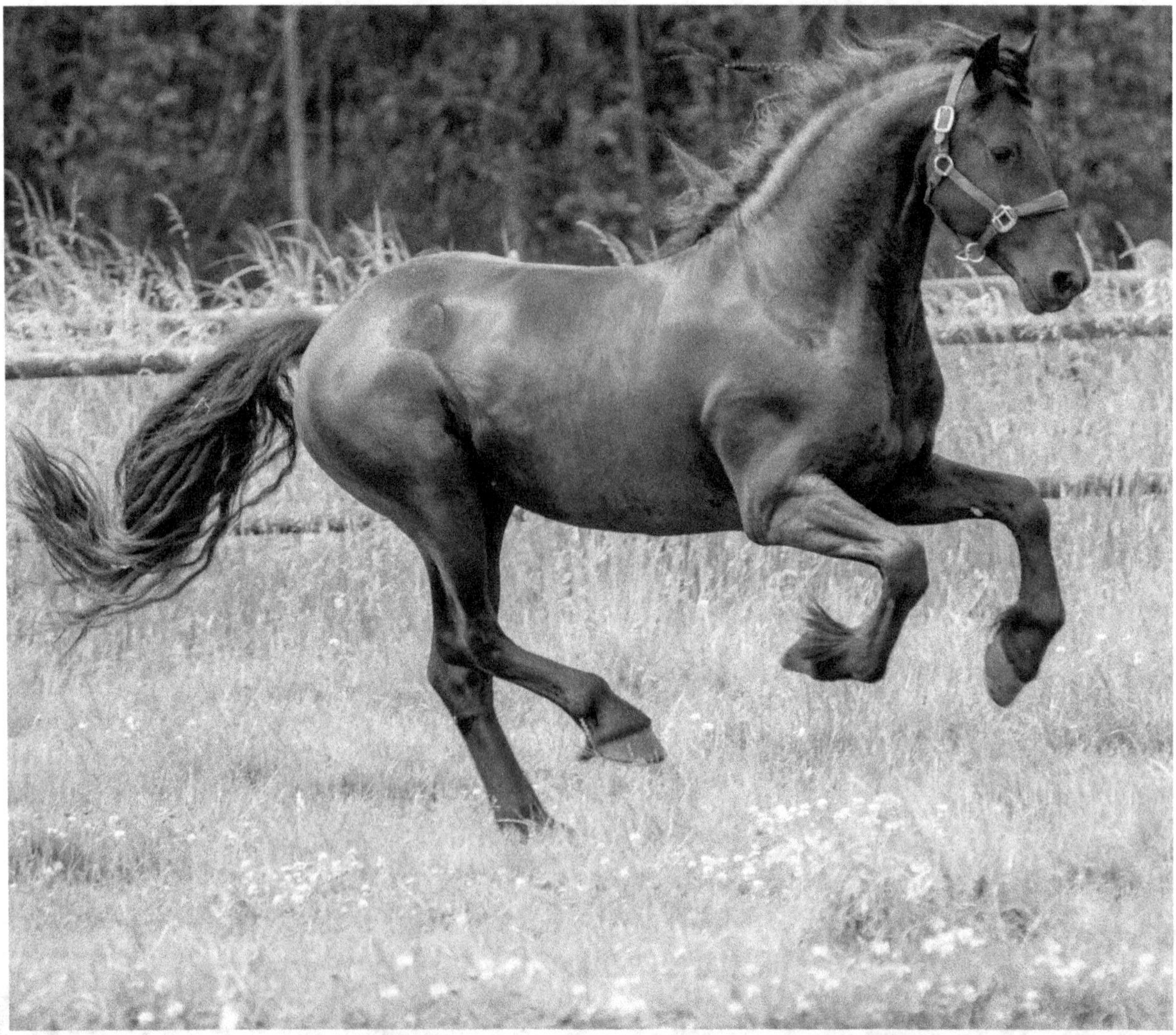

Skizzieren und Grundformen

In den anfänglichen Stadien ist es entscheidend, das Fundament für deine Zeichnung zu legen. Ich habe strategisch wichtige Skizzenlinien markiert, die eine wichtige Rolle spielen: Die Umrisse der grundlegenden Körperform, die Ohren, die ausdrucksstarken Augen, die fließende Mähne und die subtile Grenze, die schattierte und beleuchtete Bereiche trennt. Es ist erwähnenswert, dass diese Bereiche während des Schattierens verfeinert werden können und nicht genau mit dem Referenzfoto übereinstimmen müssen. Zum Beispiel kann die charakteristisch gewellte Mähne und der Schweif der Friesenpferde auf einzigartige Weise dargestellt werden, um Ihre künstlerische Vision in die Darstellung einfließen zu lassen.

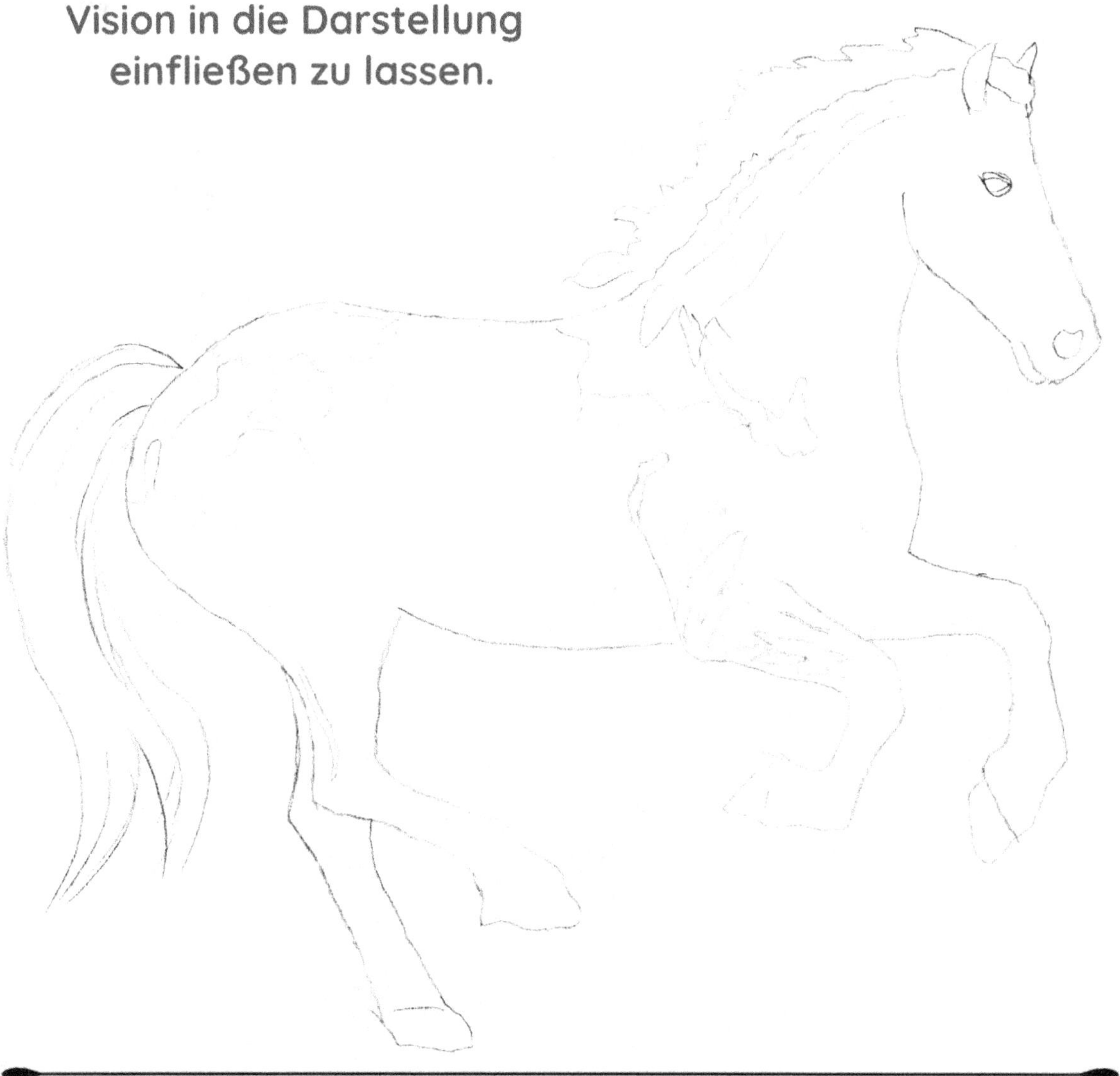

Die tiefsten Schatten definieren

Mit einem 14B-Bleistift umreißen Sie sorgfältig die Regionen, die in völliger Dunkelheit gehüllt bleiben – dazu gehören die schattigen Bereiche unter dem Bauch, dem Hals, der Hüfte, den Augen und den Ohren, unter anderem. Wenn Sie der visuellen Anleitung in meinem nächsten Schritt folgen, denken Sie daran, mit kräftigem Druck des Bleistifts zu arbeiten, um die Essenz eines tiefen, samtigen Schattens einzufangen.

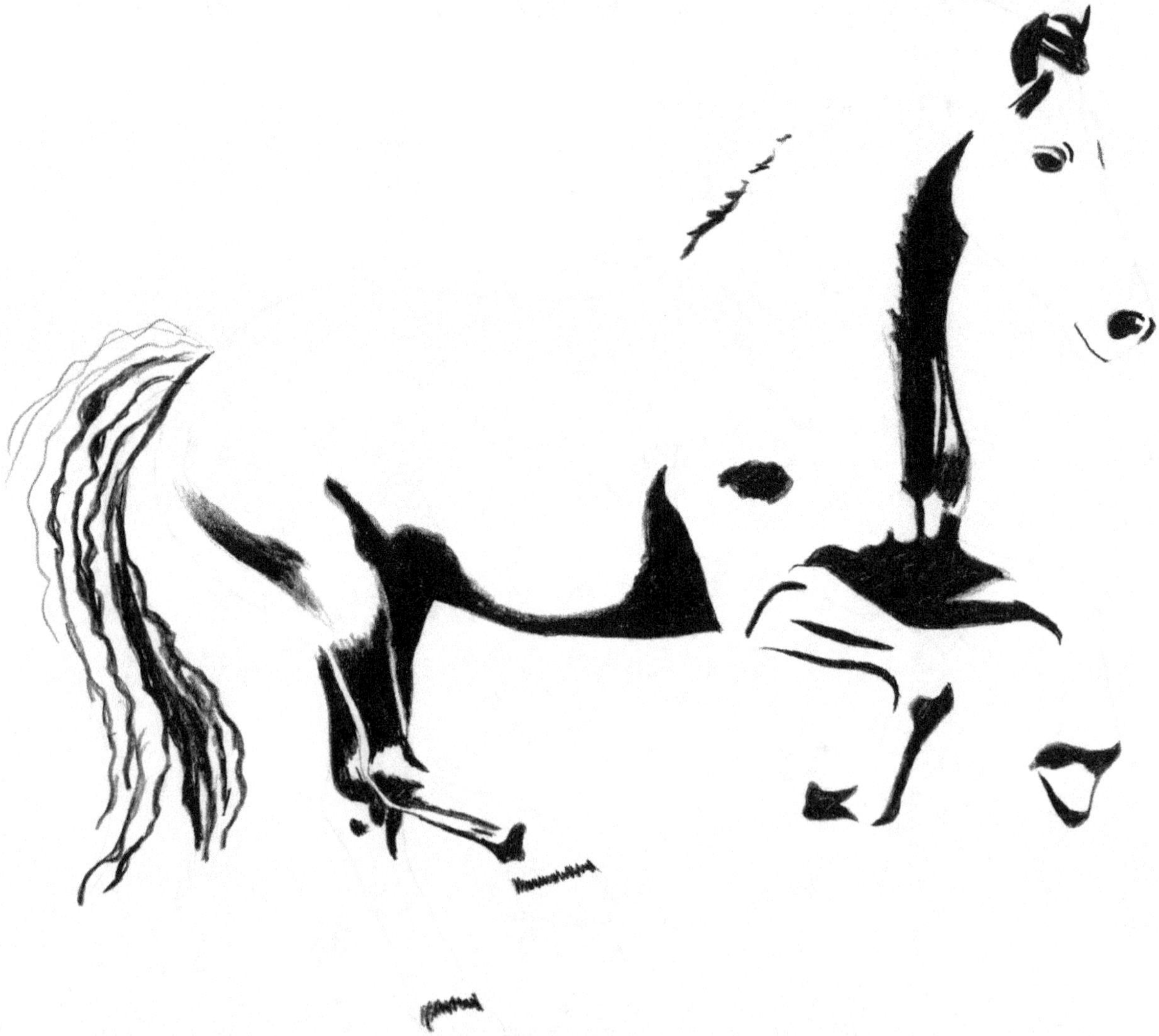

Den Hintergrund isolieren

Um das glänzende und seidige Aussehen dieser speziellen Pferderasse zu reproduzieren, empfehle ich, traditionelle Bleistiftstriche zu vermeiden. Stattdessen sollten Sie in Betracht ziehen, Graphitpulver zu verwenden, um eine verfeinerte und samtige Textur zu erzielen. Hierzu habe ich mich entschieden, selbstklebende Maskierfolie (Frisket Masking Film) auf mein Zeichenpapier aufzubringen. Anschließend habe ich mit einem Präzisionsmesser sorgfältig die äußere Kontur des Pferdes nachgezeichnet. Danach habe ich den Teil der Folie, der das Pferd abdeckt, abgezogen, sodass ich ausschließlich den Körper, den Kopf und die Beine schattieren konnte, während der Hintergrund unberührt blieb.

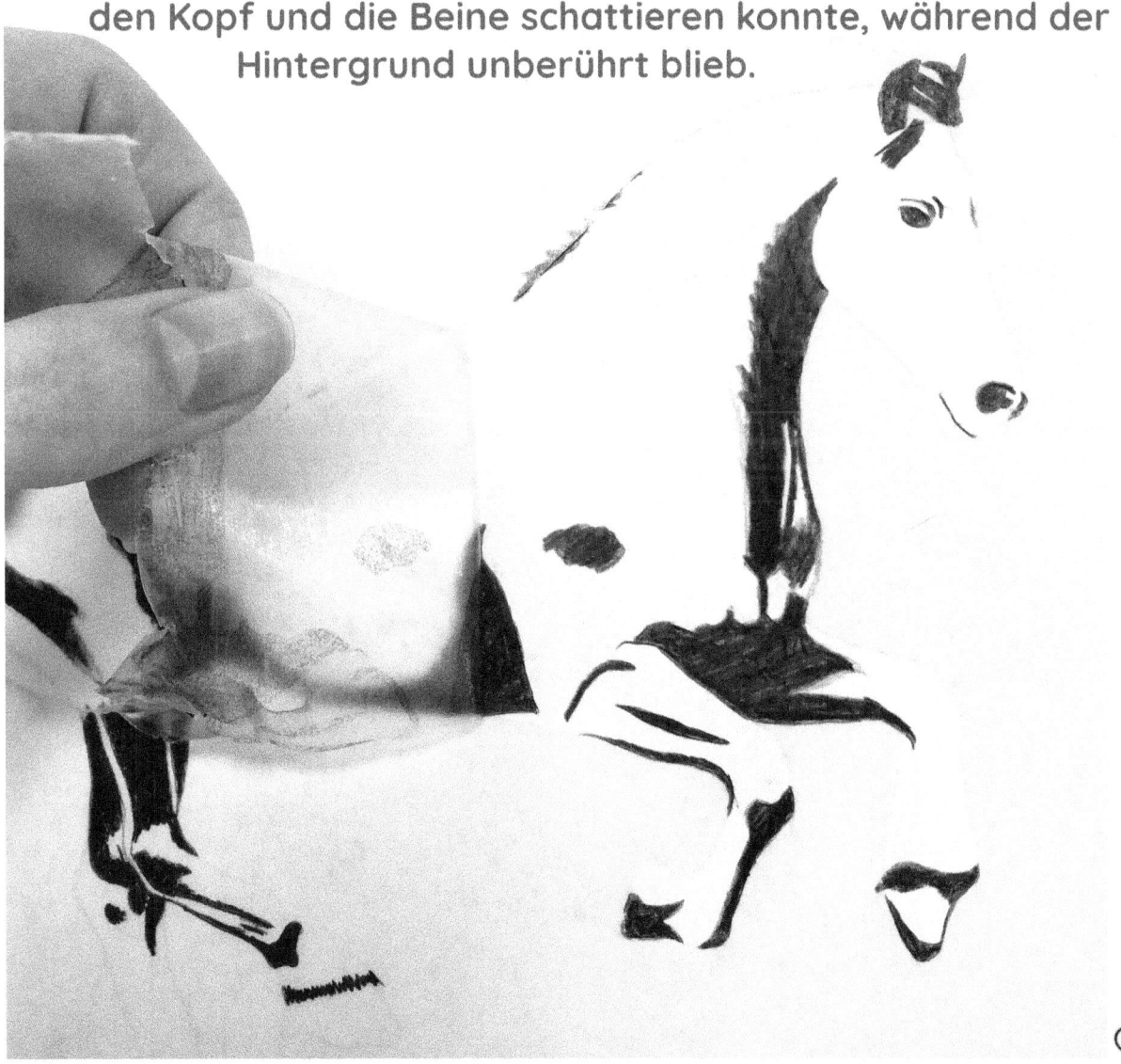

Die Einführung von Graphitpulver

Lassen Sie uns in die Anwendung von Graphitpulver eintauchen, um den gesamten freigelegten Bereich zu schattieren. Ich habe mich für ein B-Grad-Graphitpulver entschieden und es großzügig über den schattierten Bereichen neben den dunkelsten Teilen aufgetragen, die mit einem 14B-Bleistift gezeichnet wurden. Ich finde, dass kleine kreisende Bewegungen mit einem um den Finger gewickelten Taschentuch eine bessere Kontrolle bieten. Nachdem Sie Ihr Taschentuch mit Graphitpulver beladen haben, beginnen Sie mit den dunkelsten Bereichen. Verschieben Sie nach und nach Ihren Fokus auf Mitteltöne und Highlights, während das Pulver auf Ihrem Taschentuch nachlässt. Beachten Sie, dass das Baumwollpad/Taschentuch ziemlich dunkel werden und möglicherweise dunklere Töne auf hellere Bereiche verschmieren können. Um dies zu verhindern, empfiehlt es sich, regelmäßig zu einem frischen Baumwollpad/Taschentuch zu wechseln. Unter Bezugnahme auf das bereitgestellte Bild können Sie die ersten Schritte der Anwendung von Graphitpulver erkennen.

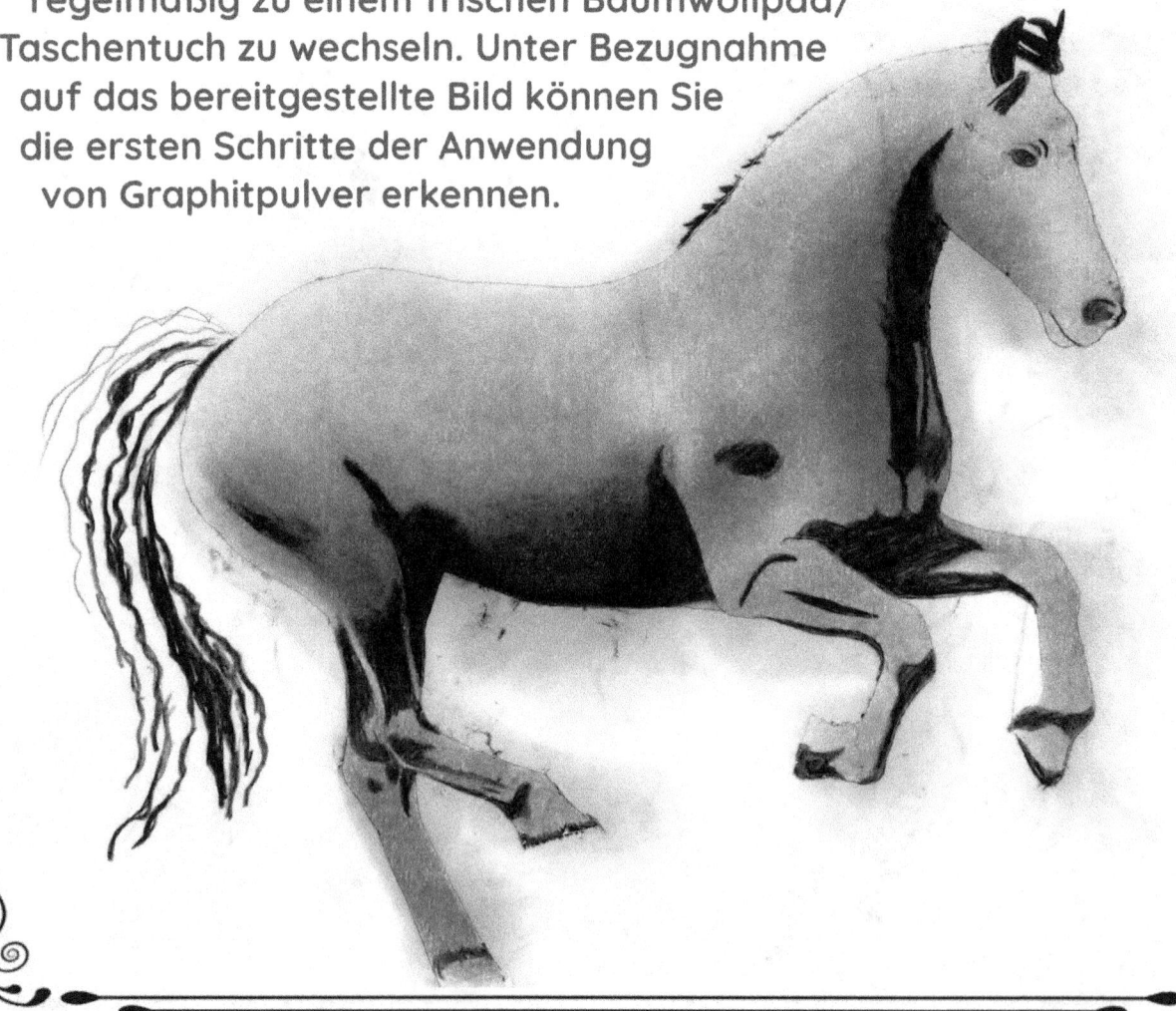

Wechsel zu dunklerem Graphit

Im nächsten Schritt verwenden wir Graphitpulver in dunkleren Abstufungen wie 6B oder dunkler. Ich habe mein Graphitpulver aus einem 14B Pitt Graphit Matt Bleistift hergestellt, da ich dieses spezielle Graphitpulver nirgendwo kaufen konnte. Der Zweck bestand also darin, diesen matten Graphit zu verwenden, der nicht reflektiert und glänzt wie herkömmlicher Graphit. Dazu habe ich diesen Bleistift auf Sandpapier gerieben, um das Pulver zu erhalten, und es mit einem Taschentuch auf die Bereiche aufgetragen, die sehr dunkel sein müssen, wie in meinem Bild zu sehen ist. Vergleichen Sie mein vorheriges Bild mit diesem, um die dunkleren Bereiche zu erkennen. Dies betrifft den Bauch, den Hals und drei Beine im Schatten usw.

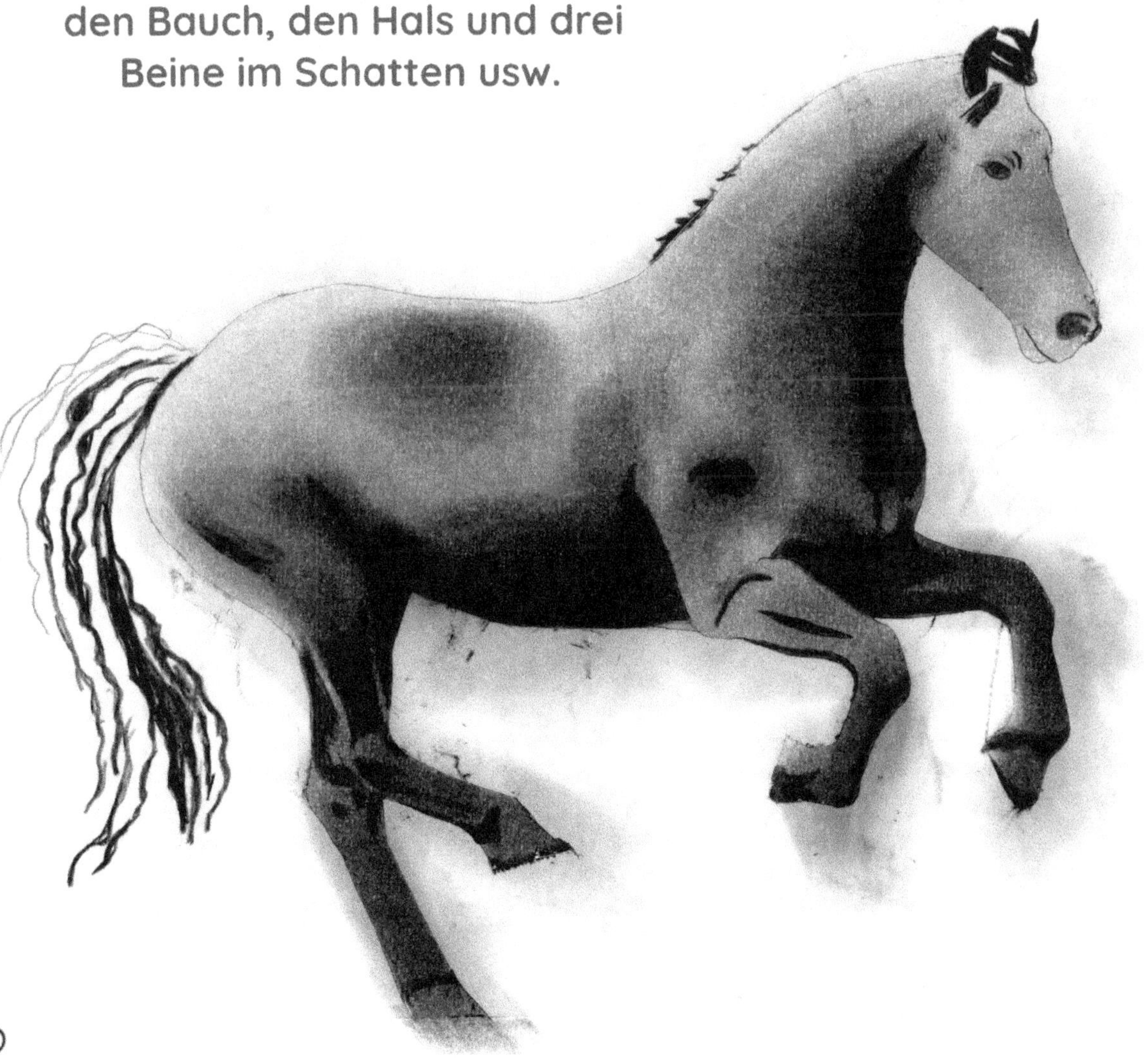

Verfeinerung mit Graphitpulver

Im nächsten Schritt habe ich festgestellt, dass die Verwendung eines Taschentuchs für die feineren Details, die ich mit dunklerem Graphit schattieren möchte, etwas umständlich ist. Daher habe ich zu einem Wattestäbchen und einem Papierwischer gegriffen. Ich tauche die Spitzen dieser Werkzeuge in das Graphitpulver ein, das aus den Rückständen des 14B-Bleistifts auf meinem Schleifpapier entstanden ist, indem ich den Bleistift daran gerieben habe. Dieses gepulverte Graphit wird dann sorgfältig aufgetragen, um subtile Schatten in den komplexen Details zu erzeugen. Dieser Ansatz ist entscheidend, um sicherzustellen, dass diese Details glatt bleiben, da sie nicht so raffiniert wirken würden, wenn sie mit einem Bleistift gezeichnet würden. In diesem Stadium habe ich die Schattierung erweitert, um Teile des Kopfes und den Bereich direkt unterhalb des Highlights neben der Mähne einzubeziehen. Wie Sie sehen können, habe ich sorgfältig darauf geachtet, eine noch gleichmäßigere Schattierung über den gesamten Körper zu erzielen. Um den Effekt zu verstärken, habe ich zusätzliche Schattierungsschichten hinzugefügt und sie sorgfältig geglättet, was zu dem nahtlosen Schattierungsverlauf in diesem Bild geführt hat.

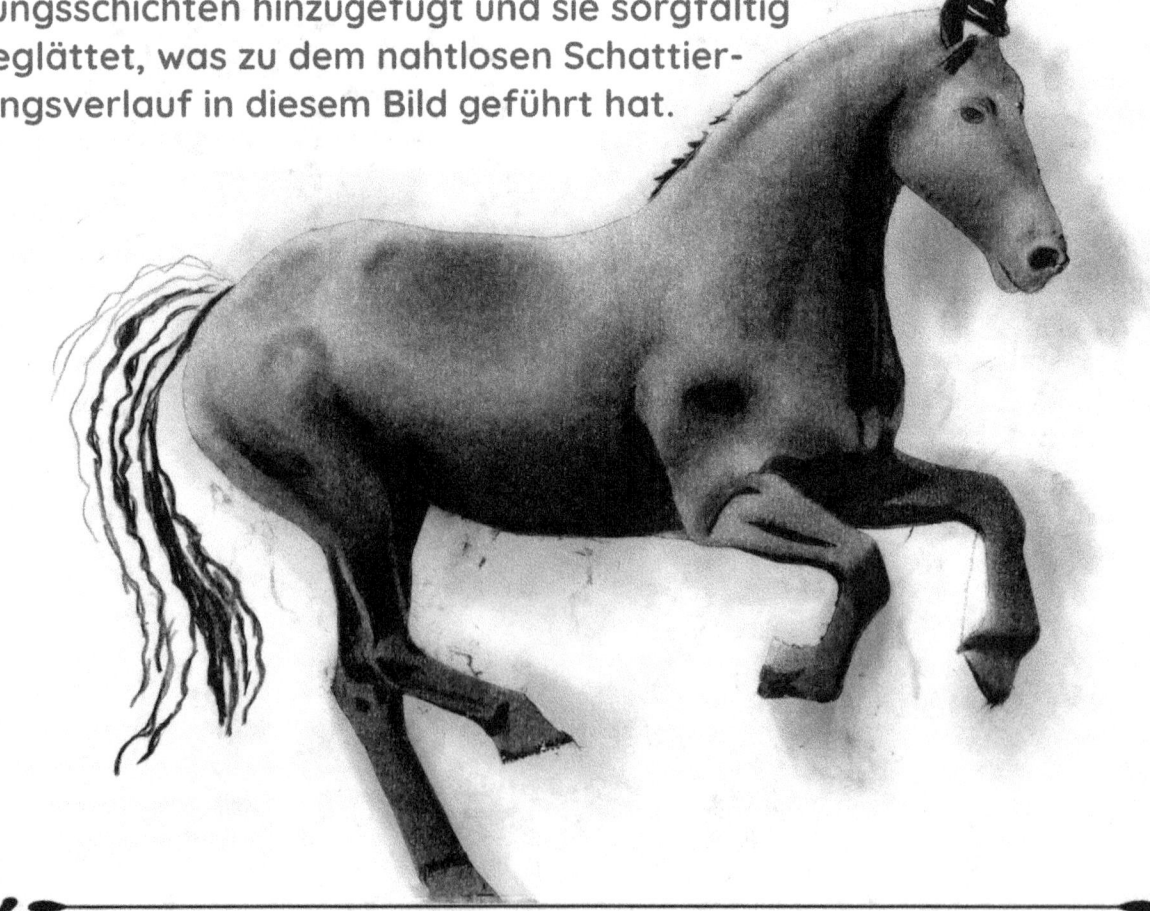

Entwicklung der Highlights

Domestizierte Pferde weisen ein gewissermaßen glänzendes Fell auf, das zu markanten Highlights auf ihrem Körper führt. In dieser Zeichnung schmücken diese Highlights hauptsächlich die Schultern, Hüften, den Bereich unter der Mähne auf dem Hals und eines der nicht beschatteten Beine. Lassen Sie uns einen Radiergummi verwenden, um die notwendigen Highlights zu gestalten. Während ein knetbarer Radiergummi möglicherweise zu weich ist, um immer wieder Graphit abzunehmen, kann mit ihm der gewünschte Effekt erzielt werden. Ein elektrischer Radiergummi könnte eine Überkorrektur riskieren, obwohl Sie immer Graphit wieder auftragen können, um es zu verdunkeln. In meinem Fall habe ich mich für einen mechanischen Radiergummi entschieden, um eine feinere Kontrolle über den Highlight-Prozess zu haben. Sie können gerne mit verschiedenen Werkzeugen experimentieren, um Ihre Vorlieben festzustellen. Schauen Sie sich mein Bild an, um zu sehen, wie diese hervorgehobenen Bereiche dem Pferd ein strahlendes und geschmeidiges Erscheinungsbild verleihen.

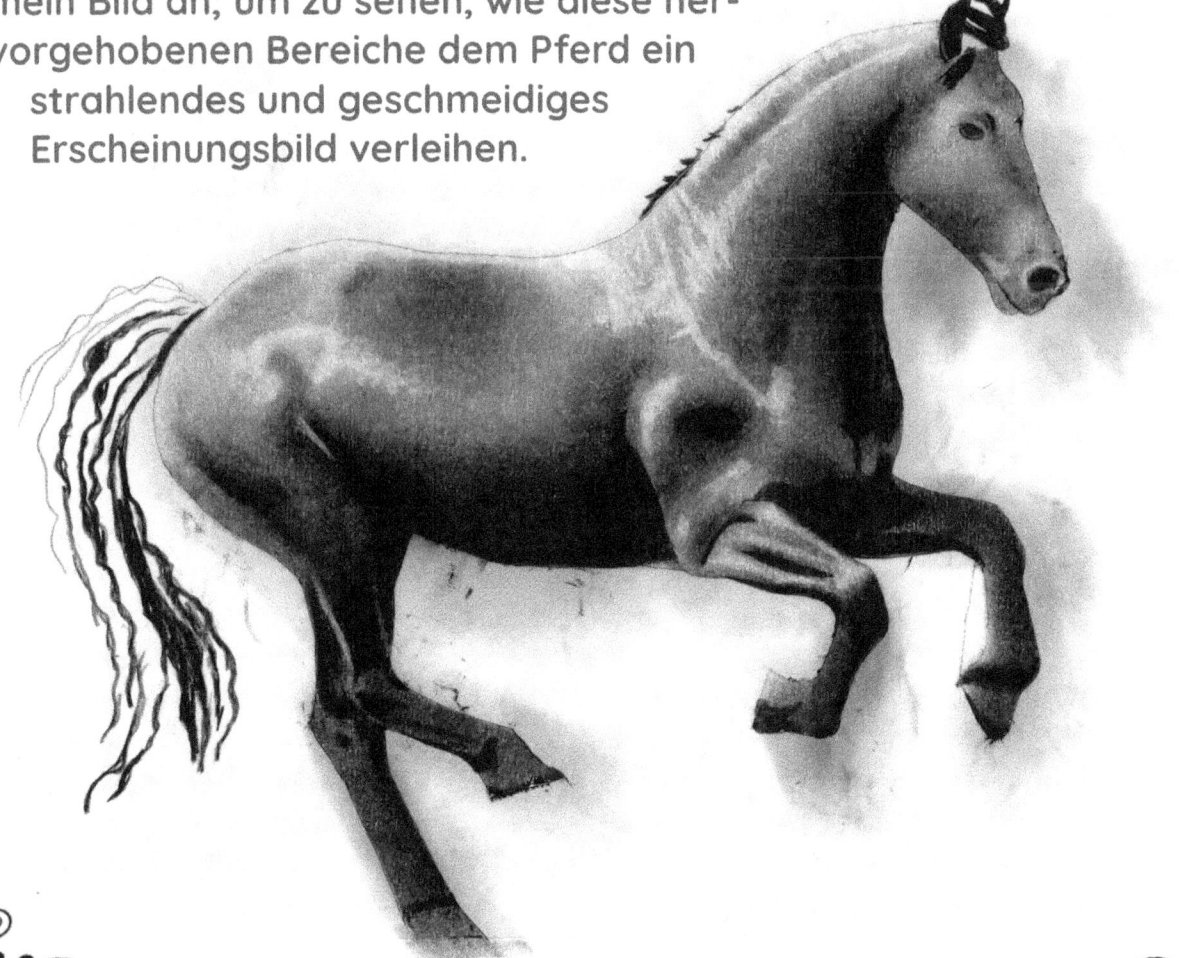

Verfeinerung durch subtile Schattierung

Setzen wir unseren Fortschritt fort, indem wir die Mitteltöne um diese Highlights vertiefen, um mehr komplexe Details einzuführen. Hierzu habe ich einen Papierwischer verwendet, den ich in mein Graphitpulver der B-Stärke getaucht habe. Beachten Sie, dass ich auch den Kopf schattiert habe, um ein deutlich dunkleres Erscheinungsbild zu erzielen. Im Referenzfoto bleibt das Gesicht unbeleuchtet, wodurch die Position der Augen aufgrund der allgemeinen Dunkelheit schwer zu erkennen ist. Nur der Rand des Nasenlochs sollte einen Hauch von Beleuchtung behalten. Während dieses Schrittes habe ich sogar einen so weichen Bleistift wie 12B verwendet, um zusätzliche Details einzuführen, die ich anschließend mit einem Papierwischer geglättet habe. Sie werden auch feine Linien zwischen den Highlights bemerken; diese stellen die texturierte, faltige Haut oder das Fell dar. Achten Sie darauf, diese nuancierten Details bei der Anwendung nicht zu übersehen.

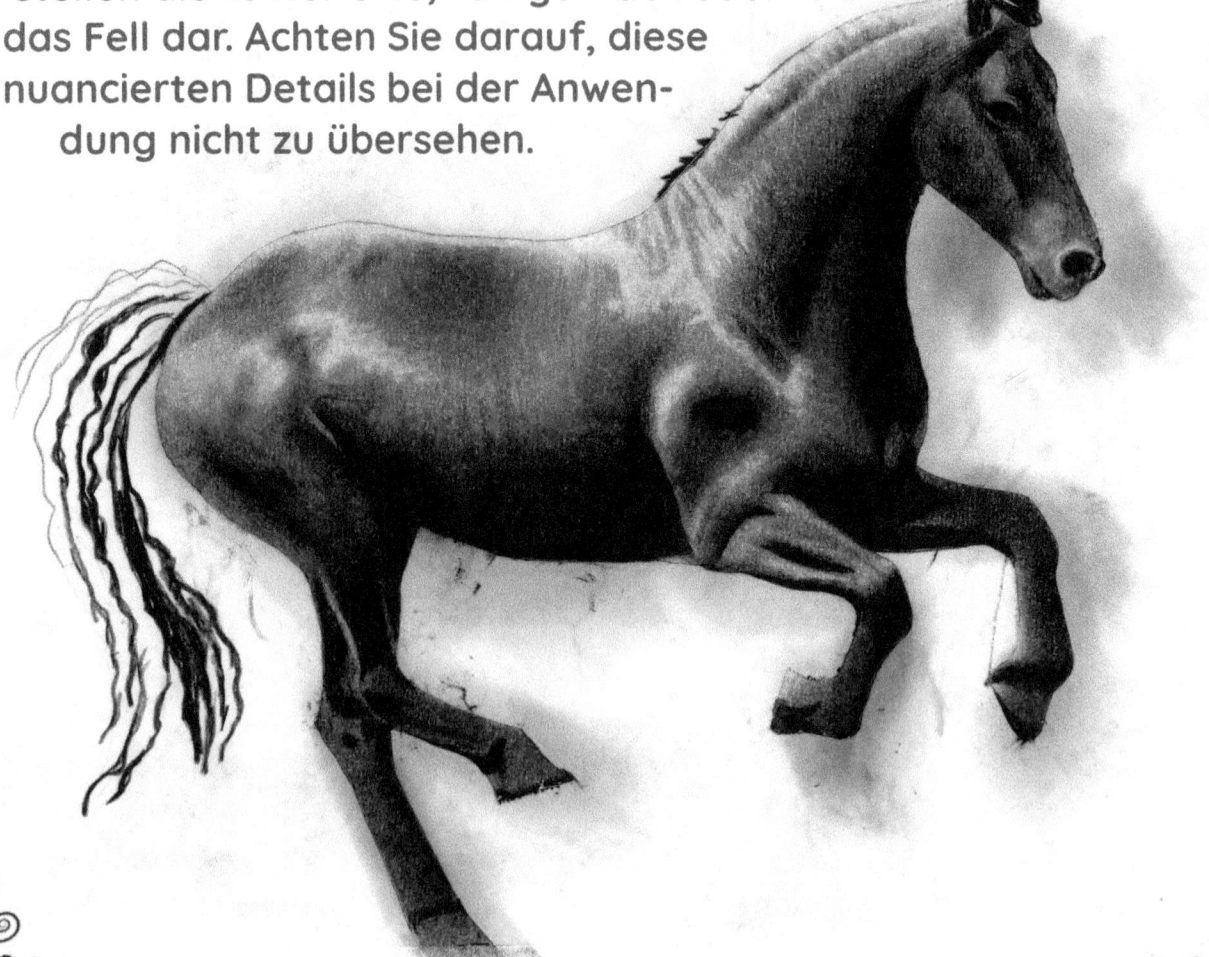

160

Entfernen der Schutzfolie

Nachdem Sie die Anwendung des Graphitpulvers abgeschlossen haben, ist es an der Zeit, die Maskierfolie (Frisket Masking Film) vorsichtig zu entfernen, die den Hintergrund abgedeckt hat. Obwohl dies nicht das Ende der Schattierung bedeutet, ist der Großteil davon abgeschlossen, und die Schutzabdeckung kann sicher entfernt werden. Beachten Sie, dass Bereiche wie Mähne und Schweif absichtlich abgedeckt wurden, da wir uns nun darauf konzentrieren werden, sie detailliert auszuarbeiten.

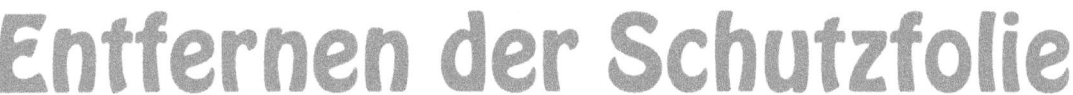

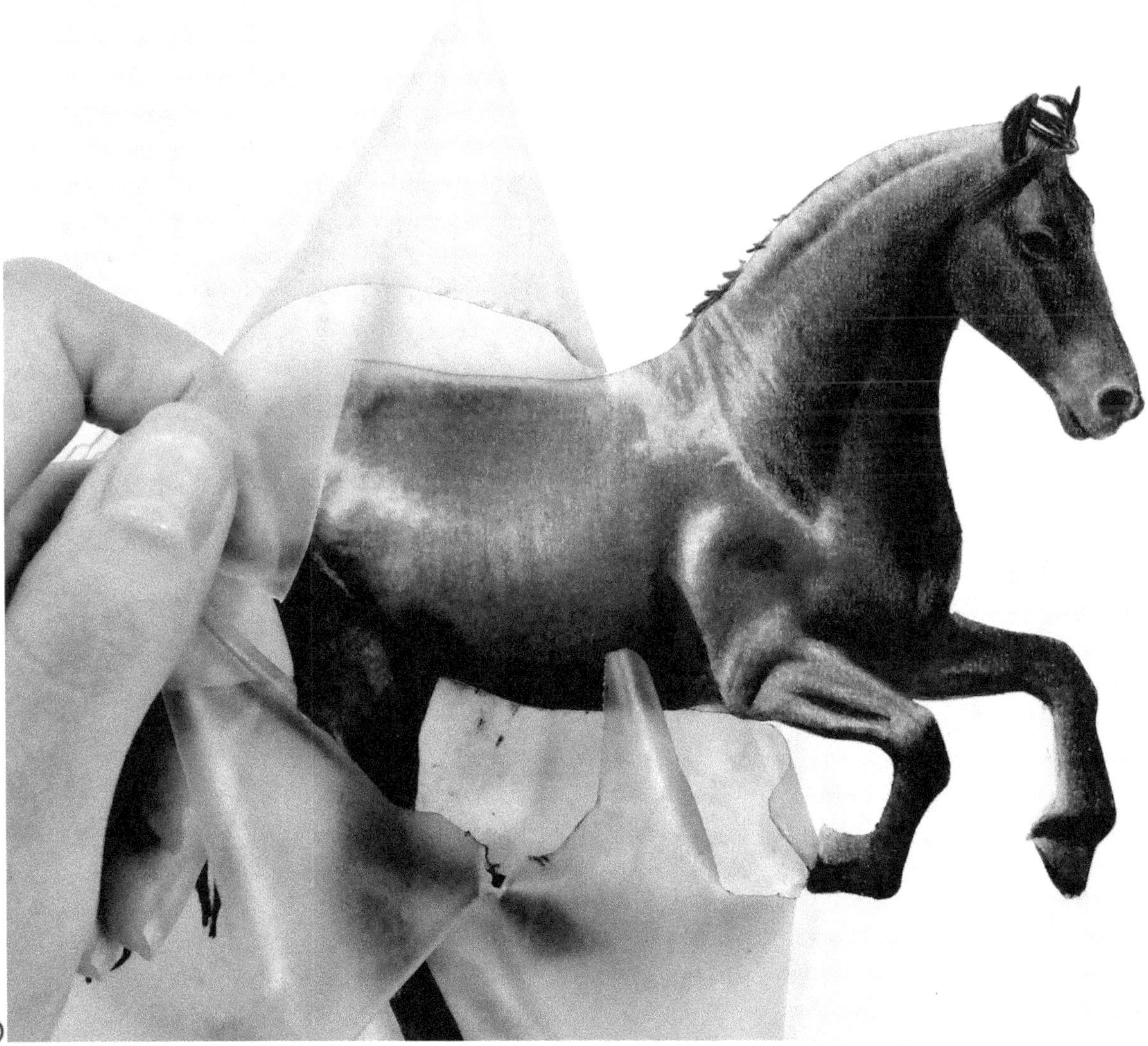

Enthüllen des unmaskierten Pferdes

In diesem Schritt präsentiere ich meine gescannte Arbeit ohne die zuvor verwendete Schutzfolie für das Zeichenpapier. Das enthüllt die beeindruckend scharfen Konturen des Pferdes, die ich erreicht habe. Obwohl diese Klebetechnik möglicherweise nicht für Hintergrundschattierung oder Landschaften erforderlich ist, ermöglicht sie mir, mich ausschließlich auf das Pferd zu konzentrieren. Dieser Kontrast betont die Tiefe der Schattierungen im Vergleich zum leeren Hintergrund. Ich ermutige Sie, dieses Konzept zu berücksichtigen. Nach Abschluss des Pferdes können Sie experimentieren, indem Sie es in eine Umgebung setzen, z. B. eine grasbewachsene Wiese mit einer Horizontlinie in der Mitte. Den Himmel können Sie ebenfalls behutsam mit Graphitpulver schattieren. Achten Sie darauf, das Papier niemals mit bloßen Fingern zu berühren, um Markierungen zu vermeiden. Denken Sie immer daran, Ihre Hand auf ein Tuch zu legen oder erwägen Sie das Tragen von Handschuhen, wenn Sie mit Graphit arbeiten.

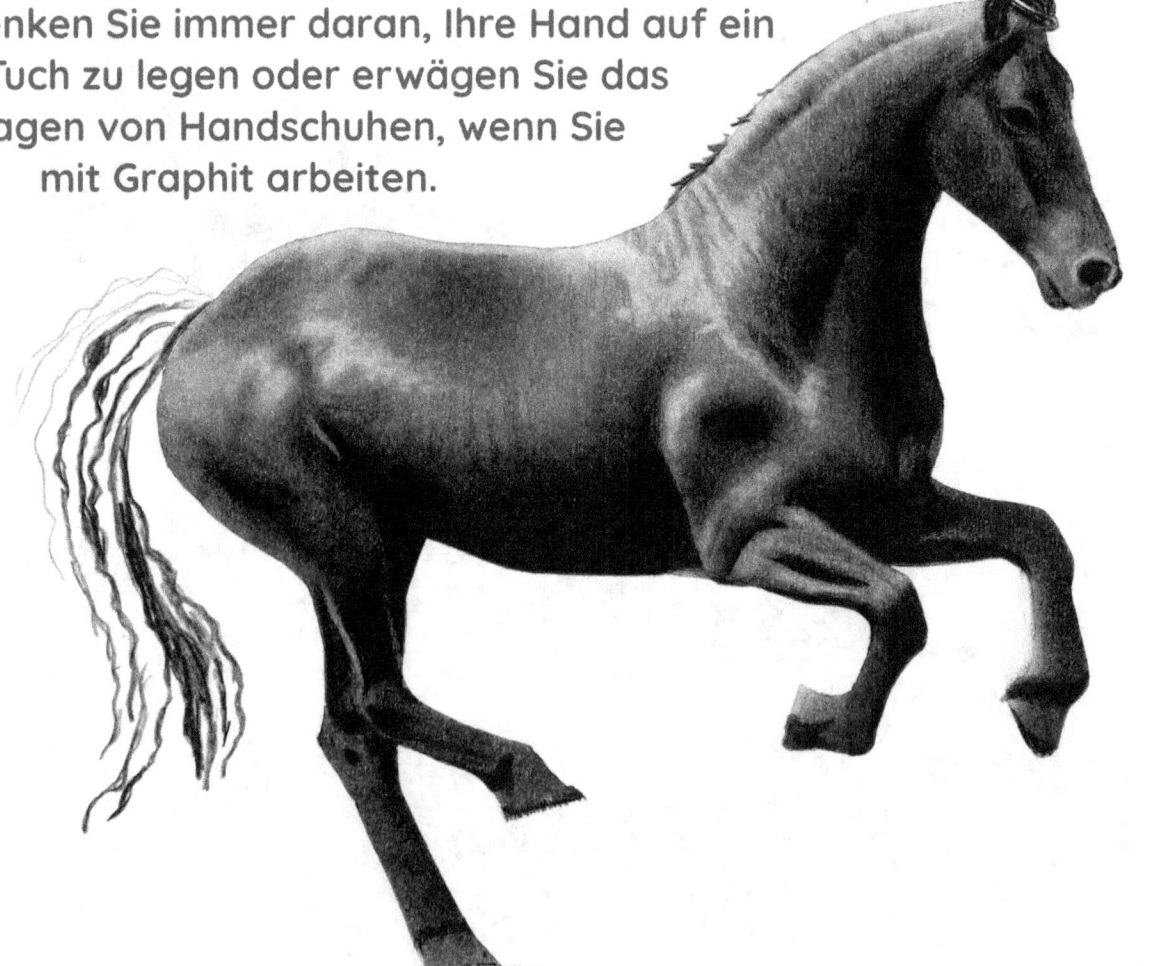

Gestaltung der Mähne und des Schweifs

Mit einem 6B-Bleistift habe ich vorsichtig die dunkleren Haarsträhnen entlang des Pferdehalses gezeichnet. Nachdem ich jeden Strich abgeschlossen hatte, habe ich den Bleistift allmählich angehoben, um einen sanften Übergang zu den Highlights zu schaffen. Auf der gegenüberliegenden Seite dieser Highlights habe ich weitere Haarsträhnen mit einem Hauch von Zufälligkeit hinzugefügt, um einen natürlichen Look zu erzeugen.

Für das Schattieren des Schweifs habe ich versucht, seine fließende Textur einzufangen, indem ich die Haare sorgfältig mit unterschiedlichen Abstufungen von Dunkelheit und Weichheit geformt habe. Ich habe auch durch das Erzeugen von Wellen und Locken in einigen der Strähnen eine gewisse Spontaneität hinzugefügt.

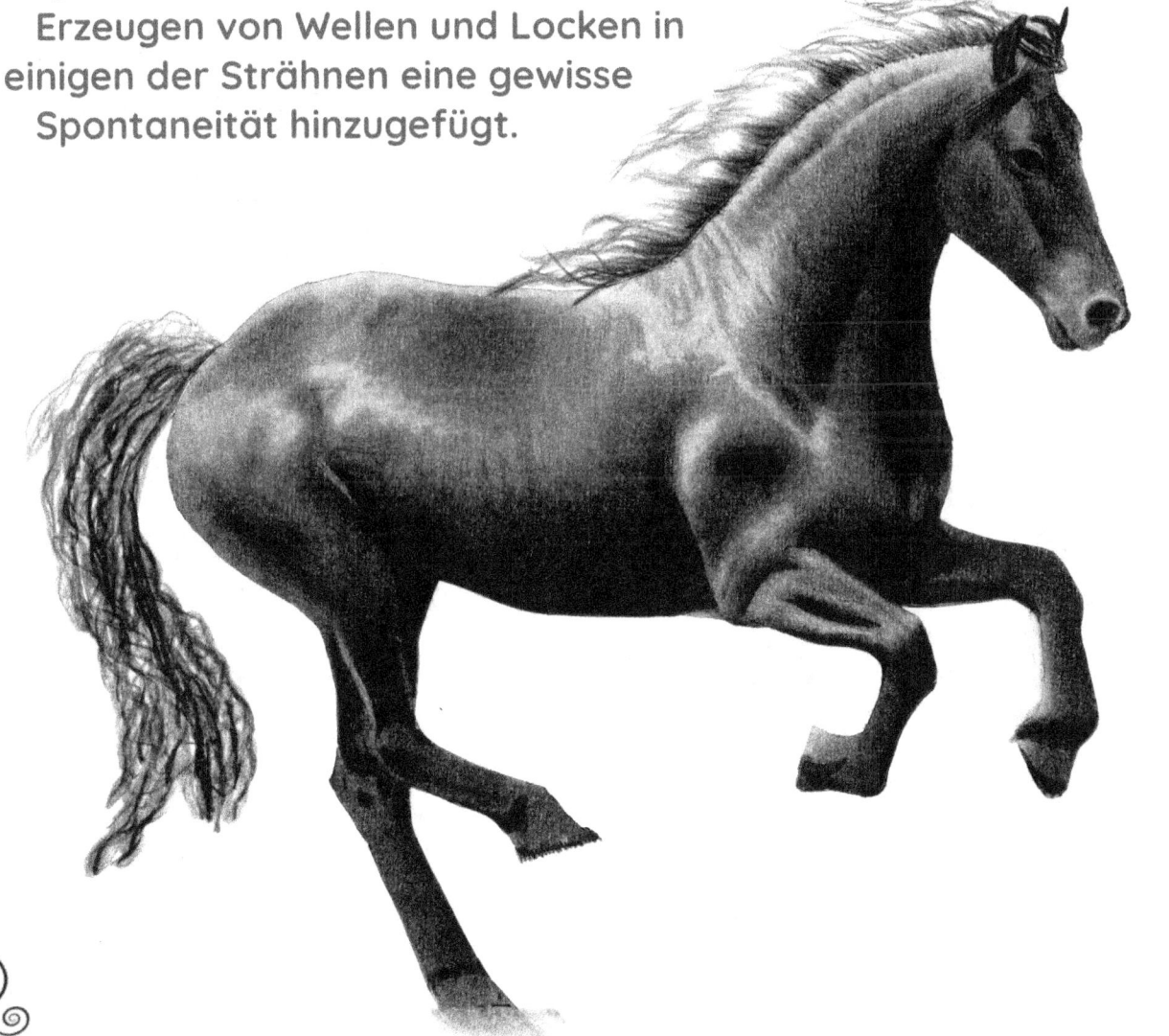

163

Verfeinern der Highlights und Verblenden

Setzen Sie die Arbeit an der Mähne fort, indem Sie vorsichtig über die hervorgehobenen Bereiche mit einem HB-Bleistift zeichnen und dabei dem natürlichen Verlauf der Haare folgen. Wechseln Sie dann zur Bearbeitung des restlichen Schweifs und tragen Sie Schattierungen mit demselben HB-Bleistift auf. Um eine nahtlose Überblendung zwischen diesen Tönen zu erzielen, verwenden Sie sanft einen Wattestäbchen oder einen Papierwischer, um das Graphit auf dem Papier zu mildern und zu verschmelzen. Dieser Prozess verleiht Mähne und Schweif ein einheitlicheres und poliertes Aussehen.

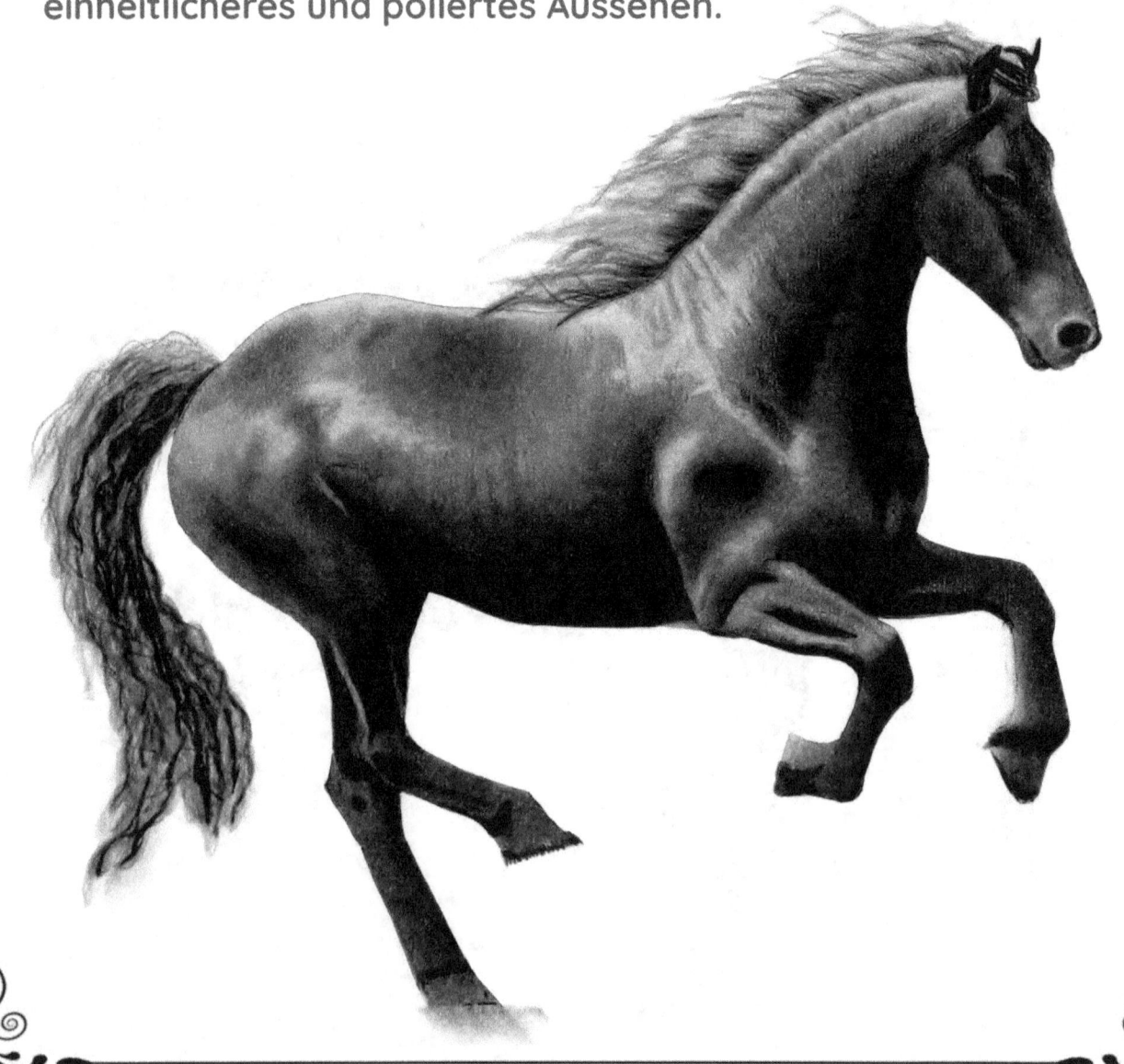

Fließende Härchen hinzufügen

Verwenden Sie einen sorgfältig angespitzten 10B-Bleistift, um zufällige und selbstbewusste Striche sowohl in den Schweif als auch in die Mähne einzuführen, um ihnen ein natürlicheres Aussehen zu verleihen. Variieren Sie die Striche nach Belieben und fügen Sie gelegentlich Wellen hinzu. Anschließend können Sie die Striche leicht mit einem Papierwischer verblenden.

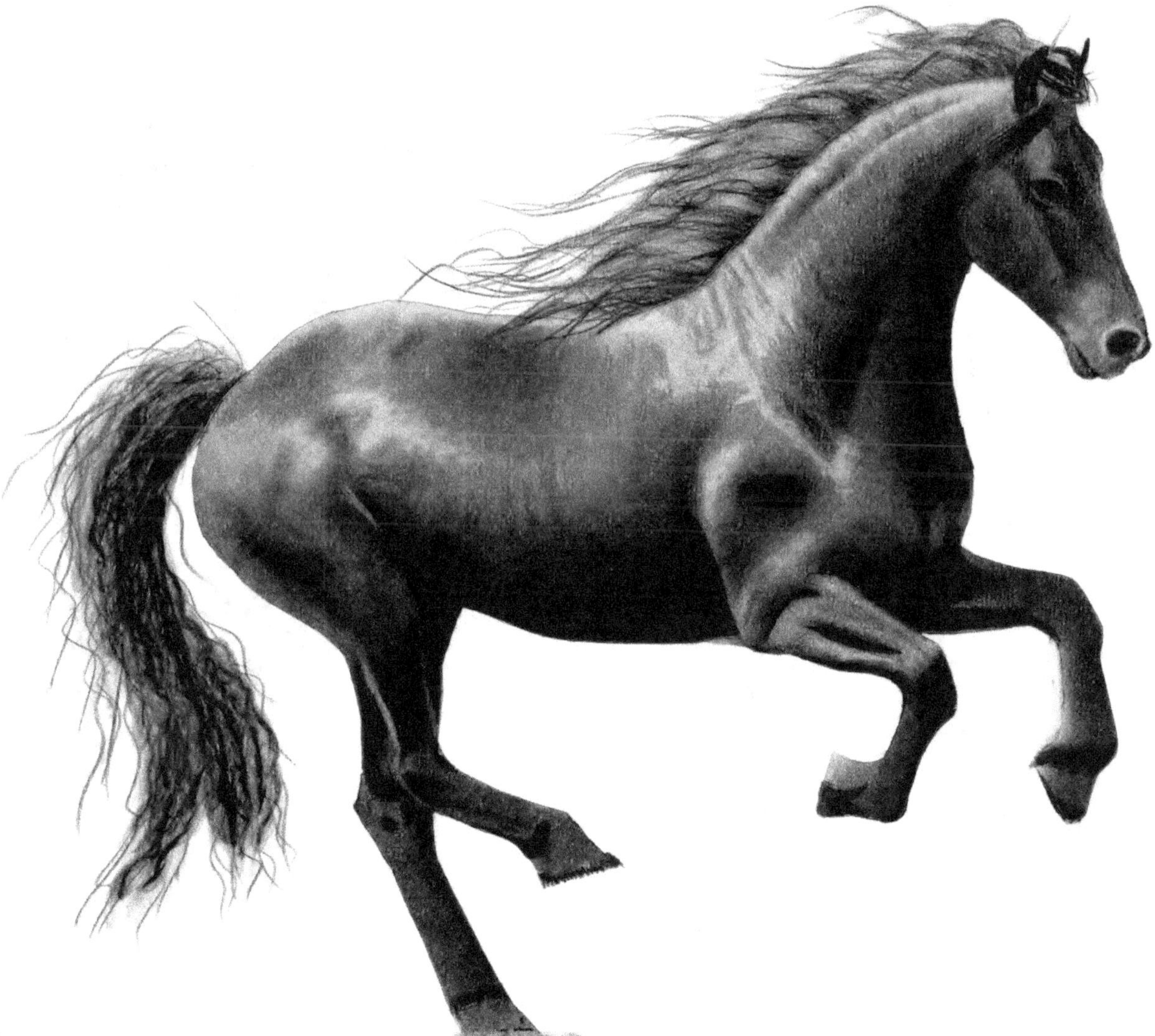

Die Hufe zeichnen

Verwenden Sie einen 8B-Bleistift, um Schattierungen auf die Hufe aufzutragen, und verwenden Sie einen 2B-Bleistift in der Mitte, um ihnen eine abgerundete Form zu verleihen. Studieren Sie den bereitgestellten Schritt, um die Technik klar zu verstehen. Verwenden Sie anschließend einen Papierwischer, um eine nahtlose Mischung dieser schattierten Bereiche zu erzielen.

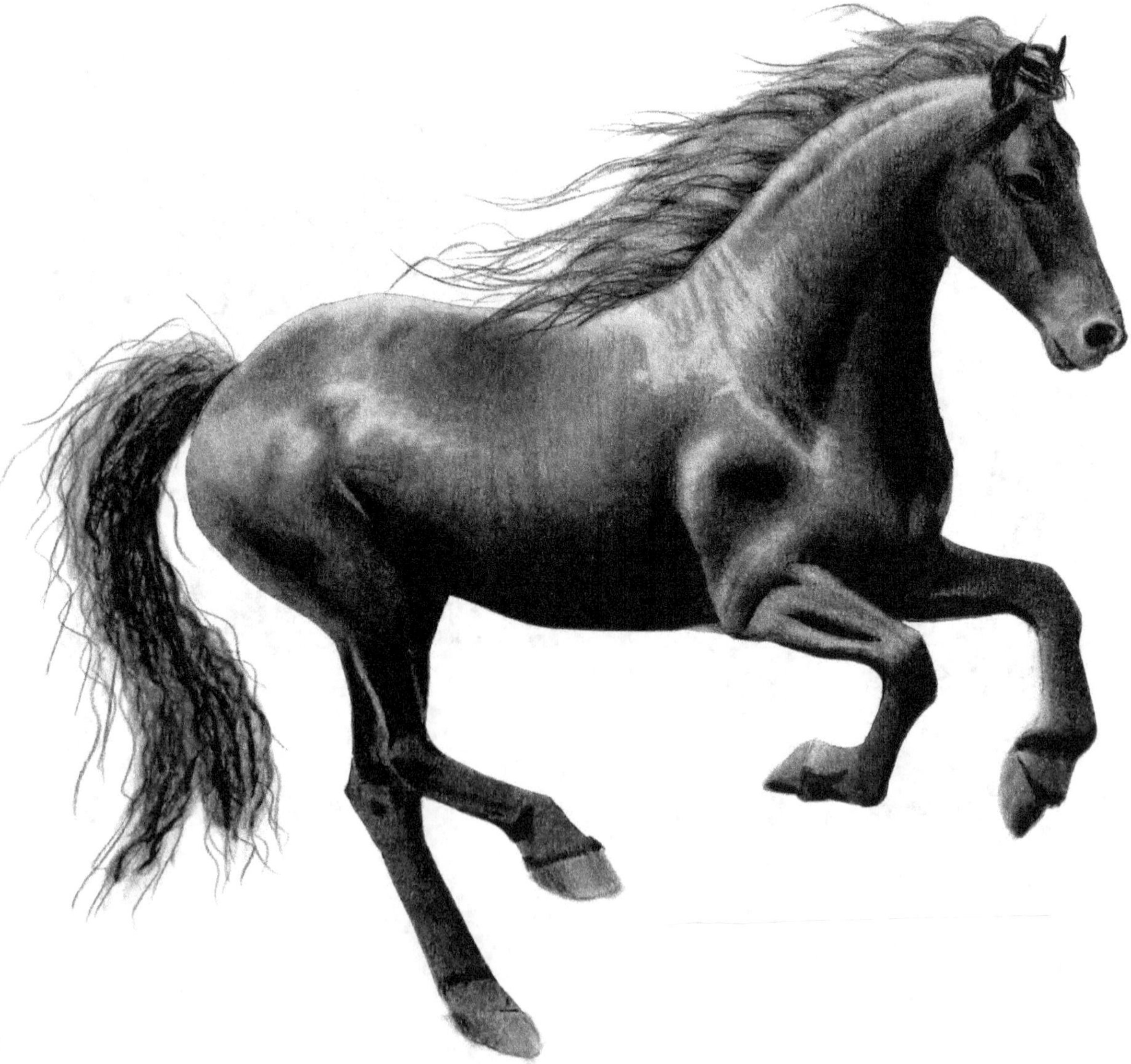

Haartextur verstärken

Der nächste Schritt beinhaltet die Verwendung eines 12B-Bleistifts, um kurze, schnelle Striche zu ziehen, die dem Verlauf der Haare im Referenzfoto folgen. Sobald diese Striche gesetzt sind, verblenden Sie sie mit einem farblosen Blender wie dem Prismacolor Premier. Um ein flauschigeres Aussehen zu erzielen, positionieren Sie die Spitze des Wischers über den Enden der Striche und bewegen Sie sie kontinuierlich nach außen. Falls Sie keinen farblosen Blender haben, können Sie einen HB-Bleistift verwenden, da sein hellerer Ton einen ähnlichen Effekt erzielen kann.

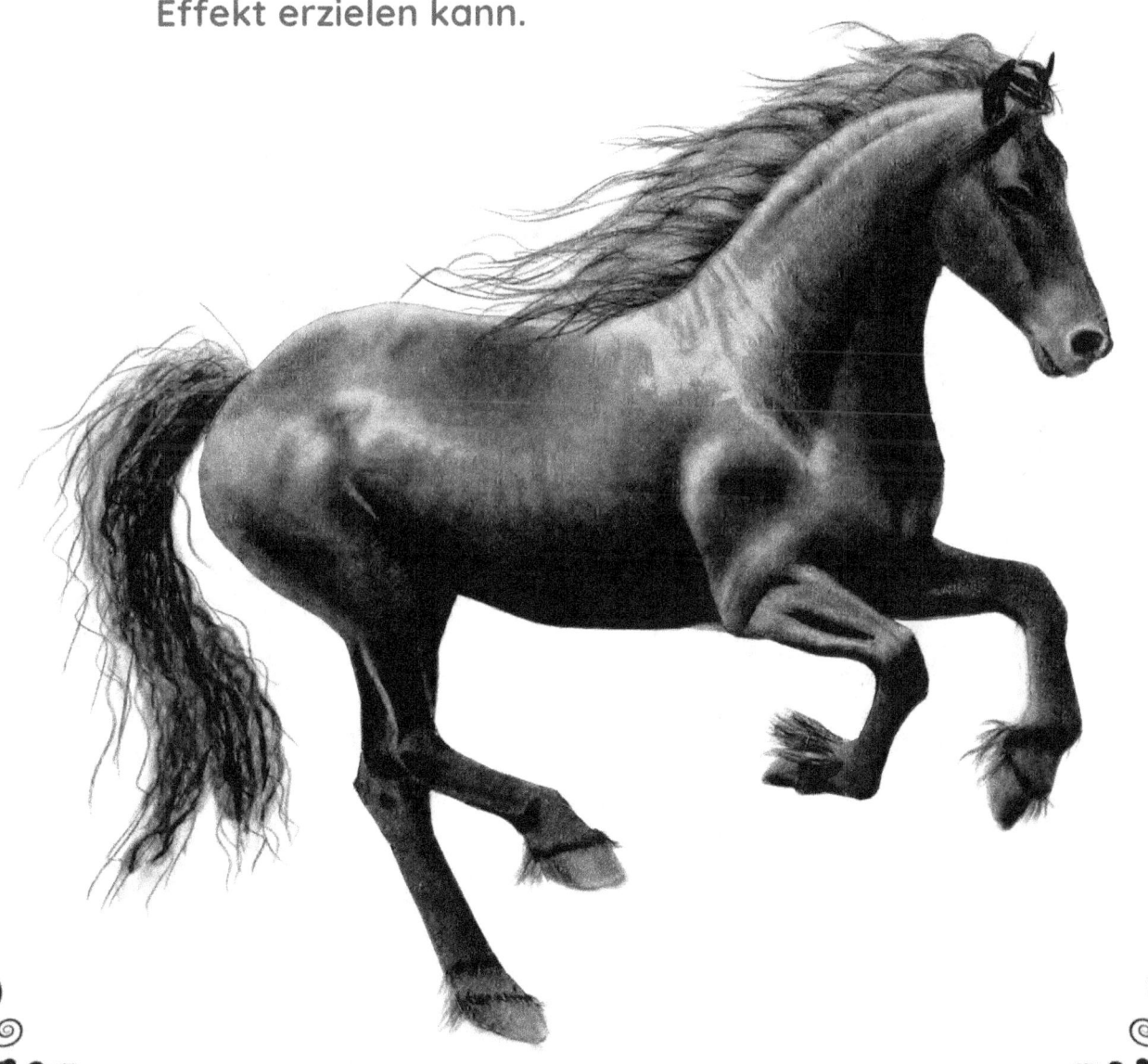

Pferdeschatten erstellen

Wenn Sie mit der Darstellung Ihres Pferdes zufrieden sind, sollten Sie in Betracht ziehen, seinen Schatten auf die darunter liegende Oberfläche zu projizieren. Um diesen Effekt zu erzielen, habe ich Graphitpulver mit einem Pinsel in hin- und hergehenden Strichen aufgetragen. Ich habe eine dickere Schicht Graphitpulver neben dem Bein aufgetragen, das auf dem Boden ruht, damit der Schatten natürlich in den Hintergrund übergeht. Beachten Sie bitte, dass mein Pferd dunkler wurde als das in unserem Referenzfoto, und das ist völlig akzeptabel.

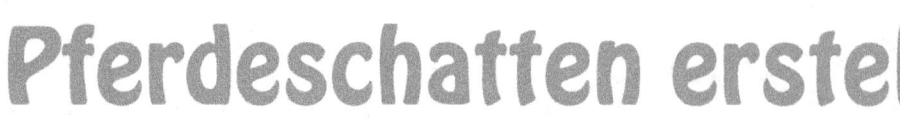

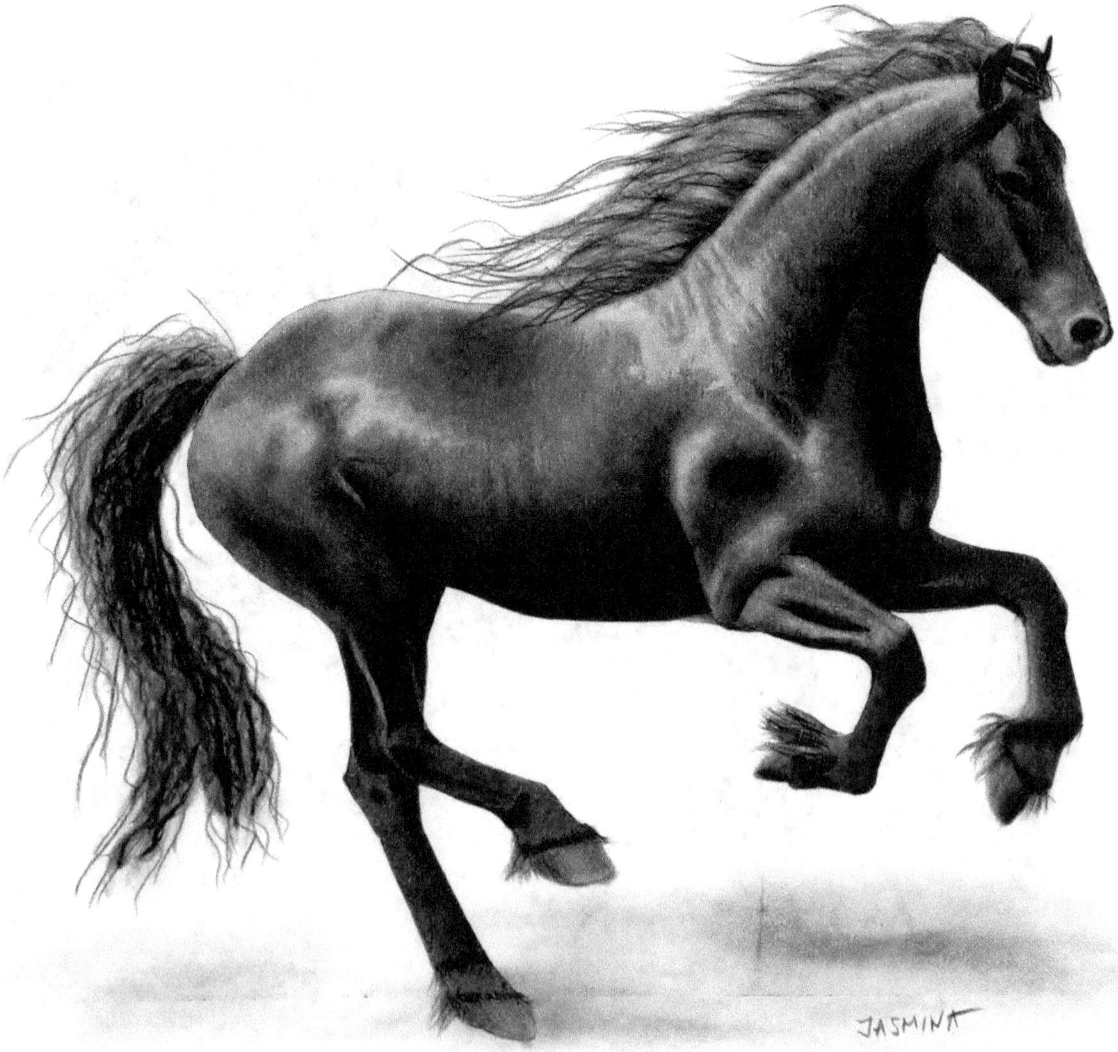

JASMINA

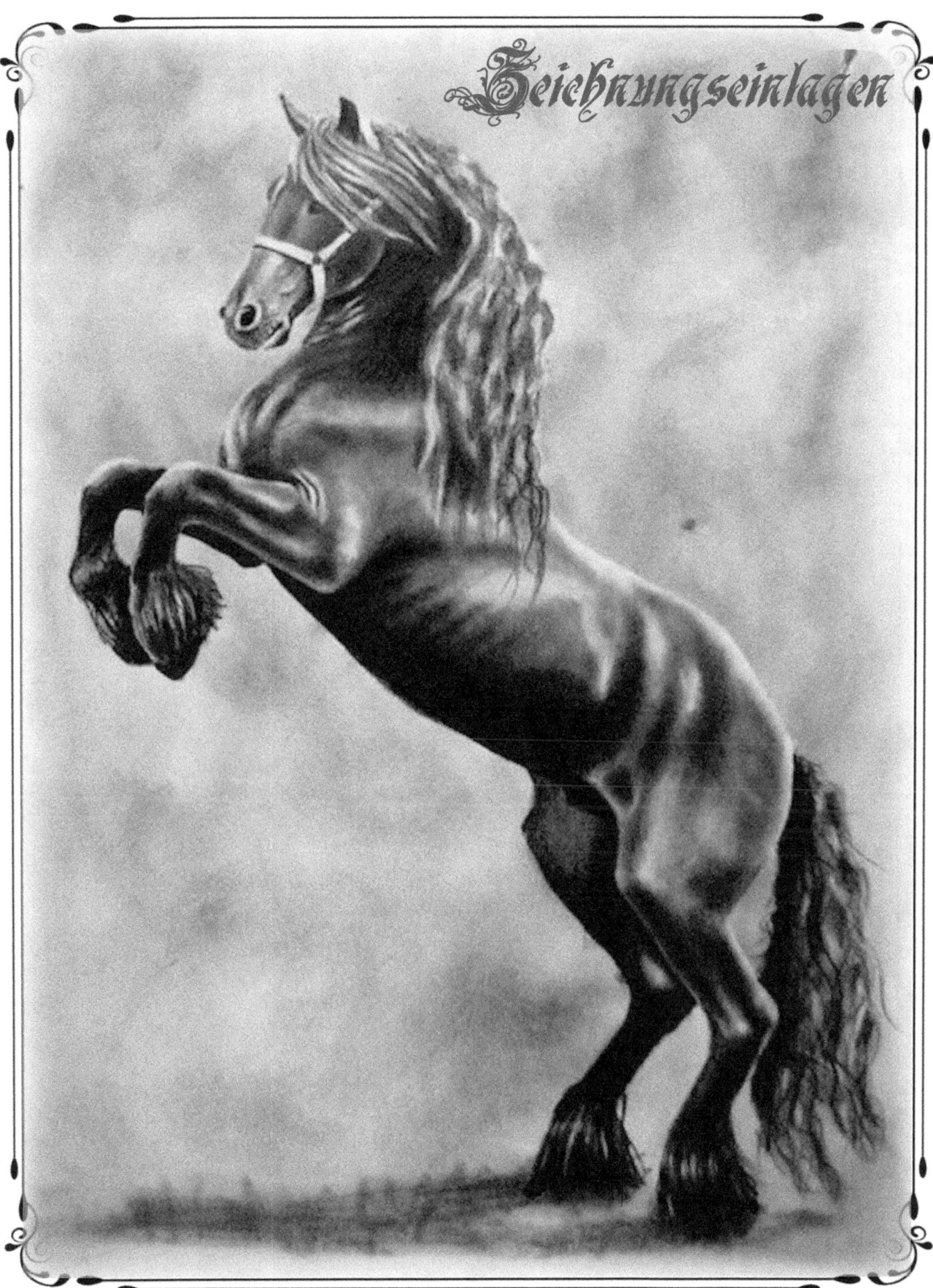

Einen Husky zeichnen

Das Zeichnen eines Huskys bietet eine erfüllende künstlerische Erfahrung. Diese Tiere, bekannt für ihre einzigartigen Fellmuster und fesselnden Augen, stellen ein faszinierendes Motiv für Künstler dar. Das Erfassen der anspruchsvollen Merkmale von Huskys, wie Fellstruktur und Gesichtsmarkierungen, bietet eine Gelegenheit zur Verbesserung der zeichnerischen Fähigkeiten.

Das Referenzfoto

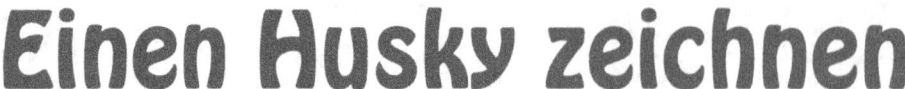

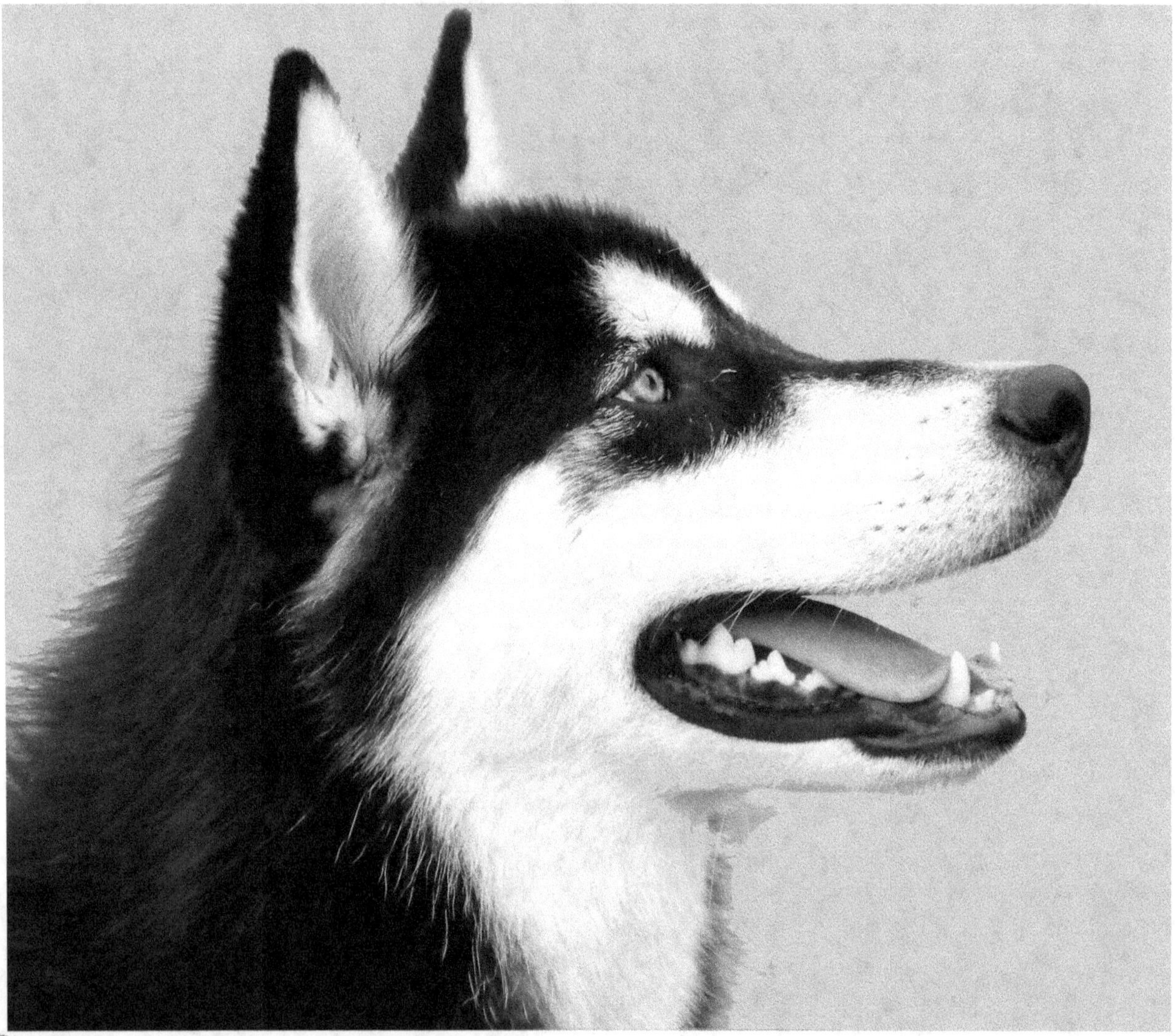

Skizzieren und Grundformen

Lassen Sie uns diesen Husky auf grauem Papier mit Bleistiften, weißem Holzkohlestift und weißen undurchsichtigen Markern darstellen, um den Kontrast zwischen dem grauen Hintergrund und seinem weißen Fell zu verstärken. Ich habe mich für Clay-Papier von Fabriano entschieden, aber Alternativen wie Strathmore Toned Gray oder ähnliche Optionen können ebenso beeindruckende Ergebnisse liefern. Auf dem unten stehenden Bild betrachten Sie meine Bleistiftskizierlinien, die wichtige Umrisse wie die Grenze zwischen dem schwarzen und weißen Fell, die Hauptkontur des Kopfes und Gesichtsmerkmale hervorheben. Beachtenswert ist, dass ich das Auge leicht vergrößert habe, um die Betonung und Ausdruckskraft zu verstärken.

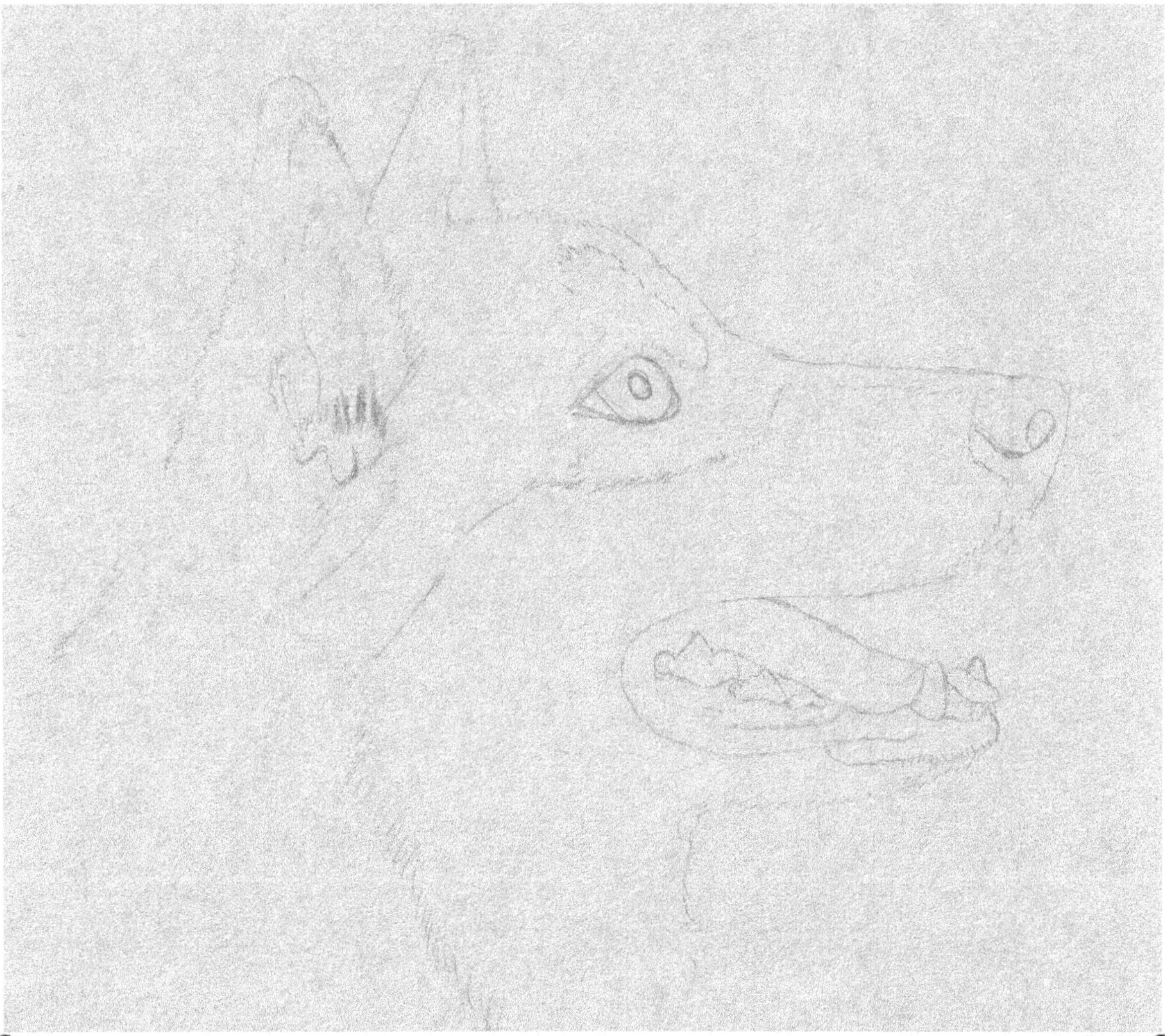

Iridenschattierung

Jetzt gehen wir zur Schattierung über, und ich empfehle, mit den Augen zu beginnen. In diesem Fall haben wir nur ein Auge zu zeichnen. Ich schlage vor, einen HB-Bleistift für die Iris zu verwenden und deren detaillierte Darstellung zu priorisieren. Beginnen Sie mit dem HB-Bleistift neben der Iris-Grenze und erzeugen Sie Striche, die vom Zentrum der Pupille ausgehen. Erhöhen Sie den Druck beim Start jedes Strichs und lassen Sie den Druck allmählich zur Pupille hin nach, um einen natürlichen Übergang und Tiefe in der Schattierung zu ermöglichen.

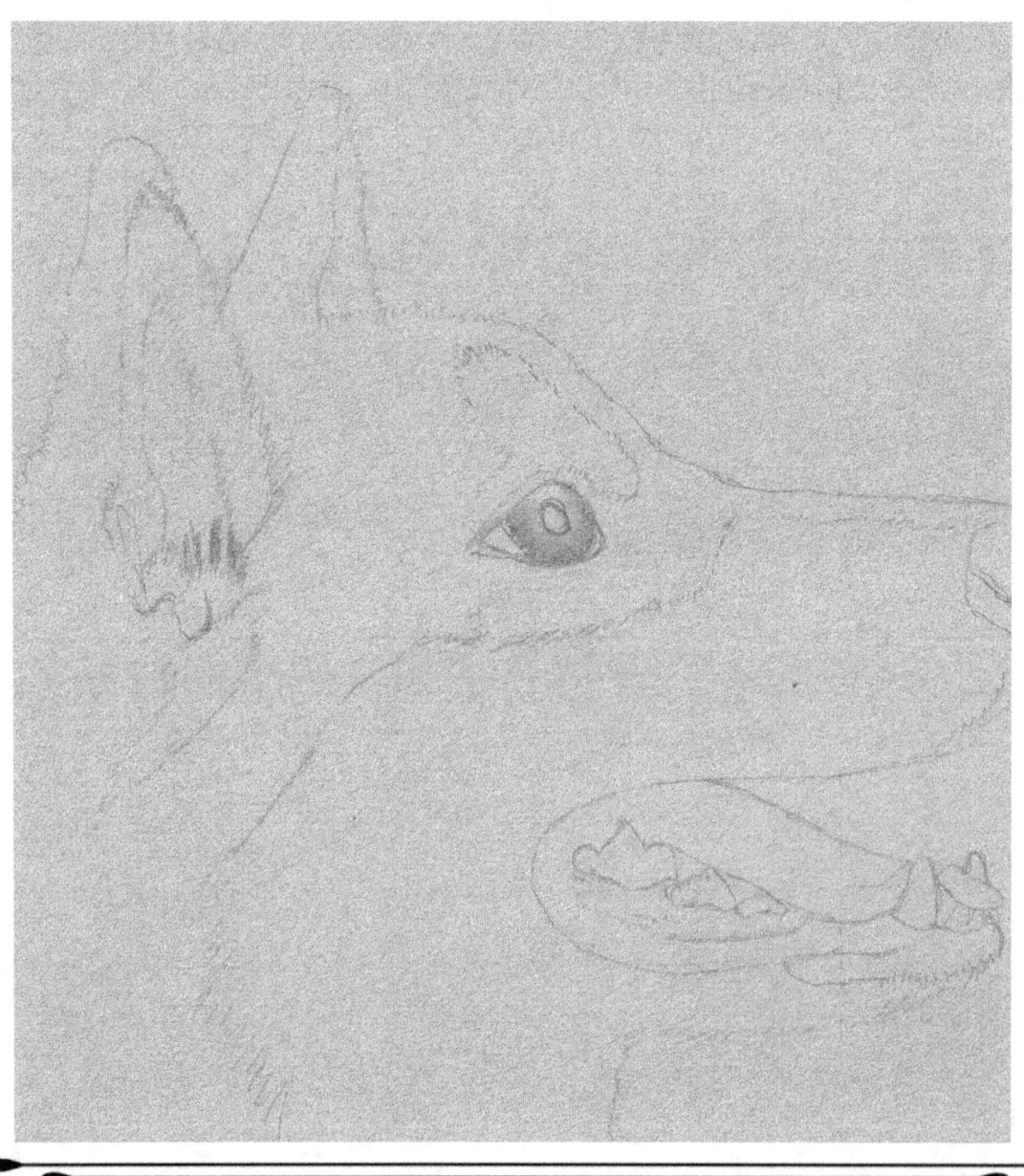

172

Detailzeichnung der Lederhaut

Als Nächstes verwenden wir weiße Holzkohle oder einen undurchsichtigen weißen Marker, um das sichtbare Weiß des Auges darzustellen. Sehen Sie sich das unten stehende Bild an, um zu sehen, wie die Anwendung von weißer Farbe auf grauem Papier einen auffälligen Kontrast erzeugt und die Aufmerksamkeit auf diesen Bereich lenkt.

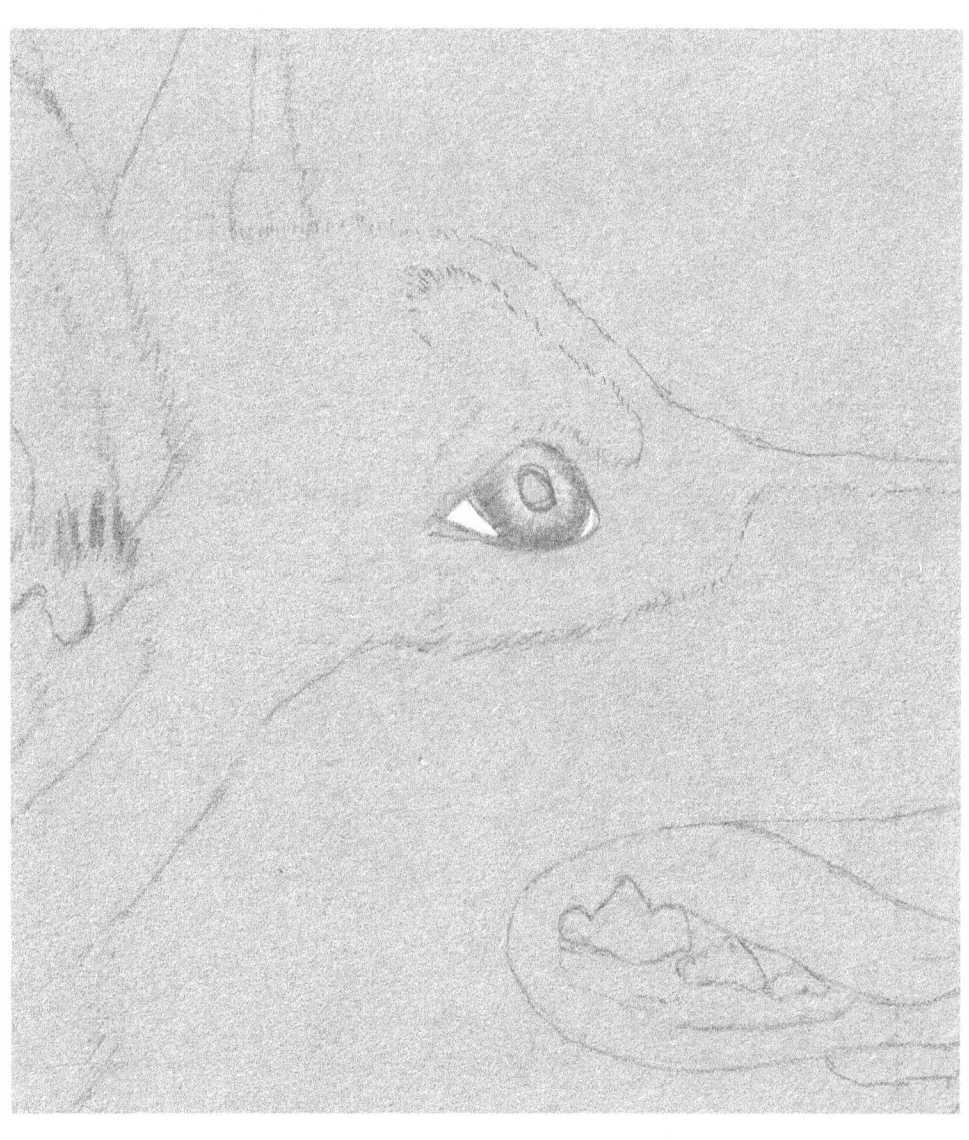

Um den Kontrast weiter zu verstärken, verwenden Sie einen 14B-Bleistift, um rund um die Iris zu schattieren, wie im nächsten Bild gezeigt. Wenden Sie dabei kräftigen Druck an, besonders beim Schattieren der Iris-Grenze und der Pupille. Ziel ist es, den tiefsten Schatten zu erzeugen und den dunkelsten Wert zu erreichen.

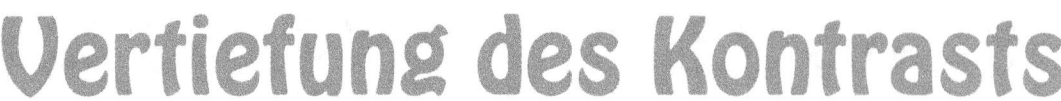

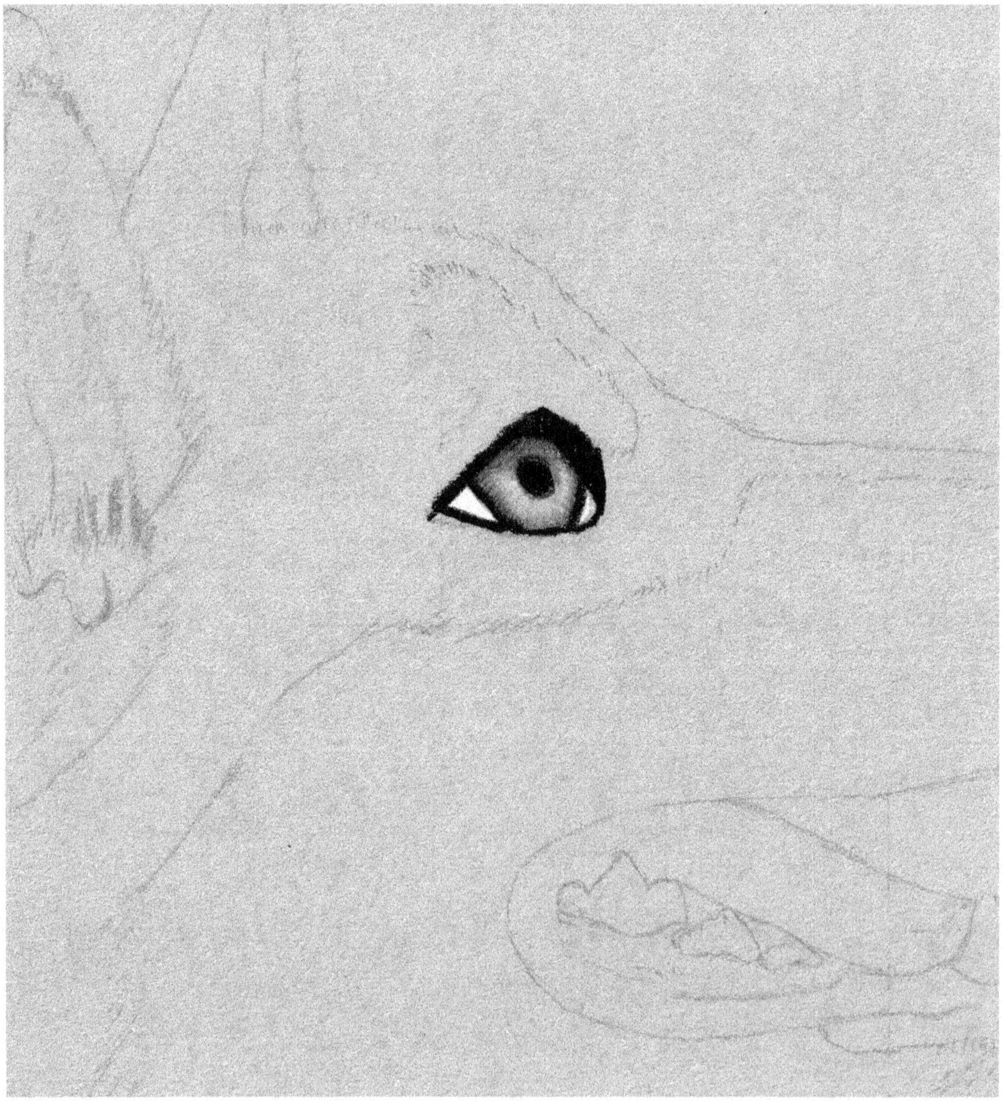

174

Erzeugung von reflektiertem Licht

Um das Auge lebendiger zu gestalten und sein flaches Erscheinungsbild zu reduzieren, verwenden Sie einen Radiergummi, um auf dem oberen Teil des Augapfels vorsichtig einen reflektierten Lichteffekt zu erzeugen. Beachten Sie, wie diese subtile Berührung Tiefe und Realismus zur Gesamtdarstellung hinzufügt.

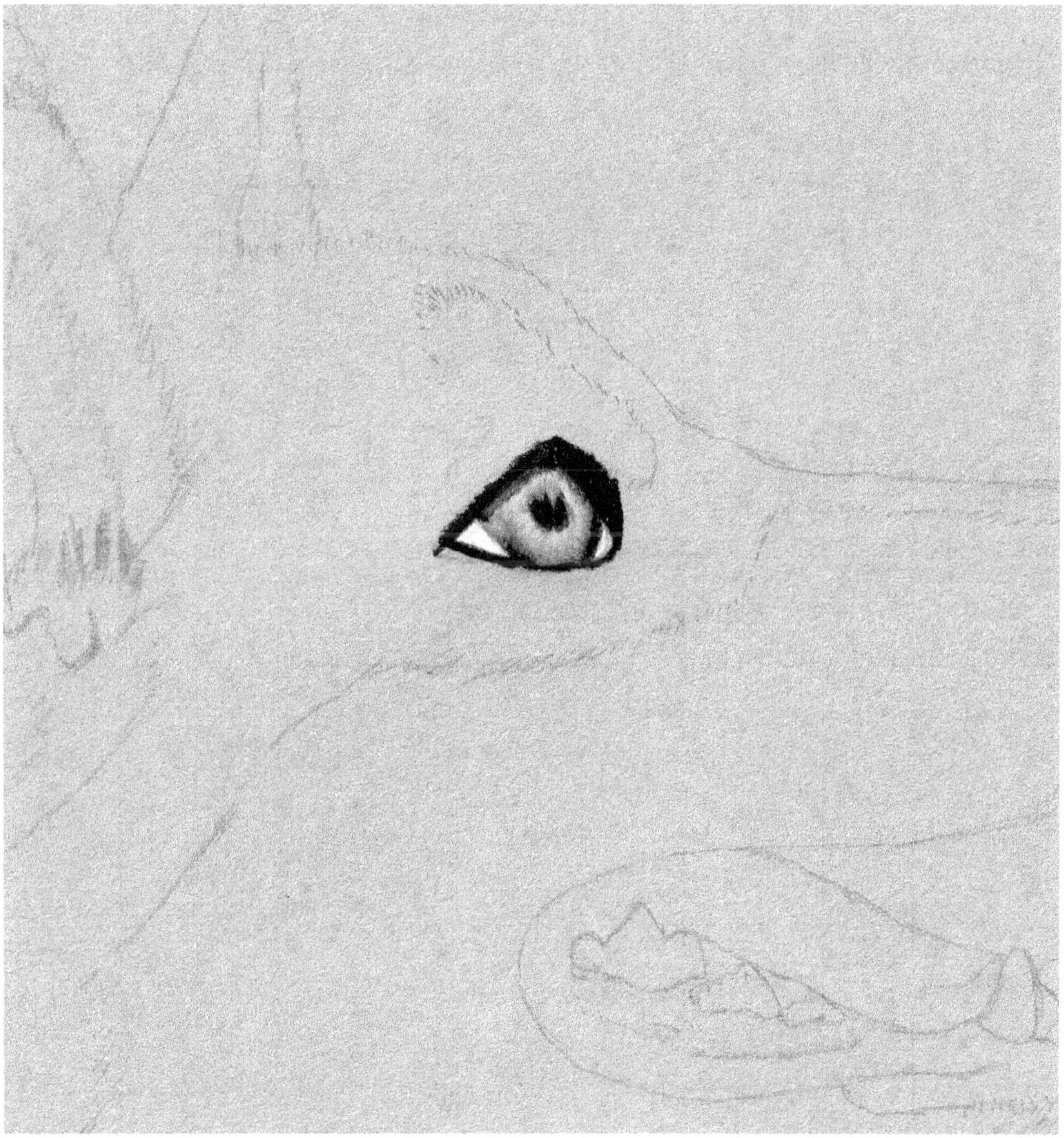

Mit der Helligkeit beginnen

Um den Zeichenprozess zu vereinfachen, schlage ich vor, ihn in drei Phasen aufzuteilen. Zuerst konzentrieren wir uns darauf, das weiße Fell zu zeichnen und zu schattieren. Zweitens werden wir uns dem schwarzen Fell widmen. Schließlich werden wir die Kanten verfeinern, an denen sich weißes und schwarzes Fell überlappen. Dieser segmentierte Ansatz ermöglicht es uns, uns jeweils auf eine Schicht zu konzentrieren, um Klarheit und leichtere Erklärung zu gewährleisten. Beginnen wir mit einem mutigen Schritt, indem wir das gesamte weiße Fell mit weißer Holzkohle oder einem undurchsichtigen weißen Marker einfärben.

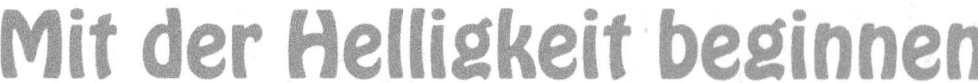

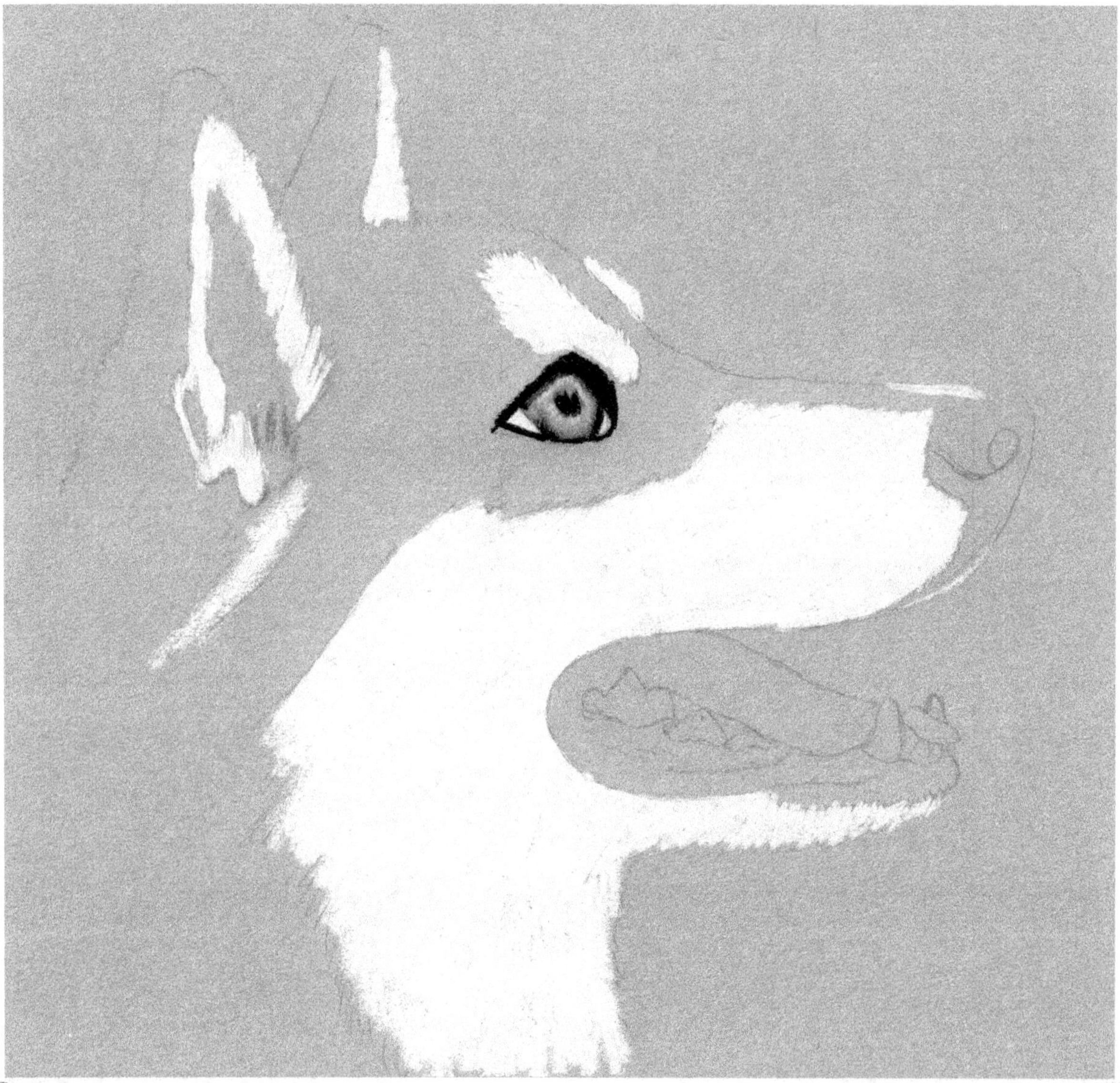

Auch wenn es den Anschein hat, dass das gesamte weiße Fell gleichmäßig weiß ist, können unsere Augen täuschen. Um zu erkennen, welche Bereiche wirklich rein weiß sind und welche schattiert werden müssen, ist es wichtig, die Helligkeit in einem Bildbearbeitungsprogramm zu reduzieren. In meinem Screenshot zeige ich diesen Vorgang mit dem Highlight & Shadow Isolator Online Free Tool, das ich erstellt habe und kostenlos auf meiner Pencil Drawing Tutor Website www.pencildrawingtutor.com zur Verfügung stelle. Nachdem der Regler in Richtung Highlights bewegt wurde, wird deutlich, dass nur die Bereiche über den Augen, der obere Teil des Gesichts und die Schnauze wirklich rein weiß sind. Alle anderen Bereiche benötigen unterschiedliche Grade an Schattierung mit Graphitstiften.

Das Zeichnen nach Referenzfotos vereinfacht den Prozess, da wir uns nicht mit der Vorstellung der Schädelstruktur und anderer Details beschäftigen müssen. Es wird dringend empfohlen, das Referenzbild auszudrucken, anstatt es auf einem Bildschirm zu betrachten, da Bildschirmlicht die Helligkeit weißer Bereiche übertreiben kann und dadurch zu zu hellen Schattierungen führt, wo eigentlich subtilere Tonwerte erforderlich sind.

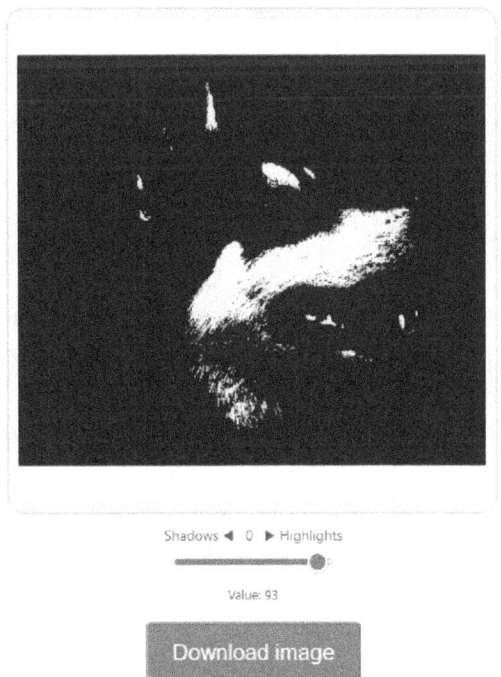

Schattierung des weißen Fells

Beginnen wir damit, das weiße Fell zu schattieren, insbesondere unter und neben der Nase, wobei wir einen HB-Bleistift verwenden, um einen leicht dunkleren Ton einzuführen. Dieser Schritt ermöglicht es uns auch, die Wurzeln der Schnurrhaare zu erstellen. Achten Sie darauf, die Richtung des Haarwuchses konsequent beizubehalten. Schattieren Sie Bereiche, wo die Haut darunter sich biegt, und konzentrieren Sie sich auf die weniger beleuchteten Teile. Beziehen Sie sich auf das Referenzfoto und das begleitende Bild, um die Feinheiten dieses Schritts besser zu verstehen.

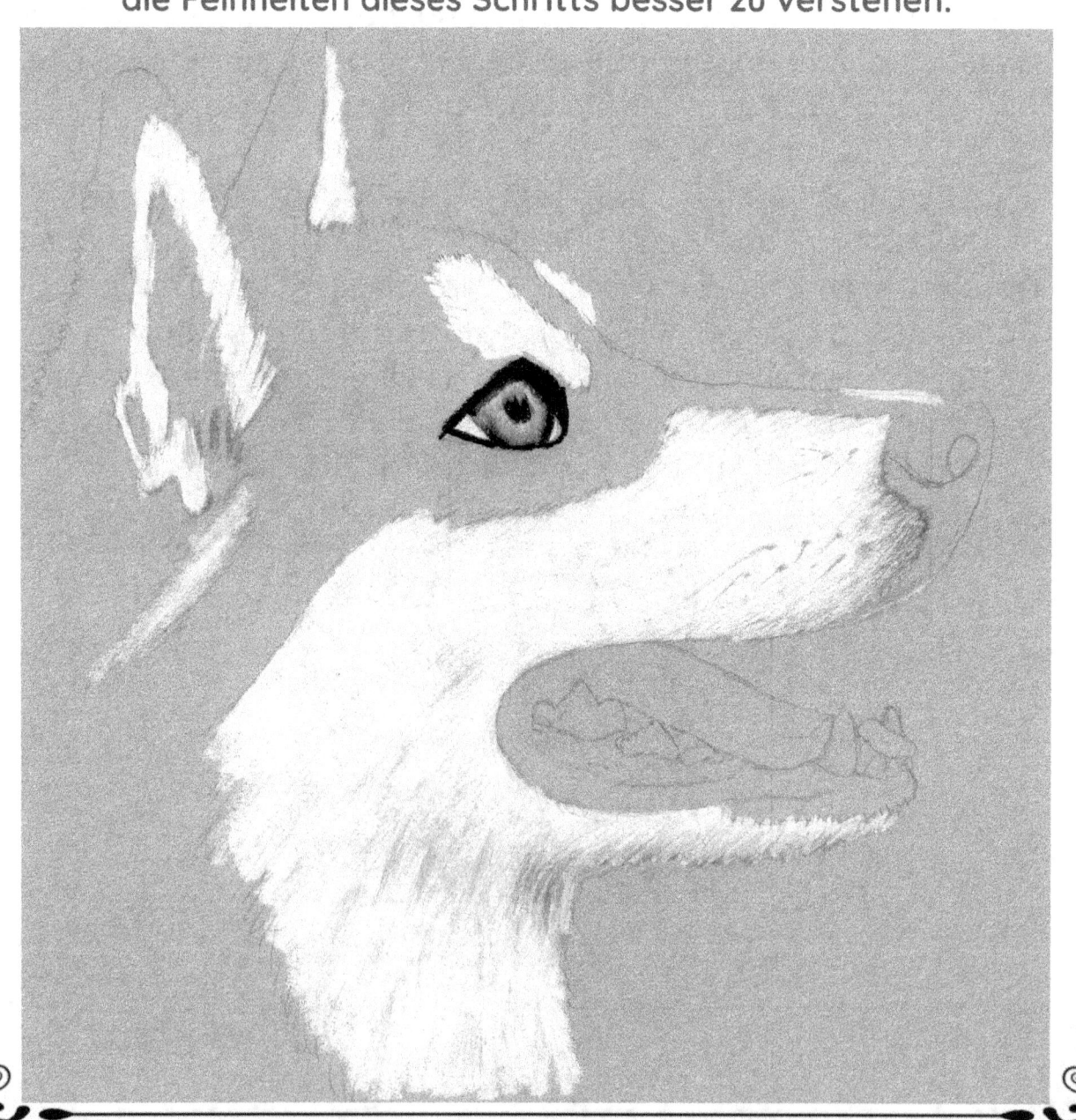

Innere Ohrdetails

Gehen Sie dazu über, den inneren Bereich des Ohrs zu zeichnen, wobei Sie einen HB für den tieferen Abschnitt verwenden und ihn leicht mit weißer Holzkohle verblenden. Erzielen Sie ein nahtloses Finish, indem Sie einen farblosen Blender verwenden. Damit schließen wir unsere Arbeit am weißen Fell ab; eventuelle weitere Anpassungen können in späteren Phasen vorgenommen werden.

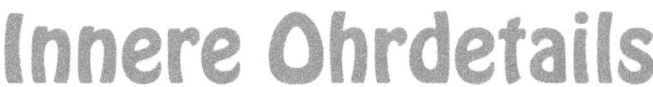

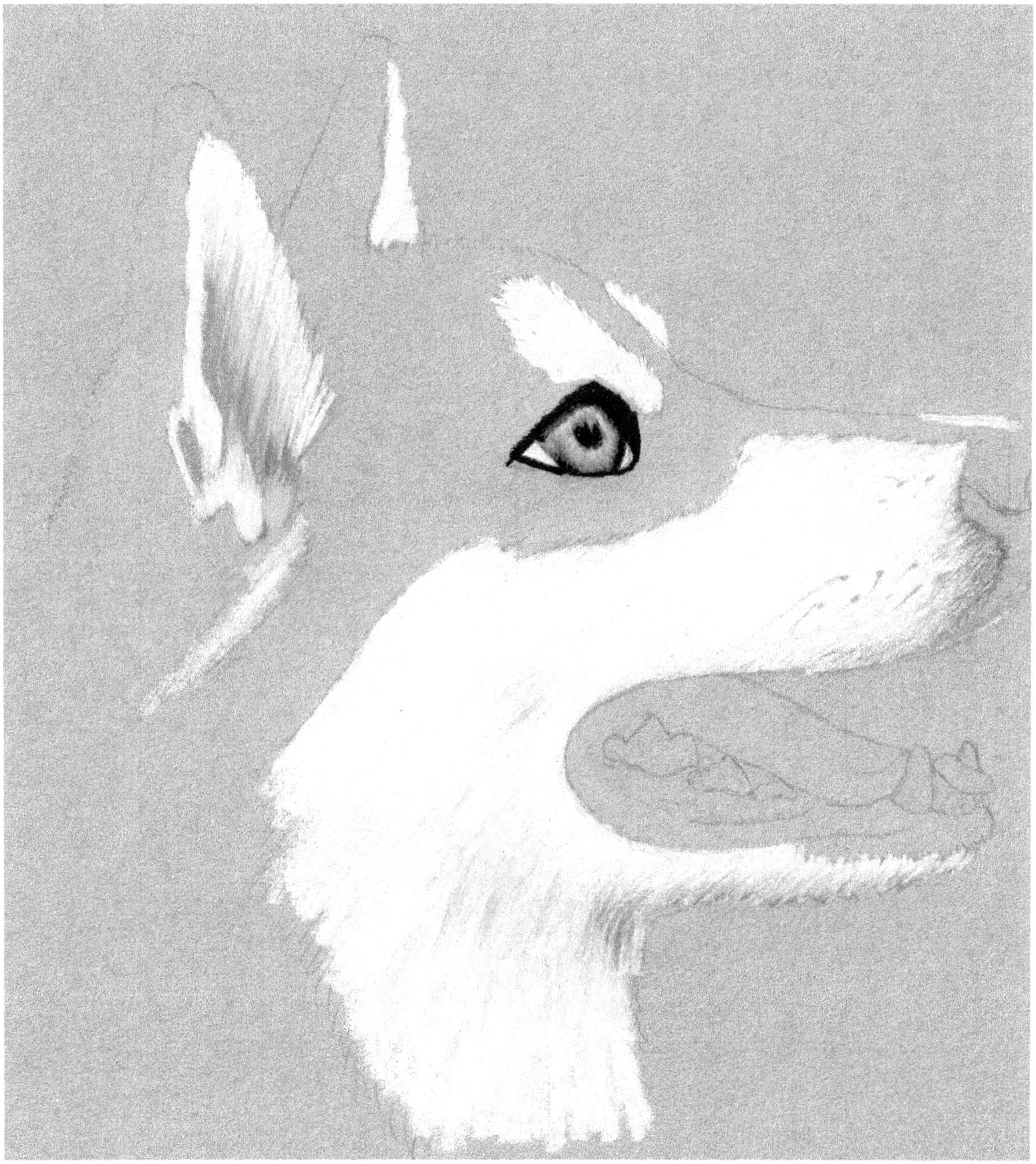

Definieren der Nasenschatten

Bevor wir uns dem schwarzen Fell zuwenden, konzentrieren wir uns darauf, die Nase zu zeichnen. Beginnen Sie mit einem 14B-Bleistift, um die schwarzen Bereiche zu betonen, indem Sie das Nasenloch und einen kleinen Kanal an der Seite der Nase einfärben, wie im nächsten Bild gezeigt. Wenden Sie kräftigen Druck an, um sicherzustellen, dass diese Bereiche reichlich dunkel sind. Es ist zu beachten, dass selbst schwarze Haut, wenn sie beleuchtet wird, sich in Grautöne verwandelt, anstatt rein schwarz zu bleiben.

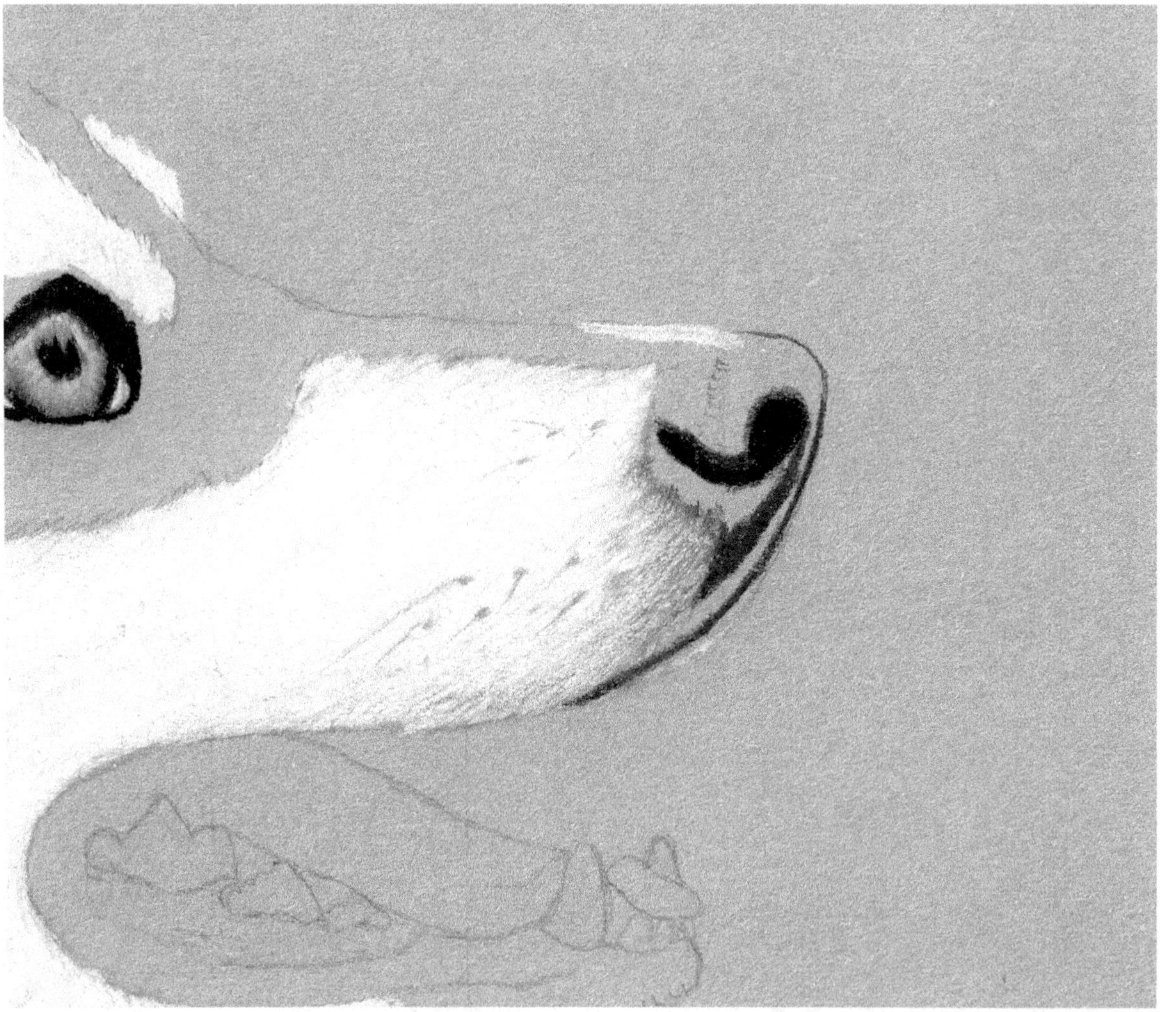

Anwenden der Grundschattierung

Gehen Sie nun dazu über, den Rest der Nase mit einem HB-Bleistift zu schattieren. Verwenden Sie statt Schraffur die Zirkulismus-Technik, um eine gleichmäßige Textur zu erreichen. Zirkulismus beinhaltet das Zeichnen kleiner, sich überlappender Kreise, bis die gesamte Fläche gleichmäßig geschattet ist.

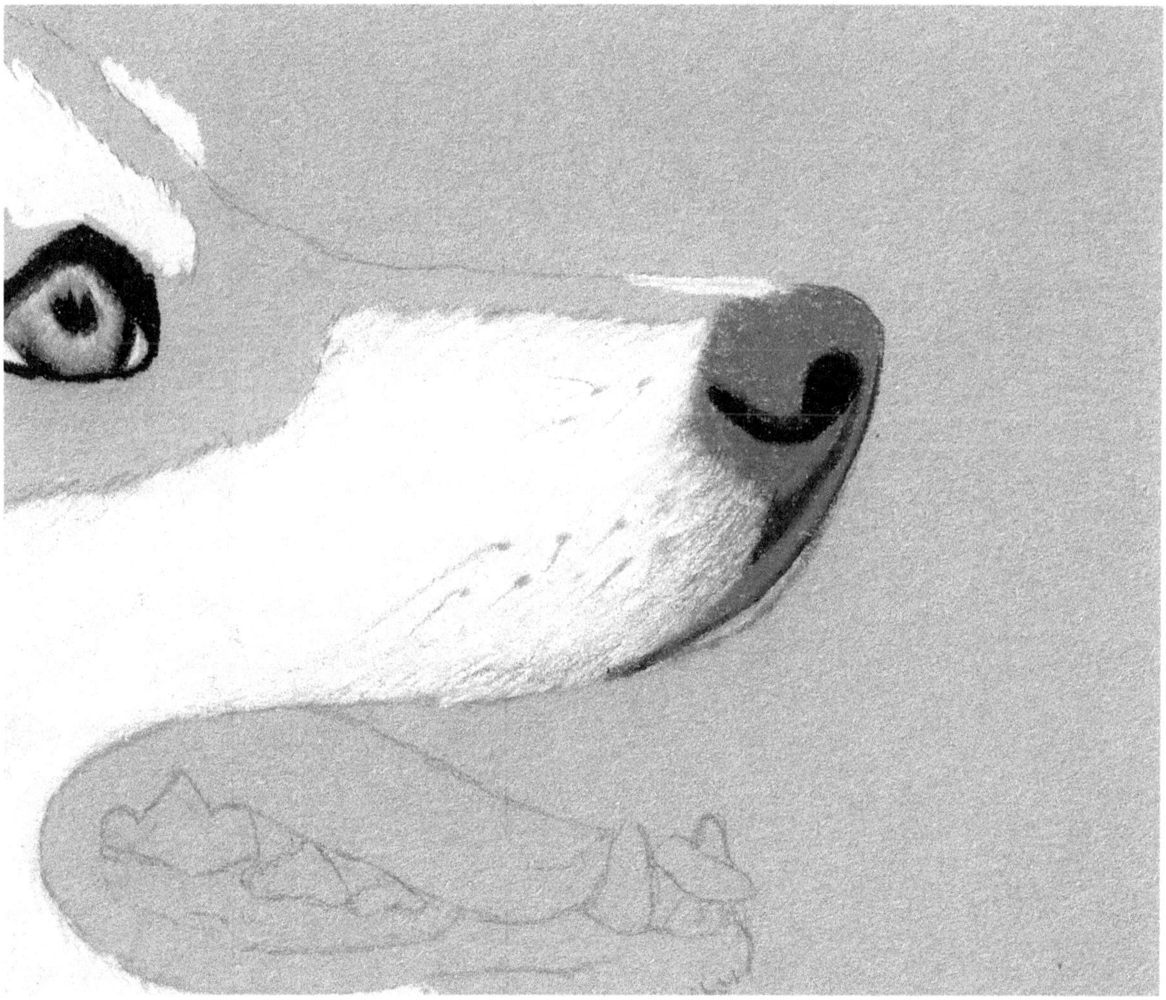

Nahtlose Übergänge gestalten

Um die Übergänge zwischen den Bereichen der Nase mit 14B und HB nahtlos zu verblenden, verwenden Sie einen 4B-Bleistift. Wenden Sie kräftigen Druck neben den 14B-Regionen an und lassen Sie den Druck allmählich nach, wenn Sie sich entfernen. Ziel ist es, einen sanften Farbverlauf zu erzielen und der Nase eine abgerundete Form zu verleihen.

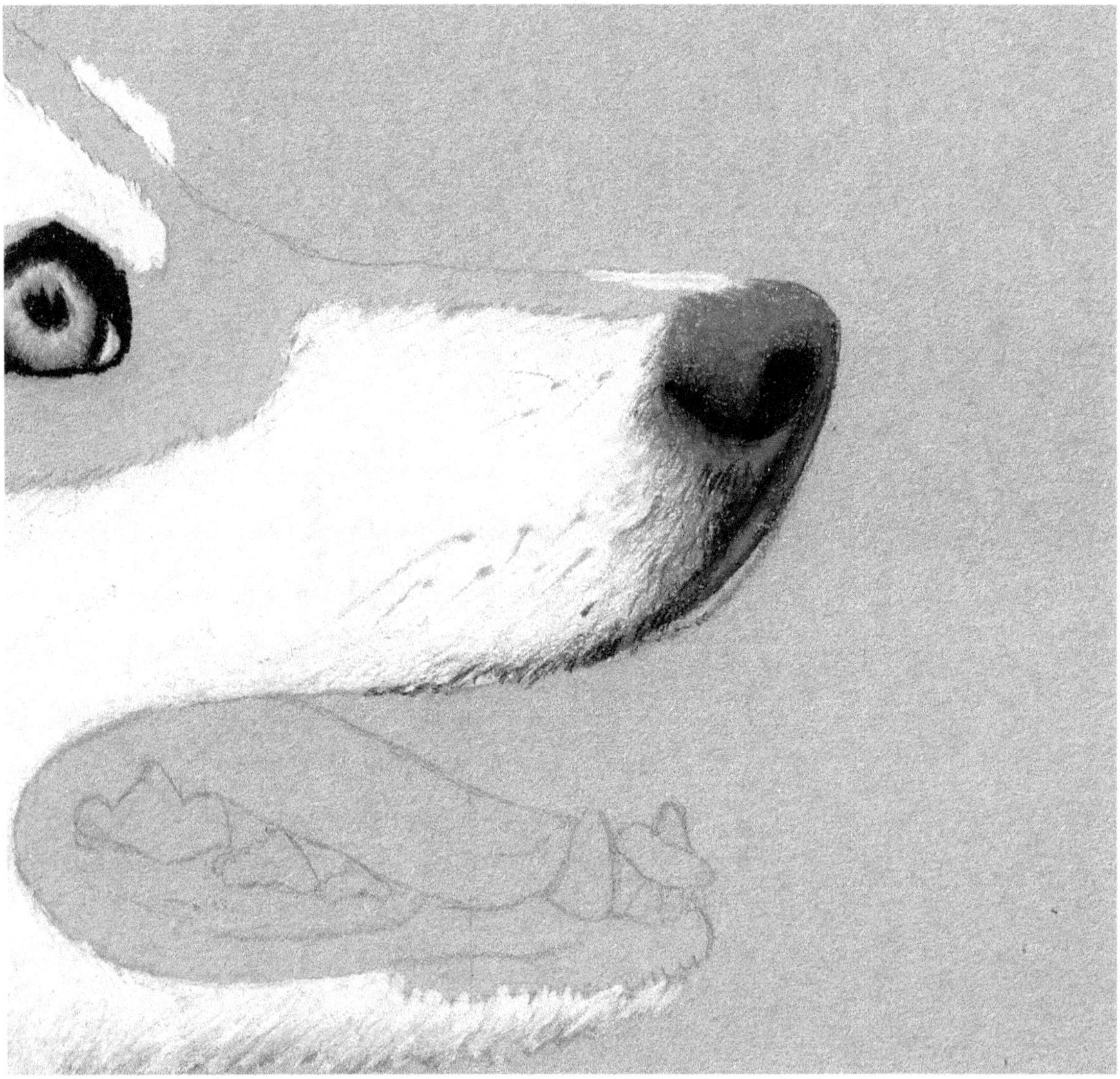

Nasenhervorhebungen verbessern

Schließlich, um den Gesamteffekt zu verbessern, entfernen Sie vorsichtig ausgewählte Teile des Graphits mit einem knetbaren Radiergummi, um subtile Highlights auf dem Nasenrücken zu erzeugen.

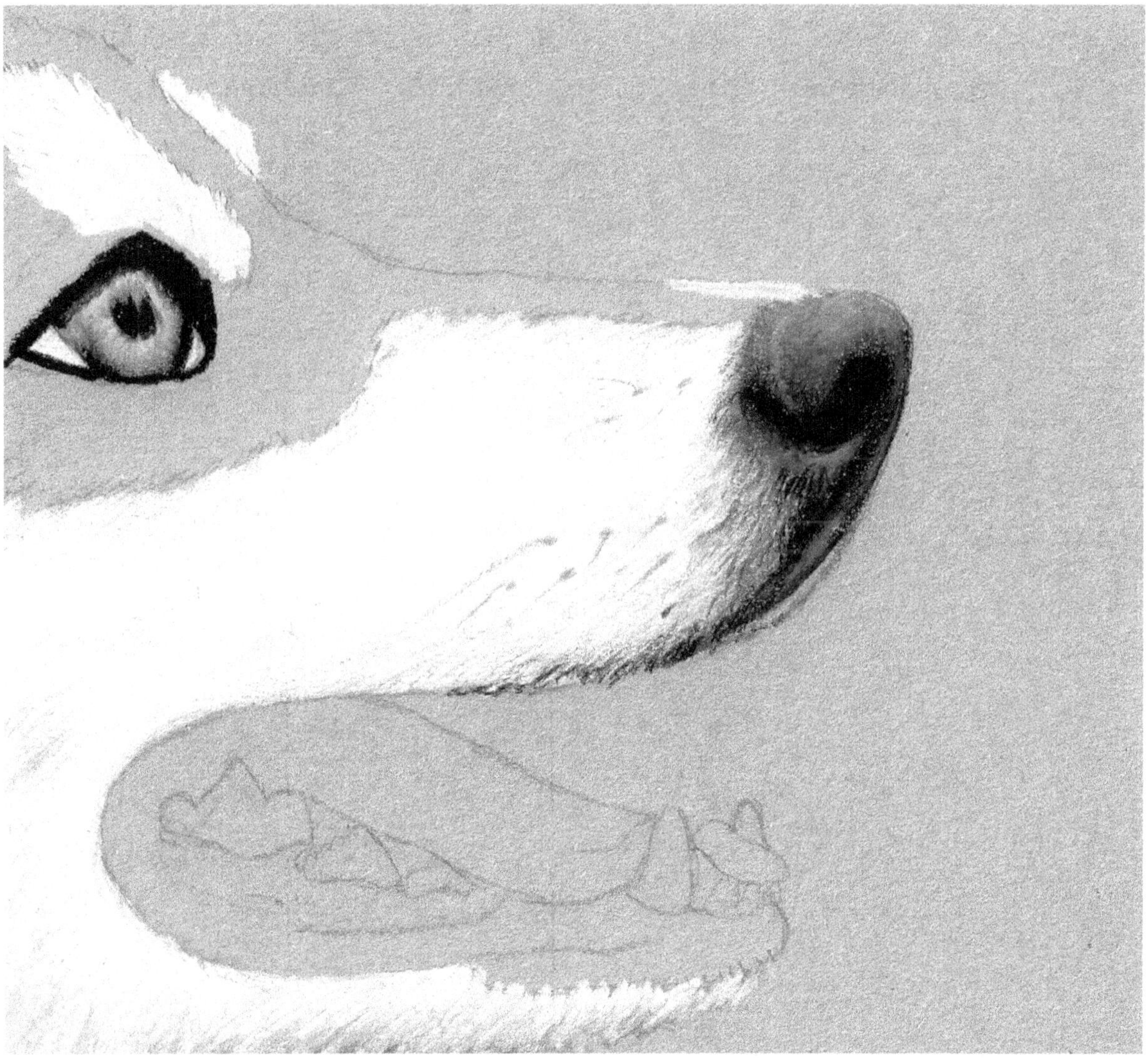

Identifizieren von schwarzen Highlights

Nun gehen wir zum Zeichnen der schwarzen Bereiche des Fells über. Erinnern Sie sich daran, wie wir den Regler im Highlight & Shadow Isolator Online Free Tool in Richtung Highlights bewegt haben, um die rein weißen Bereiche im weißen Fell zu finden? Jetzt müssen wir das Gegenteil tun und den Regler in Richtung Schatten bewegen, um zu erkennen, welche Bereiche vollständig schwarz und welche grau sind.

Im Screenshot sehen Sie, dass dieses Tool gezeigt hat, dass nur wenige Bereiche des Fells wirklich schwarz sind.

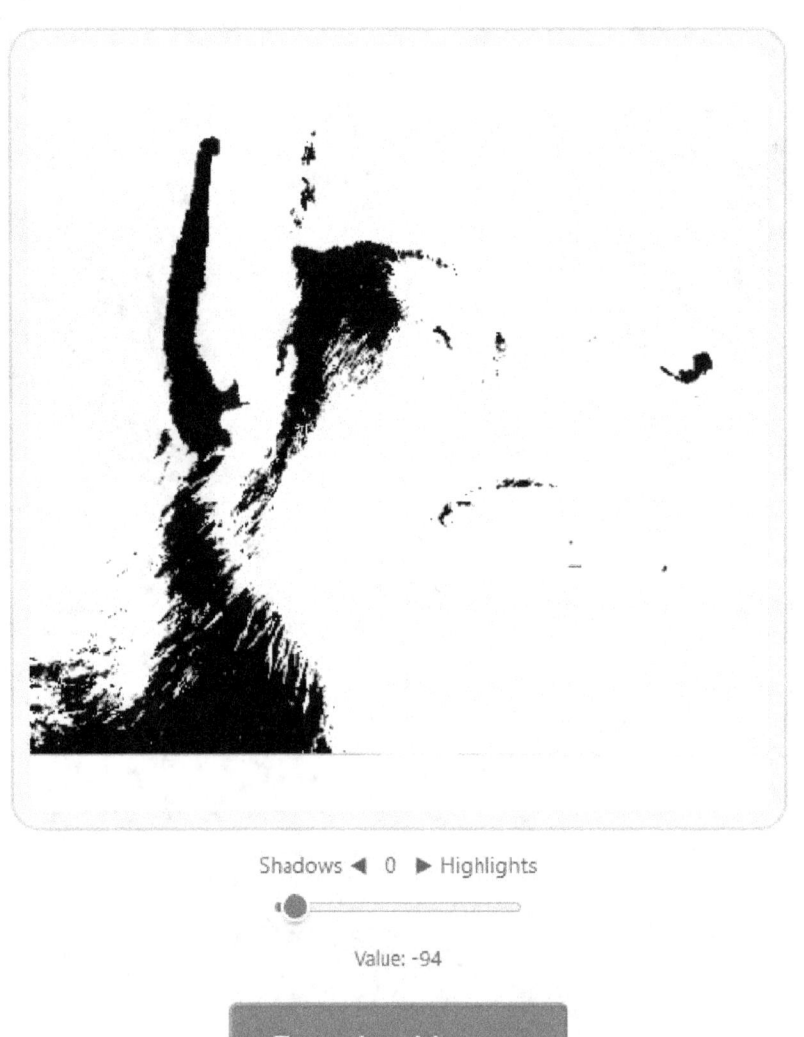

Shadows ◀ 0 ▶ Highlights

Value: -94

Download image

Zeichnen des dunkelsten Fells

Verwenden Sie nun einen 14B-Bleistift, um die dunkelsten Teile zu skizzieren, indem Sie der Richtung des Haarflusses folgen. Beziehen Sie sich auf das nächste Bild, um die spezifischen Bereiche zu identifizieren, die ich mit diesem Bleistift schattiert habe.

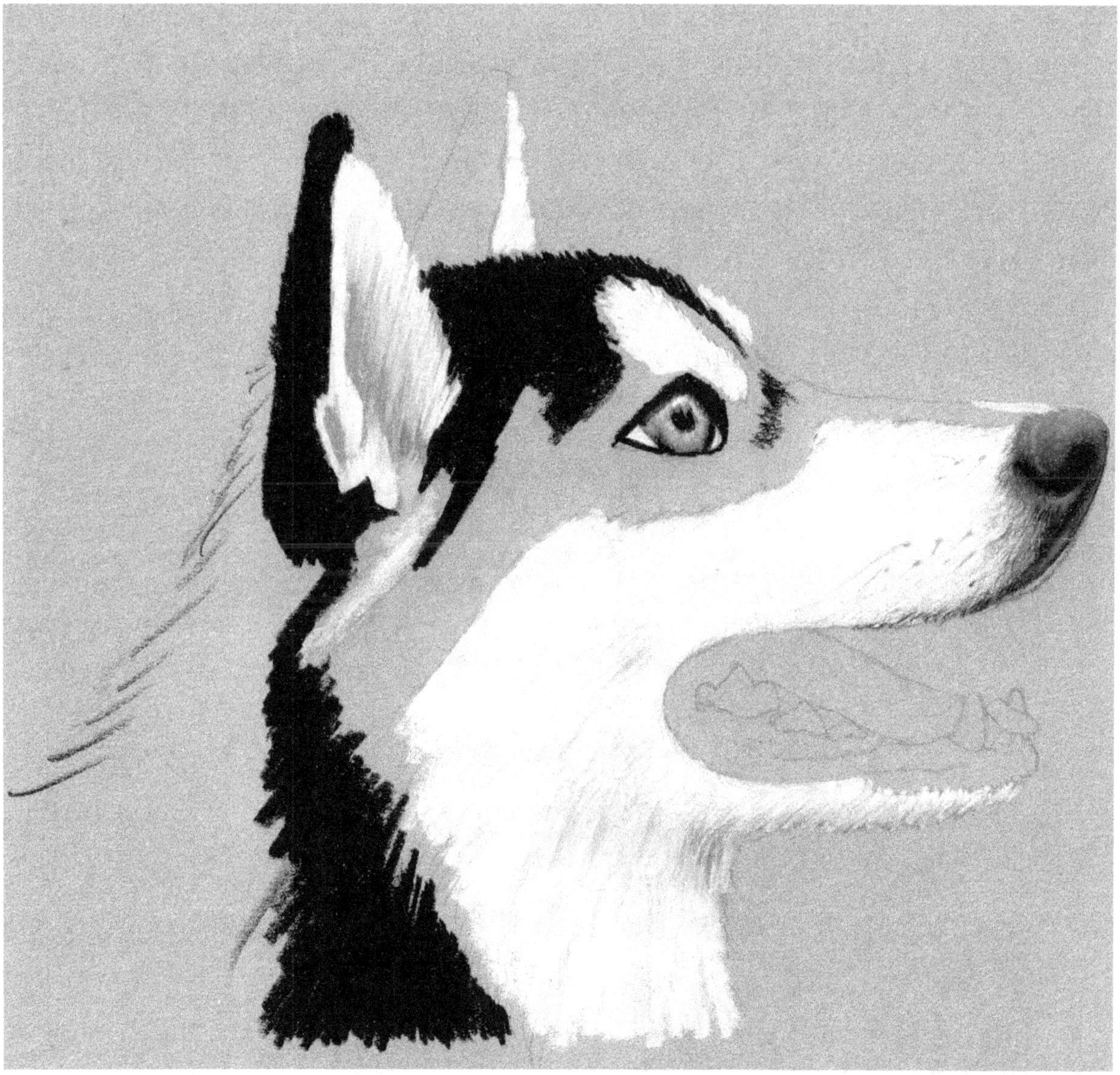

Schattieren mit einem 6B-Bleistift

Gehen Sie als Nächstes dazu über, das verbleibende Fell mit einem 6B-Bleistift zu schattieren, der zwar dunkel ist, aber etwas heller als der 14B. Halten Sie weiterhin die konsistente Praxis ein, der natürlichen Wuchsrichtung des Haars zu folgen. Erweitern Sie die Schattierung, um auch Bereiche zu bedecken, in denen möglicherweise winzige weiße Haare vorhanden sind, wie oberhalb des Auges. Es ist wichtig zu beachten, dass nur weil es einige weiße Haare gibt, nicht der gesamte Abschnitt als weiß kategorisiert wird. Verwenden Sie daher den dunkleren Bleistift großzügig und planen Sie, diese wenigen weißen Haare später mit einem weißen Marker einzufügen. Während die Feinheiten zwischen dem 14B- und dem 6B-Bleistift in meiner gescannten Zeichnung möglicherweise nicht so deutlich sind, werden Sie den Unterschied in Ihrem eigenen Kunstwerk deutlicher erkennen.

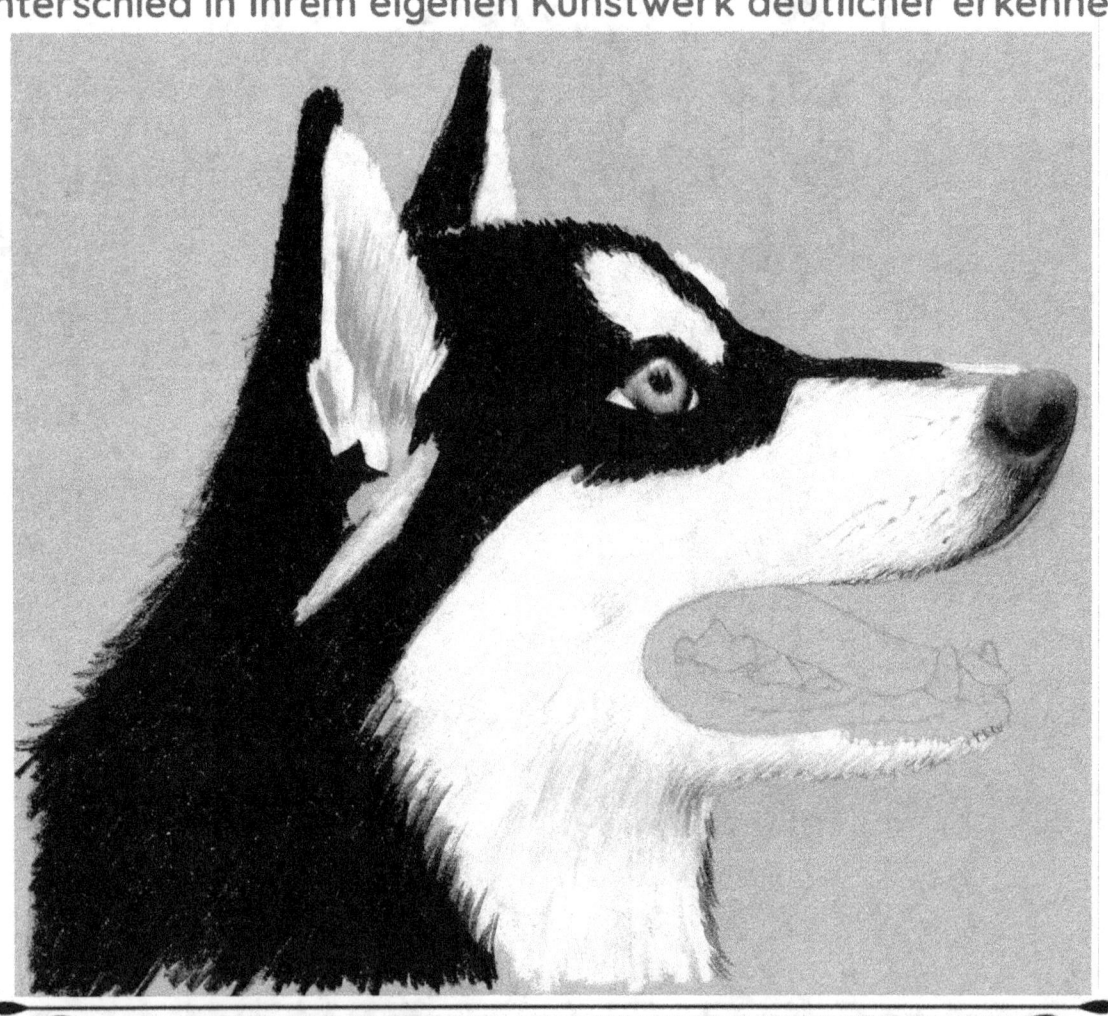

Hervorheben des dunklen Fells

Es ist an der Zeit, einige Highlights mit einem Radiergummi über dem dunklen Fell und in Bereichen wie unter dem Auge, oben auf der Schnauze, oben auf dem Kopf und am Rücken zu setzen. Grundsätzlich müssen die herausragenden Bereiche, die mehr Licht erhalten, durch Entfernen von etwas Graphit aufgehellt werden.

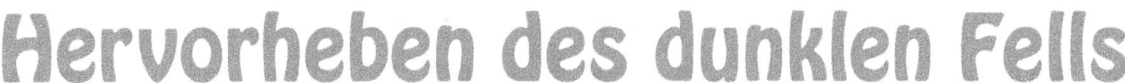

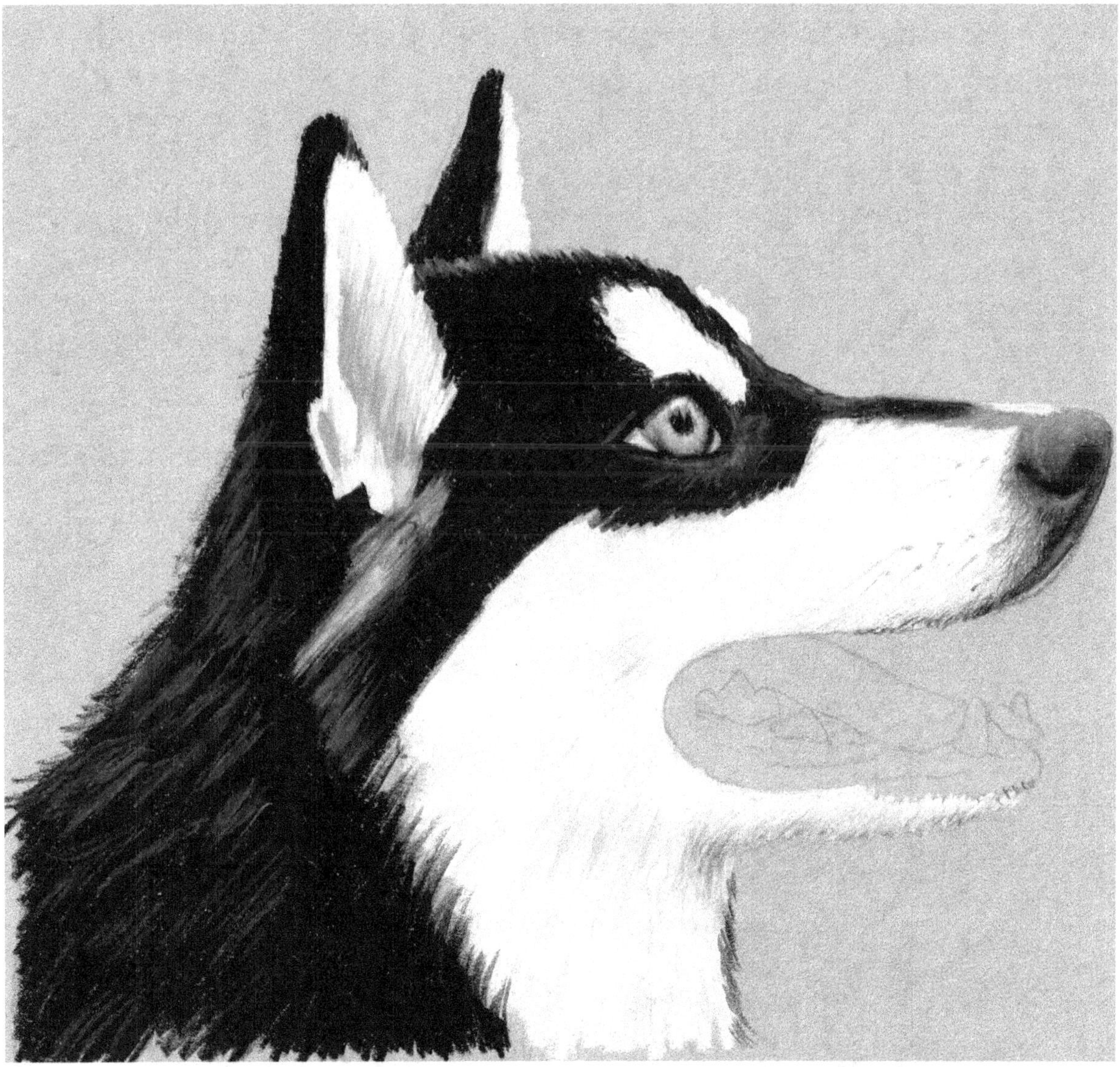

Das Aussehen abmildern

Als nächsten Schritt wollen wir den äußeren Rand des schwarzen Fells glätten. Anfangs habe ich mich ausschließlich darauf konzentriert, die Hauptfarbe auf das dunkle Fell aufzutragen, den äußeren Teil jedoch vernachlässigt. Nun ist die Linie zwischen dem Fell und dem Hintergrund zu klar. Wir müssen sie abmildern, indem wir winzige Haare hinzufügen, die über das Fell hinausragen, und dafür verwende ich einen farblosen Blender von Prismacolor. Nehmen Sie die scharfe Spitze des farblosen Blenders und führen Sie ihn entlang des Randes des schwarzen Fells, bewegen Sie ihn nach außen mit schnellen, selbstbewussten Strichen. Überprüfen Sie das Bild unten, um zu sehen, wie ich die äußeren Kanten abgemildert habe. Dieser Schritt lässt den äußeren Rand des Fells flauschig und weich aussehen. Einige Haare sollten kürzer sein, wie um das Ohr und die Stirn, und einige sollten länger sein, besonders auf dem Rücken.

Jetzt sehen Sie, wie es viel natürlicher aussieht.

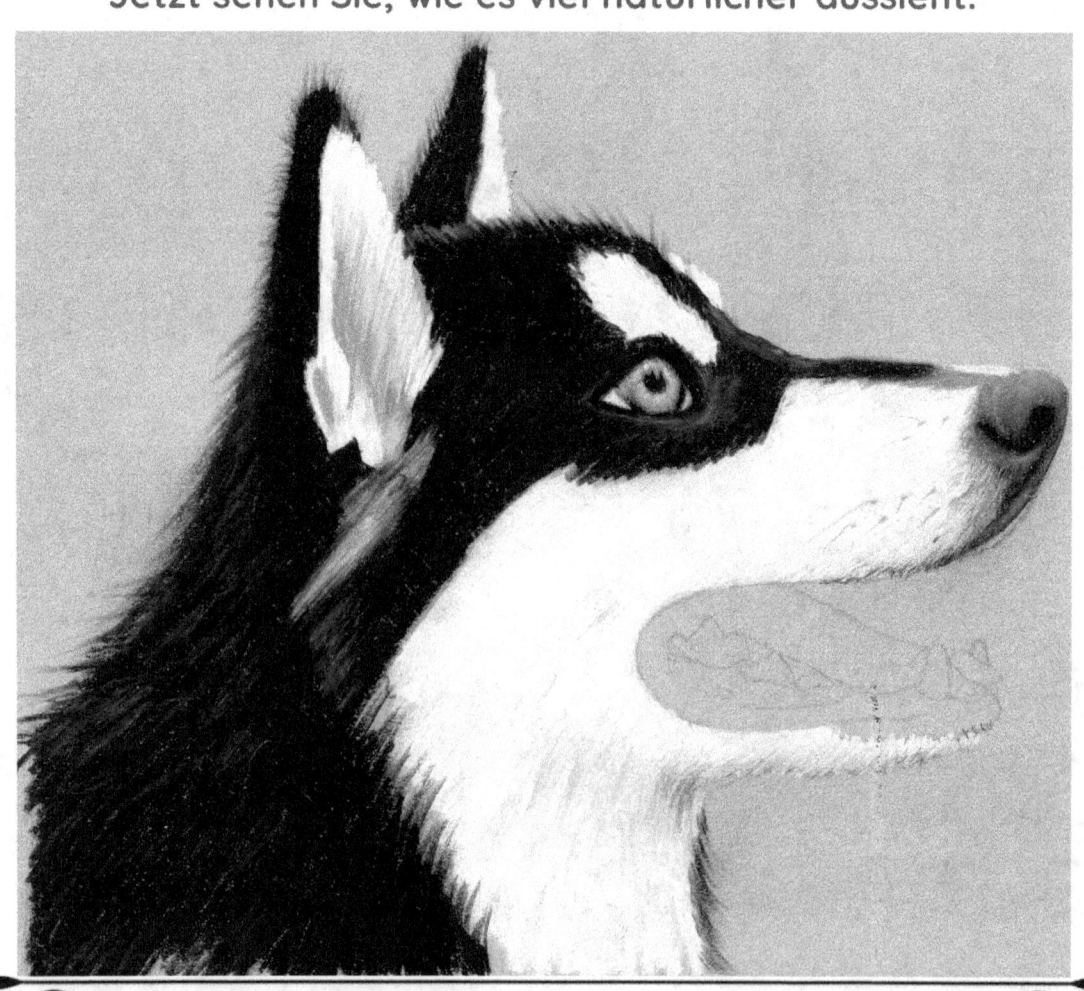

Übergang von Schwarz zu Weiß

Nun wollen wir uns dem Übergang zwischen dem schwarzen und weiß-
en Fell zuwenden, den wir zuvor besprochen haben. Ähnlich wie bei
unserem Vorgehen im vorherigen Schritt müssen wir die Grenze zwischen diesen beiden Farben entlang des äußeren Rands abmildern.
Platzieren Sie die Spitze Ihres farblosen Blenders über dem schwarzen
Fell und verschmelzen Sie es mit nach innen gerichteten Strichen mit
dem weißen Fell. Beachten Sie die Richtung des Haarwuchses für ein
natürlicheres Aussehen. Für mehr Tiefe können Sie in Betracht ziehen,
einen dunklen Bleistift wie 4B zu verwenden, um einige Haare über
den Rand zu zeichnen und sie nahtlos zu verblenden. Insbesondere in
der Nähe des Ohrs platzieren Sie die Bleistiftspitze und den farblosen
Blenders über dem schwarzen Bereich. Zeichnen Sie Linien nach innen
in Richtung des weißen Fells des Ohres, um eine harmonische Mischung zwischen den beiden kontrastierenden Farben zu schaffen.

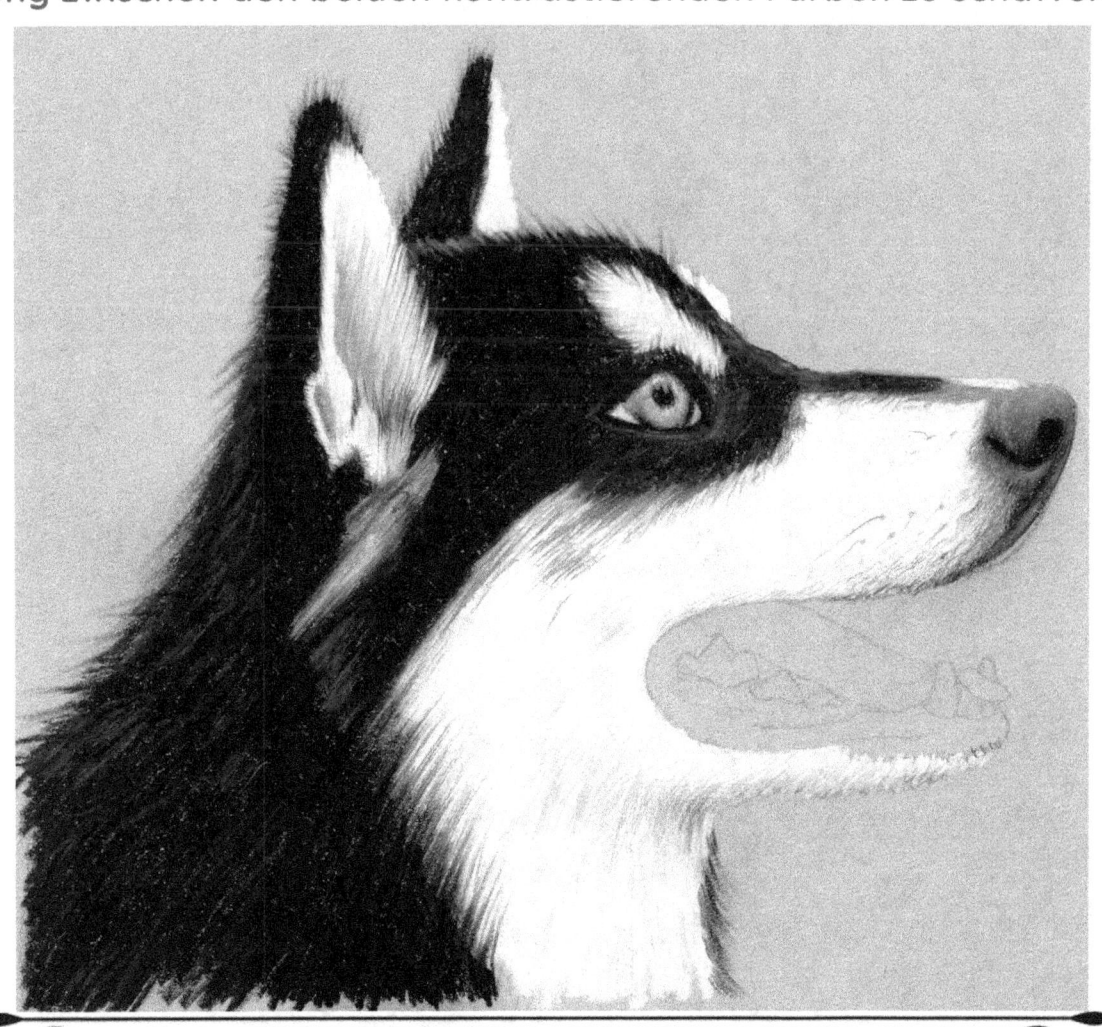

Weiße Haare auf dunklem Fell

Mildern Sie das äußere weiße Fell auf ähnliche Weise wie das schwarze Fell. Verwenden Sie dafür am besten einen gut angespitzten weißen Holzkohlestift für bessere Ergebnisse. Konzentrieren Sie sich auf Bereiche oberhalb des Auges und auf der rechten Seite der Ohren. Zeichnen Sie als Nächstes weiße Haare über die schwarzen Haare in der Nähe des Farbübergangs mit einem undurchsichtigen weißen Marker oder einem weißen Gelstift. Reinigen Sie regelmäßig die Spitze des Stifts auf einem separaten Blatt, um zu verhindern, dass er schwarze Rückstände aufnimmt. Um die Helligkeit zu kontrollieren, tippen Sie leicht mit dem Finger auf die frisch gezeichneten Haare, während sie noch feucht sind. Falls unerwünschte weiße Haare auftreten, können Sie sie leicht mit dem Fingernagel oder einem Präzisions-messer entfernen. Zeichnen Sie die weißen Schnurrhaare erst, nachdem Sie den Mund fertiggestellt haben, und lassen Sie dies als letzten Schritt.

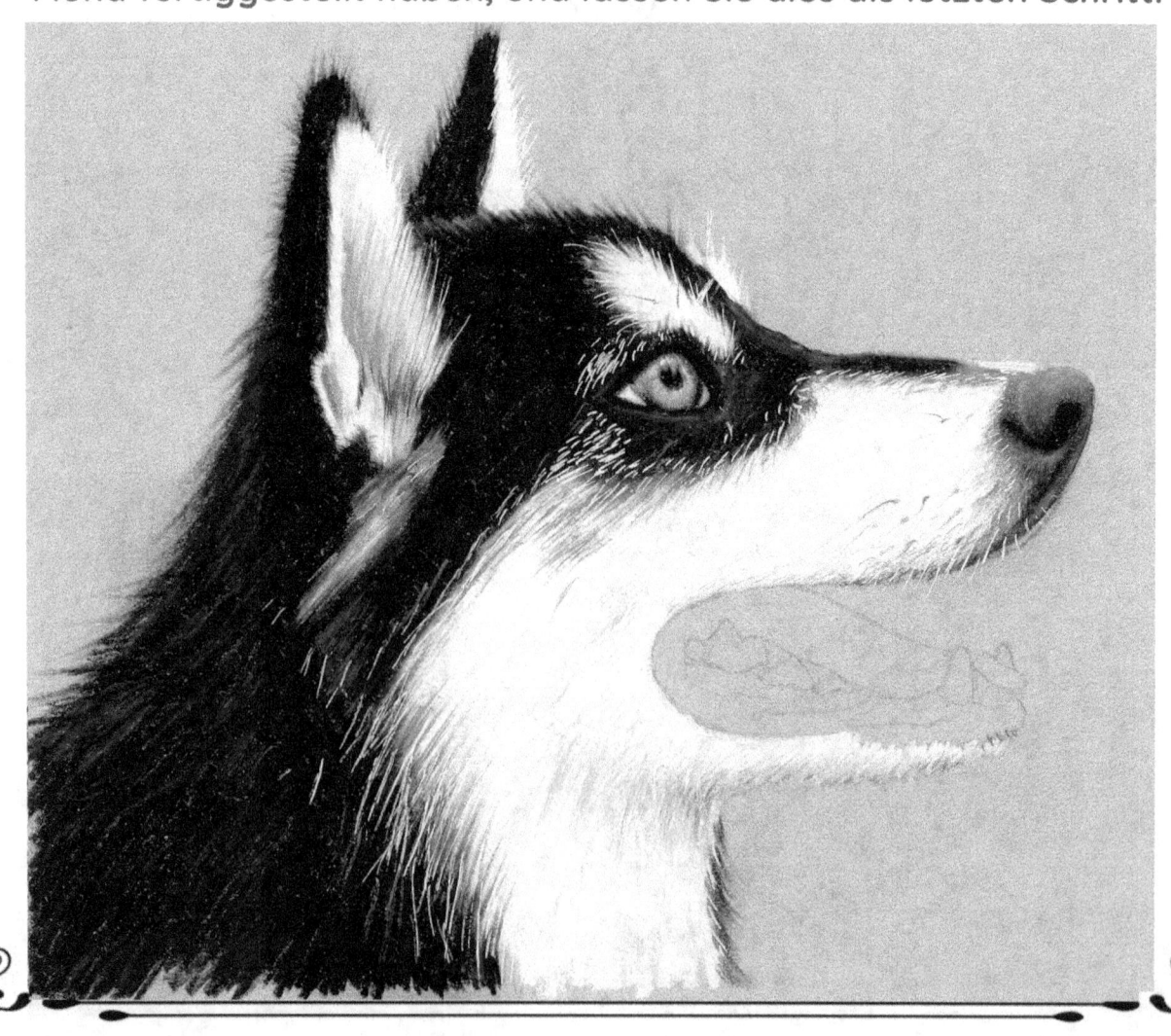

Die Zähne einfärben

Nun konzentrieren wir uns auf den letzten Schliff – den Mund.

Beginnen Sie damit, die Zähne vorsichtig mit einem weißen Holz-kohlestift oder einem undurchsichtigen weißen Marker einzufär-ben. Gehen Sie anschließend sanft über die schattierten Teile der Zähne mit einem HB-Bleistift, wobei Sie leichten Druck für subtile Schattierungen anwenden. Dieser Schritt verleiht den Details Präzision und vervollständigt die Gesamtreinheit Ihrer Zeichnung.

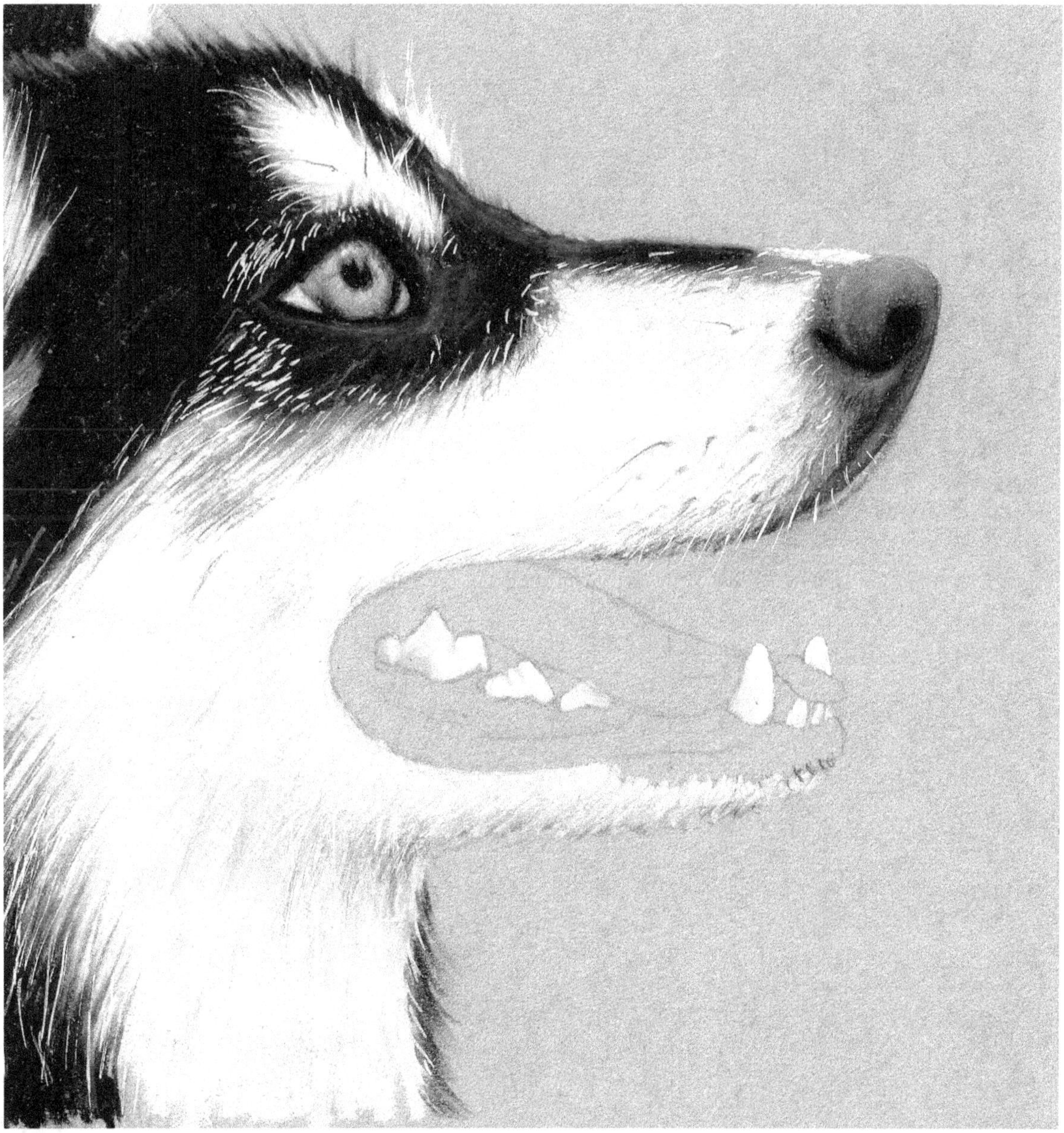

Die Zunge schattieren

Fahren Sie fort, indem Sie die Zunge schattieren, und folgen Sie der visuellen Anleitung im nächsten Bild. Verwenden Sie einen HB-Bleistift für nuancierte Tiefe und Realismus. Die Wahl liegt bei Ihnen – fügen Sie mehr Details hinzu oder behalten Sie die aktuelle Einfachheit bei. Bedenken Sie, dass eine herausragende Zeichnung nicht zwangsläufig die komplexeste sein muss. In der Regel ist Ihr bevorzugtes Werk dasjenige, das am meisten mit Ihnen in Resonanz steht. Streben Sie danach, ein Kunstwerk zu schaffen, das Ihre künstlerische Vision wirklich befriedigt.

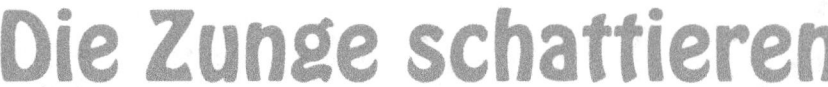

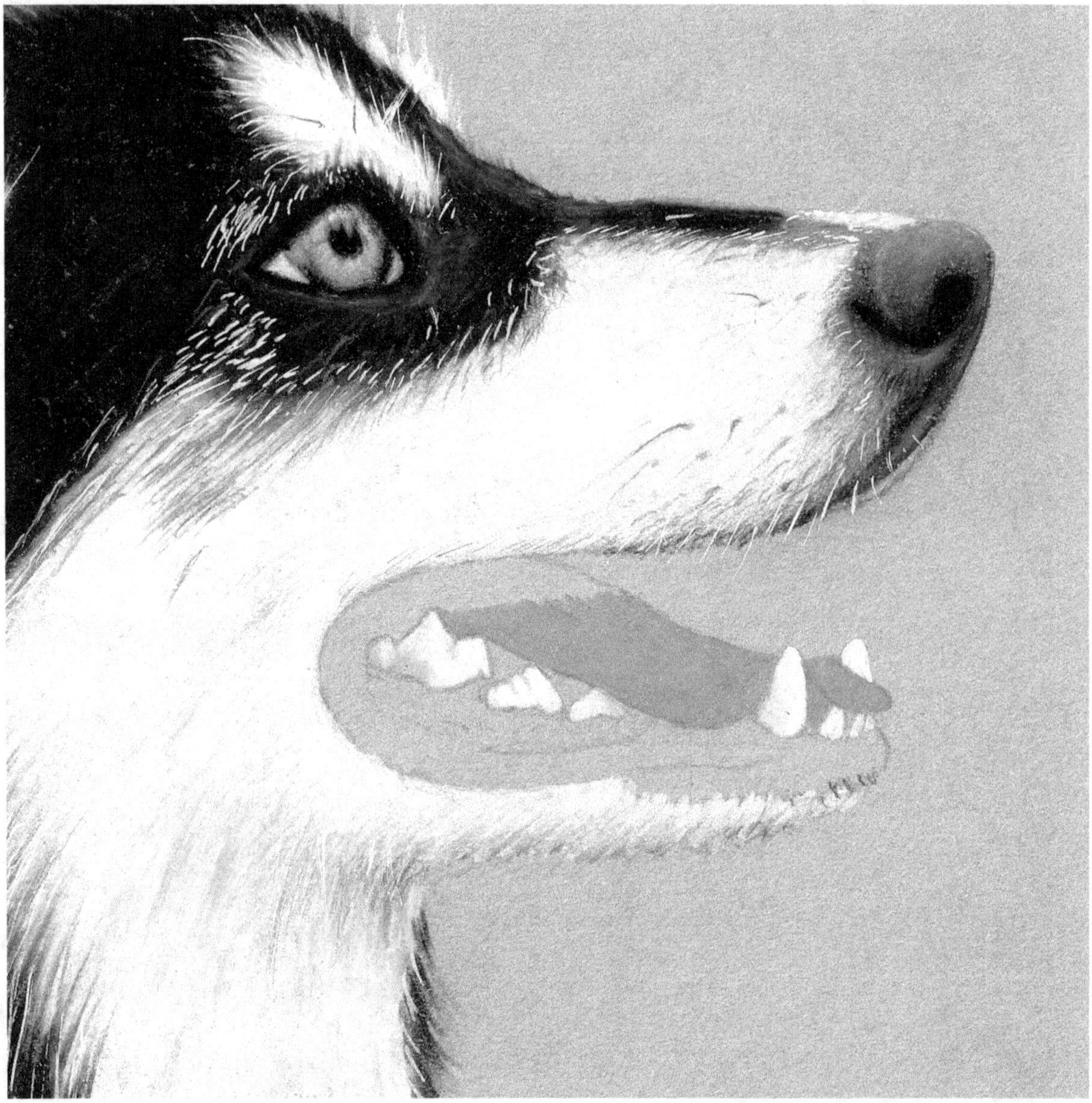

Den Mund mit Präzision schattieren

Schattieren Sie die verbleibenden Bereiche des Mundes, die umgebende Haut und das vollständig schwarze Zahnfleisch um die Zähne, mit Ausnahme des Abschnitts neben der schattierten Zunge. Nehmen Sie einen 14B-Bleistift und wenden Sie kräftigen Druck für intensive Schatten an. Üben Sie Präzision aus, indem Sie sorgfältig um die Zähne und die Zunge herum konturieren und dabei einen gut angespitzten Bleistift verwenden, um ihre ursprünglichen Formen beizubehalten.

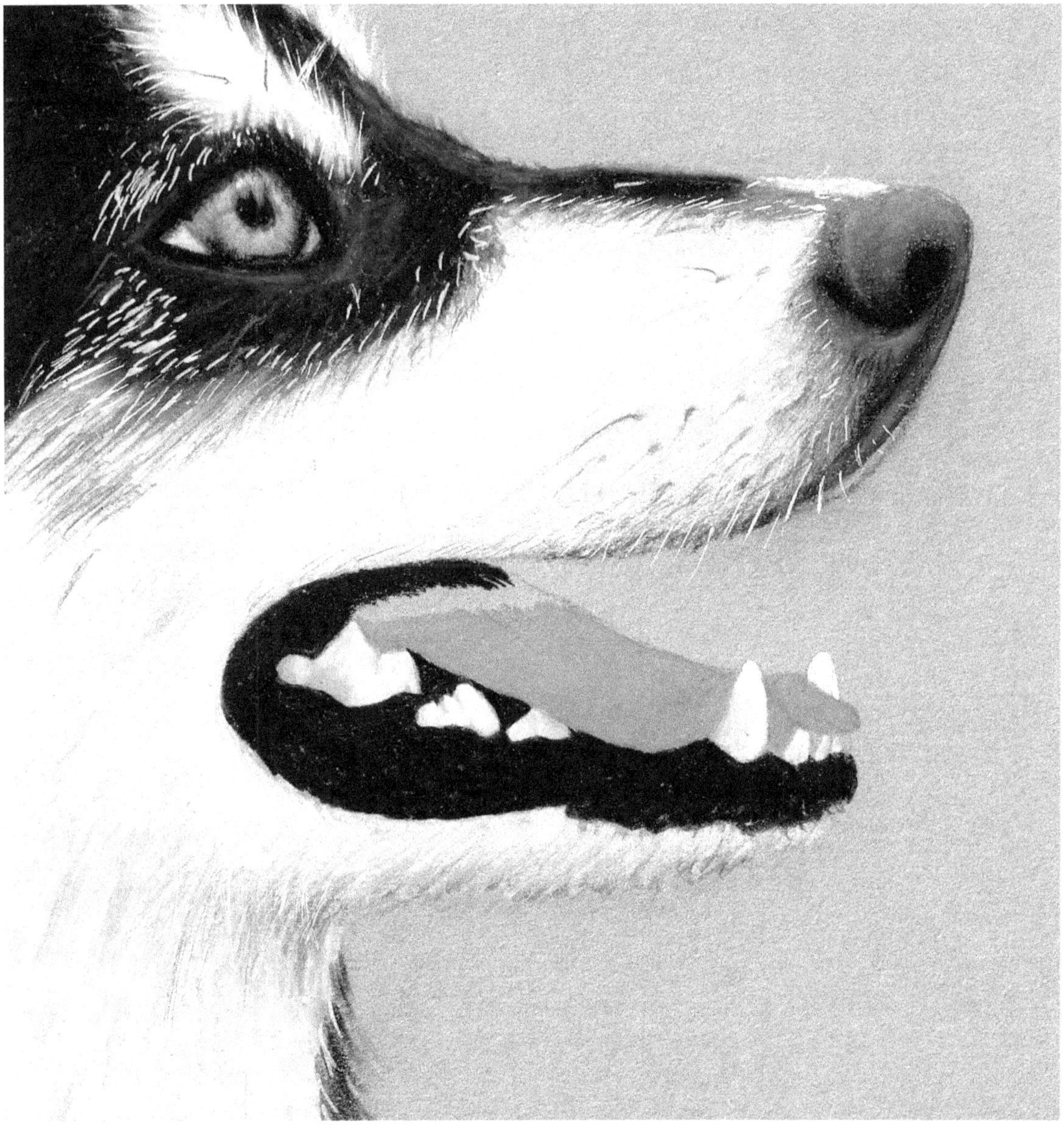

Das Verblenden der Zunge

Stellen Sie sicher, dass ein sanfter Übergang entsteht, wenn der HB-
-Bereich der Zunge allmählich in den zuvor schattierten 14B-Bereich
übergeht. Verwenden Sie einen 4B-Bleistift, um die HB- und schwarzen Regionen zu verbinden, indem Sie kräftigen Druck über dem
schwarzen Bereich ausüben und ihn allmählich freisetzen, wenn Sie
den Rand des HB-Bereichs erreichen. Diese Technik schafft eine nahtlose Abstufung zwischen den beiden Bereichen und verbessert insgesamt die Realitätstreue. Erweitern Sie Ihre Schattierung auf den unteren Teil der Zunge und berücksichtigen Sie dabei den Schatten, der
von den Eckzähnen geworfen wird. Intensivieren Sie allmählich den
Schatten im unteren Teil, während er neben der anfänglichen HB-
-Schattierung heller bleibt. Diese Technik betont die Rundung der
Zungenränder und trägt zu einer realistischeren Darstellung bei.

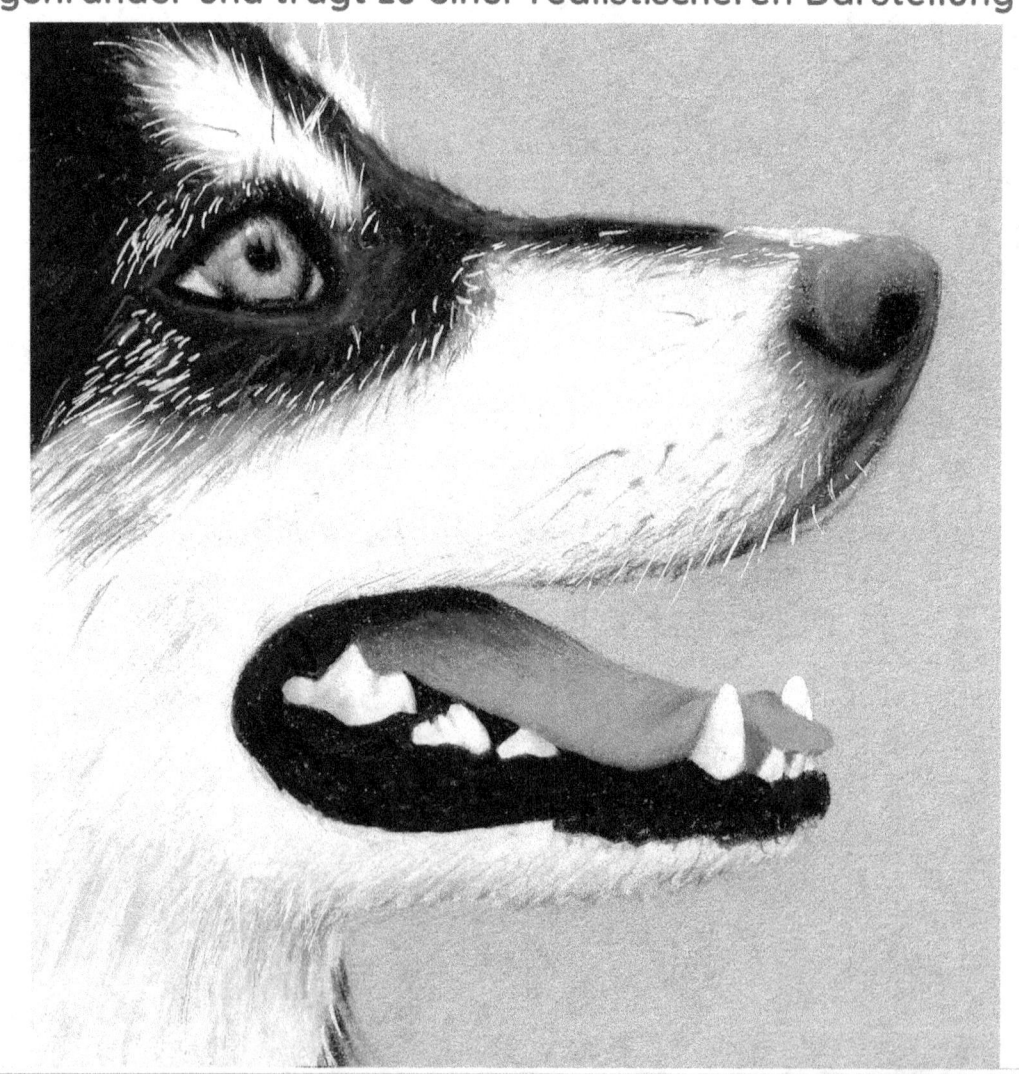

Highlights und Schnurrhaare hinzufügen

Beenden Sie Ihre Zeichnung, indem Sie Highlights auf das Zahnfleisch, die Zunge und die schattierten Bereiche setzen, indem Sie mit dem Radiergummi kräftigen Druck ausüben. Drücken Sie fest, um diese Stellen hervorzuheben.

Als letzten Schliff zeichnen Sie Schnurrhaare über dem Mund und umranden Sie den geöffneten Mundbereich gemäß dem Referenzfoto. Verwenden Sie für diesen Schritt einen weißen Marker oder einen weißen Gelstift, um Ihrer Zeichnung den letzten Schliff zu verleihen und sie komplett erscheinen zu lassen.

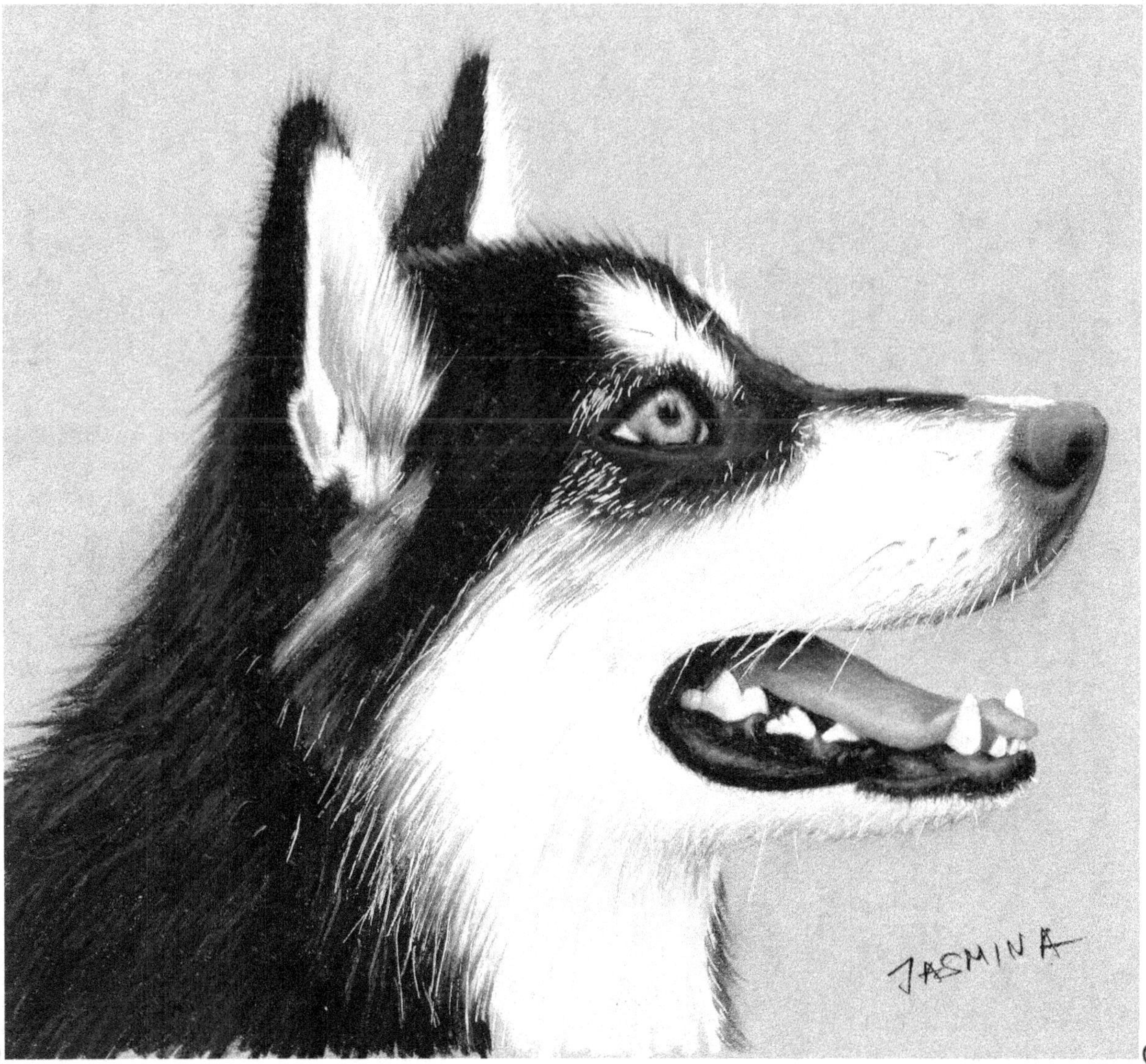

Einen Tiger zeichnen

Das Zeichnen eines Tigers nach einem Referenzfoto bietet eine gezielte Gelegenheit zur Weiterentwicklung von Beobachtungsfähigkeiten und technischer Fertigkeit. Tiger als Motive bieten komplexe Details, die Künstler herausfordern, ihre Fähigkeiten zu verfeinern und künstlerische Fertigkeiten durch die Arbeit an Details, Texturen und Proportionen zu verbessern. Es ermöglicht auch eine konzentrierte Untersuchung der einzigartigen Merkmale des Tieres, fördert ein tieferes Verständnis der Tierwelt und trägt möglicherweise dazu bei, das Bewusstsein für die Bedeutung des Naturschutzes zu schärfen.

Das Referenzfoto

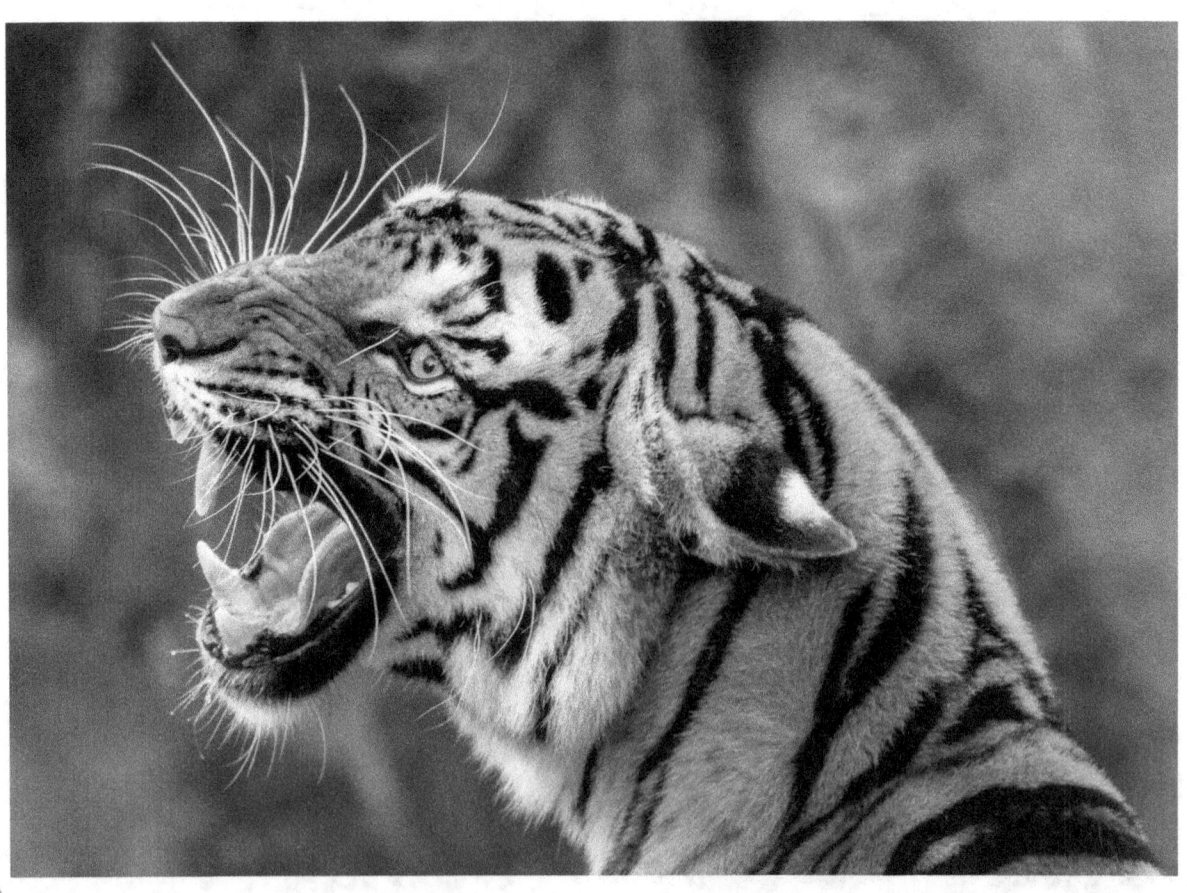

Skizzieren und Grundformen

Erkunden Sie Ihre Zeichenfertigkeiten, indem Sie diesen Tiger auf grauem Papier darstellen und dabei das weiße Fell und die Schnurrhaare hervorstechen lassen. Das Arbeiten auf einem getönten Hintergrund fügt nicht nur Tiefe hinzu, sondern bietet auch eine einzigartige Gelegenheit, Ihre künstlerische Technik zu entwickeln. Ich empfehle dafür das Clay-Papier von Fabriano oder das Strathmore Toned Gray-Papier.

Im folgenden Bild finden Sie meine Bleistiftskizze nach dem Entfernen der Gitterlinien. Um meinen Schattierungsprozess zu leiten, habe ich die charakteristischen schwarzen Streifen mit ‚X' markiert. Dies dient als hilfreiche Referenz, um Genauigkeit sicherzustellen und eine fokussierte Vorgehensweise beim Hinzufügen von Schattendetails zu ermöglichen.

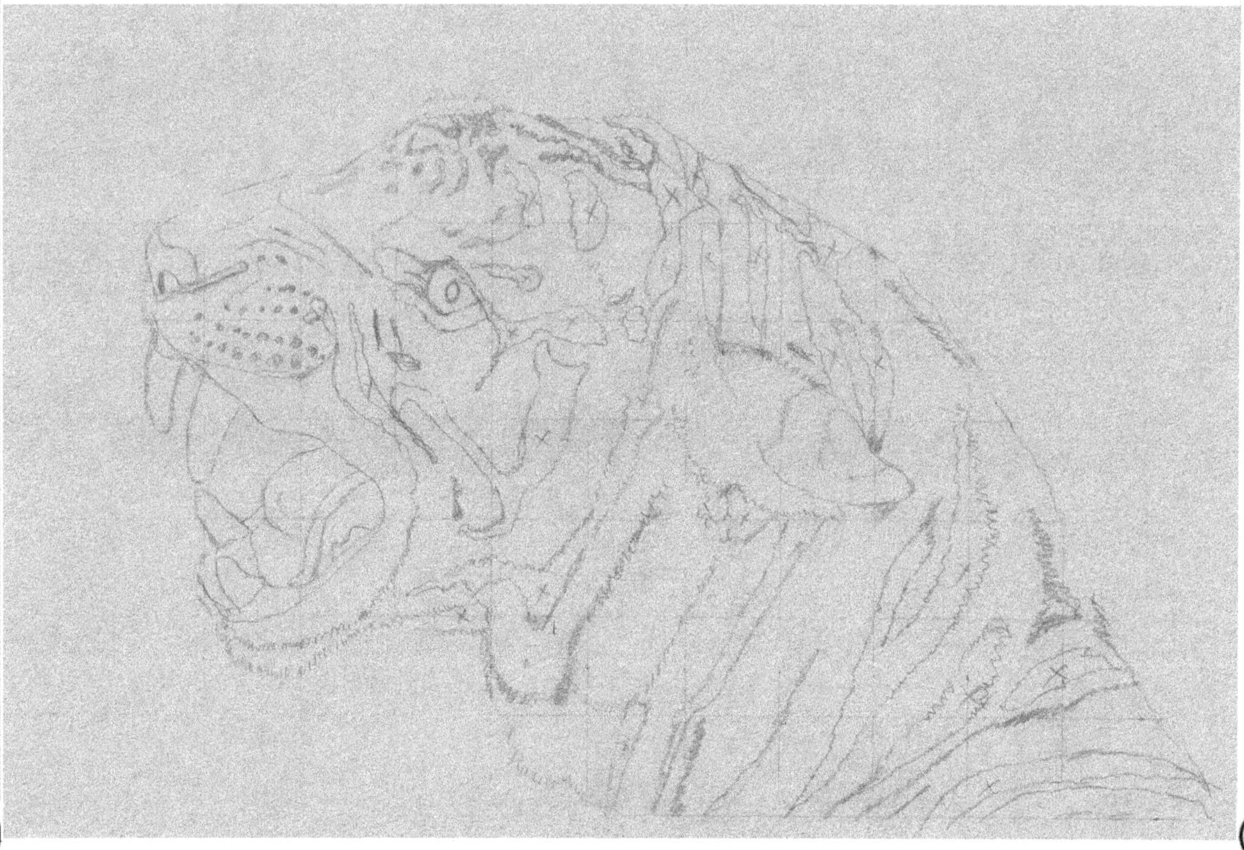

Faszinierende Augen

Beginnen Sie damit, den Tiger durch seine Augen zum Leben zu erwecken. Beginnen Sie mit dem Einfärben der Pupille mit einem 14B-Bleistift für Tiefe. Fügen Sie dann Highlights über die mit grauem Papier eingefärbte Iris hinzu, indem Sie entweder weiße Holzkohle oder undurchsichtige weiße Marker verwenden. Dieser subtile Kontrast auf grauem Papier wird den Blick intensivieren und einen faszinierenden Effekt erzeugen.

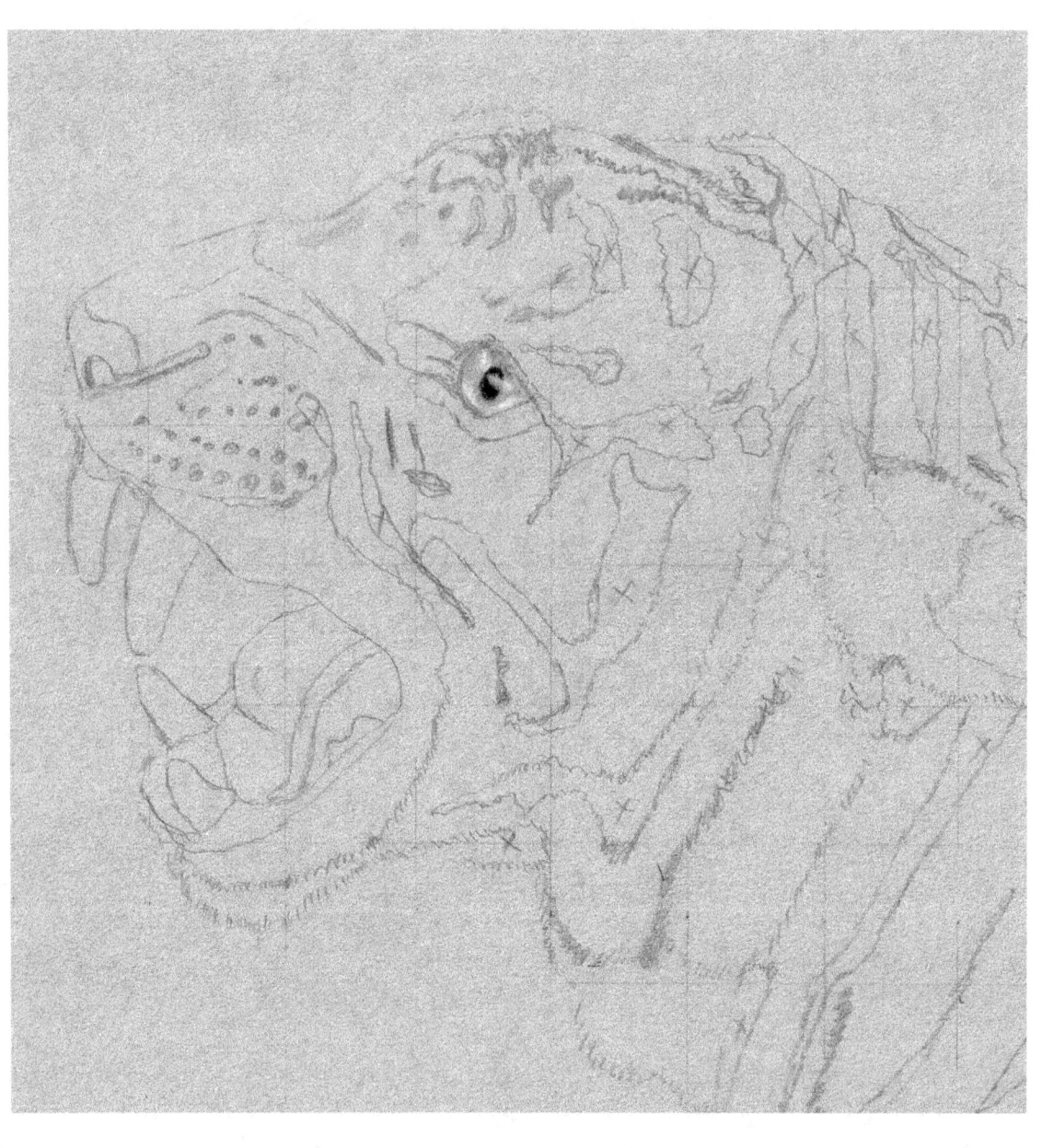

Schattierung der dunkelsten Elemente

Lassen Sie uns die dunkelsten Elemente mit einem 14B-Bleistift schattieren. Dazu gehören die schwarzen Streifen und andere Bereiche wie die Haut um die Schnauze, die Tränenkanäle und die Nasenlöcher. Wenden Sie kräftigen Druck an, um eine intensive schwarze Farbe zu erzielen, und stellen Sie sicher, dass Sie der Richtung des Haarflusses und -wachstums folgen. Achten Sie besonders darauf, beim Schattieren über Nase und Schnauze die proportionalen Formen beizubehalten. Beim Ausfüllen der Streifen können Sie jedoch entspannen, da sie nicht genau dem Referenzfoto entsprechen müssen. Dieser Schritt kann zeitaufwändig sein, also nehmen Sie sich Zeit und setzen Sie sich keinem unnötigen Druck aus. Lang anhaltender harter Druck kann Unannehmlichkeiten verursachen, also machen Sie alle 10–15 Minuten eine Pause. Im Bild unten sehen Sie die abgeschlossene Schattierung für die schwarzen Bereiche.

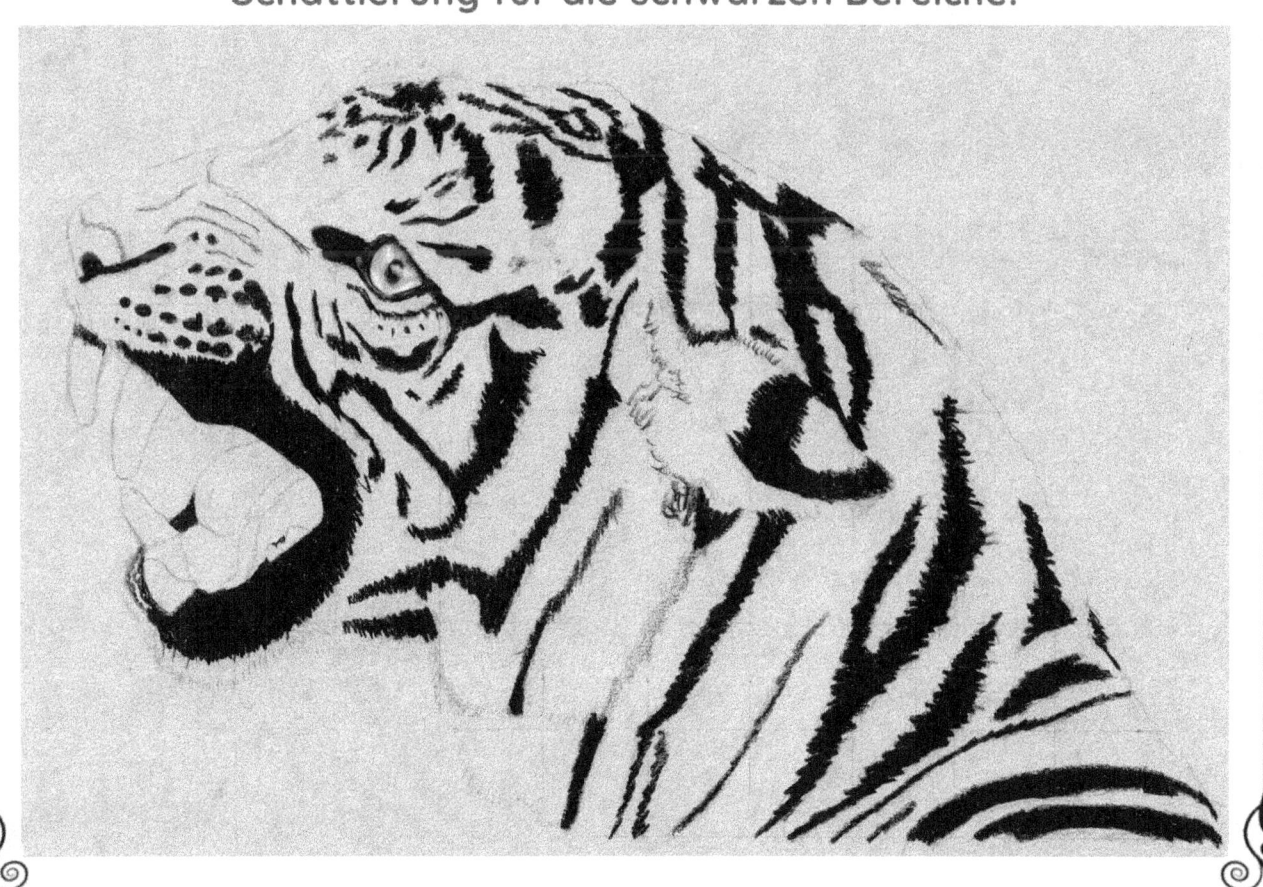

Färben der weißen Merkmale

Gehen Sie dazu über, die weißen Elemente wie die Eckzähne, die hervorgehobenen Teile der Zunge und das weiße Fell mit einem weißen Holzkohlestift zu färben, wie in der Abbildung unten gezeigt. Achten Sie dabei besonders auf die Richtung des Haarflusses und -wachstums für ein natürlicheres Aussehen.

Seien Sie vorsichtig beim Färben neben den schwarzen Bereichen, um deren Intensität zu erhalten. Das Übergehen von Schwarz kann deren absolute Schwärze beeinträchtigen und möglicherweise schwarze Bleistiftreste aufnehmen, insbesondere wenn es über den weißen Abschnitten angewendet wird. Obwohl die Welt nicht nur schwarz und weiß ist, konzentrieren wir uns vorerst darauf, diese Grundfarben anzuwenden, und behalten detaillierte Arbeiten an den Rändern für später vor.

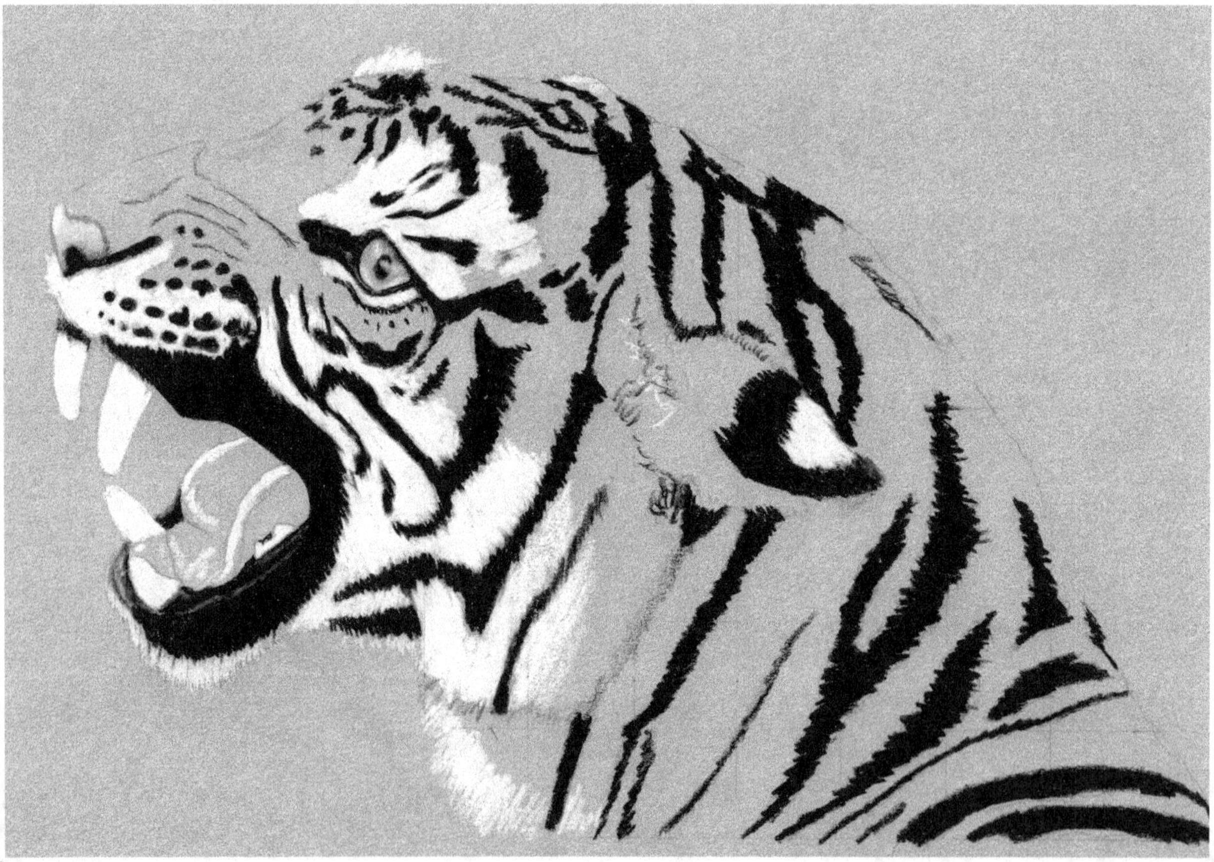

200

Schattierung der Eckzähne des Tigers

Beginnen Sie mit der Schattierung der Eckzähne des Tigers von der rechten Seite mit einem HB-Bleistift. Lassen Sie den Druck allmählich nach, während Sie nach links gehen, und stoppen Sie in der Mitte für einen nuancierten dreidimensionalen Effekt. Verwenden Sie einen Papierwischer, um den schattierten Bereich nahtlos mit dem weißen Papier zu verschmelzen und eine abgerundete Erscheinung zu betonen. Wiederholen Sie diesen Vorgang für den unteren Eckzahn, um eine harmonische und lebensechte Darstellung sicherzustellen.

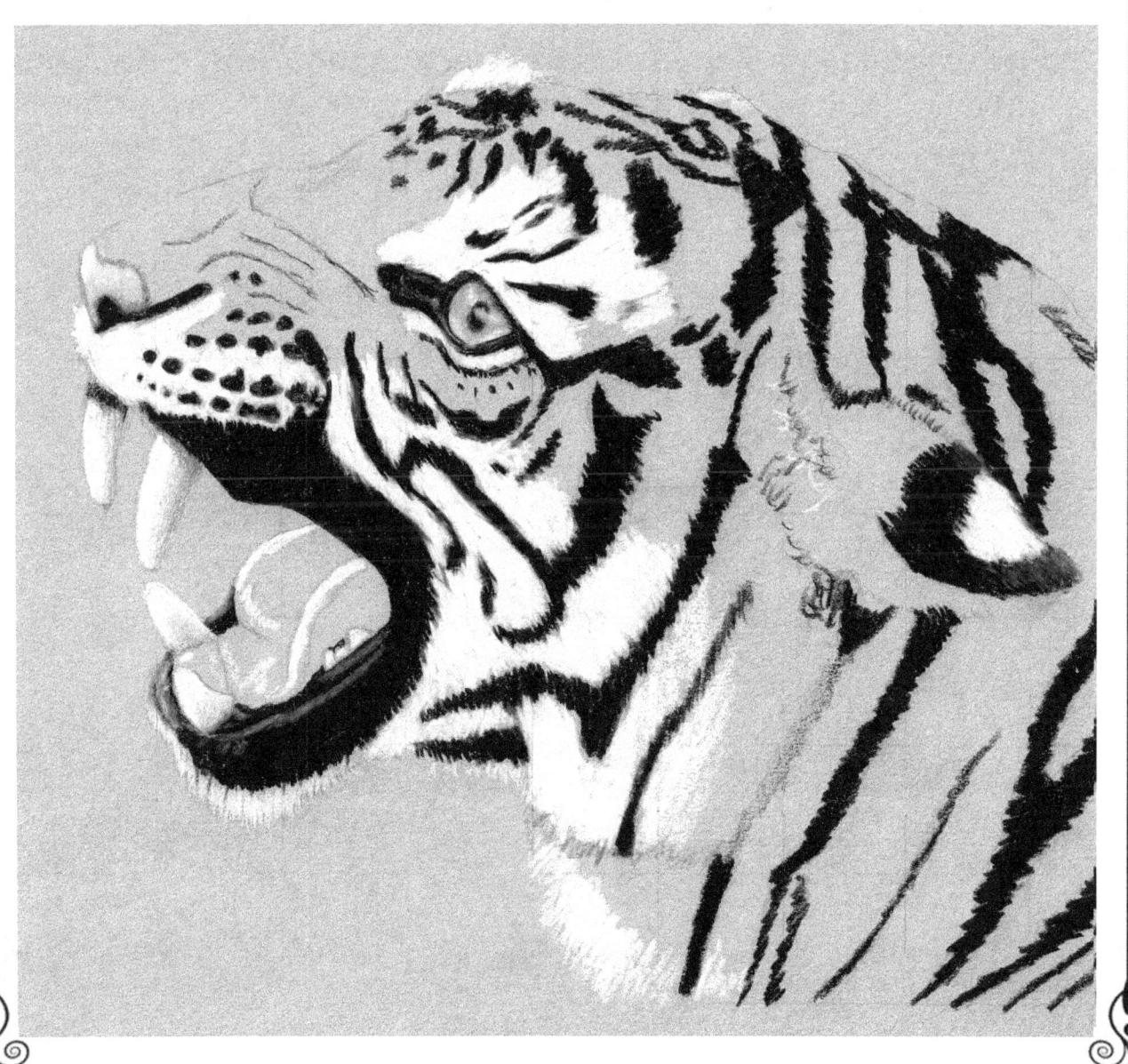

Schattierung des braunen Fells

Verwenden Sie einen HB-Bleistift mit sanftem Druck und tragen Sie eine leichte Schattierung auf das braune Fell auf. Folgen Sie der natürlichen Richtung des Haarwuchses und markieren Sie die braunen Bereiche für spätere Details.

Dieser Schritt erfordert Geduld, da wir die Zeichnung später mit Highlights und Schatten über dem braunen Fell verbessern werden. Zu diesem Zeitpunkt mag die Zeichnung etwas zweidimensional erscheinen, aber bevorstehende Ergänzungen von Schatten, Highlights und sanften Übergängen werden Realismus und eine dreidimensionale Qualität in das Kunstwerk bringen.

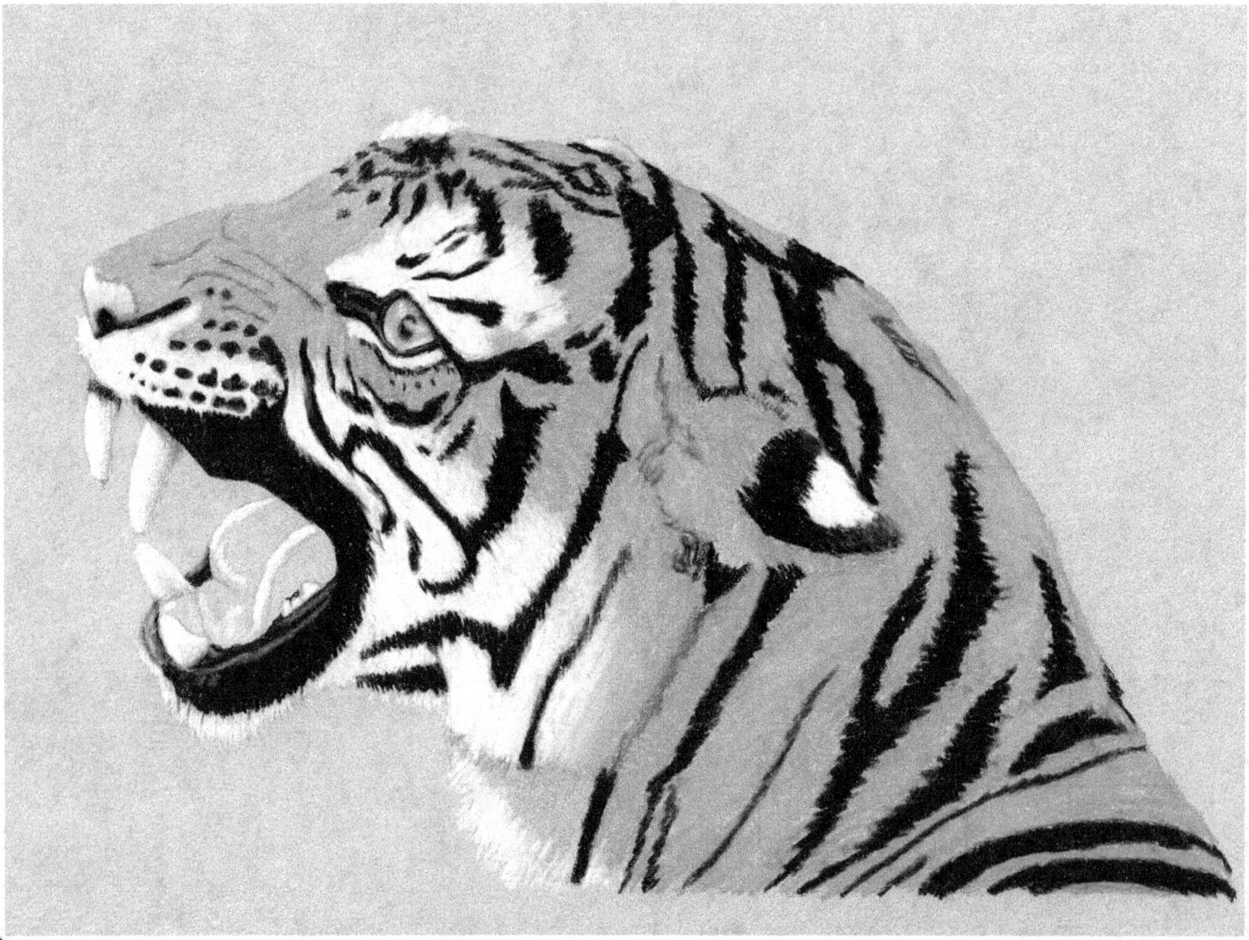

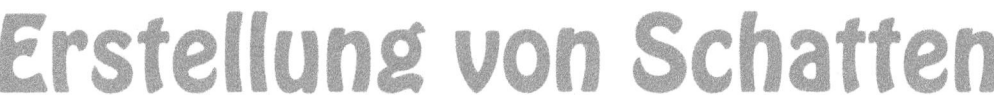

Erstellung von Schatten

Verwenden Sie einen 2B-Bleistift, um schattierte Bereiche über dem mit einem HB gezeichneten braunen Fell zu erstellen. Konzentrieren Sie sich auf die dunkelsten Regionen wie den Schatten, der vom Ohr geworfen wird, Gesichtsfalten und andere relevante Bereiche. Diese Phase lädt zu einem genaueren Fokus auf Details ein und ermöglicht es Ihnen, jetzt, da die Hauptschattierungen festgelegt sind, Haar für Haar zu zeichnen.

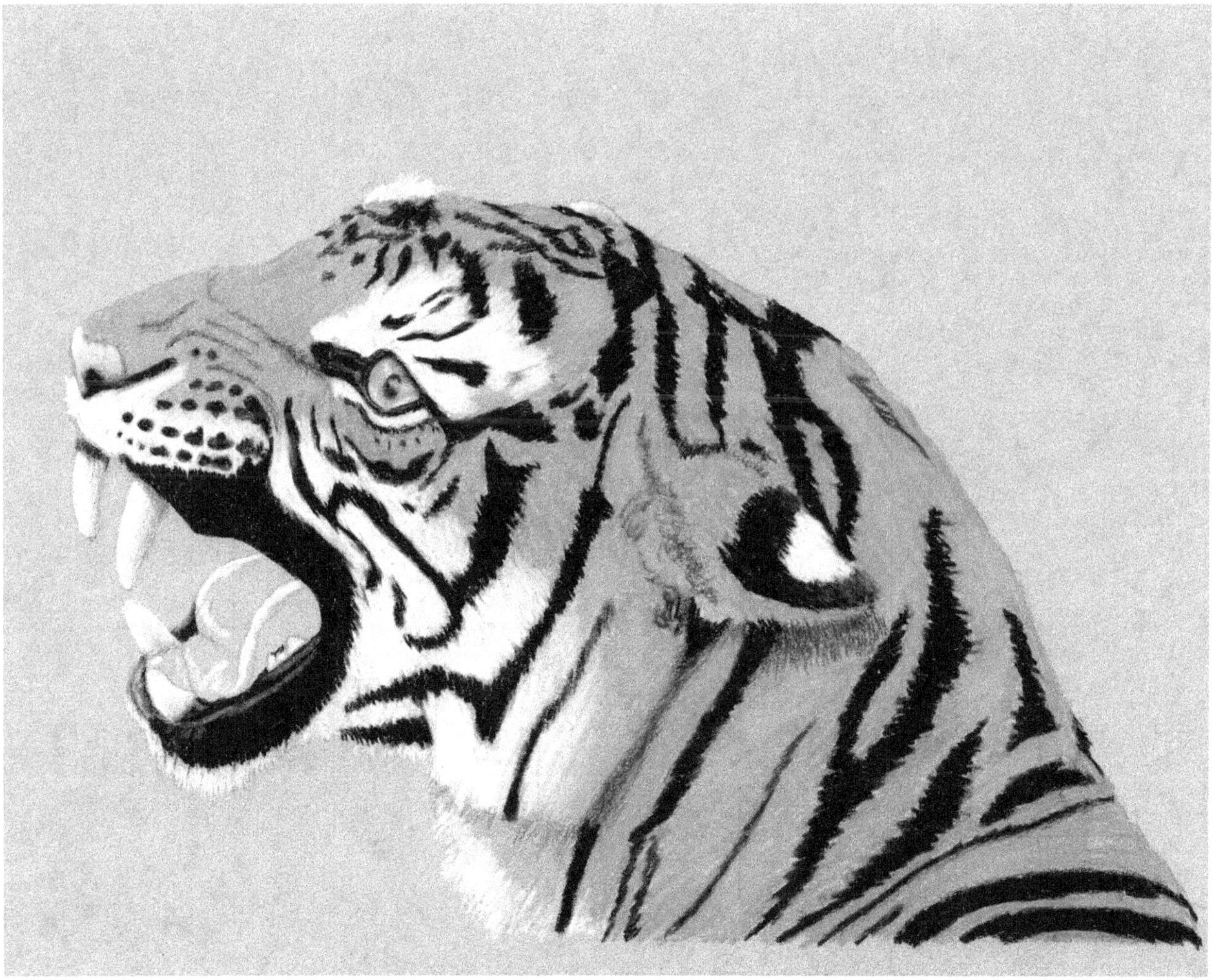

Verfeinerung von Details

Setzen Sie die detaillierte Arbeit mit einem 2B-Bleistift über das restliche schattierte braune Fell fort. Verblenden Sie die Übergänge zwischen den mit 2B geschatteten Bereichen und dem grundlegenden braunen Fell, das mit einem HB erstellt wurde, unter Verwendung eines B-Bleistifts. Konzentrieren Sie sich darauf, zahlreiche winzige Haare zu den Bereichen hinzuzu-fügen, die dunkler sind als der grundlegende Fellwert, um einen nuancierten und realistischen Effekt zu erzielen. Vergleichen Sie die vorherigen und folgenden Bilder, um den deutlichen Unterschied zu beobachten, insbesondere in Bereichen, die dunkler geworden sind.

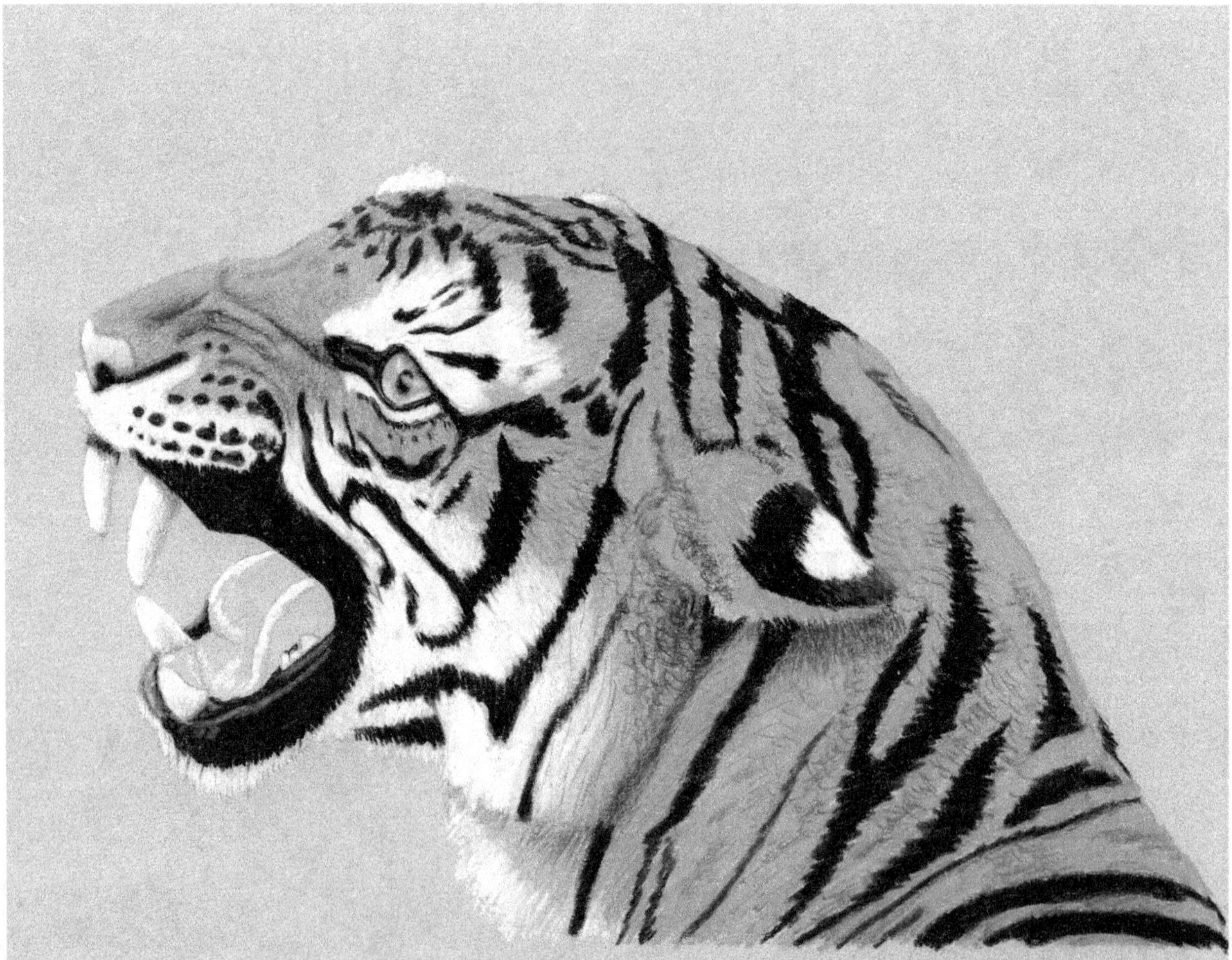

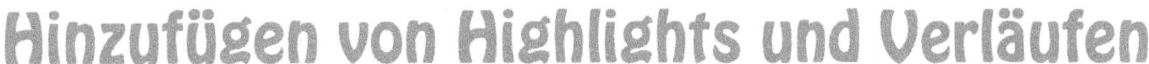

Hinzufügen von Highlights und Verläufen

Nun lassen Sie uns die helleren Teile des braunen Fells hervorheben. Nehmen Sie Ihren Radiergummi und arbeiten Sie sanft
über die HB-Markierungen, besonders oben am Kopf und am
Rücken, wo das Fell mehr Licht einfängt. Verwenden Sie einen
spitzen Radiergummi, um kleine haarähnliche Details vorsichtig
zu entfernen, wobei Sie den Druck für unterschiedliche Highlights
anpassen. Achten Sie auf die Kanten – auch sie sollten etwas
heller sein. Um einen nahtlosen Übergang zwischen dem weißen
und braunen Fell zu schaffen, verwenden Sie einen 2B-Bleistift.
Gleiten Sie einfach über beide Abschnitte, und Sie erzielen
einen schönen, allmählichen Übergang. Fügen Sie bei Bedarf
mit diesem Bleistift mehr Schattierung hinzu, um die Tiefe
und Textur zu bereichern.

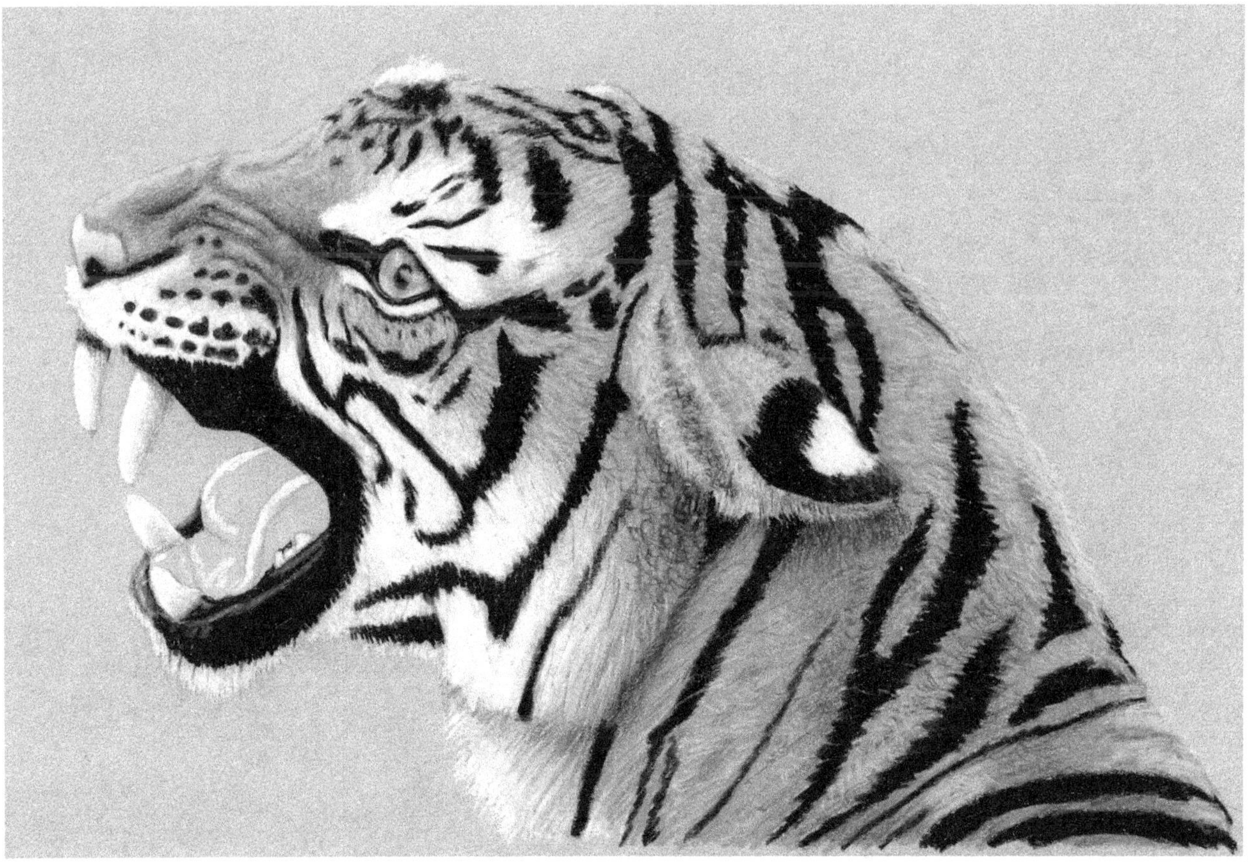

Verfeinerung der schwarzen Streifen

Verwenden Sie einen farblosen Blender (wie den Prismacolor Premier PC 1077) und setzen Sie die Spitze sanft über den schwarzen Streifen und ziehen Sie nach außen. Diese Technik führt schwarze Haare über die weißen und braunen Haare ein und ergibt eine weiche und flauschige Textur. Das Ziel ist es, verwischte und verschwommene Haare zu erzeugen, um einen realistischeren Look zu erzielen. Achten Sie während dieses Prozesses sorgfältig auf die Richtung des Haarwachstums für ein natürlicheres und lebendigeres Ergebnis. Dieser Schritt kann zeitaufwändig sein, wenn Sie sich behutsam um jeden schwarzen Bereich herum bewegen, aber die signifikante Veränderung in Textur und Aussehen wird die Mühe mehr als wert sein.

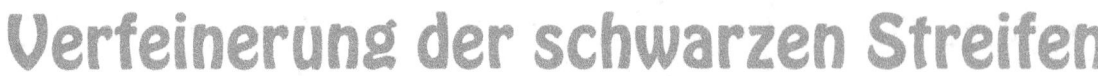

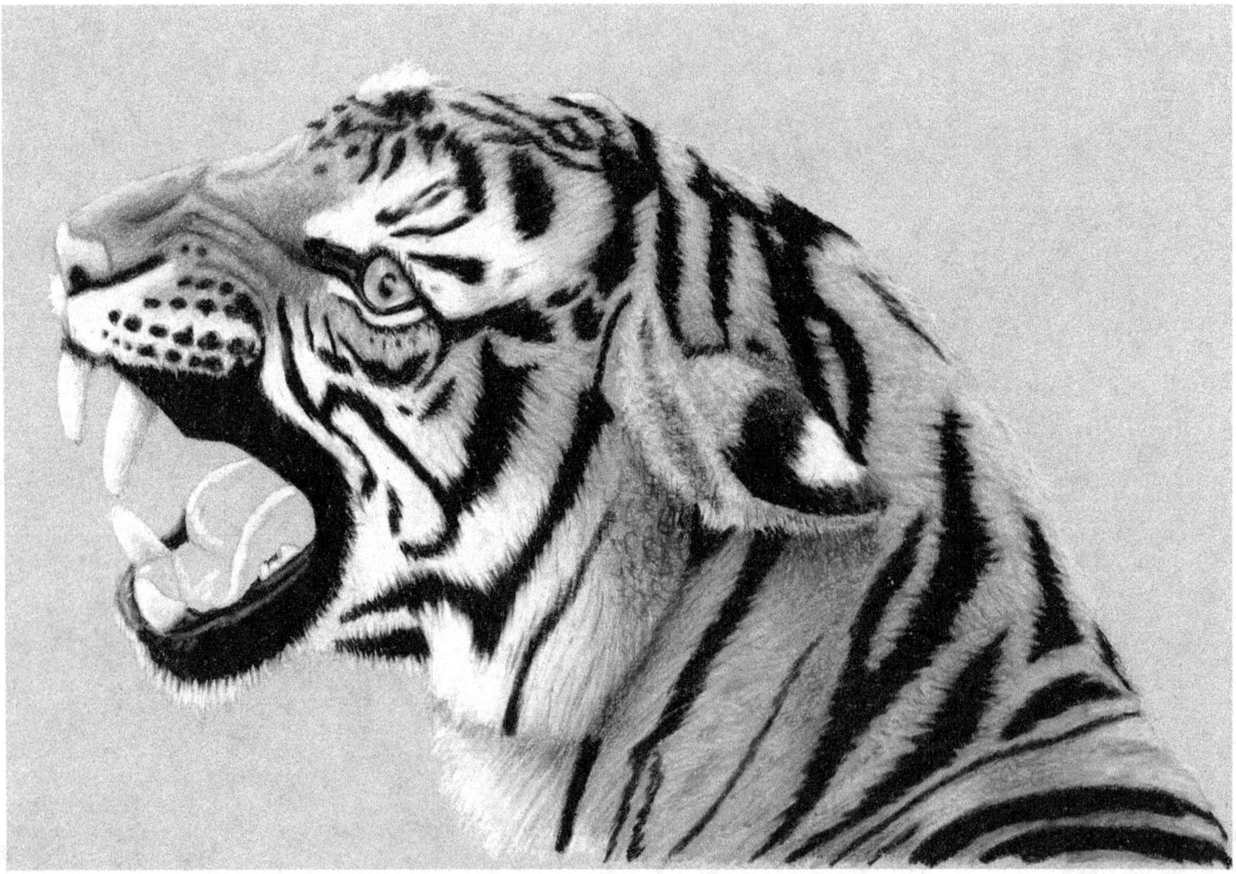

Schattierung auf weißem Fell

Nun vertiefen wir die Schatten auf dem weißen Fell in Bereichen mit weniger Licht. Nehmen Sie einen HB-Bleistift und schattieren Sie über die weißen Abschnitte, wo es nötig ist. Denken Sie daran, dass weiße Objekte in reduziertem Licht dazu neigen, grau zu werden, also berücksichtigen Sie dies beim Schattieren.

Heben Sie den leicht gewölbten Bereich über den Augen des Tigers in der Mitte des weißen Fells hervor, indem Sie ihn mit dem HB-Bleistift verdunkeln. Stellen Sie außerdem sicher, dass das weiße Fell auf der rechten Seite der Schnauze am dunkelsten erscheint, da es weniger Licht erhält. Dieser Schritt fügt den Merkmalen des Tigers Dimension und Realismus hinzu.

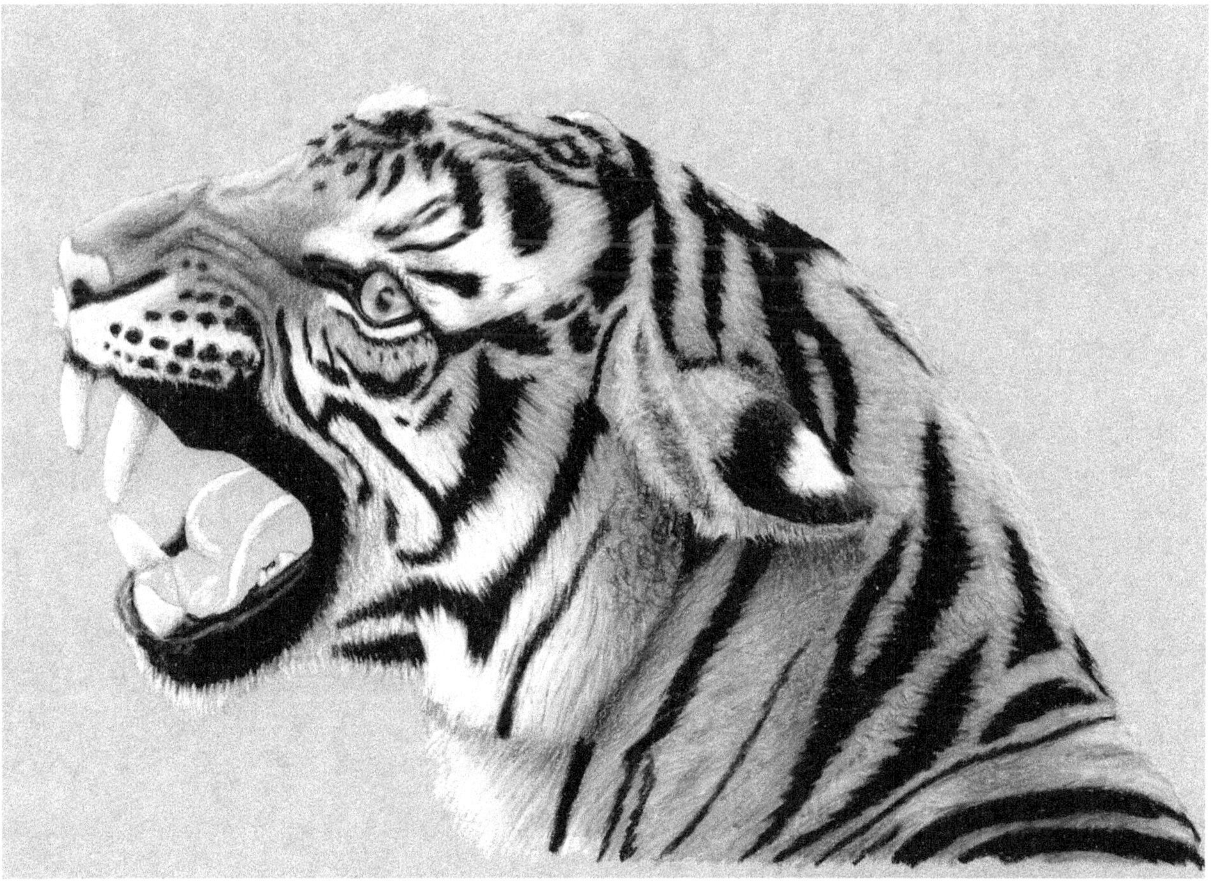

Schattierung der Zunge

Folgen Sie dem Bild unten, um die Nase und die Zunge des Tigers mit einem HB-Bleistift zu schattieren. Passen Sie den Druck an, um nuancierte schattierte und hervorgehobene Bereiche zu erstellen. Erwägen Sie die Verwendung von helleren oder dunkleren Bleistiften als HB für zusätzliche Variation.

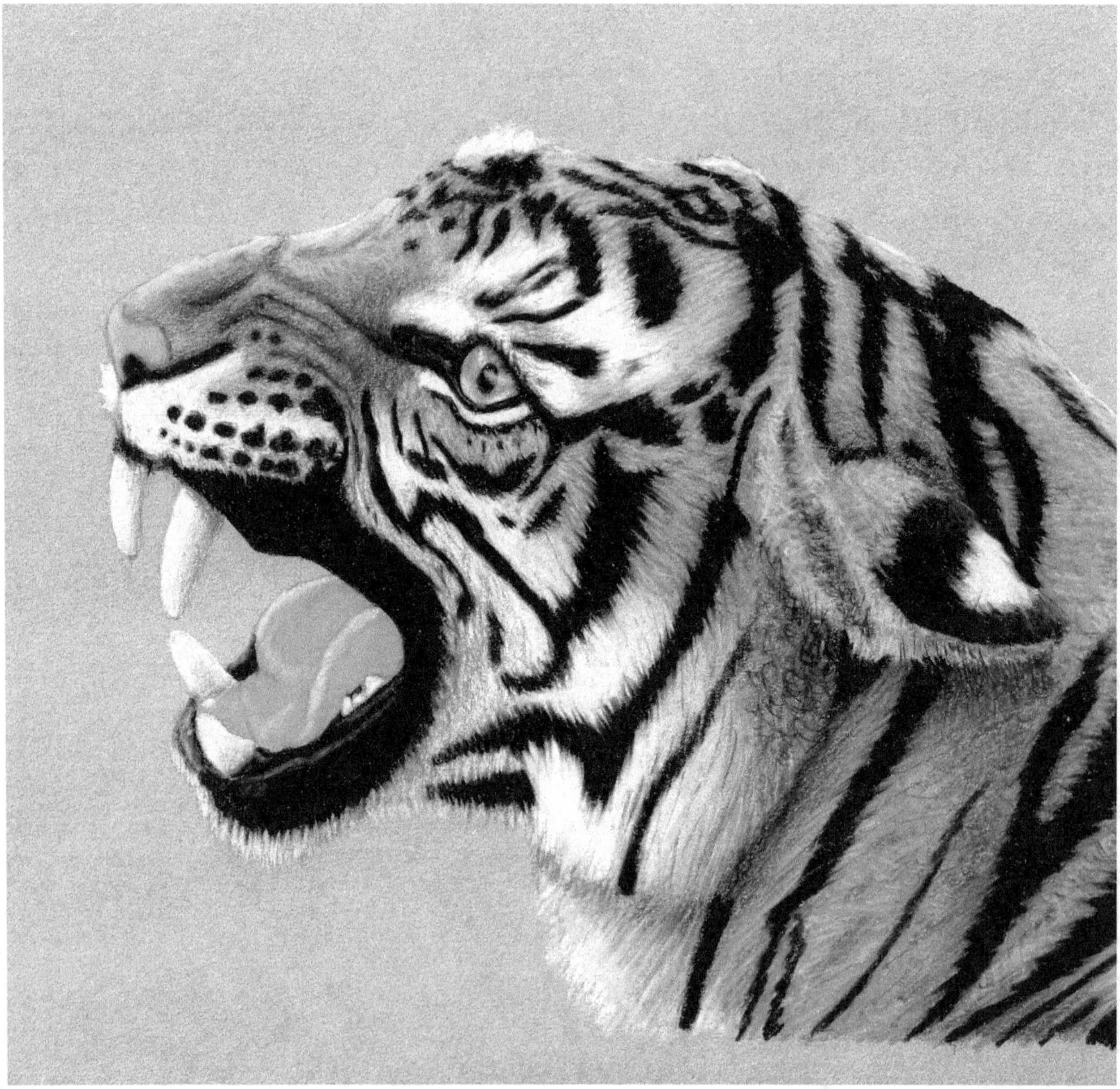

Hinzufügen von Details

Um feine Details zur Zunge hinzuzufügen, verwenden Sie einen elektrischen Radiergummi, um vorsichtig Graphit zu entfernen und winzige nadelförmige Texturen zu erstellen. Dieser Schritt verbessert den Realismus und lenkt die Aufmerksamkeit auf die feineren Aspekte der Merkmale des Tigers.

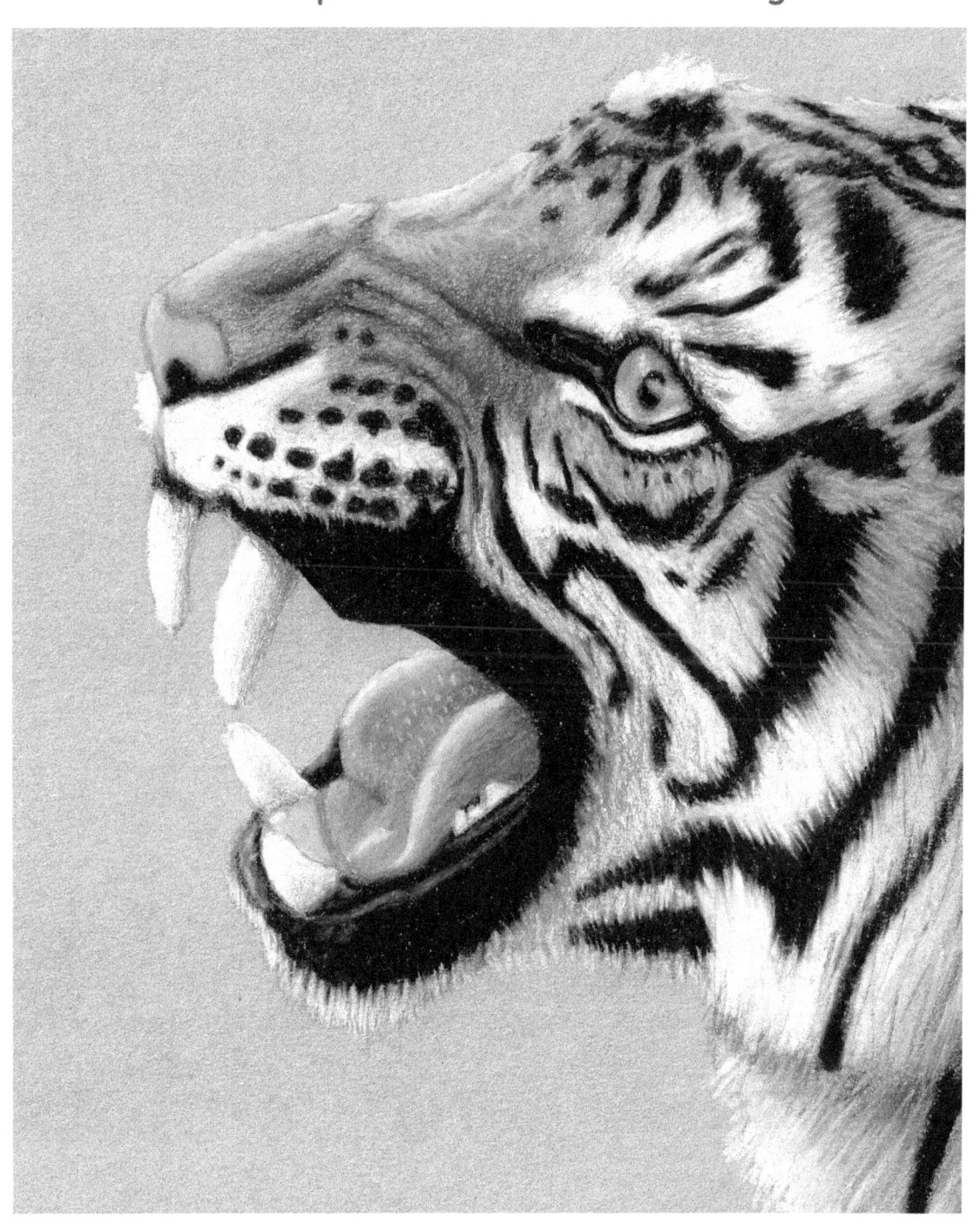

Abschließende Details

Als abschließende Note zeichnen Sie vorsichtig feine Linien für die Schnurrhaare mit einem weißen Marker. Fügen Sie nach Belieben so viele Details hinzu, wie Sie möchten, und passen Sie die Schattierung an Ihren bevorzugten Stil an. Dieser Schritt ermöglicht eine Personalisierung und gibt Ihnen die kreative Freiheit, die Zeichnung nach Ihren Wünschen zu verfeinern und zu verbessern.

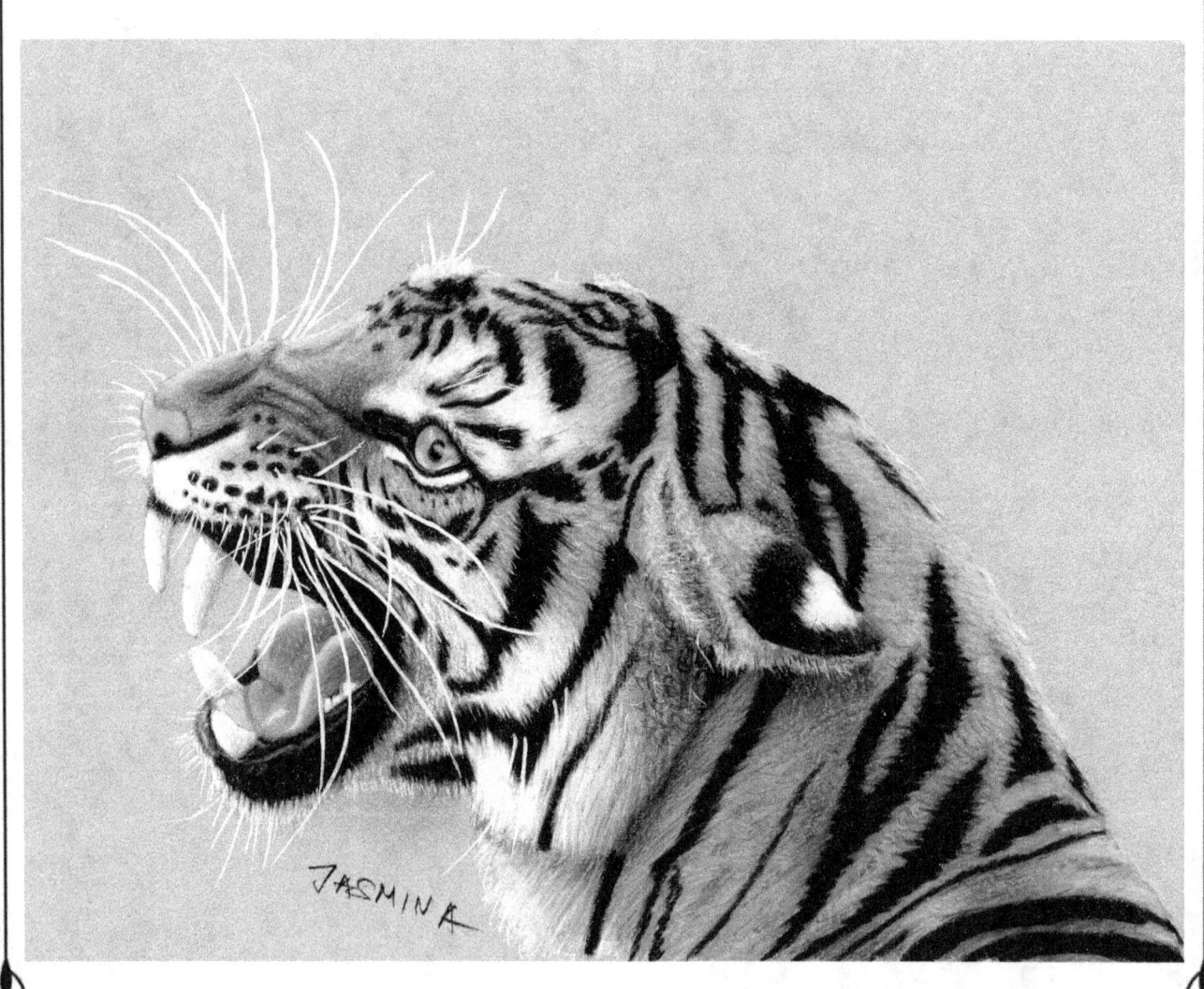

Zeichnungseinlagen

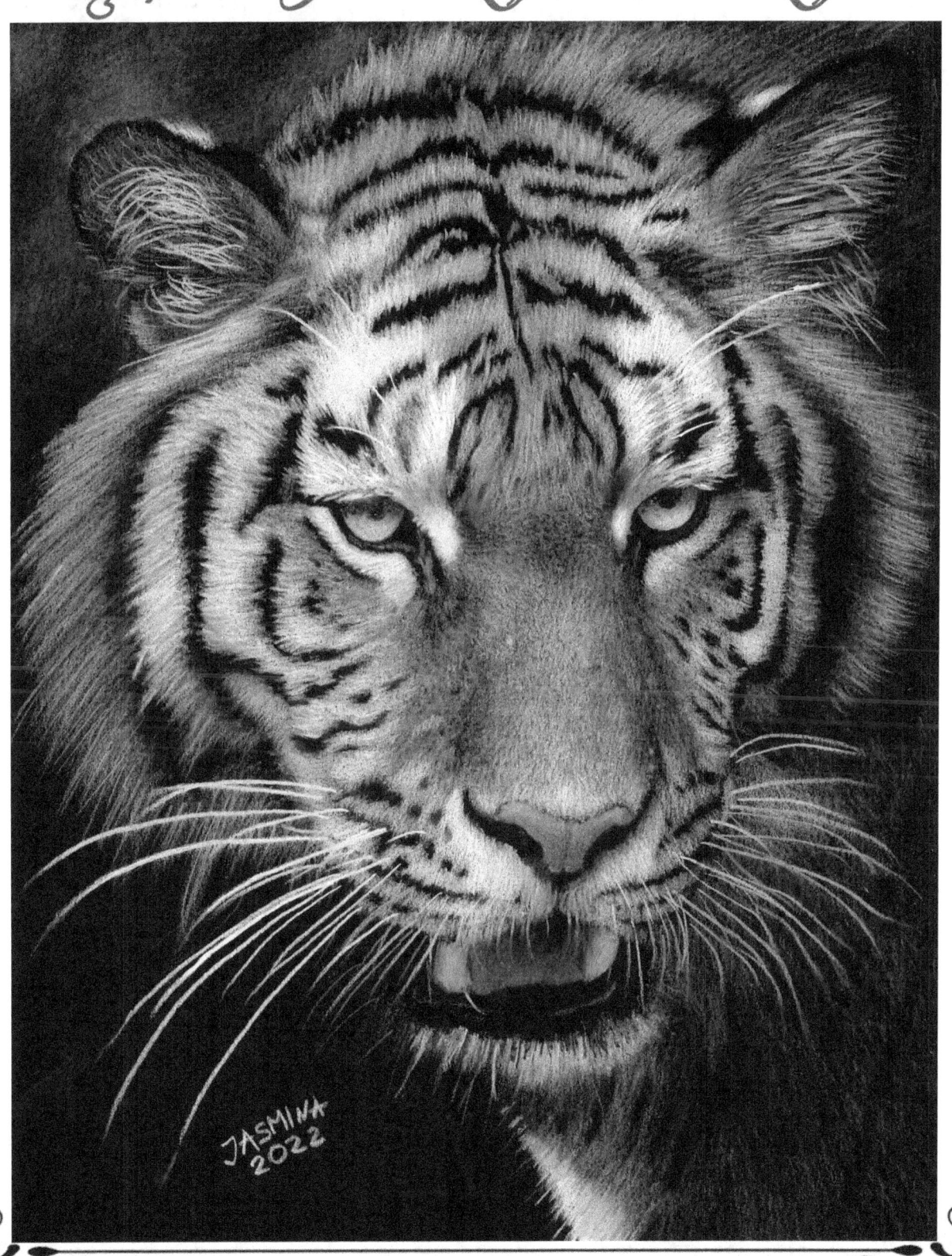

JASMINA
2022

Ihre Zeichnung bearbeiten

Gut gemacht, Sie haben Ihre Zeichnung fertiggestellt, und nun ist es an der Zeit, sie online zu präsentieren. Nachdem Sie Ihre Zeichnung gescannt oder fotografiert haben, werden Sie vielleicht feststellen, dass sie nicht genau so aussieht wie im Original. Um sicherzustellen, dass Ihre Zeichnungen in ihrer vollen Pracht erstrahlen, ist die Darstellung in natürlichem Licht unerlässlich, besonders wenn Sie planen, sie zu verkaufen oder Aufträge anzunehmen. In diesem Tutorial werden wir den Prozess der Bearbeitung Ihrer gescannten Zeichnung erkunden, um ihr Aussehen zu verbessern. Nachdem Sie Ihre Zeichnung abgeschlossen haben, werden Sie vielleicht feststellen, dass die gescannte oder fotografierte Version blass erscheint und der Graphit übermäßig glänzend ist. Um Ihre Zeichnung genau und in ihrer wahren Schönheit zu präsentieren, ist es wichtig, sie mit Bildbearbeitungssoftware zu bearbeiten.

Vorher und Nachher

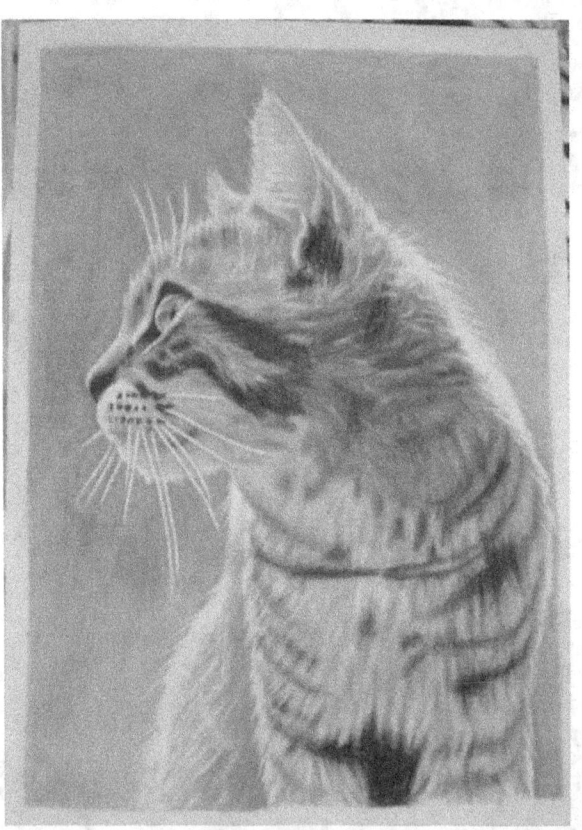 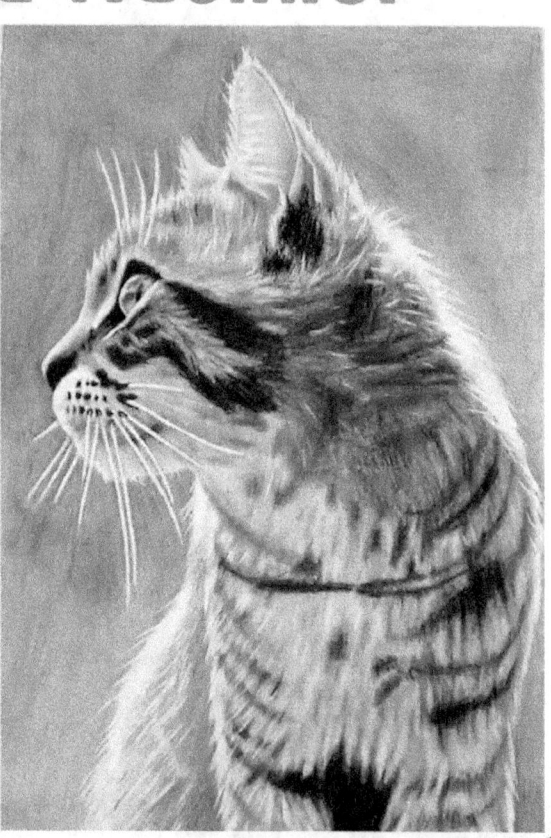

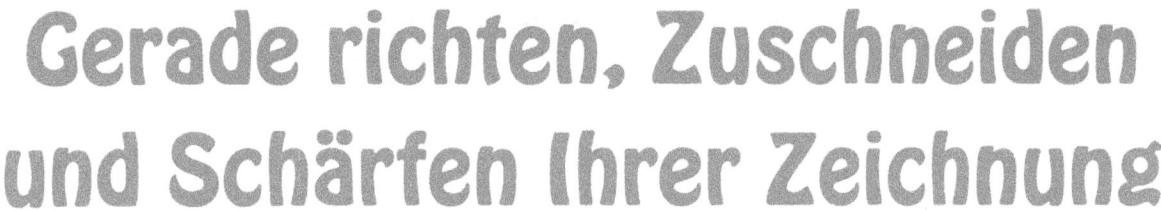

Gerade richten, Zuschneiden und Schärfen Ihrer Zeichnung

Persönlich verwende ich Windows Photo Gallery für die Bearbeitung, wie in diesem Tutorial gezeigt. Sie können jedoch jedes Bildbearbeitungsprogramm verwenden, das Anpassungsmöglichkeiten bietet, wie zum Beispiel PaintNET, Photoshop oder Picasa. Ich werde Sie durch meine bevorzugte Methode mit Windows Photo Gallery führen, aber passen Sie die Schritte gerne an Ihre gewählte Software an. Beginnen Sie damit, das Bild bei Bedarf gerade auszurichten. Dadurch werden mögliche Neigungen oder Verzerrungen korrigiert, die beim Scannen oder Fotografieren auftreten können, was zu einer ausgewogeneren und ausgerichteten Komposition führt.

Als Nächstes schneiden Sie das Bild sorgfältig zu, um unnötige oder ablenkende Elemente zu entfernen. Durch strategisches Zuschneiden können Sie die Aufmerksamkeit des Betrachters auf die wichtigsten Teile Ihrer Zeichnung lenken und so eine ansprechendere und visuell wirkungsvollere Präsentation schaffen.

Schließlich wenden Sie einen Schärfungsfilter oder ein Schärfungswerkzeug an, um die Klarheit und Schärfe Ihrer Zeichnung zu verbessern. Dadurch werden feine Details und Texturen hervorgehoben und Ihr Kunstwerk erscheint definierter und professioneller.

Kontrast und Sättigung anpassen

In diesem Schritt werden wir uns darauf konzentrieren, den Kontrast und die Sättigung unserer gescannten oder fotografierten Zeichnung zu bearbeiten. Beginnen Sie damit, die Sättigung zu verringern, um eventuelle verbleibende Farben zu entfernen. Dadurch wird das Bild in eine Graustufen-Darstellung umgewandelt, die die Grautöne des Graphits hervorhebt. Erhöhen Sie anschließend den Kontrast leicht, um der Zeichnung Tiefe und Definition zu verleihen, die Lichter und Schatten zu betonen und die Details hervorzuheben. Optional können Sie auch die Schatten verdunkeln, um einen dramatischeren Effekt zu erzeugen und die Tiefe und Dimension Ihrer Kunstwerke zu betonen.

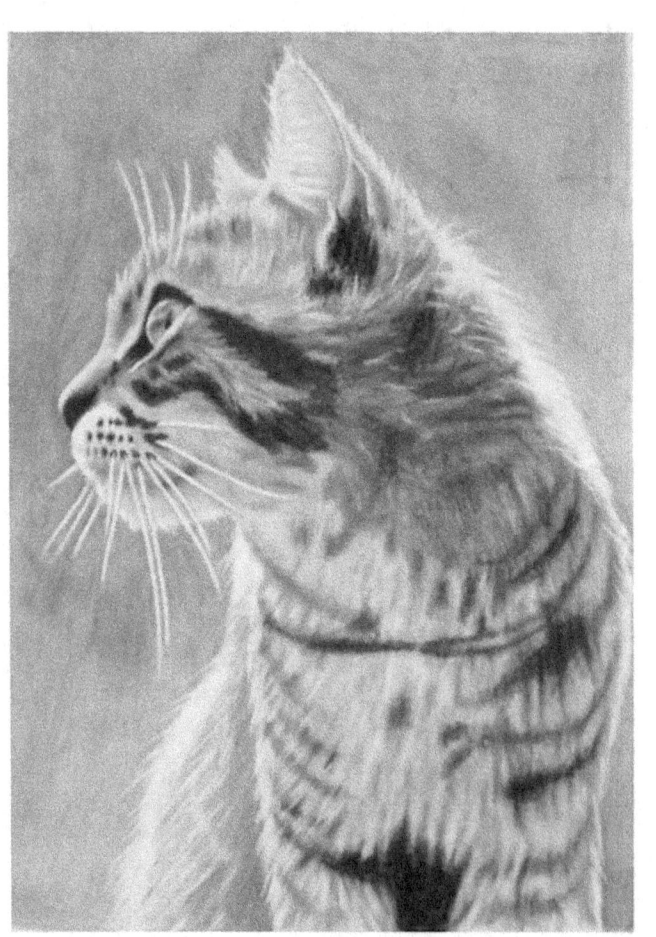

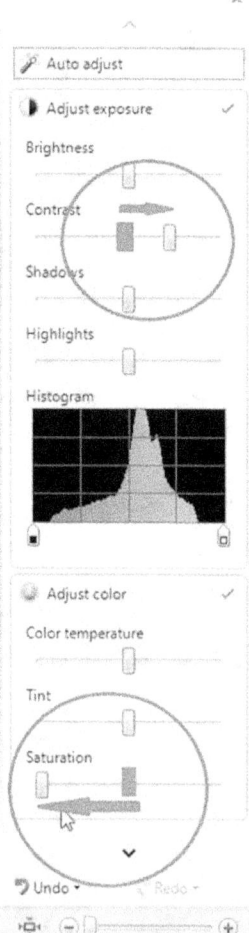

Anstelle der Kontrastfunktion können Sie sich auf die Histogrammfunktion verlassen, um Dunkelheit und Lichter in Ihrer gescannten oder fotografierten Zeichnung anzupassen. Durch die Manipulation der Schieberegler können Sie Schatten vertiefen und hellere Bereiche hervorheben, wodurch Ihrem , Kunstwerk Reichhaltigkeit und Lebendigkeit verliehen werden. Diese alternative Methode verbessert nicht nur das Gesamterscheinungsbild Ihrer Zeichnung, sondern ermöglicht es Ihnen auch, bestimmte Bereiche präzise feinzustimmen. Sobald Sie mit dieser Technik vertraut sind, werden Sie erstaunt sein, wie schnell Sie die visuelle Wirkung Ihrer Kunstwerke steigern können, indem Sie ihnen eine zusätzliche Dimension und Lebendigkeit verleihen.

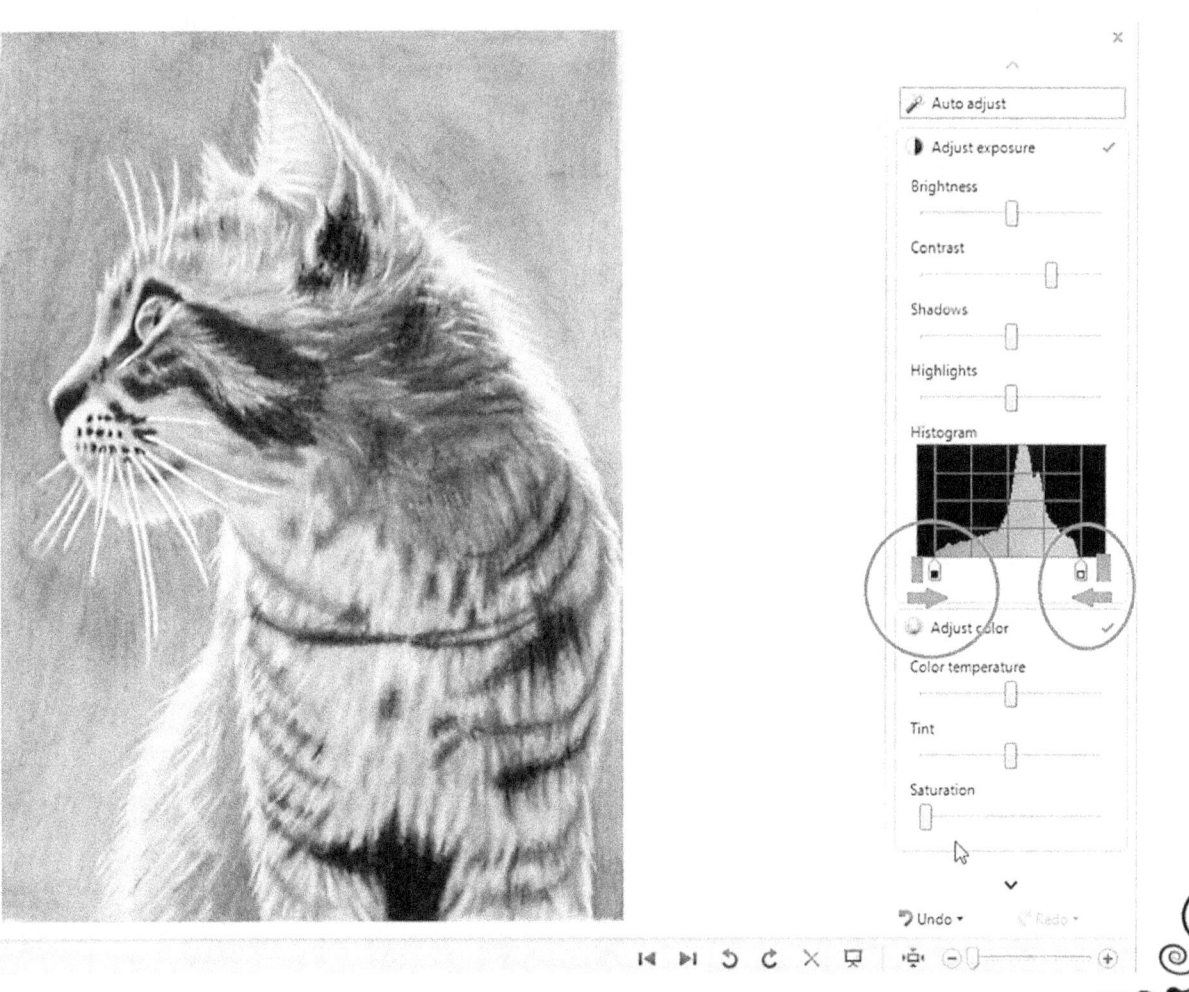

Epilog

Abschließend möchte ich meine aufrichtige Dankbarkeit an jeden einzelnen von Ihnen ausdrücken, der mit mir auf diese künstlerische Reise gegangen ist. Durch diese Anleitungen habe ich meine Leidenschaft für fotorealistisches Zeichnen und die Techniken, die meinen eigenen künstlerischen Stil geprägt haben, geteilt. Im Laufe meiner eigenen künstlerischen Entwicklung habe ich die endlose Inspiration schätzen gelernt, die in einer leeren Leinwand oder einem Blatt Papier liegt. Jeder Strich und jede Markierung birgt das Potenzial, ein fesselndes und ehrfurchtgebietendes Kunstwerk hervorzubringen.

Wenn Sie in die Welt des fotorealistischen Zeichnens eintauchen, denken Sie daran, wie wichtig es ist, eine solide Grundlage zu schaffen. Beginnen Sie mit Graphit oder Kohle, um die grundlegenden Fähigkeiten der Wertekreation zu meistern, und machen Sie dann allmählich den Übergang zu komplexeren Techniken, wie dem Hinzufügen von Farben zu Ihren Zeichnungen. Übung, Hingabe und Selbstdisziplin sind entscheidend, um die gewünschten Ergebnisse in Ihrer Kunst zu erzielen.

Ich verstehe, dass es entmutigend sein kann, wenn wir uns mit erfolgreichen Künstlern vergleichen. Es ist jedoch wichtig zu bedenken, dass jeder seinen eigenen einzigartigen Weg und Fortschritt hat. Denken Sie daran, dass diese Künstler unzählige Stunden, Mühe und harte Arbeit in ihr Handwerk investiert haben, um ihre Fähigkeiten zu verbessern und Hunderte von Zeichnungen zu produzieren. Es ist wichtig anzuerkennen, dass jeder in seinem eigenen Tempo lernt. Während einige Menschen Konzepte leicht erfassen und schnell Fortschritte machen können, benötigen andere möglicherweise mehr Zeit und Übung, um das gleiche Maß an Können zu erreichen. Der Vergleich kann unseren Fortschritt behindern, daher sollten wir die Inspiration von anderen schätzen, während wir unseren eigenen künstlerischen Weg verfolgen.

Denken Sie daran, dass schon das Erreichen einer geringen Ähnlichkeit in Ihrer Zeichnung ein Zeugnis für Ihre harte Arbeit und Hingabe ist. Seien Sie stolz auf Ihre Leistungen und lassen Sie sie Ihre Motivation stärken, um weiter voranzukommen. Anstatt uns mit anderen zu vergleichen, sollten wir uns auf unser eigenes Wachstum konzentrieren und unsere Erfolge auf dem Weg feiern. Jeder Fortschritt, egal wie klein er scheinen mag, ist ein Schritt in die richtige Richtung und führt zu einer Verbesserung Ihrer Fähigkeiten und Ihres künstlerischen Ausdrucks. Vertrauen Sie in Ihre Fähigkeiten und bleiben Sie dem Kurs Ihrer künstlerischen Entwicklung treu.

Zeichnen ist nicht nur ein kreativer Auslass, sondern auch eine Quelle für immense Freude und Erfüllung. Es überwindet Altersgrenzen und hat tiefgreifende Vorteile für Ihr allgemeines Wohlbefinden. Unabhängig von Ihrem Alter fördert das Zeichnen Konzentration, Achtsamkeit und ein tiefes Gefühl der Gegenwärtigkeit im Moment. Es ermöglicht Ihnen, dem Druck des Alltags zu entfliehen und sich in einer Welt der Kreativität und Selbstausdruck zu vertiefen. Jenseits des persönlichen Wachstums glaube ich fest an die Kraft der Kunst, zu inspirieren und eine positive Wirkung in der Welt zu erzielen. Jede Zeichnung hat das Potenzial, Gefühle auszulösen, das Bewusstsein zu schärfen oder einfach jemandes Stimmung zu verbessern. Während Sie Ihre Kunstwerke erstellen, denken Sie über die Botschaften nach, die Sie vermitteln können, und den Unterschied, den Sie durch Ihre Kunst machen können.

Es war mir eine Ehre, Sie durch die komplexen Schritte zu begleiten. Zögern Sie nicht, mich über soziale Medien oder meine Website zu kontaktieren. Ich würde mich freuen, Ihre Zeichnungen zu sehen, Ihre Vorschläge zu hören und Ihre Fragen zu beantworten.

Seien Sie weiterhin kreativ, erkunden Sie mehr und lassen Sie Ihre künstlerische Reise sich auf unerwartete Weise entfalten. Vielen Dank, dass Sie mich auf diesem künstlerischen Abenteuer begleitet haben, und mögen Ihre zukünftigen Zeichnungen andere inspirieren und erfreuen.

Herzliche Grüße, Jasmina

Über die Autorin

Jasmina Susak ist eine autodidaktische Künstlerin mit einer Leidenschaft für die Erstellung fotorealistischer Zeichnungen und Acrylgemälde. Sie hat sich auf farbige und Graphitstiftarbeiten spezialisiert und Anerkennung für ihre Fähigkeit erlangt, die Essenz und Ähnlichkeit von Tieren, Porträts, Filmfiguren und alltäglichen Gegenständen einzufangen.

Getrieben von dem Wunsch, ihre Zeichnungen zum Leben zu erwecken, begab sich Jasmina auf ihre künstlerische Reise, bewaffnet mit nichts anderem als einem Graphitstift, Papier und einem Radiergummi. Die Freude, die Ähnlichkeit in ihren Porträts zu sehen, wurde zu einer treibenden Kraft in ihren künstlerischen Bestrebungen. Fans ihrer Arbeit ermutigten sie, es mit Farben zu versuchen, also tauchte sie in die Welt der farbigen Stifte ein und konzentrierte sich hauptsächlich auf ihre lebendigen Eigenschaften, während sie gelegentlich zu ihrem geliebten Graphit-Medium zurückkehrte.

Jenseits ihrer Arbeit mit dem Stift findet Jasmina auch Freude darin, Landschaften mit Acrylfarben zu malen. Diese Form der künstlerischen Ausdrucksweise ermöglicht es ihr, sich zu entspannen und ein Gefühl der Freiheit zu erleben, indem sie von der strikten Ähnlichkeit von Referenzfotos abweicht. Sowohl das Zeichnen als auch das Malen spielen eine entscheidende Rolle in ihrem künstlerischen Wachstum.

Mit einer bedeutenden Anhängerschaft in den sozialen Medien hat Jasmina sich mit Hunderttausenden von Kunstliebhabern und angehenden Künstlern verbunden, die ihre Arbeit schätzen und in ihrer künstlerischen Reise Inspiration finden.

In ihrer Freizeit widmet sich Jasmina ihrer Leidenschaft für Gartenarbeit und sucht kontinuierlich nach Möglichkeiten, Neues zu lernen. Sie ist fest davon überzeugt, dass lebenslanges Lernen von unschätzbarem Wert ist und erkennt es als grundlegenden Aspekt des Menschseins und als Katalysator für persönliches Wachstum, sowohl physisch als auch geistig.

Jasminas Leidenschaften erstrecken sich weit über die Welt der Kunst hinaus. Sie findet Freude und Inspiration in den Wundern der Natur, den Feinheiten der Wissenschaft, den Geheimnissen der Astronomie, den Fortschritten der Technologie, der Kreativität des Webdesigns, den Melodien der Musik und dem Nervenkitzel, sich in verschiedenen Sportaktivitäten zu engagieren.

Durch ihre Kunst und ihre Reise als autodidaktische Künstlerin strebt Jasmina danach, andere dazu zu inspirieren, ihre Kreativität zu erkunden, Selbstausdruck zu fördern und die transformative Kraft der Kunst in ihrem Leben zu entdecken.

Jasmina glaubt an die Kraft einer positiven und optimistischen Einstellung und betont die Bedeutung von Selbstdisziplin und Selbstfürsorge nicht nur in der Kunst, sondern in allen Aspekten des Lebens. Sie erkennt, dass die durch das Zeichnen gewonnenen Erfahrungen tiefgreifenden Einfluss auf unsere Persönlichkeit und unser Lebensstil haben können und uns zu einer positiveren und erfüllteren Existenz führen können.

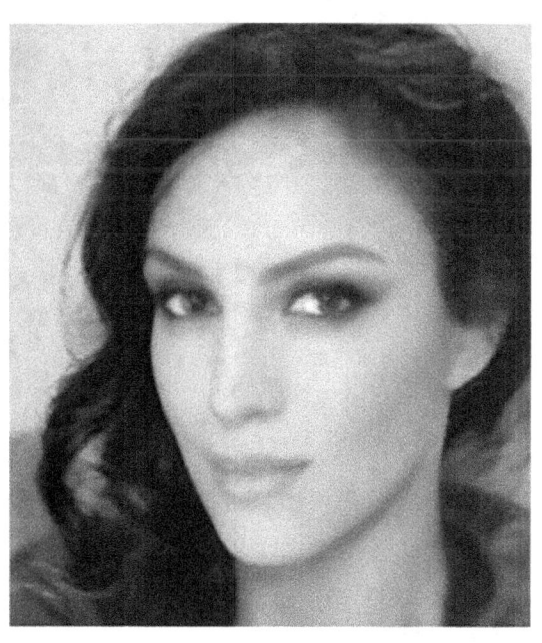

www.jasminasusak.com

Referenzfotos zur Verbesserung der Fähigkeiten

Hier ist eine Sammlung von Referenzfotos, sorgfältig ausgewählt, um die im Buch behandelten Tutorialstrategien zu ergänzen. Tauchen Sie ein in die Freude des Zeichnens, während Sie sich an diese Bilder wagen, um Ihre Fähigkeiten zu verbessern.
Viel Spaß beim Zeichnen!

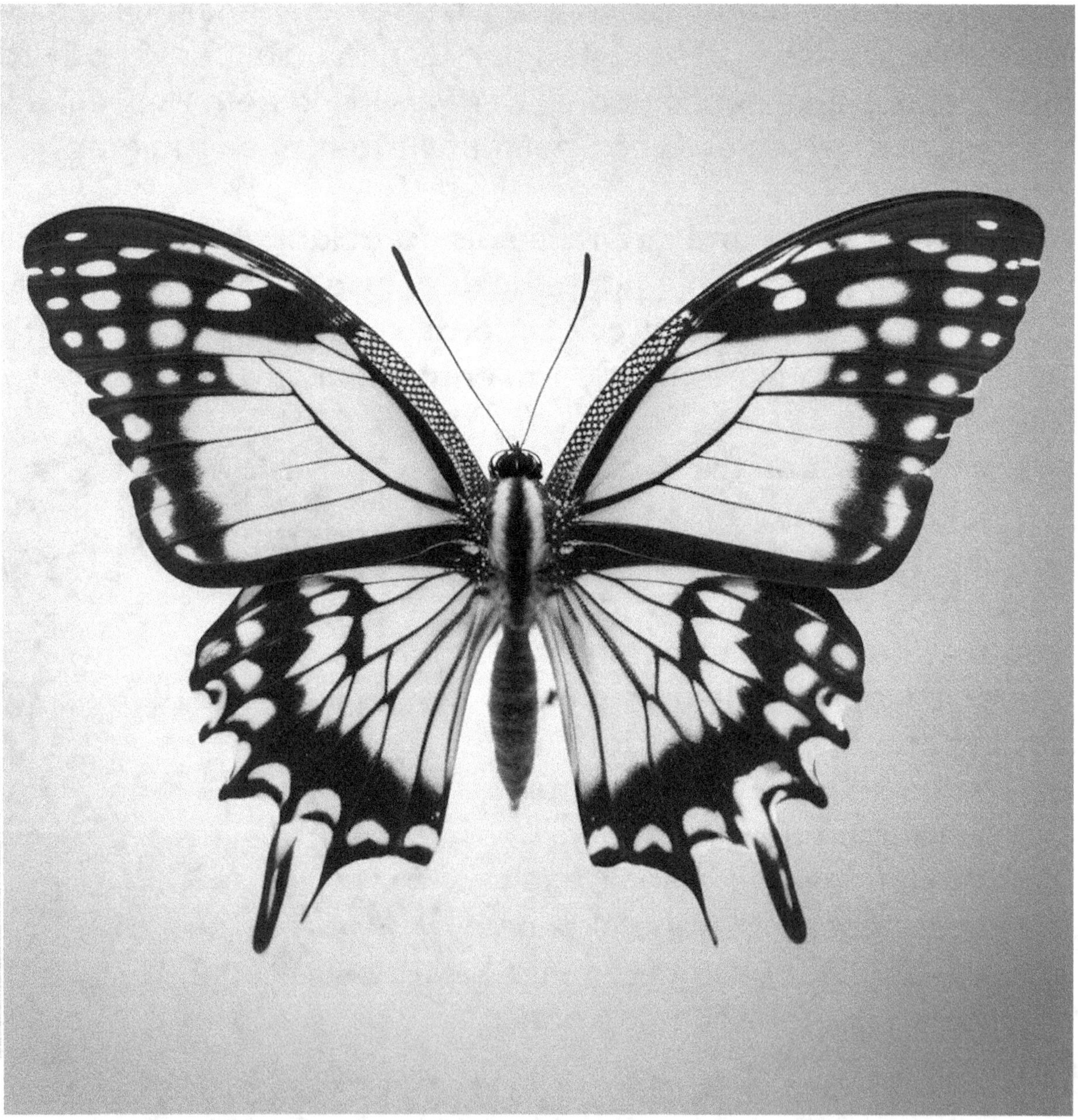

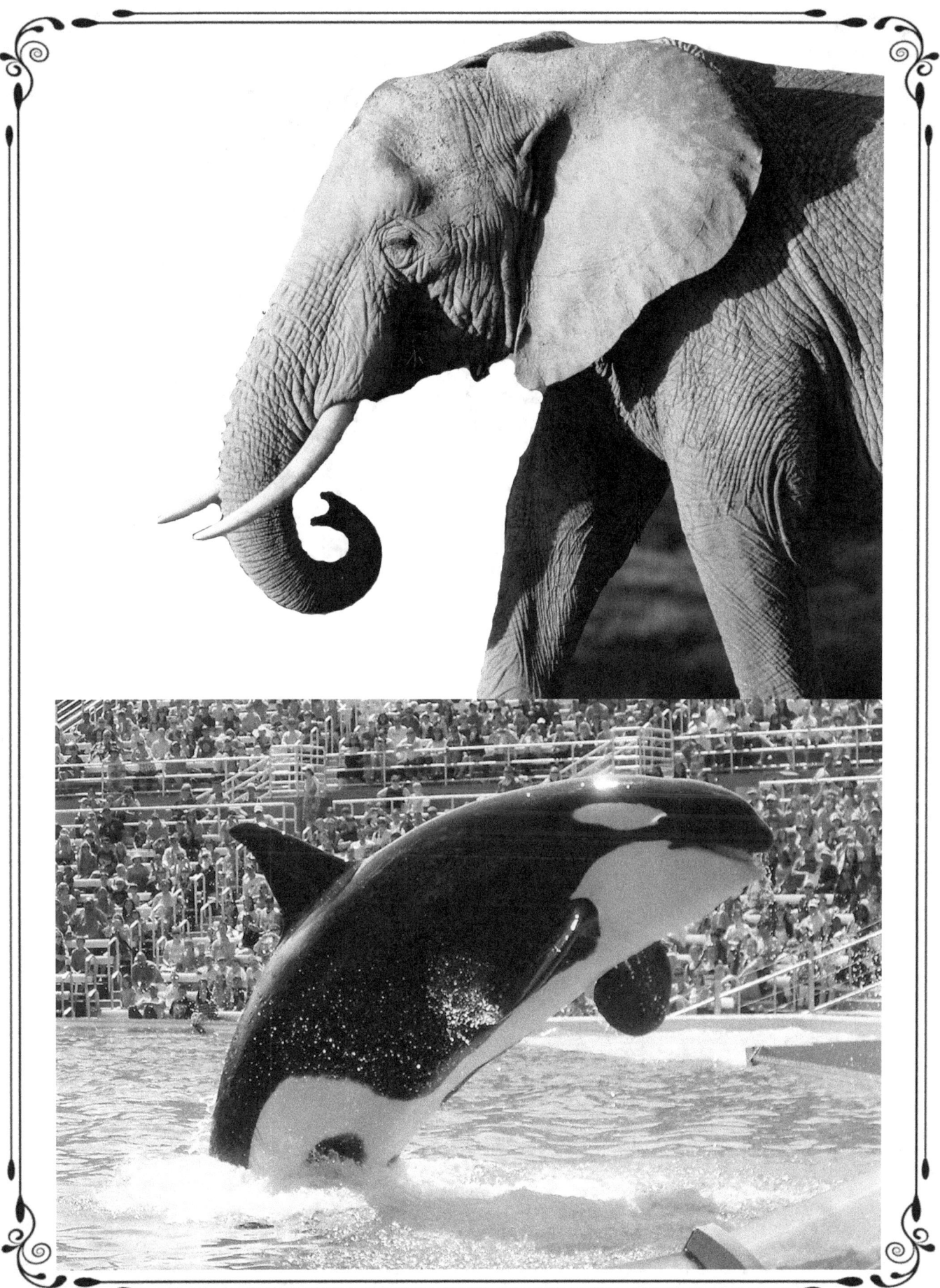

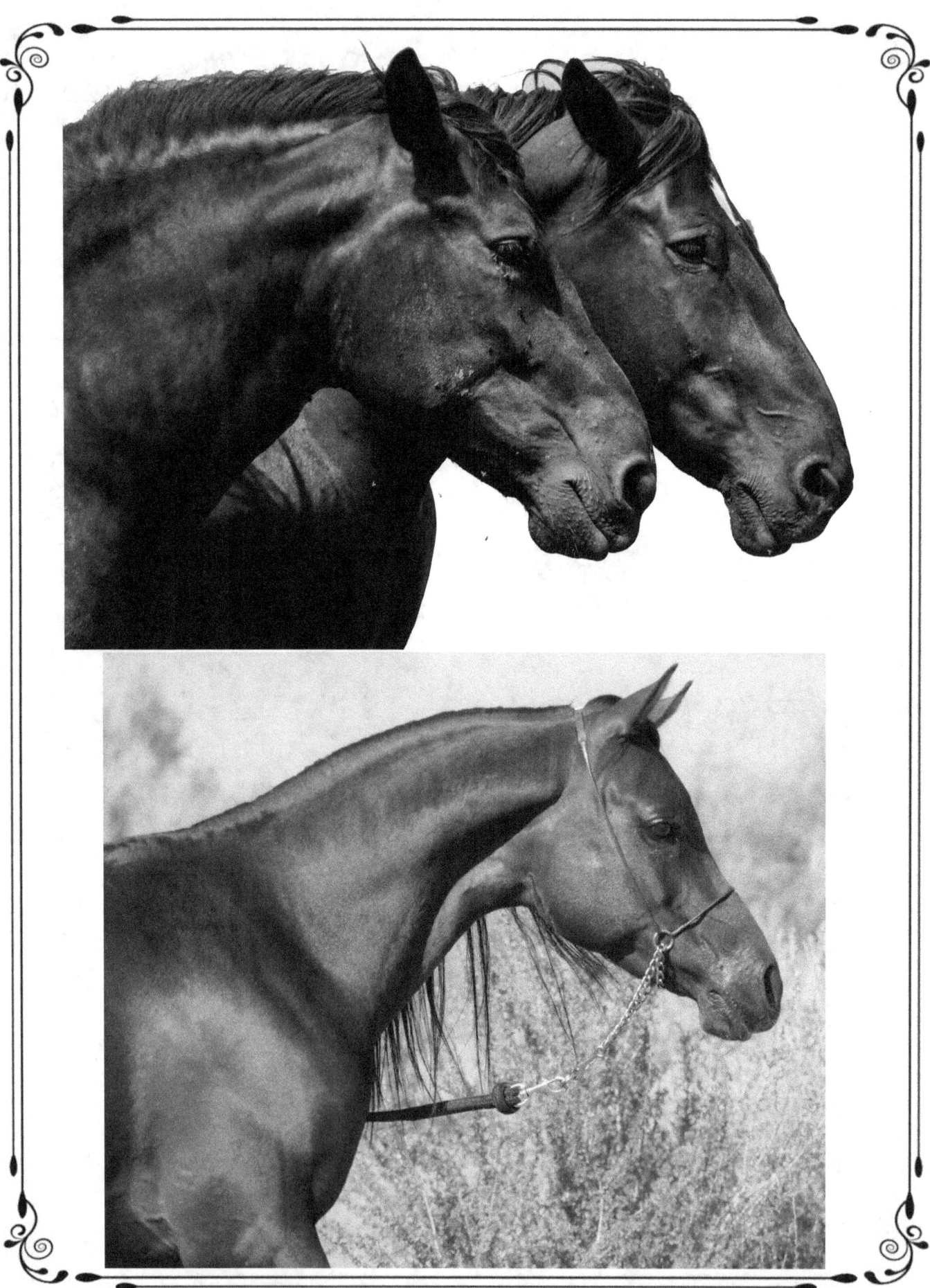

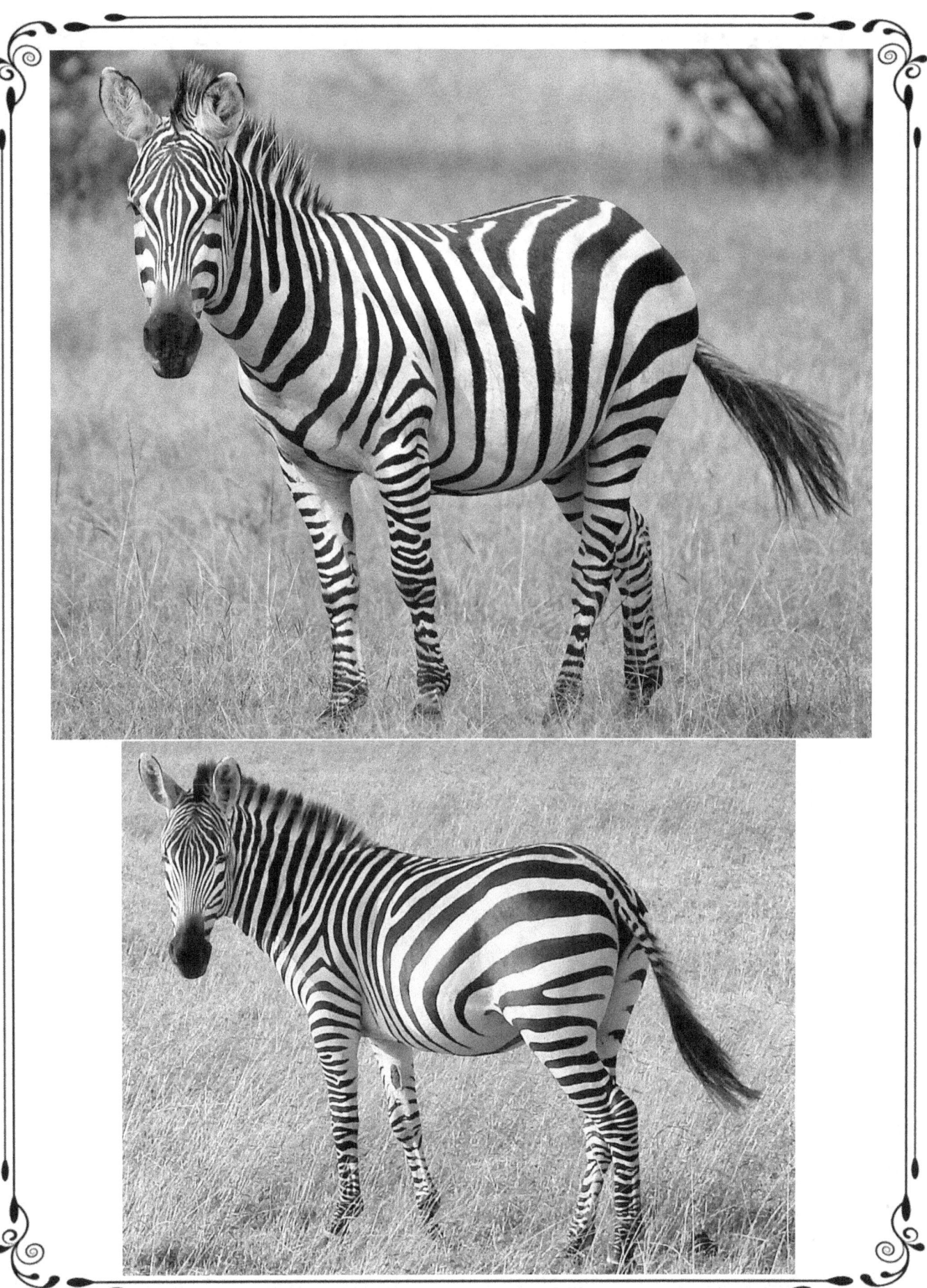

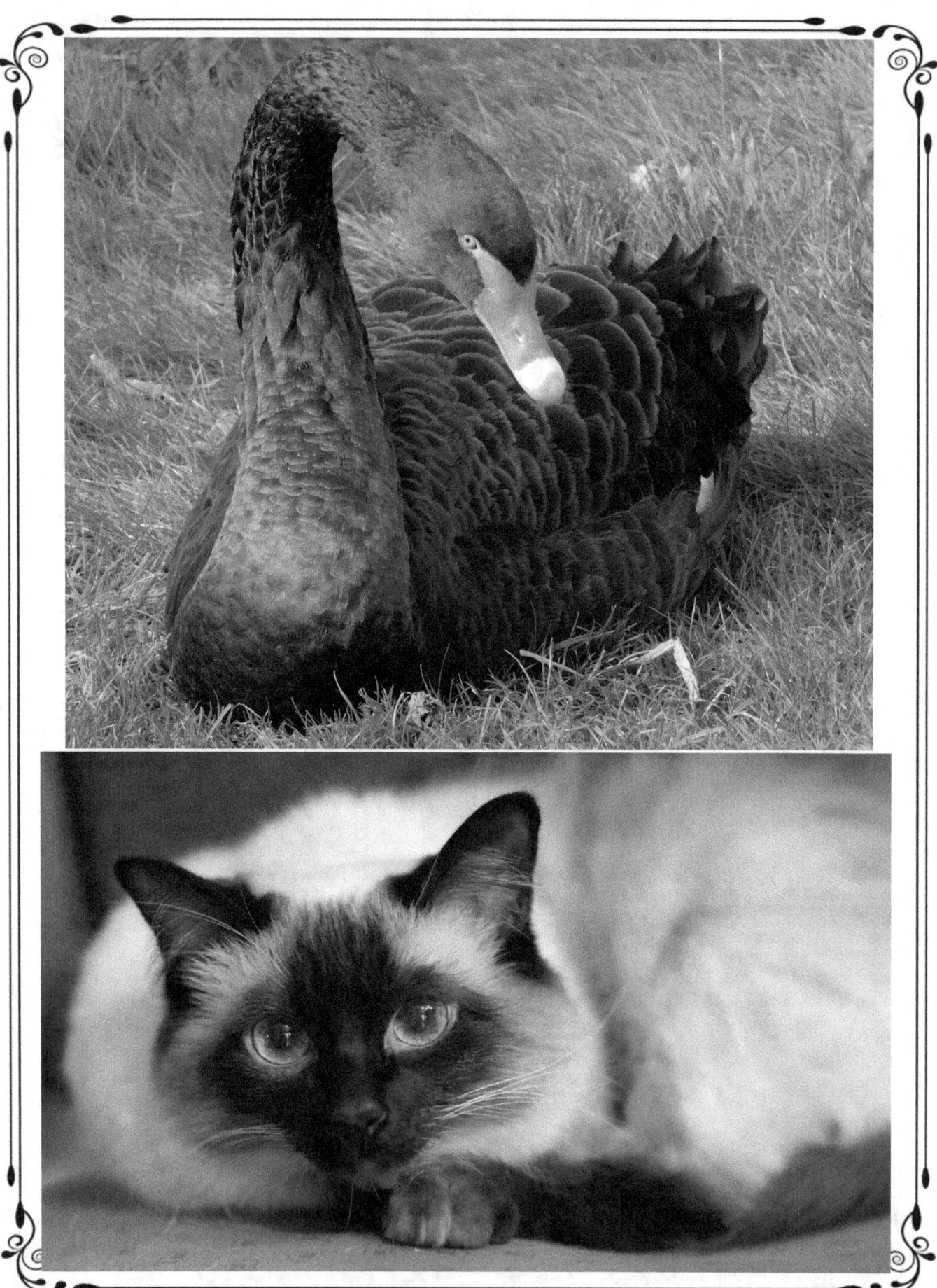

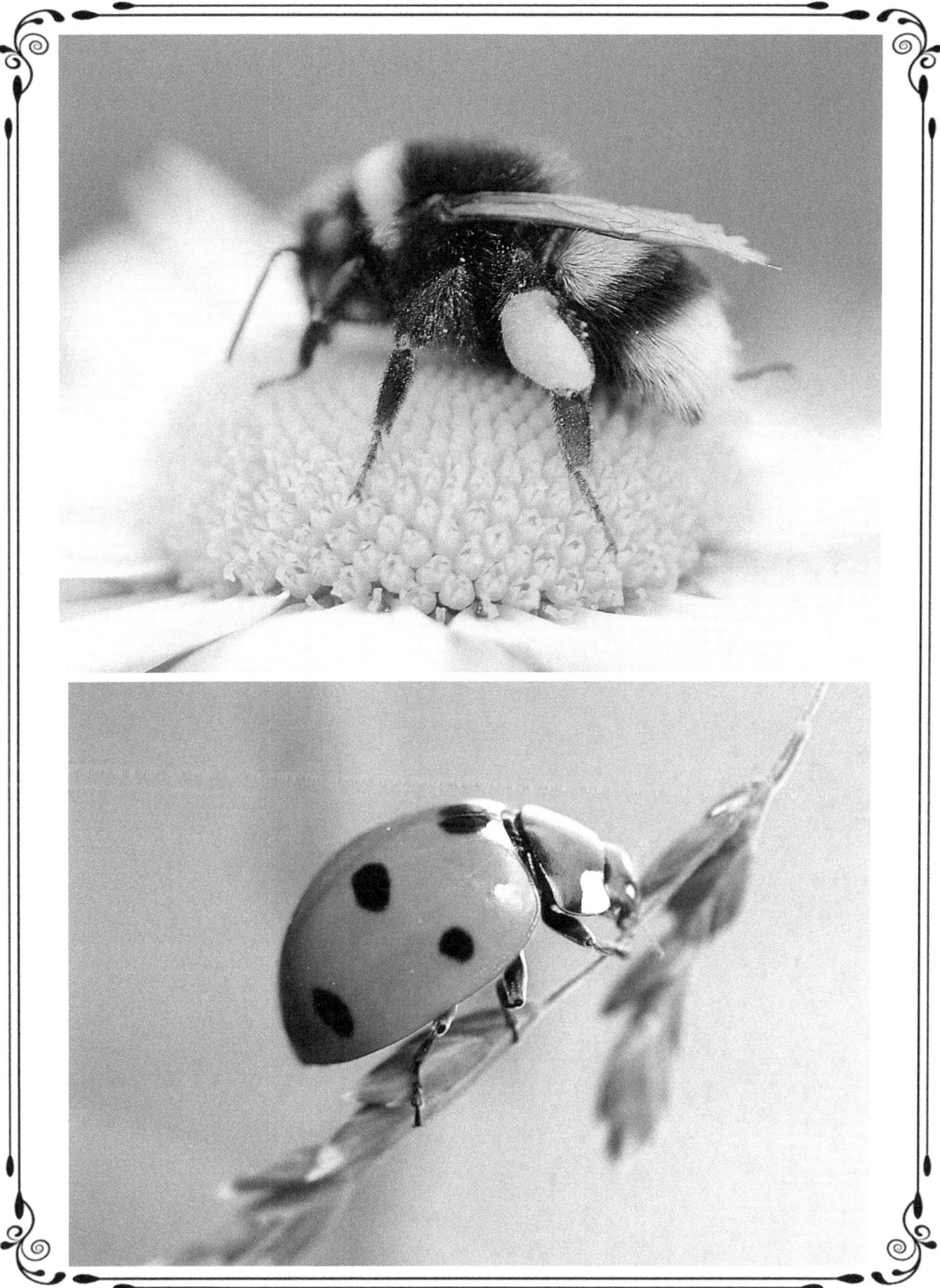